基督教文化研究丛书

主编　何光沪　高师宁

四编　第 **1** 册

基督、圣灵、人
——加尔文神学中的思辨与修辞

陈卫真、高山 著

花木兰文化事业有限公司

国家图书馆出版品预行编目资料

基督、圣灵、人——加尔文神学中的思辨与修辞／陈卫真、高
山 著 -- 初版 -- 新北市：花木兰文化事业有限公司，2018〔
民 107〕
目 4+298 面；19×26 公分
（基督教文化研究丛书 四编 第 1 册）
ISBN 978-986-485-469-1（精装）
1. 加尔文（Calvin, Jean, 1509-1564）2. 学术思想 3. 神学
240.8 107011400

ISBN- 978-986-485-469-1

基督教文化研究丛书
四编 第一册

ISBN：978-986-485-469-1

基督、圣灵、人——加尔文神学中的思辨与修辞

作 者 陈卫真、高山
主 编 何光沪 高师宁
执行主编 张 欣
企 划 北京师范大学基督教文艺研究中心
总 编 辑 杜洁祥
副总编辑 杨嘉乐
编 辑 许郁翎、王筑 美术编辑 陈逸婷
出 版 花木兰文化事业有限公司
发 行 人 高小娟
联络地址 台湾 235 新北市中和区中安街七二号十三楼
　　　　 电话：02-2923-1455／传真：02-2923-1452
网 址 http://www.huamulan.tw 信箱 hml810518@gmail.com
印 刷 普罗文化出版广告事业
初 版 2018 年 9 月
全书字数 310282 字
定 价 四编 9 册（精装）台币 18,000 元

基督、圣灵、人
——加尔文神学中的思辨与修辞

陈卫真、高山　著

作者简介

陈卫真，浙江温州人，获中国神学研究院基督教研究硕士、台湾神学院神学硕士、Western Theological Seminary 神学硕士，喜欢研究宗教改革运动的神学家、思想史与社会史。曾发表一篇英文学术文章 "Luther's Doctrine of the Two Kingdoms and Its Problem of Reception"。目前在工作之余致力于独立研究与写作。

高山，江苏南京人，获中国人民大学哲学硕士、中国神学研究院基督教研究硕士、台湾神学院神学硕士。曾写作人民大学优秀毕业论文〈加尔文的婚姻观〉，其中一部分内容以〈加尔文婚姻观中的圣与俗〉为题发表在学术期刊《人文艺术》。

提　　要

本书由两篇独立论文组成。第一部分论被路德宗称为 "extra Calvinisticum" 的教义在加尔文神学中的功能：永恒的神子，在道成肉身之后，也在肉身之外存在。这项教义在加尔文神学中应当翻译为 "道之全在性"，因为它帮助加尔文强调了基督超越其肉身的、在受造万物当中的关系性全在。简言之，基督既是我们的拯救中保，也是这世界的创造中保。"道之全在性" 的主张引导加尔文发展出与其基督论平行的圣灵论：圣灵既是我们的拯救者之灵，也是维系万物存在与生长的创造者之灵。这项教义在基督论——圣灵论中将三一的拯救与创造关联一致的功能，影响加尔文神学走向积极的入世关怀，有助于解释加尔文 "两国论" 与路德 "两国论" 的差异。本书第二部分从修辞学进路比较奥古斯丁与加尔文的自我观与自爱观。奥古斯丁认为基督徒应当 "自爱"，而加尔文却认为基督徒应当 "自我否定"。尽管两个用词字面上看似相反，但从他们在各自处境中的论述方式来看，却是内涵一致，都认同人应当以上帝为中心地去爱自己与邻舍。这是为什么呢？这是因为奥古斯丁与加尔文都是修辞学大师，他们运用修辞学方法，面对不同特质的群体，回应不同的时代问题，针对不同的需要，因而选择了十分不同的用词表达意涵相近的爱观。

"基督教文化研究丛书"总序

何光沪 高师宁

　　基督教产生两千年来，对西方文化以至世界文化产生了广泛深远的影响——包括政治、社会、家庭在内的人生所有方面，包括文学、史学、哲学在内的所有人文学科，包括人类学、社会学、经济学在内的所有社会科学，包括音乐、美术、建筑在内的所有艺术门类……最宽广意义上的"文化"的一切领域，概莫能外。

　　一般公认，从基督教成为国教或从加洛林文艺复兴开始，直到启蒙运动或工业革命为止，欧洲的文化是彻头彻尾、彻里彻外地基督教化的，所以它被称为"基督教文化"，正如中东、南亚和东亚的文化被分别称为"伊斯兰文化"、"印度教文化"和"儒教文化"一样——当然，这些说法细究之下也有问题，例如这些文化的兴衰期限、外来因素和内部多元性等等，或许需要重估。但是，现代学者更应注意到的是，欧洲之外所有人类的生活方式，即文化，都与基督教的传入和影响，发生了或多或少、或深或浅、或直接或间接，或片面或全面的关系或联系，甚至因它而或急或缓、或大或小、或表面或深刻地发生了转变或转型。

　　考虑到这些，现代学术的所谓"基督教文化"研究，就不会限于对"基督教化的"或"基督教性质的"文化的研究，而还要研究全世界各时期各种文化或文化形式与基督教的关系了。这当然是一个多姿多彩的、引人入胜的、万花筒似的研究领域。而且，它也必然需要多种多样的角度和多学科的方法。

　　在中国，远自唐初景教传入，便有了文辞古奥的"大秦景教流行中国碑颂并序"，以及值得研究的"敦煌景教文献"；元朝的"也里可温"问题，催生了民国初期陈垣等人的史学杰作；明末清初的耶稣会士与儒生的交往对话，带来了中西文化交流的丰硕成果；十九世纪初开始的新教传教和文化活动，更造成了中国社会、政治、文化、教育诸方面、全方位、至今不息的千古巨变……所有这些，为中国（和外国）学者进行上述意义的"基督教文化研究"提供了极其丰富、取之不竭的主题和材料。而这种研究，又必定会对中国在各方面的发展，提供重大的参考价值。

就中国大陆而言，这种研究自 1949 年基本中断，至 1980 年代开始复苏。也许因为积压愈久，爆发愈烈，封闭越久，兴致越高，所以到 1990 年代，以其学者在学术界所占比重之小，资源之匮乏、条件之艰难而言，这一研究的成长之快、成果之多、影响之大、领域之广，堪称奇迹。

然而，作为所谓条件艰难之一例，但却是关键的一例，即发表和出版不易的结果，大量的研究成果，经作者辛苦劳作完成之后，却被束之高阁，与读者不得相见。这是令作者抱恨终天、令读者扼腕叹息的事情，当然也是汉语学界以及中国和华语世界的巨大损失！再举一个意义不小的例子来说，由于出版限制而成果难见天日，一些博士研究生由于在答辩前无法满足学校要求出版的规定而毕业受阻，一些年轻教师由于同样原因而晋升无路，最后的结果是有关学术界因为这些新生力量的改行转业，后继乏人而蒙受损失！

因此，借着花木兰出版社甘为学术奉献的牺牲精神，我们现在推出这套采用多学科方法研究此一主题的"基督教文化研究丛书"，不但是要尽力把这个世界最大宗教对人类文化的巨大影响以及二者关联的方方面面呈现给读者，把中国学者在这些方面研究成果的参考价值贡献给读者，更是要尽力把世纪之交几十年中淹没无闻的学者著作，尤其是年轻世代的学者著作对汉语学术此一领域的贡献展现出来，让世人从这些被发掘出来的矿石之中，得以欣赏它们放射的多彩光辉！

2015 年 2 月 25 日
于香港道风山

目

次

缩写表

CO　　　　　　Calvin, John. *Ioannis Calvini opera quae supersunt omnia*. Edited by Wilhelm Baum, Edward Cunitz and Edward Reuss. 59 vols. Brunswick: C. A. Schwerschke, 1863-1900.

Comm.　　　　　Calvin, John. *Calvin's Commentaries*. 45 vols. Edinburgh: Calvin Translation Society, 1843-1855. Reprint in 22 vols., Grand Rapids: Baker Books, 1989.

Institutes　　　　Calvin, John. *Institutes of the Christian Religion*. Edited by John T. McNeill. Translated by Ford Lewis Battles. Philadelphia: Westminster, 1960.

Institutes（1536）Calvin, John. *Institutes of the Christian Religion*. 1536 Edition. Translated by Ford Lewis Battles. Grand Rapids: Eerdmans, 1975.

LW　　　　　　Luther, Martin. *Luther's Works*. Edited by Jaroslav Pelikan and Helmut T. Lehmann. 55 vols. St. Louis and Philadelphia: Concordia and Fortress Press, 1955ff.

《基督教要义》　加尔文。《基督教要义》。钱曜诚等译。孙毅、游冠辉修订。上中下册。北京：三联，2010。

《要义》（1536）加尔文。《敬虔生活原理：〈基督教要义〉1536 年版》。王志勇译。北京：三联，2012。

《路德选集》　　路德。《路德选集》。上下册。徐庆誉、汤清等译。新编修版。香港：基督教文艺，2017。

前　言

　　本书两个部分，由两位作者在神学硕士阶段各自写成的两篇独立论文组成。第一部分，由陈卫真写作，因为受益于之后有一年时间在西方世界深造，在原论文的基础上有较大的修改。作者主要论述一项在历史上被路德宗神学家戏称为"extra Calvinisticum"的教义主张在加尔文神学中的功能：永恒的神子，即使在道成肉身与人性连于一个位格之后，也超越在肉身之外。（从本书第二章起，依据加尔文自己为这教义赋予的意涵将其中译为"道之全在性"。）这项教义，虽然遭到路德宗神学家的严厉批评，却在加尔文自身的神学系统中扮演一个关键的角色，在发展和建构起加尔文神学的过程中发挥了不可替代的作用——这是仅从路德宗神学自身角度出发不易理解得到的。首先，它在加尔文的基督论中，凸显了对基督双重中保的认识——基督既是拯救的中保，*也*是创造的中保。并且同一位中保的拯救行动和创造行动关联一致。其次，因为在这项教义中坚持真实肉身的空间限制，加尔文有必要发展出"圣灵作为连结"的观念，以合理地解释基督被提的身体在不出现的情况下，因为圣灵的连结工作，仍可以在圣餐中喂养信徒。以此"圣灵作为连结"的观念为基础，加尔文进一步发展出一套与基督论相呼应的圣灵论：圣灵既是拯救中介，同时也是创造中介，其拯救行动和创造行动相互关联，与中保基督的行动相互配合。最后，作者进一步解释了这功能对加尔文神学有较强的入世倾向的积极影响。

　　第二部分的作者，高山，通过比较奥古斯丁和加尔文的文本，分析修辞学神学方法在两位神学家文本的运用。奥古斯丁认为基督徒应当"自爱"，而加尔文却认为基督徒应当"自我否定",尽管两个词字面意思相反,但从他们各自的论述看,却是内涵相通,都是在表述真信仰。为何两位神学家用两个字面意思截然相反的词?原因十分复杂,其中他们对修辞学的运用是十分重要的一个方面。奥古斯丁和加尔文都是修辞学大师,他们运用修辞学方法面对不同特质的群体,回应不同的时代问题,争对不同的事件,选择适合各自处境的表达方式,因而会在用词上十分不同。这种不同体现出两位神学家精湛的文学功底。

将本书题名为《基督、圣灵、人——加尔文神学中的思辨与修辞》,主要是出于两个考虑。首先,我们希望主标题能大致概括两位作者合力呈现了加尔文在哪些教义领域中的建树。第一部分的研究,力图完整地呈现加尔文的基督论与圣灵论。第二部分从修辞学角度分析奥古斯丁与加尔文在自我观上的异同,借此作者也相当程度地呈现了加尔文对人的看法。因此,以"基督、圣灵、人"为本书的主标题,希望能涵盖两位作者对加尔文神学涉猎的总和。

其次,副标题"加尔文神学中的思辨与修辞"旨在希望能尽量言明两位作者研究加尔文使所选取的不同进路,这也大致反映鲍斯玛所说的加尔文本身具有的两大面貌。学者鲍斯玛认为,加尔文展现给人两种完全不同的面貌:作为经院主义的加尔文和作为人文主义的加尔文,前者注重思辨,后者注重修辞。[1]从本书第一部分来看,加尔文对基督神人二性与位格联合这些复杂教义的思考与处理之细腻,一定程度上呈现鲍斯玛所说的那个受经院哲学影响的加尔文,具有很强的思辨能力——尽管这绝不是加尔文神学的主导因素。从本书第二部分来看,加尔文以修辞学为策略,为回应他处境中的问题,在自爱问题上与奥古斯丁产生了形离神合的不同论述,确证了修辞学进路对加尔文神学言说与建构的深远影响。

然而为免误解需要特别提醒的是:第一部分的作者,在承认加尔文神学中有很多思辨成分的同时,并不认为加尔文主要是一个追求思辨的经院主义式神学家或哲学家。事实上,脱离信仰实践的需要去探知关于上帝本质的知识,是加尔文所反对的。加尔文有时注重思辨,例如在第一部分我们会看到的处理基督论和三一论那么棘手的教义问题时,不是为了追求与我们的信仰与实际生活无关的抽象知识。他的用意是为了防止对这些奥秘性真理做出与

---

1 William Bouwsma, *John Calvin: A Sixteenth-Century Portrait* (New York: Oxford University, 1988), 230-234.

我们的救恩不符的错误理解。加尔文主要是一位注重实存经验的圣经神学家，他的思辨大多没有脱离圣经的根据，而且不抽离人的经验。因此，他的思辨方式其实相当克制，而且很多是在激烈的论辩中催生的，有别于中世纪经院主义常常陷入的那种纯粹为了好奇的抽象玄思。一言以蔽之，加尔文基本上将思辨控制在福音的规范之下，为的是正确地表达与我们的救恩有关的启示真理。

　　与此同时，当加尔文使用修辞时，他也是为了同一个目的——帮助人更接近福音与启示。无论是思辨，还是运用修辞，加尔文只有一个目的：为了在他的处境中更好地宣扬福音。本书第一部分更多展示加尔文作为神学家为福音而思辨的一面，第二部分侧重展示他作为文学家熟练运用修辞的一面。但两位作者一致认为：鲍斯玛所呈现的加尔文的两种面貌在加尔文神学当中没有本质性的冲突。

　　无论是作为哲学家，还是作为文学家，作为圣经神学家的加尔文始终保持着扎根于福音信仰的鲜明的入世性格。从本书的第一部分可见，加尔文在基督论、圣灵论、三一论中真正关心的，并非超然在自身之内的上帝或者上帝的本质，而是一位"为我们"（for us）以及"为世界"（for the wolrd）的行动中的上帝，为此他强调作为上帝自我启示的基督既是救赎的中保，同时也是创造的中保，凸显出他对整个世界作为上帝之创造的肯定。加尔文神学的入世倾向背后有很强的基督论作为支撑。在第二部分，加尔文否定了奥古斯丁将爱局限于爱灵魂，认为无论是爱自己还是爱邻舍，都包括对身体的爱，即对物质生活需要的关注，同时肯定享受是正当的，因为上帝创造这个美好的世界就是为了让人享受。由此可见，无论是使用思辨的方法，还是使用修辞的方法，加尔文神学都展现出了一种明显一致的个性：他始终是扎根于福音信仰，从身份认同及于对世界的关怀，堪称入世神学的一个典范。

第一部分
拯救与创造——论"道之全在性"教义在加尔文基督论和圣灵论中的功能

陈卫真 著

第一部分 导论

一、提出问题

在加尔文神学当中，有一个他一贯坚持的基督论主张，通常被视为是改革宗神学的一大特色："永恒的神子，即使在道成肉身与人性连于一个位格之后，仍没有被限制于肉身。"[1]或者说：在道成肉身之后，上帝永恒的儿子"也超越在肉身之外（ *etiam extra carnem* ）。"[2]这项主张一直处在改革宗和路德宗之间百年不休的基督论之争的中心，双方对之表现出截然相反的态度：路德宗拒斥，改革宗拥抱。十七世纪的路德宗神学家，根据路德的教导，[3]激烈地反对这项主张，声称它不是大公教会的教导，而是加尔文派自己发明的教义，因此开始给它贴上标签——"extra Calvinisticum"。于是，我们不禁要问：路德宗神学家们为什么为这项改革宗神学家所赞同的基督论主张冠以如此奇怪的名称呢——既拗口，又令人不明所以？这个名称从何而来？关于这项教义，路德宗和改革宗有过怎样的争论？这项教义本身的内涵又是什么？为何对加尔文和改革宗神学来说如此重要？他在加尔文神学当中扮演一个怎样的角色，发挥什么样的功能？汉语神学对加尔文的研究，需要对宗教改革内部围绕"extra Calvinistiucm"发生的争论做一个思想史的梳理；同时，更为重要的是要解释这项教义究竟对加尔文和他的神学来说有什么重要性。

1　E. D. Willis, *Calvin's Catholic Christology: the Function of the So-Called Extra Calvinisticum in Calvin's Theology*（Leiden: E. J. Brill, 1966）, 1.

2　Willis, *Calvin's Catholic Christology*, 9, 23.

3　加尔文的教导被路德宗神学家视为与路德的主张不能兼容，因为路德主张："不论在天上或者在地上，我都不在这个在童女玛利亚子宫之内得到照顾的肉身之外拥有或认识上帝。"（转引自 Willis, *Calvin's Catholic Christology*, 24。）

因此，本文希望通过重新讲述路德宗与加尔文派为 "extra Calvinistiucm"
教义发生激烈争辩的故事，并透过特别解释这项教义在加尔文基督论和圣灵
论中的使用以及它如何影响加尔文神学对世事的取态，为汉语神学读者解答
以上问题。

二、研究意义

西方学界针对 "extra Calvinisticum" 的研究已经颇为丰硕，以学者威利斯
（E. David Willis）的贡献为最大。[4]威利斯在上世纪 60 年代，写成首部专门
针对这项教义的集大成研究专著，《加尔文的大公基督论：论所谓的 "extra
Calvinisticum" 教义在加尔文神学中的功能》（*Calvin's Catholic Christology: the
Function of the So-Called Extra Calvinisticum in Calvin's Theology*）。这部著作努
力重构了与 "extra Calvinisticum" 有关的历史，并对此项教义与加尔文基督论、
认识论和伦理学的关系做了全面的探索，在半个世纪以后仍对加尔文研究有
不可忽视的影响。在威利斯之后，主要有两部著作推进了针对此项教义的研
究，在两个方向上填补了威利斯遗留下的空缺：李耀坤（Daniel Y. K. Lee）通
过研究 "extra Calvinisticum" 与 "the Holy Spirit as Bond" 在加尔文神学中的
紧密关联，揭示了加尔文基督论与圣灵论之间互相依赖的关系，以具体细致
的研究明确证实了威利斯的观点——此项教义强化了加尔文认识论上的三一
论式特点；[5]而麦克吉尼斯（Andrew McGinnis）则拓展了威利斯已经部分开启
的针对 "extra Calvinistiucm" 在加尔文神学之外的神学传统中的功能的研究。

---

4 想要列出所以包含对 "extra Calvinistiucm" 的讨论的英文著作几乎是不可能，以
   下仅列举笔者认为最重要的：Willis, *Calvin's Catholic Christology: the Function of
   the So-Called Extra Calvinisticum in Calvin's Theology*; Daniel Y. K. Lee, *The Holy
   Spirit as Bond in Calvin's Thought*（Bern: Peter Lang, 2011）；Andrew McGinnis, *The
   Son of God Beyond the Flesh [electronic Resource]: A Historical and Theological Study
   of the Extra Calvinisticum*（London: Bloomsbury T & T Clark, 2014）；Heiko Oberman,
   "The 'Extra' Dimension in the Theology of Calvin," *Journal of Ecclesiastical History*
   21:1 （Jan. 1970）: 43-64; Peter Wyatt, *Jesus Christ and Creation in the Theology of
   John Calvin*（Eugene: Pickwick, 1996）, 27-54; Paul Helm, *John Calvin's Ideas* （New
   York: Oxford University Press, 2006）, 58-92; Ernst van den Hemel, "Things that
   Matter: The *Extra Calvinisticum*, the Eucharist, and John Calvin's Unstable
   Materiality," in *Things: Religion and the Question of Materiality* eds. Dick Houtman
   and Birgit Meyer（New York: Fordham University Press, 2012）, 62-74.
5 Lee, *The Holy Spirit as Bond in Calvin's Thought*, 4.

[6]尽管如此，西方学界对此项教义的研究仍然不能称之为完美。首先，威利斯已经粗略勾勒出的此项教义对加尔文伦理学、政治神学的影响，仍然缺乏更为具体详细的研究，尤其缺乏研究探讨此项教义是否以及如何有助于解释加尔文与路德对政治的态度的差异。此外，这项教义对加尔文在圣灵与创造的题旨上的思考之影响，仍有待发展更多研究。本文希望在这两方面做出贡献。

然而，相对于填补目前西方基督教学界留下的些许空缺，本文的最大意义在于将西方神学针对此教义已趋充裕的研究成果向汉语神学读者做一个引介。虽然在西方"extra Calvinistiucm"被公认为对于掌握改革宗神学自身特色与风格非常重要的教义，但目前汉语神学界对此项教义的研究几近空白。在汉语神学中开启此项教义的研究，对中国教会与汉语神学，至少有两方面的帮助。

首先，研究"extra Calvinistiucm"在加尔文神学中的功能，有助于建构中国教会信徒中的加尔文主义者与路德宗支持者彼此间的神学交流，推动普世教会合一运动在中国教会的进程。随着加尔文主义与路德神学在近十年中各自都在中国基督徒知识分子中引发越来越多的重视，中国教会当中也开始浮现一些改革宗支持者与一些路德主义倡导者间的激烈论辩。不幸的是我们能够发现，有时候其中一些言辞激烈的争吵，用网络上流行的一句话说，就是双方只是在用各自立场说话，没有理会对方的理据与思考方法。笔者希望借着重探"extra Calvinistiucm"所引发的十六世纪路德宗与改革宗的基督论之争以及它在加尔文神学中的功能，建议一种具有建构性的对话方式。

健康的神学交流不应该建立在是否认同"extra Calvinistiucm"的立场上，而是需要从对这项教义的肯定与否定中，探索路德宗神学和改革宗神学的不同风格和特征。早期教父因应基督教信仰实践的需要——既持守犹太教独一神论又坚持继续敬拜人子耶稣——在尼西亚信经与加克顿信条中划出了表述三一论与基督论时必须要坚持的界限。[7]路德与加尔文各自坚持的道成肉身的"基督不在身体之外"与"基督也超越在肉身之外"，只是各自根据圣经又基于对人性的不同假设而发展出来的对同一个信条的不同的解释方式，并不是

6　McGinnis, *The Son of God Beyond the Flesh*, 3-5.

7　Cf. Richard Bauckham, Jesus and the God of Israel: God Crucified and Other Studies on the New Testament's Christology of Divine Identity（2008; repr., Grand Rapids: Eerdmans, 2009），18-31.

绝对的标准。正如赖伊特（Jill Raitt）评论说，虽然路德宗与改革宗的神学家们都坚持认为自己的教义是对神话语的正确解释，但"没有一个新教徒会承认其中任何一个次级的'标准'是唯独拥有圣经权威的。"[8]尽管如此，仍不可否认"基督不在身体之外"与"基督也超越在肉身之外"是双方各自想要表达对早期教会信仰之忠诚的具体方式，强过拒绝任何解释的教义虚无主义。因此，就类似"extra Calvinisticum"的议题而言，中国教会的加尔文主义者与路德主义者若要建立积极的对话，双方设定的目的就不应该是立意驳倒对方的基本立场，而在于通过比较去发现自己与对方的神学传统各自的独特性。从改革宗神学的角度去看，这也是达至更清楚深入认识自身神学传统的优点与限制的必经之路。

其次，加尔文在"extra Calvinisticum"中关于同一位基督的"肉身之内"和"肉身之外"的两重向度的思考，或许对于今日教会反思如何在变化的社会和文化处境中宣扬福音有一定的帮助。莫特曼（Jürgen Moltmann）曾指出，基督教神学正面临一个"身份认同与参与的两难困境"（identity-involvement dilemma）：一方面，社会和文化的急剧变迁带来基督教对于世界的意义危机，另一方面，当基督教神学愈尝试与这个社会性危机取得关联，它就越深地陷溺于基督教自身的身份危机。莫特曼指出，走出这个困境的唯一出路在于承认：基督教神学的本质，就是要在基督里不断地重新探索它自己的身份为何，以及它与世界的相关性为何。[9]加尔文对"extra Calvinisticum"的思考和使用，正反映了他在宗教改革运动中尝试从启示出发去兼顾福音的身份认同和它与世界之相关性的努力。我们将会看到，加尔文总是努力让自己保持在一种以道成肉身的启示为出发点的张力之中：一方面，真实的信仰只开始于对基督肉身所揭示的拯救者上帝之认识，这认识唯独借着圣灵的工作和信心才有可能；另一方面，这位在肉身中显现的拯救者上帝并非与世界无关，他同时是这世界的创造主，这方面的真知乃是来源于第一方面的知识。是故，在基督耶稣里的启示，不是将我们的认识与行动限制在教会之内，而是同时赐下了有待进一步增长的更为完全的知识，使我们也在教会之外的世界寻求对上帝更为贯彻一致的顺服。加尔文在"extra Calvinisticum"教义中所做的思考和挣

8　Jill Raitt, *The Colloquy of Montbeliard: Religion and Politics in the Sixteenth Century*（New York: Oxford University Press, 1993）, 74.

9　Jürgen Moltmann, *The Experiment Hope*（London: SCM, 1975）, 1.

扎，虽然不是完美无缺，却是一个不错的示范，提醒今日教会：不应该逃避同时宣扬真理与回应处境的双重使命而有所选择地偏安于一方。这个提醒颇能针对今日华人教会普遍存在的弊病，因为传统的华人教会大多以传福音为名忽视对社会公义的承担，这已是不争的事实。尤其在今日中国社会矛盾激增、改革呼声日急、社会运动频发的当下，华人教会能否以正确的立场回应社会公义的要求，既事关福音与中国社会处境的相关性能否得以建立，也将关系到福音在中国的未来和前程。

三、研究方法

本论文重点在于诠释“extra Calvinistiucm”教义与加尔文神学之间的关系，特别论述它在加尔文基督论中的功能、与加尔文圣灵论的关联。这是一个神学诠释的任务，因此，采用神学诠释学的方法。对这个方法的运用有四个重点：

首先，基于文本诠释法。诠释加尔文神学必须建立在对加尔文论著的解读之基础上。首先，加尔文的论著丰富多样，除了最闻名遐迩的连续多个版本的《基督教要义》（以下简称《要义》）之外，还有圣经释义、讲道篇、书信、论文以及其他文献。《要义》的重要性主要在于比较有系统地表达加尔文的思想，但仍无法帮助我们尽览加尔文思想的全部，特别是对某些议题的深度见解。若要更全面了解加尔文的诸多观点，就不能偏狭地以《要义》为唯一研究资料，而必须同时研究加尔文的其他著作。[10]再者，虽然学者们一致同意加尔文对“extra Calvinistiucm”教义的经典表述出现在1559年《要义》的第四卷17章和第二卷13章中，[11]但正如学者瓦亚特（Peter Wyatt）所指，这项教义的神学暗示也在《要义》之外的著作中随处可见。[12]因此，若要更全面论述此项教义在加尔文神学中的功能，就应该跳出《要义》的约束，在包括其他著作在内的更加广阔的文本海洋中寻找此项教义的神学意义。

其次，使用神学分析的方法。“extra Calvinistiucm”是基督论的主张，而本文又旨在讨论这项教义与加尔文神学中其他教义领域之间的关联与互动，内容范围涉及基督论、圣灵论，并且延伸出相关的政治神学内涵，因此不可

---

10 郑仰恩，〈漫谈近年来的加尔文研究及其相关文献〉，《台湾神学论刊》25（2003年）：115-116。

11 Lee, *The Holy Spirit as Bond in Calvin's Thought*, 5.

12 Wyatt, *Jesus Christ and Creation in the Theology of John Calvin*, 34-35.

避免地要考察和分析相关教义的意义、功能、以及教义与教义之间的关联。因此，本文主要使用神学分析的方法：使用分析、比较的方法，以及符合逻辑的语言，有条理地呈现加尔文的思考。因此，在论述中，就不免要使用"基督论"、"圣灵论"等方便的用语。然而，这不应该导致我们误以为本文在陈述一套加尔文的神学系统。近年来对加尔文人文主义的研究，[13]提醒我们不要步入这个误区——将加尔文想象成一位系统神学家。早在路德发起宗教改革之前，人文主义者已经开始批判中世纪那种抽象繁琐的神学系统。加尔文作为一位受 16 世纪人文主义影响的神学家，主要是一名圣经神学家，其神学思考奠基于圣经。因此，当加尔文有条理地组织圣经的教导时，主要是为了更好地教导圣经，[14]而不是为了建构一套无懈可击的系统。因此，笔者希望明确地区分两件事情：第一，是加尔文没有做的，就是企图建构一套完美的神学系统；第二，是加尔文已经做的，就是在他的神学著作中，确实存在一些连贯一致的思考，我们可以对其加以分析和挖掘，并通过重新整理以有条理的方式呈现给读者。

本文的结构虽然以"基督论"和"圣灵论"来呈现"extra Calvinistiucm"在加尔文神学中的功能，但那只是一种方便的工具，是为了有条理地呈现加尔文的思考。加尔文的思考实际上处在一个发展的过程中，当读者阅读本文，从第二章的"基督论"议题进入到第三章的"圣灵论"讨论的时候，应该能够发现：加尔文并没有一开始就架构了他的"圣灵论"，他反而是因应对"道亦超越在肉身之外"的坚持，逐渐地发展关于圣灵的观点作为补充，使他的圣灵论和基督论的观点相辅相成，协调一致。由此可见，加尔文的神学思想处在一种有机生成的过程中。同时，在这个发展过程中，加尔文逐渐形成一串可遵循的重要逻辑：上帝的创造行动要在上帝的拯救行动当中被正确地认识，而上帝的拯救行动又只能在圣灵的群体中被认识。本文只是希望借用"基督论——圣灵论"这样的结构性工具，更有条理地呈现加尔文的这一串连贯性的神学思考。

再者，使用思想史的方法。要掌握加尔文思想的形成和发展，就必须将他

---

13 这类的研究可参 Quirinus Breen, *John Calvin: A Study in French Humanism* (Grand Rapids: Eerdmans, 1931); William Bouwsma, *John Calvin: A Sixteenth-Century Portrait* (New York: Oxford University, 1988)。

14 Wyatt, *Jesus Christ and Creation in the Theology of John Calvin*, xiii-xix.

的思想放在思想史脉络中去考察。本文所论的核心主题，"extra Calvinistiucm"教义，是加尔文在尝试解决慈运理与路德圣餐观之争的过程中承继和发展自大公教会传统的一项主张。并且，这项教义又在之后的改革宗与路德宗神学家的争论中成为焦点，与之相关的歧见也明显影响这两个阵营，使之在新教内部各自发展出不同特色的神学传统。因此，对这项教义的意义和功能，最好要尽量放在与之继承和发展有关的历史脉络中去理解，通过比较、对照等方法进行梳理。

最后，努力结合社会史的方法。思想史的进路有其局限：若只关心思想的变化，而不理会社会处境的变迁以及这变迁对思想变化构成的影响，我们对历史的加尔文的认识就不免有所偏颇。尽管本文在这方面的贡献最为有限，笔者很认同近年来在学界尝试结合思想史与社会史研究的努力。

四、相关研究综述

威利斯于 1966 年出版的《加尔文的大公基督论》，是第一部专门研究"extra Calvinistiucm"教义的英文著作，并且主要关注这项教义在加尔文神学中的功能。用作者自己的话说，该著作的目的是要"澄清'extra Calvinisticum'这个术语的意思，并检验它的合理性，追溯它所指涉教义的起源，并且考察这项教义在加尔文神学中的功能。"[15]纵览整部作品，作者首先在第一章追溯"extra Calvinisticum"这个名称在历史上的起源，在第二章概览这个名称所指涉的教义在加尔文之前的大公神学传统中的承传和使用，然后在第三至第五章中，分别分析了这项教义在加尔文基督论中的功能、与认识上帝之教义的关联、以及与伦理学的相关性。这部著作中有极其丰富的历史神学的贡献，不易用简短的方式概括，在此仅提到几项笔者认为特别重要的：（1）作者的研究澄清，"extra Calvinisticum"这个名词所指涉的教义已经在加尔文之前被很多重要的教父和中世纪神学家所使用，因此被称为"加尔文主义的"是不当的。[16]（2）作者的研究解释了路德宗基督论和改革宗基督论的异同：双方都同意永恒之道在成为肉身之后并没有放弃对宇宙的统治；但路德宗神学家坚持认为，基督的人性通过属性相通，从神性获得了无所不在的能力，因此整个基督虽然在肉身之内，却没有受到限制，因而继续统治宇宙；而改革宗神学家则坚

---

15 Willis, *Calvin's Catholic Christology*, 1.
16 Willis, *Calvin's Catholic Christology*, 60.

持认为，肉身就其本质而言是有限的，然而基督没有在道成肉身事件之后放弃对宇宙的统治，是因为基督从来没有停止其"也在肉身之外"的存在，这正是加尔文在"extra Calvinistiucm"中要辩护的神学要点。双方以不同的方式，都在一定程度上维护了基督位格的统一性和连于这位格的两个本性的真实。[17]

（3）作者的研究指出，对加尔文而言，"extra Calvinistiucm"教义的功能在于：强调"肉身中的拯救中保"与"超越肉身的永恒神子"之间的同一性（identity）[18]、以及人对上帝和对自己的认识的三一式特征[19]。可见，威利斯认为，加尔文使用这项教义时，偏重对基督的人性和神性、基督作为拯救者中保和创造者中保、拯救者上帝和创造者上帝在区分中的同一性的申述，亦即强调"肉身中的基督与永恒之道非绝对全等的一致性"。[20]

在此，威利斯的立论为争论留下一些空间。瓦亚特（Peter Wyatt）在《加尔文神学中的耶稣基督和创造》（Jesus Christ and Creation in the Theology of John Calvin）中，称威利斯的观点为"动态的统一性"的观点，他自己称加尔文的观点为"统一的动态性"，倚重对基督神性和人性、基督作为创造中保和基督作为拯救中保在同一性中的区分。[21]瓦亚特在自己著作中的主要关注是：耶稣基督与创造之间的关系，亦即加尔文神学中"福音的（evangelical）"面向和"知性的（sapiential）"面向的关系。"福音的"面向指向加尔文对福音的委身和以耶稣基督为中心的神学，"知性的"面向指向对创造者上帝的认识，和承继自中世纪传统的那种强调可理解性的神学方法。瓦亚特的精彩之处在于：展示了这两个面向在加尔文思想中互相补充和互为预设的关系。[22]在这部著作的第二章，作者探讨了"extra Calvinistiucm"这个关键的主题，认为它在加尔文那里"最明显的功能是要区分基督两性和与两性相关的两种能力，从而肯定基督神性的威严对他肉身的限制条件的超越。"[23]对"extra Calvinistiucm"教义所作的这个着重"位格统一性中的两性区分"的诠释，正正呼应了作者对加尔文神学中相互关联的"福音的"面向和"知性的"面向所做的区分。

---

17 Willis, *Calvin's Catholic Christology*, 24-25.

18 Willis, *Calvin's Catholic Christology*, 99-100.

19 Willis, *Calvin's Catholic Christology*, 1, 151-152.

20 Willis, *Calvin's Catholic Christology*, 125.

21 Wyatt, *Jesus Christ and Creation in the Theology of John Calvin*, 31-36.

22 Wyatt, *Jesus Christ and Creation in the Theology of John Calvin*, xix, xxiv.

23 Wyatt, *Jesus Christ and Creation in the Theology of John Calvin*, 32.

威利斯和瓦亚特一致同意"extra Calvinistiucm"教义同时肯定了道成肉身之基督的位格合一和神人二性的区分，只是各自有所偏重：威斯利着重对位格统一性的强调，而瓦亚特则倚重对神人二性的区分。只不过，瓦亚特似乎太过强调神性和人性的能力的区分。加尔文真正关心的并非能力，而是人神关系：只有在确认人与神之间本质性差异的前提下，才能真正有意义地谈论神人关系以及这关系的恢复。

笔者认为，若要避免陷入加尔文在位格合一与神人二性区分之间必定有所倚重的迷思，学者需要更彻底地贯彻欧伯曼（Heiko Oberman）提议的将加尔文基督论理解为"功能基督论"的进路。欧伯曼在〈加尔文神学中的'超越'面向〉（"The 'Extra' Dimension in the Theology of Calvin"）一文中指出了加尔文在基督论中所促成的一个重心转移："从本质基督论转向功能基督论，从而迈向一种中保神学"。[24]"中保基督"才是加尔文最看重的神学题旨：在道成肉身的基督里，首先认识他是为我们的拯救中保，然后认识他也是为这世界的创造中保。欧伯曼提醒"也"（etiam）字在这个教义中的重要性：它暗示了一切关于上帝和我们自己的真知识，都以道成肉身的拯救中保为基础，只有在此基础上我们才能真正拥有诸多"Extra"的认识——认识上帝"也在教会之外"，"也在圣餐之外"，"也在肉身之外"和"也在律法之外"。[25]拯救中保作为一切真知的来源，说明在加尔文那里不需要在神人二性的区分与合一之间有所偏重，因为这两者的真实性对于拯救中保职能的有效性而言缺一不可。

在《加尔文的大公基督论》之后，李耀坤与麦克吉尼斯两位学者延续了对"extra Calvinistiucm"教义的研究兴趣，并填补了威利斯留下的一些空缺。威利斯已经用一章的篇幅追溯了这项教义在加尔文之前的神学家中的使用，但他的研究仍然主要集中于加尔文，而加尔文之外的神学传统对这项教义的使用仍然缺乏详细的研究。麦克吉尼斯于2014年出版的《神子超越肉身》（*The Son of God Beyond the Flesh: A Historical and Theological Study of the Extra Calvinisticum*）在这个方向上弥补了空缺。[26]为了呈现这项教义在教父时代、中世纪与宗教改革时期中的使用，他选取亚历山大的西里尔（Cyril of Alexandria）、阿奎那（Thomas Aquinas）与乌尔西努（Zacharias Ursinus）作

---

24 Oberman, "The 'Extra' Dimension in the Theology of Calvin," 60.
25 Oberman, "The 'Extra' Dimension in the Theology of Calvin," 62.
26 McGinnis, *The Son of God Beyond the Flesh*, 3-5.

为研究对象（第二、三、五章）；然后，他描述这项教义在现代神学中的没落（第六章）；最后，从历史描述转向神学建构：在观察当代试图复兴这项教义的一些努力（第七章）之后，作者提出当代教会如何善用这项教义的建议（第八章）。[27]麦克吉尼斯虽然有很大的贡献，但因为他的研究对象集中在除加尔文之外的神学家，对本文研究的帮助并不是那么直接。尽管如此，他的第四章描述十六至十七世纪宗教改革内部与这项教义有关的论战，将有助于本文完成重新描述这场争论的任务。

相比之下，李耀坤的研究将对本文有更直接与重要的影响。他于 2011 年出版的著作，《加尔文思想中的"圣灵作为连结"——在与"extra Calvinistiucm"教义的关系中论其功能》（ *The Holy Spirit as Bond in Calvin's Thought: Its Functions in Connection with the extra Calvinisticum* ），是一部兼顾"extra Calvinistiucm"教义的加尔文圣灵论专著，回应了近年来兴起的加尔文圣灵论研究热潮。李耀坤追随克鲁斯奇（Werner Krusche）与威利斯的洞见，借着描述加尔文如何在与"extra Calvinistiucm"的紧密关联中，发展出"圣灵作为连结"这项重要的圣灵论观念，探索与呈现加尔文圣灵论与基督论的紧密关联性。[28]作者在本书中的一大兴趣与贡献，是解释加尔文如何在回答"extra Calvinistiucm"教义所产生的问题的过程中发展出"圣灵作为连结"的教义。如果，（按加尔文的强调）基督升天后的身体留在天上，那么问题是："信徒以何方式或在何种意义上与基督联合，特别是在圣餐礼的施行过程中？"[29]李耀坤认为，因应回答这个难题的需要，加尔文发展出"圣灵作为连结"（the Holy Spirit as Bond）的观念，从而形成基督借着圣灵真实地临在于圣餐之中的解释。[30]正是在"圣灵作为连结"与"extra Calvinistiucm"教义紧密关联的基础上，作者最终描述了加尔文如何建构与他的基督论互相呼应（corresponding）的圣灵神学。笔者认为，李耀坤的研究主要有两大贡献：（1）他跟从欧伯曼的进路阐释加尔文如何"将传统的'基督两性'的难题置换为'中保职分'的问题，"[31]然后从对加尔文"功能基督论"的理解，延伸出对加尔文"功能圣灵

27 McGinnis, *The Son of God Beyond the Flesh*, 7-8.

28 Lee, *The Holy Spirit as Bond in Calvin's Thought*, 4.

29 David Fergusson, Foreword to *The Holy Spirit as Bond in Calvin's Thought*, by Daniel Y. K. Lee （Bern: Peter Lang, 2011）, ix.

30 Lee, *The Holy Spirit as Bond in Calvin's Thought*, 9-42.

31 Lee, *The Holy Spirit as Bond in Calvin's Thought*, 6.

论"的神学理解。（2）他具体描述了"extra Calvinistiucm"教义与加尔文圣灵论之间存在的紧密关系。据李耀坤观察，威利斯虽然也曾提及这种关系，结果却只是几笔带过。[32]我们也注意到，威利斯描述了"extra Calvinistiucm"教义在加尔文基督论、认识论和伦理学中的功能，却没能留出一章论及这项教义与圣灵论的关联，实在是一大缺憾。李耀坤的研究，首次向我们勾勒加尔文圣灵论在与其基督论的紧密关联中发展成形的完整画面。

　　然而以上学者仍然留下一些有待进一步探索的空间。首先，相对于着重论述加尔文如何认识圣灵的拯救行动，李耀坤很少着墨于加尔文对圣灵创造之工的理解。可是，如果加尔文的圣灵论是因着坚持"extra Calvinisticum"而联动产生的，而且是与其基督论平行呼应的，那么圣灵与基督的创造之工的关联，也应该至少略见于一个完整的加尔文圣灵论。尤其针对多数华人教会重拯救而轻创造的传统，也很有必要为汉语神学描述与引介拯救与创造在加尔文圣灵论中的关系。其次，虽然威利斯已经勾勒了"extra Calvinisticum"对加尔文伦理学的影响，但没有详细解释这项教义如何具体地影响加尔文的政治神学。瓦亚特曾言，加尔文与路德的政治理论之所以不同，可能是因为"extra Calvinisticum"，可惜他只是一笔带过，没有做详细的解释。[33]本文希望在汇集以上学者研究成果的基础上填补这两项空缺。

五、如何中译 "extra Calvinisticum"

　　关于拉丁文 "extra Calvinisticum" 的中译，本身就是一项艰难的任务，如果想要做出适当的决定，既需要对围绕这项教义的神学争论有足够的历史背景知识，也需要充分了解它在加尔文神学中的使用方式与功能。就这项教义本身的内容而言，它主张：永恒的道，在成为肉身之后，并没有受到限制，而是既完全与人性连于一个位格，*也超越在肉身之外*。因此，可以直截了当地将这项教义的内容要点概述为"道亦超越肉身"（*etiam extra carnem*）。

　　事实上，正如威利斯已经证明的，这个教导不是源自加尔文及其跟随者，因为相似的表达早已频繁出现在古代教父与中世纪神学家的论著中。[34]然而，十七世纪的路德宗神学家认为是加尔文派发明了这个教义，因此称之为"*extra*

---

32 Lee, *The Holy Spirit as Bond in Calvin's Thought*, 4. The reference to Willis, see Willis, *Calvin's Catholic Christology*, 82-84.

33 Wyatt, *Jesus Christ and Creation in the Theology of John Calvin*, 149.

34 Willis, *Calvin's Catholic Christology*, chapter 2.

Calvinisticum"。正如麦克吉尼斯所指出，路德宗在这个绰号中实则玩弄了文字游戏，因为它既可以意指"加尔文主义者的基督在肉身外部的教义，"也可以指"加尔文主义者的添加，"后者旨在暗示：加尔文派发明了古代教父从未教导的教义，因而是令人可憎的。[35]

根据穆勒（Richard A. Muller），"extra Calvinisticum"可译为"the Calvinistic Extra"，而"Extra"的意思可以指"beyond"，也可以指"outside"。[36]将这个"Extra"放回十七世纪围绕基督论的争吵背景，我们将不难发现，路德宗使用这个用词时想要凸显的是"outside"——即"在……之外"或"外部"——的意涵，因为他们指控这项主张错误地将基督位格的一部分留在了肉身之外。[37]但是，加尔文与改革宗神学家实际上并不认为基督的位格或神性可以被拆成不同的部分，以至于一部分在肉身之内，而另一部分被留在了肉身之外，这绝不是他们的观点。相反，他们在这个"Extra"中想要强调"beyond"——即"超越"——的意涵：永恒的道，完完全全地住在肉身之中的同时，却没有失去自身作为永恒神子所具有的*超越*肉身限制的全在性。[38]加尔文更是进一步使用这项教义为道在肉身之外的受造万物当中的主权性全在辩护。[39]

鉴于以上情况的复杂性，笔者在中译"extra Calvinisticum"的时候将区分它是作为一个名称还是一项教义。[40]据此，本文将根据其出现的不同上下文，

---

35 McGinnis, *The Son of God Beyond the Flesh*, 8.

36 Richard A. Muller, *Dictionary of Latin and Greek Theological Terms* （Grand Rapids: Baker, 1985），111.

37 杜伦斯,《时、空与道成肉身》,陈群英译，杨庆球审译（香港：文艺，2008），41; McGinnis, *The Son of God Beyond the Flesh*, 8.

38 改革宗基督论之所以能够同时主张基督完在肉身之内与超越在肉身之外，这是因为他们对属性相通的解释：两性之间不能直接地沟通，但各自的属性对于位格而言都是真实的。于是，对他们而言，因为人性完全在肉身之内，所以位格也完全在肉身之内；又因为神性不受限制，故位格也超越有限的身体的限制。我们将在本文第一章更清楚地说明这一点。

39 这个要点的论述，将在本文第二章展开。

40 根据麦克吉尼斯，Friedrich Loofs 一个世纪前就已经注意到所谓的 "extra Calvinisiticum" 的教义并不来源于加尔文，欧伯曼（Heiko Oberman）也曾重提这一事实，在此之后，威利斯的研究《加尔文的大公基督论》对前人的发现做了非常详细的例证，见 McGinnis, *The Son of God Beyond the Flesh*,11。然而，首先明确提出在使用"extra Calvinisticum"这个用词时需要区分它作为一个名称还是作为一个教义的学者是威利斯，见 Willis, *Calvin's Catholic Christology*, 8.

使用两种中译的策略。首先，当它是指路德宗为这项教义起的绰号时，我们的中译希望有助于保留和传达路德宗神学家在那种激烈论辩气氛中表现出来的对这项教义带有讽刺与挖苦的反感。在这个情境中，为了更好地再现与这项教义及其名称相关的争论的历史背景，我们会将它翻译为“加尔文主义的外部”或“加尔文主义的添加”，甚至在有必要的时候干脆不做中译，而是直接引用“extra Calvinisticum”这个拉丁文名称，这尤其是我们在本文第一章将会经常遇见的情况。其次，当这个名词用来指加尔文所坚持的那一项被路德宗谬称为“extra Calvinisticum”的教义本身时，我们将以互换的方式，中译为“道亦超越肉身”或“道之全在性”。“道亦超越肉身”指出加尔文与他之前的众多神学家共享的教义的内容要点是什么，而“道之全在性”[41]则能明确道出加尔文在使用这项教义时想要强调的是什么，亦即这项教义在加尔文基督论中的功能。加尔文自己使用“道亦超越肉身”这个教义的方式，主要是为了强化道从未放弃的、那超越肉身临在于万物当中的主权性全在。[42]

六、论文内容纲要

“道亦超越肉身”，或称“道之全在性”，是加尔文在处理圣餐观与基督论争论的时候明确赞同的，然后确立为加尔文基督论中的一项不可或缺的教义主张，该主张重要性的确立又进一步要求加尔文发展相关的圣灵论观点作为补充。因此，本文希望按照这个发展脉络描述这项教义的功能。

第一章，为整篇论文做历史背景的交代，解释改革宗和路德宗的圣餐教义之争与基督论之争如何发展演变至路德宗以“extra Calvinisticum”这个标签指称“道亦超越肉身”的主张，并追溯这项教义在大公教会传统中的渊源和传承。“extra Calvinisticum”是路德宗神学家在 16 至 17 世纪发明的一个用语，用来特指改革宗神学家所坚持的一项教义：基督在道成肉身之后，仍然也超越在肉身之外。他们如此主张，实际上是要在承认基督道成肉身事实的前提下，维护基督神性和人性各自的完整性。但路德宗神学家按照他们的基

---

41 另一个可参考的中译是“加尔文的道的永恒性”，见杜伦斯，《时、空与道成肉身》，陈群英译，杨庆球审译，41。

42 但这并不暗示路德会否认道的全在性。只是路德承认道的全在性的方式是完全不同的：他不是借着接纳，而是通过否定“道亦超越肉身”教义。因为在他的神学里，基督肉身借着属性相通获得了神性无所不在的属性和能力，而不再是有限的，因而对他而言基督不在肉身之外存在，但仍可以是无所不在的。

督论的要求解读改革宗对这项教义的使用，认为这是将整个基督的一部分留在了身体之外，危及道成肉身的事实，因而反对这项教义。他们认为这个教导是加尔文主义者发明的，大公教会从来没有这样的教导，因此称之为"extra Calvinisticum"，亦即"加尔文主义的外部"。但事实上，正好相反，这项教导已经在加尔文之前由包括奥古斯丁和伦巴德在内的多位重要神学家所使用。这说明，加尔文派对这项教义的赞同并非脱离大公教会传统的标新立异之举。

第二章，论述"道之全在性"教义在加尔文基督论中的功能。加尔文强调基督在道成肉身之后，就其神性而言，"也超越在肉身之外"。这个"也超越在肉身之外"的教义，重点指向加尔文对基督双重中保性的理解：首先，在道成肉身的行动中，我们认识基督是"拯救中保"，他的拯救行动向我们揭示三一上帝在历史中为我们所做的神性降卑和人性升高的运动，目的是为了使我们重新与上帝和好，并最终将我们提升到与上帝的亲密团契中；其次，以对这位"拯救中保"的认识为基础，我们进一步认识他*也是*那位永恒的"创造中保"，万物乃是借着他被造，又继续借着他不断得到维持、滋养和护佑，即使在道成肉身之后，祂也没有停止其作为"创造中保"的工作。通过这位创造中保的行动，我们认识一位极其关心创造界的有情的全能三一上帝，而这个认识又回过来加深和更新我们对"拯救中保"的原有认识。如此，对拯救者上帝和创造主上帝的认识是相互关联的，二者可以形成一个循环，向前发展，丰富我们对三一上帝的认识。

第三章，阐释"道之全在性"教义与加尔文圣灵论之间的关联。由于在"道之全在性"教义中已经强调真实肉身的空间限制，因此，加尔文面对一个难题：基督在天的身体如何在不出现的情况下，在圣餐中喂养信徒的生命？为解决这个问题，加尔文发展出"圣灵作为连结"的重要教义，使他可以合理地主张：透过圣灵的连结之工，基督身体在不出现的情况下仍能参与圣餐的喂养。以此"圣灵作为连结"概念为主轴，加尔文进而发展出一套与其基督论并行的圣灵论。在拯救中，圣灵协调基督的神性与人性，并在信徒的生命中工作，将基督的客观工作转化成信徒主观的祝福；在创造中，圣灵持续性地扶持、滋养、护佑这世界在秩序中，使之不断转化、更新，朝向终末新天新地的新创造。如此形成对圣灵位格的理解：在三一内部，圣灵是父与子之间的某种"连结"。

　　第四章，以前面的论述为基础，特别选取加尔文与路德各自的"两国论"做比较，进一步探讨"道之全在性"教义与加尔文神学的入世倾向之间的关联，挖掘这个教义的实践意义，以说明"道之全在性"教义在加尔文的社会政治文化处境中有助于加尔文发展出具有入世性格的神学。"道之全在性"教义对"基督也是创造中保"的强调，与加尔文主张的"基督也是这世界的主"在思考方式上有相似性，并且在内容上也存在关联，在这个意义上，前者为后者奠定了基督论的基础。加尔文明确强调基督对这世界的主权，这是他的"两国论"比路德的"两国论"更有入世关怀倾向的一个关键原因。

　　结论部分。首先，总结论文的观点，以简要的方式勾勒本文的探索成果。然后，我们将延伸出关于"道之全在性"教义如何对今日中国教会说话的刍议。中国教会，历来都是为了保持"信仰认同"而拒绝回应处境，因而造成信仰与世界的二分对立，陷入严重的"世界相关"之危机。笔者认为，加尔文在"道之全在性"教义中对"拯救中保"和"创造中保"的关联性思考，能有助于在神学上建立起"信仰认同"与"世界相关"之间的正面关系，从而为今日中国教会提供启迪与建议：教会作为上帝国的预显，可以从自身信仰的身份出发而及处境，又从处境回过来而及身份，使"信仰认同"和"世界相关"形成一个互动的良性循环。最后，与加尔文就"神性不受苦"（divine impassibility）的观念进行商榷，为本文的探索之旅画上句号。笔者认为，加尔文视为理所当然的"神性不受苦"的观念并非源自圣经，而是来自希腊哲学，而且与"道之全在性"的功能极不协调，因此当代加尔文神学的发展不必受制于这项观念的束缚。

第一章 "extra Calvinisticum" 的历史概览：一个与路德宗的争拗

所谓的 "*extra Calvinisticum*" 指这样的一个教义主张：道成肉身之后，上帝永恒的儿子，虽是与人性完全地连于一个位格，却也超越在肉身之外（*etiam extra carnem*）。在 16 至 17 世纪改革宗与路德宗神学家之间起源于圣餐解释分歧的基督论争论中，改革宗明确赞同这项教义，并赋予它以极高的神学重要性。与此相反，路德宗坚决反对这项教义，认为它是改革宗神学所独有的，是加尔文主义者的发明，缺乏基督教正统神学的支持，因此给它贴上标签——"*extra Calvinisticum*"，意思是说"加尔文派那个关于基督在身体之外的教义。"可以按字面直译为"加尔文主义的外部（the Calvinistic Extra）"。[1]从这个奇怪的用词当中，我们不难感受到路德宗神學家对此项教义的轻蔑和反感。[2]

汉语学界对宗教改革内部围绕这项教义的争拗以及 "*extra Calvinisticum*" 这个名称的来历还很陌生。学者威利斯的研究对于弥补我们的历史知识最有帮助。在《加尔文的大公基督论》中，他区分了 "*extra Calvinisticum*" 作为一个名称和 "*extra Calvinisticum*" 作为一项教义，追溯了这个名称的历史缘起，并回顾这个名称所指涉的教义在教会历史传统中的使用，从而澄清了一个事实：这项改革宗明确强调的教义并非加尔文的发明，因此路德宗神学家为其贴上"加尔文的"的标签是不恰当的。[3]在此之后，麦克吉尼斯也有明显的贡献，其著作《神子超越在肉身之外》的第四章，重新描述了这场争论的过程，

---

1 Muller, *Dictionary of Latin and Greek Theological Terms*, 111.
2 See Willis, *Calvin's Catholic Christology*, 8-9.
3 Willis, *Calvin's Catholic Christology*, 8-60.

丰富了我们的认识。[4]在这一章，我们将主要依靠威利斯和麦克吉尼斯的贡献，尽最大努力为汉语读者重塑一个关于此项教义之争的历史语境。首先，我们将借着梳理 16 至 17 世纪发生在改革宗与路德宗之间的圣餐教义的纷争以及由此引申出来的基督论争拗，呈现两边的神学家对"道亦超越肉身"教义所持的不同态度与立场，以及路德宗神学家如何发明"*extra Calvinisticum*"这个方便的标签。在此之后，我们将整理这个被称为"*extra Calvinisticum*"的"道亦超越肉身"教义在加尔文那里最清楚的表述，并回溯它在加尔文之前的大公教会神学传统中的使用和传承，从而澄清：事实上，路德宗神学家称这项教义为加尔文派的发明才是一种脱离传统的标新立异。这一章的目的是为进一步讨论此项教义在加尔文神学中的功能做好历史背景的铺垫。

第一节　圣餐观之争："extra Calvinisticum"争拗的源头

路德宗与改革宗的圣餐教义之争由来已久，最早可追溯到第一代改教领袖路德与慈运理的分歧。共同反对天主教的"变质说"（transubstantiation）并没有导致路德和慈运理在解释圣餐的努力中走到一起。相反，他们关于基督如何临在于圣餐的分歧，借着各自的著作和论述，并且配合当时政治环境的变化，逐渐发展成危及宗教改革运动之合一的纷争。[5]

为反对天主教认为饼与葡萄酒在祝谢之后在本质上转变成基督之肉和血的说法，慈运理提出"象征记念说"，认为饼和杯没有任何改变，只是象征性地指向基督的身体与宝血，而信徒领受圣餐的意义主要在于记念。但路德希望在反对天主教圣餐教义迷信化的同时，也避免落入极端的人文化的解释，以至于将福音奥义的大能从圣餐中剔除。因此，他提出"同质说"，强调基督是带着他的真身宝血，与圣餐的原质（饼与酒）一同出现。[6]

根据欧伯曼，路德派和慈运理派的圣餐之争最初聚焦在如何解释耶稣设立圣餐时指着饼所说的话："这是我的身体。"（太 26：26；林前 11：24）[7]慈

4　McGinnis, *The Son of God Beyond the Flesh*, 73-92.

5　McGinnis, *The Son of God Beyond the Flesh*, 74-75.

6　林鸿信，《加尔文神学》（台北：校园书房，2004），176-177；也参帕尔克（T. H. L. Parker），《加尔文传》（*John Calvin: A Biography*），王怡方、林鸿信译（台北市：道声，2001），115。

7　Oberman, *Luther: Man between God and Devil*, trans. Eileen Walliser-Schwarzbart（New Haven: Yale University Press, 1989），232-233.

运理认为，耶稣只是以比喻的方式称饼为他的身体，因此饼只是象征性地指向耶稣的身体，而耶稣的身体并没有出现在饼当中，因为按圣经的见证，耶稣有限的身体在复活之后已经被提到天上。路德反对慈运理的比喻之说，坚持必须单纯按字面解释耶稣所说的"是"。[8]路德认为，虽然饼并没有像天主教所主张的那样改变本质成为基督的身体，但这真身确确实实地出现在圣餐中，同着饼一道与我们分享。他说，"那么，这圣坛上的圣礼到底是什么？这是主基督的真身宝血，存在饼和酒之内、之下，我们基督徒服从基督的话，奉命而吃。"[9]因此对他而言，当耶稣指着圣餐饼说"这是我的身体"时，他不仅仅指向一个象征物，而是同时指向那出现在饼当中的他自己真实的身体。[10]

路德解释圣餐的一个基本原则与出发点是必须坚持道与圣礼的结合，因此他说，"正如圣洗礼中的水一样，这圣餐礼中的饼和酒，并不是那摆在桌上的事物，而是包含了神的道，且与神的道结合在一起。"他又引用奥古斯丁的话说，"道临在原质中而成为圣礼。"[11]在此基础上，路德进一步解释说，吃饼喝杯的意义，不只是为了记念基督，更是真实吃喝作为"灵粮"的基督真身与宝血，使凭信心领受者自身获益，罪得赦免，信心增长，新造之人得以滋养。"因此，神将这圣礼赐给我们，作为我们每日的灵粮，以坚固我们的信心，使我们能战胜魔鬼和自身的种种软弱。"[12]对路德而言，慈运理的解释将耶稣身体排除在圣餐之外，等于也是否定了基督在我们当中的联合性临在，导致圣餐变成仅仅是"人为的表演"，犹如行礼如仪一般。[13]是故，支持慈运理圣餐观的人通常在路德宗内部称为"圣餐形式论者"（sacramentarian，或译作"圣餐礼仪论者"）。

路德与慈运理在圣餐解释上的分歧日益扩大，其影响不仅仅是神学性的，也是政治性的，逐渐发展成对新教诸侯国联盟的威胁。为了重新强化新教诸侯国之间因教义之争而弱化的政治团结，黑森公爵菲利普（Landgrave Philipp of Hesse）在1529年召集马尔堡会谈（Marburg Colloquy）试图协调这个阻碍

---

8 McGinnis, *The Son of God Beyond the Flesh*, 75.

9 路德，《基督教大教义问答》，《协同书：路德教会信仰与教义之总集》，逮耘译，第一册（南京：译林出版社，2003），166。

10 McGinnis, *The Son of God Beyond the Flesh*, 75.

11 路德，《基督教大教义问答》，166。

12 路德，《基督教大教义问答》，167-168。

13 路德，《基督教大教义问答》，166。

团结的圣餐教义纷争。[14]路德和墨兰顿形成"路德派"，慈运理和厄科兰巴丢（Oecolampadius）形成"慈运理派"，两派互相对峙；马丁·布塞珥（Martin Bucer）则站在中间，希望在中间协调，以促成新教阵营的团结。[15]但是，这次会谈没能促成任何共识，最终以失败收场。[16]路德重申基督设立圣餐的原话，并坚持认为这话意指基督的身体出现在圣餐当中；与此针锋相对，慈运理派坚持认为基督的话是一个比喻，并且引用基督在另一处说的话，即"肉体是无益的"（约 6：63），质疑路德关于基督身体临在于圣餐的解释的有效性。[17]政治性介入非但无助于化解宗教改革内部的神学分歧，反而使得这分歧更加公开化，并朝向顽固化的方向发展。用帕尔克（T. H. L. Parker）的话说就是："结果只是更加确定了两边的不同，使彼此的争执更加尖锐化。"[18]

然而，以失败收场的马尔堡会谈对于教义史发展而言却有一项积极的成果，值得关注。这次会谈标志着，路德宗和改革宗的争论的焦点开始从与圣餐有关的释经上的分歧转向基督论题旨的争辩。正如路德自己的证词所言，他同意参加此次会谈的一个目的就是要检视对方阵营是否错误地教导了"三一和基督位格。"[19]正如麦克吉尼斯所发现的，在这之后，双方的争论开始涉及基督身体如何出现在圣餐之中以及当中关于身体的空间性问题，从而导致路德承认字面解释"这是我的身体"的结果是必须肯定基督的身体同时出现在天上和圣餐当中。[20]日后，路德宗神学家争辩说，这之所以可能是因为通过道成肉身基督神性向基督人性传递了无所不在的属性，这便是路德宗所理解的属性相通的教义（communicatio idiomatum）。[21]但在慈运理派看来，这是不能接受的，因为他们坚持基督所取之人性若是真实就必须是有限的，因而他的身体不能同时出现在两个地方。[22]由此可见，路德宗圣餐观之所以与慈运理派以及之后的整个改革宗传统无法调和，其中一个关键因素是因为他们对基督人性有着完全不同的理解：路德宗认为基督的人性可以超凡脱俗，不受有

---

14 McGinnis, *The Son of God Beyond the Flesh*, 75.

15 帕尔克，《加尔文传》，279。

16 "The Marburg Articles," in *LW* 38: 85-89.

17 McGinnis, *The Son of God Beyond the Flesh*, 76.

18 帕尔克，《加尔文传》，279。

19 McGinnis, *The Son of God Beyond the Flesh*, 76.

20 McGinnis, *The Son of God Beyond the Flesh*, 76.

21 Wyatt, *Jesus Christ and Creation in the Theology of John Calvin*, 33-34.

22 McGinnis, *The Son of God Beyond the Flesh*, 76.

限性的限制，但改革宗却是坚持真实的人性必须与我们的人性一样，在空间上是有限的。往后两派之间的争论，正如威利斯所述，将进一步从关注基督身体如何临在圣餐当中（十六世纪50年代）朝向关心如何理解基督人性以及人性与神性如何联合在一个位格之中（十六世纪60年代）发展。[23]这个从圣餐教义之争到基督论之争的转向，对于我们理解为何路德宗神学日后会称呼"神子也超越在肉身之外"的教导为"*extra Calvinisticum*"具有至关重要的作用。在我们之后的讨论中，这一点将会更加清楚。

认识到圣餐争论已经严重危及新教阵营的合一，加尔文在马尔堡会谈之后开始探索一个新的圣餐观。[24]在那个时候，他受慈运理的直接影响甚少，但已熟读布赛珥和路德的著作，1536年第一版的《要义》中讨论圣餐的部分仍然反映路德的主导性影响。例如，加尔文非常看重路德关于信徒在圣餐中与基督联合的思想。[25]李耀坤所强调的加尔文在圣餐教义中从始至终持守一个"规范性原则"——即圣礼的功能必须与圣道引领我们透过信心领受上帝在基督里赐给我们的恩典和应许的职分一致——必须放在路德神学影响的背景中才能获知更完全的理解。从始至终，加尔文都在这样一个关键点上赞同路德，亦即"我们必须在圣餐中确立基督的临在。"[26]从1536年之后，根据温德尔（Francois Wendel），加尔文开始挣脱路德所施加的其他不必要的束缚，很快在一个关键点上与路德分道扬镳：他开始明确拒绝路德所教导的基督身体的无所不在（ubiquity）。[27]他认为，无论以何种方式确立基督于圣餐中的真实临在，我们都必须"不减损他的身量，或将祂的身体同时分散在各处，或以为他的身体无限庞大，甚至充满天地。因为这些事情显然是与一个真实的人性是互相矛盾的。"[28]就目标而言，他仍然希望基于对奥古斯丁、路德和布赛珥的熟悉形成一个协调的立场，从而桥接起路德派和慈运理派的圣餐观点。[29]结果却是出乎预想：正如李耀坤所强调的，在始终持守"圣礼跟圣道分担同一

23　Willis, *Calvin's Catholic Christology*, 14.

24　李耀坤，〈圣灵的连结——加尔文对解决圣餐争论的献议〉，《加尔文与汉语神学》，陈佐人、孙毅主编（香港：道风书社，2010），135。

25　Francois Wendel, *Calvin: The Origins and Development of his Religious Thought*, trans. Philip Mairet （New York: Harper & Row, 1963），329-330.

26　*Institutes* 4.17.19.

27　Wendel, *Calvin: The Origins and Development of his Religious Thought*, 331.

28　*Institutes* 4.17.19.

29　Francois Wendel, *Calvin: The Origins and Development of his Religious Thought*, trans. Philip Mairet（New York: Harper & Row, 1963），329.

的职事"的原则的前提下，加尔文将肉身的有限性作为一个出发点，发展出自己独特的、以圣灵的工作解释基督真实临在的圣餐教义。[30]因为引入圣灵作为连结的教义，加尔文不仅能够更加详细地说明基督如何真实地在圣餐当中与信徒发生联合，而且可以成功解释不在空间上出现在圣餐当中的基督肉身如何克服空间障碍，作为上帝施恩的管道，真实地参与基督对信徒属灵生命的喂养。[31]由此可见，加尔文结合圣灵论所形成的圣餐观，其独特性在于同时跟路德和慈运理的圣餐解释区别开来：一方面，加尔文以在圣灵中的真实临在的解释[32]，取代路德的本质性或地方性的临在，守护了改革宗所坚持的人性有限的原则；[33]另一方面，圣灵工作的引入帮助加尔文成功地克服了"吃"基督身体的难题，从而与慈运理将圣餐仅仅当作象征的处理方式区别开来：基督的身体，虽然没有在空间上出现在饼当中，却真实地参与了基督喂养信徒属灵生命的过程。不同于慈运理记念说，加尔文坚持基督，而非信徒，才是圣餐的主角。[34]

尽管加尔文成功地解释了基督有限的身体如何留在天上某处的同时又真实参与基督在圣餐中对信徒的属灵喂养，却仍然无法使路德宗神学家满意，个中原因非常复杂。除了在激励的争辩气氛中频发的相互间的理解性误差之外，又有一部分原因是加尔文在 1549 年参与签订了旨在确保日内瓦与苏黎世合一的《蒂古里诺共识》（Consensus Tigurinus），后者在路德宗神学家看来是延续了慈运理主义圣餐观的影响，背离了《奥斯堡信条》（1530 年）关于圣餐的立场。[35]随着加尔文的影响日增，在路德宗神学家看来，已经没有必要再继续使用"慈运理主义者"（Zwinglian）来指称"圣餐形式论者"，因为毕竟不

---

30 李耀坤，〈圣灵的连结——加尔文对解决圣餐争论的献议〉，135，137，164。李耀坤这篇文章的一个主要目的就是解释加尔文圣餐教义因其别具一格地引入圣灵连结工作以解释基督真实出现在圣餐当中而呈现出的独特性。

31 李耀坤，〈圣灵的连结——加尔文对解决圣餐争论的献议〉，139-150。

32 《基督教要义》，4.17.18, 31。

33 李耀坤饶有洞见地强调说，针对路德宗圣餐观和属性相通教义所表现出的欧迪奇主义倾向，加尔文"以圣灵的工作，取代本质的互渗。将本质属性的交换，转变为圣灵位格性的行动（personal act）。"〈圣灵的连结——加尔文对解决圣餐争论的献议〉，146-147。

34 李耀坤，〈圣灵的连结——加尔文对解决圣餐争论的献议〉，138。

35 《奥斯堡信条》，第十条："我们的教会还教导：基督的真身宝血真实地存在，以饼、酒的形式，在主晚餐中分给领受圣餐的人。我们反对与此相反的论调，"见《奥斯堡信条》，《协同书：路德教会信仰与教义之总集》，第二册，10；McGinnis, *The Son of God Beyond the Flesh*, 78; Willis, *Calvin's Catholic Christology*, 13.

是只有慈运理主义者在教导形式主义的圣餐教义。于是，"加尔文主义者"（Calvinist）开始取代"慈运理主义者"，用以指代路德宗所指控的圣餐形式者。[36]

第二节　基督论之争："extra Calvinisticum"争拗的现场

　　阻碍加尔文圣餐理论得到路德宗包容的更重要原因，正如麦克吉尼斯已经指出的，是因为路德宗—改革宗论战的焦点自马尔堡会谈之后从圣餐观转向基督论。从早期路德—慈运理之争来看，路德对慈运理圣餐论的不满主要在于后者没有严肃对待与基督联合的问题，而是将饼仅仅当作象征指向基督在天的有限身体，导致基督身体没有真实参与基督圣餐工作的观点。在加尔文圣餐理论中，因为引入圣灵运作，基督身体虽然因其有限性没有本质性或空间性地出现在饼中，却因为圣灵的连结，仍然是真实地临在圣餐现场。这种新的观点虽然仍然有别于路德派本质性或地方性临在的解释，但实则满足了路德福音神学关于基督（尤其基督的身体）在圣餐中与真心领受者发生相交的基本要求，似乎应该能够获得路德派的谅解和宽容。但是，随着圣餐争论的发展，当两种不同的圣餐教义建基在两种针锋相对的基督论之上的事实开始浮出水面之后，事情的性质就发生了变化。对路德宗来说，既然加尔文圣餐论所赖以维系的一些基督论主张——即改革宗神学从基督身体有限性出发而形成的关于基督两性如何联合的观点——是路德宗神学所无法包容的，加尔文能够解释基督在圣餐中真实临在的事实又能有多少重要性可言呢？[37]正如《协同信条》（Formula of Concord）第八款开宗明义地说，"与圣餐礼之争辩相关的，是奥斯堡信条神学家与加尔文派之间关于基督之位格的争辩。"[38]

　　事实上，正如麦克吉尼斯所强调的，圣餐之争中所暴露的对何为真实人性的不同观点，进一步酵发了双方关于两项紧密关联的基督论教义的持久激辩："属性相通"（communicatio idiomatum）和后来被戏称为"加尔文主义的外部"（extra Calvinisticum）的教义。[39]而关于属性相通的不同解释，正是我

36　Willis, *Calvin's Catholic Christology*, 13.

37　麦克吉尼斯明显关注到路德宗—改革宗论战重点之转移对催生 *extra Calvinisticum* 之争非常重要，但无法判断他是否也注意到这个转向使得加尔文圣餐观与路德宗圣餐观的调和变得更加困难，参 McGinnis, *The Son of God Beyond the Flesh*, 73-92。

38　《协同之良方》，《协同书：路德教会信仰与教义之总集》，第三册，35。

39　McGinnis, *The Son of God Beyond the Flesh*, 79.

们理解双方围绕"神子也超越肉身"之教义的争论以及"*extra Calvinisticum*"这个路德宗标签如何浮出水面的至关重要的神学论战背景。[40]

属性相通（*communicatio idiomatum*）是古代教会所传承的，旨在坚持基督两性不能混淆的同时，认定人性和神性各自的属性共同出现在同一个位格的基本教义立场。[41]路德的基本立场是：从道成肉身那一刻起，基督的人性就已经借着神性属性的真实传递而开始获得提升。借着属性相通，人性从神性获得了无所不在的能力。这被称为"属性真实的相通"（a real communication of attributes），认为神性和人性之间发生真实的属性交换。正是基于这个观念，路德及其跟随者才能在圣餐教义中解释说，耶稣基督的身体可以同时出现在举行圣餐的许多地方。[42]

然而至少在《协同信条》之前，在路德宗内部关于属性相通的解释并非毫无二致，主要存在三种观点。[43]墨兰顿（Philip Melancthon）认为基督的人性（尤指肉身）局限在天上的某一地方，拒绝任何两性之间属性真实沟通的解释，并且强调圣灵的工作才是解释两性在同一个位格中沟通的关键。墨兰顿的观点遭到另外两派的一致排斥。布伦茨（Johannes Brenz, 1499-1570）否认基督人性在空间上受到限制，亦否认基督在人性之外的存在，因为他认为两性在位格合一中的相通，使得原本有限的人性从神性获得了无所不在的能力，更具体而言，是拥有了"无限感受性"（infinite susceptibility）。他继续解释说，即使是复活前的基督的身体，虽在肉眼看来局限在某一地方，但实则以不可见的、语言无法描述和超乎理解的方式遍布宇宙。[44]

另一派的代表人物，开姆尼茨（Martin Chemnitz, 1522-1586），在属性真实相通的基本立场上与布伦茨一致，但在解释上有微妙的差异。根据威利斯的解读，开姆尼茨不认为属性真实的相通是指"物理性的相通"（physical or natural communication）或"属性的注入"（transfusion of properties），而是人性与神性在位格合一中的"互相寓居"（perichoresis）。正是因为两性在一个位

---

40 McGinnis, *The Son of God Beyond the Flesh*, 83.
41 McGinnis, *The Son of God Beyond the Flesh*, 80.
42 Wyatt, *Jesus Christ and Creation in the Theology of John Calvin*, 33-34.
43 McGinnis, *The Son of God Beyond the Flesh*, 81.
44 Willis, *Calvin's Catholic Christology*, 9-10; McGinnis, *The Son of God Beyond the Flesh*, 81; Joar Haga, *Was there a Lutheran Metaphysics? The Interpretation of communicatio idiomatum in Early Modern Lutheranism*（Gottingen: Vandenhoeck & Ruprecht, 2012）, 136-141.

格中如此紧密的共融，"人性才得以展现神性的属性，就像烧得通红的铁展现着火的属性。"[45]按照这样的理解，开姆尼茨与布伦茨的根本分歧在于：到底是基督人性一次性地获得神性无限的能力因而已经固化为自身的本质属性，还是神性（借着位格中的相互寓居）在动态地向人性注入无限的恩赐，正如火与铁的比喻所暗示的？不论威利斯的诠释是否正确，确凿无疑的是，通过阅读开姆尼茨的《基督的神人二性》我们能够知道，他对基督带着其能够无所不在的人性如何降卑的解释明显不同于布伦茨。对于布伦茨而言，基督即使有时在肉身看来并非无所不在，实则以隐秘的方式不受限制。但对开姆尼茨而言，基督的身体之所以有时候受到限制，是因为基督自己"愿意"不使用从神性获得的超自然恩赐。在位格合一中，基督人性仍然完整因而保留着其作为人性的基本属性，因此"当基督*愿意*时，他就按这些属性活动。"[46]对开姆尼茨而言，基督人性是否使用其无限的能力，取决于基督的意志。在解释为什么有些经文说在地时的基督只存在于某一个地方时，他说："基督的人性服从于神性道的主宰、命令和指导；因为这神性准予基督的人性去忍受、遭遇其本性所特有的事。"[47]

事实上，布伦茨和开姆尼茨的分歧一直没能取得调和，最终发展成 17 世纪 20 年代路德宗内部的吉森派（跟从开姆尼茨）和图宾根派（跟从布伦茨）之间关于如何解释在地基督的"虚己"（*kenosis*）的激烈论战。[48]正是这场争论催生了"*extra Calvinisticum*"这个名词，用来指涉路德宗强烈抵触的教义：永恒的子也超越在肉身之外。[49]尽管如此，开姆尼茨与布伦茨仍然一致坚持属性相通是真实的，反对基督人性必定受限与基督也超越在肉身之外的观点。[50]而墨兰顿及其支持者，被称为"菲利主义者"（Philippist），其基督论主张因为与改革宗立场相似，最终没有得到 1580 年达成的《协同信条》的认可，遭排除在正统路德宗之外。[51]

45　Willis, *Calvin's Catholic Christology*, 10.

46　开姆尼茨（Chemnitz, Martin），《基督的神人二性》，段琦译　（新竹市：中华信义神学院，1997），106。强调系笔者所加。

47　开姆尼茨，《基督的神人二性》，150。

48　关于这个争论，更详细的情况可参巴特的讨论：Karl Barth, *Church Dogmatics*, eds. G. W. Bromiley and T. F. Torrance, trans. G. W. Bromiley（Edinburgh: T. & T. Clark, 1975），IV/1: 181-183。

49　Willis, *Calvin's Catholic Christology*, 9, 20-21.

50　McGinnis, *The Son of God Beyond the Flesh*, 82.

51　Willis, *Calvin's Catholic Christology*, 9.

　　与墨兰顿相似，改革宗神学家认为，属性相通是指神性与人性各自的所有属性对于基督的位格而言是同样真实的，但在两性之间并没有发生本质性属性（即那些本身只属于其中一性的属性）的传递。因此，两性之间的属性沟通，就神性与人性本身而言，相互沟通只是名义上（verbal），但就位格而言却是真实的沟通。[52]正如洛桑的改革宗学家布坎（Wilhelm Bucanus，1603）以最简洁的方式概括说，"对基督某一本性适用的属性，不归给另一性，而是归给另一本性——神性或者人性——所指称的位格。"[53]因此，改革宗神学家可以说，圣经中一些经文看似暗示基督人性获得了神性的能力（例如西2：9，弗1：20-21，太28：6，约20：19），但那其实是从人性的角度对基督位格之行动所做的描写。与此同时，他们也不遗余力地批评路德宗神学家关于基督身体可以无所不在的教导，认为这导致混淆基督的两性，并废掉了基督人性的真实。[54]由此可见，改革宗对属性相通的解释是与其对真实人性的规范性观点一气呵成的。

　　在此，改革宗的另一项与属性相通相关联的基督论主张也被抛入激烈论辩的风眼，亦即：子在道成肉身之后也超越在肉身之外。这便是后来被路德宗称为"*extra Calvinisticum*"的教义。既然改革宗神学家已经持定真实人性必须为有限的原则以及两性之间不发生属性传递的属性相通教义之诠释方式，他们必须承认基督在道成肉身之后，按其神性而言，并未被有限的身体所困，而是在完全与人性联合的的同时也超越在肉身之外。否则，将危及对神性完整性的坚持。因此，改革宗神学传统一贯毫不含糊地认可这项教义便不足为奇。

　　这不仅体现在加尔文自己对这项教义的广泛使用和明确辩护，亦表现在其他改革宗神学家在论辩中对路德宗对此项教义的批评所做的回应。随着与路德宗的论辩趋向激烈化，改革宗神学家亦愈加清楚地认识到此项教义对于维系自身神学传统的重要性，因而越发明确地为之辩护。其中，最为全面的的论辩性回应来自意大利神学家费米格利（Peter Martyr Vermigli，1499-1562），

---

52 McGinnis, *The Son of God Beyond the Flesh*, 80.

53 Wilhelm Bucanus, *Institutiones theologicae: seu locorum communium christianae religionis*（Bern：J. & I. le Preux，1605），II.xx: 20; quoted in Heinrich Heppe, *Reformed Dogmatics*, ed. Ernst Bizer and trans. G. T. Thomson（London：Allen & Unwin，1950），440.中文系笔者自译自 Heppe 的英译。

54 McGinnis, *The Son of God Beyond the Flesh*, 87, 90-91.

其著作深远地影响了包括贝撒（Beza）在内许多改革宗神学家。[55]在其《对话录》（*Dialogus de utraque in Christo natura*），一位名叫 Orothetes 的改革宗拥护者辩解说：“谁能接受神性自己在其无限之丰富当中被囚笼在那哭闹着的婴孩的小小的身躯之内？不！上帝既不能被抓牢亦不能被限制，因此他绝不能困囿于基督的身体与灵魂之内。”[56]值得注意，麦克吉尼斯在整理加尔文与费米格利的论述时观察到，他们很多时候为基督也超越肉身的教义所作的辩护，其主要目的是为了反驳基督身体能够无所不在的观念。因为对改革宗而言，人性就其本质而言必须是有限的，而路德宗的人性观违反了这项原则，因此在激烈的辩论中成为改革宗神学家重点攻击的对象。[57]

在路德宗方面，改革宗所主张的基督在道成肉身之后仍然不受身体限制的观点是无法容忍的，因为他们认为这暗示了“道在成肉身的过程将一部分留在了外面，”危及了道成肉身的真实。[58]这是他们之后将“道亦超越肉身”教义简称为“extra”的关键原因。更为重要地，路德宗神学家指责改革宗坚持这项教义是为了迁就哲学家的原则，“有限不能容纳无限”（*finitum non capax infiniti*），使哲学凌驾于圣经直白的真理——例如《歌罗西书》二章 9 节所说的“神本性一切的丰盛，都有形有体的居住在基督里面”——之上。[59]与改革宗对这项哲学原则的妥协相对，《协同信条》明确否认“基督因其所取人性的本质属性无法承受，无法赐下或应许他的真身与宝血实质性地出现在圣餐中”[60]

将“有限不能容纳无限”的原则视作理所当然的情况，确实在一些改革宗神学家的著作中有迹可循。例如，费米格利在《对话录》中为了说明人性绝不可能被注入其不能承受的、尤其像“无限”这类的属性，明确诉诸了这项原则：“有限与局限之物不能容纳无限。”[61]因此，路德宗神学家怀疑改革宗神学主要依赖的是理性，而非圣经。改革宗神学家们在辩论中过度依靠三段论、使用一些不恰当的比喻（比如，以安特卫普在无边无际的海洋但并不因此

55　McGinnis, *The Son of God Beyond the Flesh*, 85.

56　Pietro Martire Vermigli, *Dialogue on the Two Natures in Christ*, trans. John Patrick Donnelly （Kirksville, MO: Thomas Jefferson University Press, 1995）, 28.

57　McGinnis, *The Son of God Beyond the Flesh*, 84-85.

58　杜伦斯，《时、空与道成肉身》，41。

59　McGinnis, *The Son of God Beyond the Flesh*, 86-88.

60　*Formula of Concord*, Article 7, in Philip Schaff and David S. Schaff, *The Creeds of Christendom*, vol. 3, 144.

61　Vermigli, *Dialogue on the Two Natures in Christ*, 37.

成为无所不在来类比基督身体被提至上帝右手边）也加深了这个怀疑。[62]然而，在加尔文的思想，情况是否也是类似？对此，荷兰神学家柏寇伟（G. C. Berkouwer）表示反对，他认为加尔文"并没有试图让其基督论迁就哲学或宇宙论的理论。"加尔文只是对两性受到混淆的担忧超过了路德，他担心受造物的界限（相对于创造者，而非"无限"这样抽象的哲学概念）遭致模糊，以致于我们不再能够承认"基督作为与我们一样的人拯救我们的事实"。[63]威利斯的《加尔文的大公基督论》发展和丰富了柏寇伟的观点，全书的主要目的之一在于辩解：加尔文对所谓的"*extra Calvinisticum*"教义的坚持和使用，其目的绝对不是为"有限不能包容无限"的哲学命题做注脚，而是为了强调："基督之所以能够是为了我们的上帝，乃是因为他在道成肉身中没有放弃作为在我们之上掌权的上帝，又因为基督的人性在上帝朝向我们的行动中从未停止作为与我们一样的人性。"[64]在本文第一章之后，我们将详细地看见这一观点的说服力。

就目前而言，我们仅需回到以上路德宗对其他改革宗神学家的指控。对此，威利斯正确地评论说，虽然一些改革宗神学家的辩论确实存在过度的哲学化，例如诉诸"有限不能包容无限"的原则，但他们这样做的目的却是为了凸显一个关于道成肉身的事实："无限能够以不摧毁有限的方式与之结成联系，"或者"上帝的道能够在与耶稣基督的人性联合的同时，不取消人性本身的有限性，否则，失去有限性的人性只不过是幻影。"[65]由此可见，改革宗在为"道亦超越在肉身之外"教义所做的辩护中，虽然有对哲学资源的引用，但一贯遵循的却是关于真实人性必然与我们一样的信念。严格来说，这个信念所依据的是对身体的经验，而不是哲学。同时一些经文确实明显谈及基督人性在空间上的局限（约11：15，32；可16：6；约16：28；来8：4），尽管改革宗对这些经文的解释未必毫无错误，但仅仅因为他们根据经验与圣经得出一些不与当时流行的哲学观念冲突的观点，就指责他们的神学是向哲学投降，则是言之过早了。[66]

---

62 关于改革宗如何使用类比、比喻和三段论以及其中存在的不恰当之处的详细讨论，见 Willis, *Calvin's Catholic Christology*, 15-18。

63 G. C. Berkouwer, *The Person of Christ*, Studies in Dogmatics （Grand Rapids: W. B. Eerdmans Pub., 1954）, 282.

64 Willis, *Calvin's Catholic Christology*, 7.

65 Willis, *Calvin's Catholic Christology*, 18.

66 Cf. McGinnis, *The Son of God Beyond the Flesh*, 91-92.

除此之外必须指出，路德宗对改革宗神学以理性压倒信心的指控之所以不公正，也是因为他们片面解读改革宗对属性相通教义的解释。之前我们已经提过，对改革宗而言，真实的属性相通，不是在两性之间的属性传递，而是在位格之内的互指。因此就位格而言，对人性真实的属性，对位格也是真实；同样对神性真实的属性，对于位格也是真实。基于这个解释，我们应该说，对改革宗基督论而言，基督的位格既完全在肉身之内，也超越在肉身之外。这是因为，基督人性完全在肉身之内，因此其位格也是完全在肉身之内；同时因为基督神性不受肉身限制，因此其位格也超越肉身的局限。无论称之为"吊诡"或"辩证"，这样的道理不是人有限的理性能够理解的。因此，指责改革宗神学屈从理性主义的指控显然是错误的。相反，这表明改革宗基督论是努力与传统的加克顿信条所划定的"两性既不能分割亦不能混淆"的基本界限取得一致的一种方式，尽管这种方式与路德宗的方式不同。

第三节　"extra Calvinisticum"作为一个标签的出现

正是以上基督论之争的处境当中，"*extra Calvinisticum*"这个标签逐渐浮出水面。首先，随着双方的舌战日趋激烈化、顽固化和偏执化，路德宗开始将"子也在肉身之外存在"的教义与"加尔文主义者"的指称排他性地结合在一起。用威利斯的说法，在路德宗内部已经弥漫着一种"情绪（sentiment）"：他们认为这项教义是加尔文主义者标新立异的发明，从未被正统神学家所主张。[67]可考证的历史文献表明，到了16世纪80年代，虽然"*extra Calvinisticum*"这个用词还未出现，但以上这种带有情绪的判断已经在路德宗内部成形。[68]

对于促成路德宗内部这种情绪化的判断的普及化，在争辩处境中发展的两股趋势具有重要作用。其一，改革宗神学家们越来越明确地强调他们所赞同的那个"神子亦超越肉身"教义的重要性。其二，路德宗人士开始用"加尔文主义者"（Calviniani）取代"慈运理主义者"（Zwingliani），来称呼在圣餐教义和基督论中与他们持分歧意见的人，这种现象随着争论的激烈化而变得越来越趋于常态化。这主要是因为加尔文已经借着签署《蒂古里诺共识》，成功地促成了日内瓦与苏黎世的团结一致，因此"加尔文"的名字越来越回响在改革宗阵营当中，因而其名声也不断传至路德宗人士的耳朵边。一方面，

67　Willis, *Calvin's Catholic Christology*, 9.
68　Willis, *Calvin's Catholic Christology*, 18.

改革宗的圣餐理论越来越多地诉诸加尔文的教导，而另一方面，路德宗神学家逐渐将辩论的首要对象从慈运理转向加尔文。例如，路德宗的韦斯特法尔（Joachim Westphal）在一篇专文中指责墨兰顿（Philip Melancthon）的支持者背离路德关于真实临在的教义，与那些"圣餐形式主义者"为伍，在此尤指加尔文；他又在另一篇文章中，将慈运理支持者的立场称为"加尔文主义者的异端"。这两股趋势最终在 1564 年毛尔布隆会谈（Colloquy of Maulbronn）的召集时汇成一流。[69]

威利斯认为，这两股趋势的合流，对于"*extra Calvinisticum*"这个用语的出现具有重要作用。[70]对此，我们可以结合两个方面做更详细的解释。一方面，因为第一个趋势，无论在路德宗神学家的著述中，还是在改革宗神学家的论著中，以"extra"这个词去简称改革宗所赞同的"神子在道成肉身之后也在肉身之外存在"的教义，这种做法首先出现，并且变得越来越普及。另一方面，当第二个趋势加入进来的时候，路德宗神学家开始发展新的词汇，用以特指那个"extra"的教义。由于他们普遍固执地认为这项教义是加尔文主义者的发明，因此在他们的修辞策略中，"extra"与"Calvinnisticum"这两个词，最终得以排他性地组合在一起。[71]

这种将所谓的"extra"教义排他性地归给加尔文主义者的趋势，也因为当时政治气氛的改变而加速。1561 年，帕拉丁选帝侯腓德烈（Frederick III, Elector Palatine）开始全面转向支持改革宗。仅过了两年，改革宗的《海德堡要理问答》（Heidelberg Catechism）问世，其中第 47 与 48 问答明确地宣告：基督就其人性而言"如今不在地上"，并且基督的"神性既然不受限制，无所不在，就必定超越（beyond）它所取人性的界限，但这一点也不否定它完全在人性之内，并始终与这人性在位格中联合。"[72]这引起了拥护路德宗的其他统治者的不满与高度重视，因为在他们看来，腓德烈对改革宗与《海德堡要理问答》的支持，已经违反了 1555 年的《奥斯堡和平缔约》，恐将再掀政治波澜。根据皇帝查尔斯五世（Charles V）在这个旨在保全帝国在政治上不遭致分裂而与施马尔加登联盟（Schmalkaldic League）签订的条约中的约定，路德

---

69 Willis, *Calvin's Catholic Christology*, 11-14.
70 Willis, *Calvin's Catholic Christology*, 11.
71 McGinnis, *The Son of God Beyond the Flesh*, 90-91.
72 *Heidelberg Catechism* , Q&A 47-48, in Philip Schaff and David S. Schaff, *The Creeds of Christendom*, vol.3, 322.

宗是帝国境内除了天主教之外唯一合法的宗教。但在路德宗神学家看来，改革宗的信仰表达，尤其《海德堡要理问答》第 47 与 48 问答，与路德宗的核心信条《奥斯堡信条》存在冲突。就这个意义而言，改革宗被视为不符合路德宗的信仰，是不合法的宗教。因此，腓德烈对改革宗的支持，因其身份为德意志的一位统治者以及重要的选帝侯，特别能引发政治担忧。于是，在拥护路德宗的统治者施加的压力下，腓德烈于《海德堡要理问答》问世后的次年召集了毛尔布隆会谈，试图找出调和改革宗与路德宗之间神学争拗的方案。这次会议围绕《海德堡要理问答》第 48 个问答所引发的基督位格的议题，双方各执己见，最终以失败收场。[73]值得注意的是，双方都非常重视这次会议，派出的代表都是当时重要的神学家。[74]或许正是因为这样，会谈的失败所带来的影响也越大，从而加深了路德宗神学家视"子亦超越肉身"为改革宗教会的独特教义的偏见。[75]

直到 16 世纪末，在 1592 年，路德宗神学家胡恩（A. Hunn）在与改革宗神学家辩论中，以轻蔑的态度，首次以"那个外部（illud Extra）"这一简称，指涉"子也在肉身之外"的教义。[76]然而"extra Calvinisticum"这个词首次在文献中出现，却要等到 17 世纪 20 年代发生在路德宗内部关于如何理解基督虚己的"吉森—图宾根"辩论（Giessen-Tübingen dispute）。在这场论战中，首先是吉森派的曼泽尔（Balthazar Mentzer）使用"extra Calvinianum"，然后是图宾根派的图姆最先使用"extra Calvinisticum"作为对这项教义的简称。[77]

正如我们之前已经交代过的，布伦茨和开姆尼茨都同意，属性相通的教义确认基督人性真实地获得了神性无所不在的能力，但当具体到解释基督人性如何使用这种能力的方式时，他们的解释明显不同：布伦茨持一种类似必

---

73 Cf. Robert Kolb, "Maulbronn, Colloquy of," in *The Oxford Encyclopedia of the Reformation*（Oxford University Press, 1996）http://www.oxfordreference.com/view/10.1093/acref/9780195064933.001.0001/acref-9780195064933-e-0909; Willis, *Calvin's Catholic Christology*, 11-15.

74 Willis, *Calvin's Catholic Christology*, 12.

75 此次会议失败后，双方矛盾更趋激烈，似乎也加速了路德宗正统主义者在内部疏离甚至清算"菲利主义者"（墨兰顿观点的支持者）的步伐，因为后者在与基督身体有关的圣餐与基督论议题上，观点靠近改革宗。1580 年的《协同信条》明显排斥了这一派的声音。Cf. Robert Kolb, "Maulbronn, Colloquy of."

76 Willis, *Calvin's Catholic Christology*, 18-19; McGinnis, *The Son of God Beyond the Flesh*, 90.

77 Willis, *Calvin's Catholic Christology*, 9, 21-22.

然使用的观点，而开姆尼茨则主张，使用与否取决于基督的意愿，是一种动态变化的过程，能在基督意志的驱动下做到收放自如。[78]他们的分歧最终发展成 1620 年之后路德宗内部的争吵，主要纠结在如何解释基督在地上时有时显然没有无所不在的问题。吉森的神学家，追随开姆尼茨，认为这是因为基督自己愿意放弃使用其人性从神性获得的无所不在的能力，但这能力并没有因此而减少，正如开姆尼茨自己所辩解的那样，"拥有某事是一回事，使用它则是另一回事。"[79]图宾根的神学家，在布伦茨的基础上，区分了基督人性使用无所不在之能力的可见与不可见的方式，这个区分使得他们可以解释基督在某些时候看似明显受到限制，却仍然无所不在地统治着世界：这是因为他仅仅抑制了其无所不在之能力的可见使用，但仍然以隐秘的方式使用着同一个能力。针对吉森派认为基督有时完全放弃使用无所不在的能力，图宾根神学家提出了挑战：这难道不是在说有时基督放弃了对宇宙的统治吗？对此，吉森的神学家回应：当然不是，因为基督仍继续治理这世界，但不是通过他的肉身。[80]针对吉森神学家以上的解释，根据 G. Thomasius 的引述，图宾根神学家图姆（Theodore Thumm）指责他们在此偷偷引进的"正是那个加尔文主义的外部（illud ipsum extra Calvinisticum）。"[81] 这是历史学家在现有的一手资料中发现的，第一次使用"extra Calvinisticum"指称"子亦在肉身之外存在"教义的案例，时间是在 1623 年。[82]须知，这个用词背后暗含了轻蔑的嘲讽之意：大公教会没有这样教导，这只不过是加尔文或加尔文派神学家胆大妄为的发明罢了！根据麦克吉尼斯，"extra"一词语义双关，既可指"外部"，又可指"添加"。如此，路德宗神学家其实在玩弄文字游戏：他们既用这个词指加尔文主义者所坚持的"基督也在肉身外部"的教义，又嘲讽这项教义是"加尔文主义的添加"。[83]

值得留意的是，以上辩论处境中显露无遗的针对那个所谓的专属加尔文主义者的"extra"教义所持的警惕性，常常伴随一种典型的中世纪猎巫心态，

---

78 开姆尼茨的观点，详见其著作《基督的神人二性》，43，106，150，175。

79 开姆尼茨，《基督的神人二性》，43。

80 Willis, *Calvin's Catholic Christology*, 20-21.

81 G. Thomasius, *Christi Person und Werk,* II （Erlangen: Theodore Biasing, 1857），446; quoted in Willis, *Calvin's Catholic Christology*, 21. Also cf. Barth, *Church Dogmatics*, IV/1: 181-183.

82 Willis, *Calvin's Catholic Christology*, 21.

83 McGinnis, *The Son of God Beyond the Flesh*, 8.

这非常生动地传达了路德宗对这项教义的反感。正如威利斯所说，"这个用词所指向的'extra'的部分（注按：指神子也超越在肉身之外的教义），在路德宗的圈子内，众所周知地，是任何神学都不想受到的指控。"[84]

　　总之，在16至17世纪发生于路德宗和改革宗之间的基督论争论中，加尔文和改革宗神学家坚持"子也在肉身之外存在"。然而，路德宗神学家断言这是加尔文派发明的教义，因此特别称其为"extra Calvinisticum"，可以直译为"加尔文主义的外部"或"加尔文主义的添加"。诚如威利斯评论说，"'extra Calvinisticum'这个标签最终凝固了之前已经在路德宗主义者内部普遍弥漫的情绪，以至于他们毫不含糊地认为，乃是加尔文主义者特立独行地教导：永恒的神子在道成肉身之后也在肉身之外存在。"[85]然而，我们将要澄清：路德宗的这个标签是一个错误，因为早在加尔文之前，大公教会传统就已经非常频繁地使用这项教义。

第四节　"extra Calvinisticum"作为一项大公教义

　　根据以上回顾，所谓的"extra Calvinisticum"教义，就是指这样的基督论观点：永恒的子在道成肉身之后"也超越在肉身之外"。用威利斯的定义就是："永恒的神子，即使在道成肉身连于人性从而形成一个位格之后，仍没有被限制于这肉身。"[86]加尔文自己对这项教义最清楚的表达，出现在1559年最终版《要义》的两个地方：卷四17章30节的一段文字和卷二13章4节的另一段文字。这两段文字被学者称为"extra Calvinisticum"的"经典文本"[87]。

　　第一处经典文本出现在卷二第13章4节：

　　　　因为即使道在其不可测度的本质内与人性联合在一个位格之内，我们仍不会想象他被限于其中。这就是奇妙无比之事：上帝的儿子从天降下，却没有离开天堂；他甘愿出于童女的母腹，历经尘世，又挂

84　Willis, *Calvin's Catholic Christology*, 21.

85　"In the case of the 'extra Calvinisticum' the label crystallized the prevailing sentiment among Lutherans that it was pe-culiarly Calvinist to teach that after the Incarnation the Eternal Son of God had his existence also beyond the flesh." Willis, *Calvin's Catholic Christology*, 9.

86　Willis, *Calvin's Catholic Christology*, 1. 斜体系笔者所加。一个更长的定义参：Kilian McDonnell, *John Calvin, the Church, and the Eucharist*（Princeton: Princeton University Press, 1967），221。

87　Lee, *The Holy Spirit as Bond in Calvin's Thought*, 5.

于木头，然而他却仍然继续充满这世界，就像他从起初所做的一样！[88]

这段经典文本只等到 1559 年版《要义》才出现。第二卷 13 章，如其标题"基督取得人真实的肉体"所示，主要关注基督身体的真实性的问题，这段经典论述出现在这一章的第 4 节。在此，加尔文反对一种"当代的马吉安主义"，包括当时的门诺·西门（Meno Simon）。[89]根据加尔文，这种观点跟古代的摩尼教与马吉安派并无二至，都是否定基督真实的人性。[90]"他们认为，若基督由人所生，这是羞辱他，因这样他就与众人毫无分别，即他就与亚当一切的后裔一样，都处在罪下。"[91]根据威利斯，虽然被称为"extra Calvinisticum"的教义表述直到 1559 版《要义》才加进去，但从《要义》的发展来看，加尔文为基督真实人性辩护的旨趣从 1536 年版《要义》开始就已经奠定。[92]

第二处经典文本出现在卷四第 17 章 30 节：

> 圣经如此说：他（基督）根据他的神性降卑至此，并不是因为神性离开了天堂，隐藏在身体的囚笼中，而是因为这神性，虽充满万有，却仍然按其本性，以某种不可言喻的方式，带着肉身，居住在基督的人性里。[93]

这段经典陈述，在时间上早于之前的那段经典文本，在 1536 年第一版《要义》中就已出现。自从 1536 年版的《要义》，加尔文一贯地将这段文字放置于圣餐教义的讨论语境，并坚持认为基督的身体——即使在复活与升天之后

---

88 "For even if the Word in his immeasurable essence united with the nature of man into one person, we do not imagine that he was confined therein. Here is something marvelous: the Son of God descended from heaven in such a way that, without leaving heaven, he willed to be borne in the virgin's womb, to go about the earth, and to hang upon the cross; yet he continuously filled the world even as he had done from the beginning!" See *Institutes* 2.13.4. 参《基督教要义》，2.13.4。

89 《基督教要义》，2.13，脚注 2，5。另参 Lee, *The Holy Spirit as Bond in Calvin's Thought*, 5。

90 《基督教要义》，2.13.1。

91 《基督教要义》，2.13.4。

92 Willis, *Calvin's Catholic Christology*, 27.

93 "In this manner, he is said to have descended to that place according to his divinity, not because divinity left heaven to hide itself in the prison house of the body, but because even though it filled all things, still in Christ's very humanity it dwelt bodily [Colossians 2:9], that is, by nature, and in a certain ineffable way." See *Institutes* 4.17.30. 参《基督教要义》，4.17.30。

——都与我们的身体一样有空间的限制，否则我们便与他的复活无份。[94]1559 年版的《要义》将这段经典文本置于 17 章 30 节，[95]在此专注于反驳一种认为“基督的身体无所不在”的观点，后来证明这是路德宗的教导。[96]为了对所谓的“extra Calvinisticum”教义做支持性的解释，加尔文增加了一段引述经院神学对 *totus-totum* 的区分的文字：

> 在经院神学家们那里有一个普遍认同的区分，我在此提及也不以为耻：虽然整个（*totus*）基督是无所不在的，但并非在基督里的全部（*totum*）都是无所不在。[97]

然而，这个所谓的“extra Calvinisticum”教义，并非加尔文的发明。根据威利斯的研究，它在加尔文之前的神学传统中就已存在。可以确定的是：从教父时期到中世纪，这项教义已被广泛地承认，而且被不同的神学家使用，在不同的处境中，为了不同的目的。[98]在此，我们只需提及两位最重要的神学家：奥古斯丁这位伟大的教父和中世纪大神学家伦巴德（Peter Lombard），因为威利斯的研究证明加尔文对“extra Calvinisticum”教义的认识最可能直接来自这两位神学大师。[99]

首先，有证据显示加尔文很可能是从伦巴德那里知道经院神学关于“*totus-totum*”的区分。伦巴德式的“*totus-totum*”区分出现在他的《语录》

94　《要义》（1536），138。

95　威利斯对这段经典论述做了历史性的追溯和分析，发现它经历三个发展阶段，并且加尔文一开始使用这项教义的主要目的，就是维护基督真实的人性。See Willis, *Calvin's Catholic Christology*, 28-31.

96　Lee, *The Holy Spirit as Bond in Calvin's Thought*, 5.

97　*Institutes* 4.17.30; *"Trita est in scholis distinctio, quam me referre non pudet: quamvis totus Christus ubique sit, non tamen totum quod in eo est, ubique esse."* See *CO* 2: 1032.粗体为笔者所加。

98　See Willis, *Calvin's Catholic Christology*, 26-60. Willis 研究的中世纪神学家包括：伦巴德、阿奎那、苏格图（Duns Scotus）、威廉的奥坎（William Occam）、Gabriel Biel 和 Jacques LeFevre d'Estaples；他研究的教父包括：奥古斯丁、奥利金、摩苏的西奥多（Theodore of Mopsuestia）、亚他那修和亚历山大的西里尔（Cyril of Alexandria）。在这些神学家那里都能发现所谓的“extra Calvinisticum”的陈述。更为有趣的是：这些神学家当中既有来自亚历山大学派，也有来自安提阿学派；既有强调基督两性的区分的，也有强调基督位格的统一的；既有强调上帝的超越性的，也有强调上帝的内蕴性的。总之，他们是不同类型的神学家，为了不同的目的，在不同的处境而使用这个教义。

99　Willis, *Calvin's Catholic Christology*, 28, 60.

第三卷（*Sententiarum Liber III*，d. 22, 3）："*totus*"指位格，而"*totum*"指本质。基于这个区分，伦巴德认为：在基督死与复活之间的三日内，基督的位格（*totus*）不受限制，但他的人性或肉身（*totum*）却没有无所不在，而是留在阴间。[100]虽然加尔文并不像伦巴德那样将"阴间"想象成一个地方，但他自己在《要义》卷四第 17 章处理基督在圣餐中的临在时，对基督位格与身体的关系的处理手法与伦巴德是一致的：基督的位格真实地在圣餐中与我们同在，但身体并没有出现，留在天上的某处。[101]虽然加尔文在《要义》卷四第 17 章 30 节那段"经典论述"中没有提到伦巴德，但 1557 年的《对韦斯特法尔的最后警告》（*Final Admonition to Westphal*）明确提到这是伦巴德的区分。[102]

相较于伦巴德，加尔文对奥古斯丁的依赖更为明显。根据威利斯，奥古斯丁在不同的著作中，很多次表达了之后被路德宗神学家称为"extra Calvinisticum"的教义原则。[103]尤其重要的是 417 年的《致达尔达诺斯》（*Epistle of Dardanus*）中，在那里，奥古斯丁认为：在死与复活之间的那三日，基督确实是无所不在，但是作为人，他的肉身在坟墓中，灵魂在地狱中。[104]有趣的是，虽然奥古斯丁与之后的伦巴德在解释基督人性所在何处的问题上存在细节上的差别，却都一致同意：基督的身体在空间上是有限的，但基督的位格是无所不在的。根据 Smits 的统计，在 1536 至 1561 年之间，加尔文对这封信的引用次数达 43 次，其中 22 次引用出现在他的《对韦斯特法尔的最后警告》，足见奥古斯丁对加尔文的影响之大。[105]

由此可见，"永恒的子即使在道成肉身之后仍然超越其肉身的限制"，这个所谓的"extra Calvinisticum"的教义，绝非脱离大公教会传统的新发明。相反，路德宗对这项教义的反感更像是标新立异。[106]而他们为这项教义所贴的标签是如此地误导人，以至于威利斯提议将这项教义改称为"大公教会的'Extra'"（*extra Catholicum*）或"教父们的'Extra'"（*extra Patristicum*）。[107]

---

100 Willis, *Calvin's Catholic Christology*, 34.

101 Willis, *Calvin's Catholic Christology*, 35.

102 Willis, *Calvin's Catholic Christology*, 31.

103 See Willis, *Calvin's Catholic Christology*, 46-48.

104 See Willis, *Calvin's Catholic Christology*, 45-46.

105 Willis, *Calvin's Catholic Christology*, 45.

106 Willis, *Calvin's Catholic Christology*, 24.

107 Willis, *Calvin's Catholic Christology*, 60.

第五节　总　结

　　路德宗称之为"extra Calvinisticum"的教义，就是指坚持"永恒的子即使在道成肉身之后仍然超越其肉身的限制"的基督论主张，我们可以称之为"道亦超越肉身"。加尔文和改革宗神学家非常明显地强调这项教义的重要性。加尔文在 1559 年最终版的《要义》中，在两个地方（卷四 17 章 30 节和卷二 13 章 4 节）最清晰地表述了他对这项教义的主张和理解，这两段的文字被称为加尔文对"道亦超越肉身"教义的"经典论述"。加尔文特别使用它来解释圣餐和基督道成肉身的位格联合，维护基督人性的局限性和神性的超越性。因着路德宗神学家对这项教义的厌恶和拒绝，逐渐在他们的阵营中形成一个普遍的带有情绪的共识：这个教义乃是加尔文和加尔文派独特的教导，何等令人厌恶的脱离正统教义之标新立异啊！这种偏见，经过沉淀和凝结，导致路德宗神学家为这项教义取了一个怪诞的绰号——"extra Calvinisticum"，亦即"加尔文主义的外部"。然而，威利斯的研究已经澄清了这个"美丽的误会"：这项教义绝非加尔文自己的发明，而是他从之前大公教会的神学传统的习得，奥古斯丁和伦巴德是他的导师，而且他也不缺乏像奥利金、亚他那修、亚历山大的西里尔、阿奎那等等其他正统神学名家的支持。[108]

　　以上为驱散历史迷雾所做的努力，有助于我们继续向前，探讨一个更为重要的问题："道亦超越肉身"这项大公教义为何对加尔文的神学遗产而言如此重要，他是如何独特地为加尔文所使用，在加尔文神学中发挥什么样的重要作用，扮演什么样的角色？因为笔者认为加尔文自己对"超越肉身"这个向度的关注主要是道在与受造万物的关系上（但也包括空间）的全在性，因此从下一章开始，我们在中译上以"加尔文式道之全在性"或"道之全在性"取代"道亦超越肉身"。在下一章，我们首先探讨这项教义在加尔文基督论中的功能。

108　Willis, *Calvin's Catholic Christology*, 60.

第二章 "道之全在性"与加尔文基督论

在上一章，我们已经探讨了 "Extra Calvinisticum" 这个名称的由来，以及它所指的教义——永恒之道在道成肉身之后也超越在他的身体之外——在加尔文和他之前的神学家那里使用的情况。我们已经澄清这个教义并不特别是 "加尔文主义的"，以下仅称它为 "道之全在性"，或简称 "全在性" 教义。

这一章探讨更为重要的议题："道之全在性"教义对加尔文基督论有何贡献？它在加尔文基督论中的功能是什么？在这个问题上，学术界存在两种态度，其差别是细微的。威利斯（David Willis）倾向认为它最终的意图是要强调基督位格的统一性，用他自己的话说，就是要突出 "肉身中的基督与永恒之道的非绝对全等的一致性"。[1]瓦亚特（Peter Wyatt）虽然同意该教义包含威利斯所说的功能，但他认为其最明显和主要的功能在于区分基督的神人二性，并区分神性的能力和人性的能力，以此肯定基督的神性超越了肉身的限制。简言之，威利斯在解释 "道之全在性" 教义时持一种 "动态的统一性" 的观点，而瓦亚特则于强调一种 "统一的动态性" 的观点。[2]笔者认为，威利斯和瓦亚特之间的差别是微妙的，并非互相排斥。兼容两种观点的关键在于要把思考焦点放回基督的中保角色。因为对加尔文而言，无论是对位格统一性的持守，还是对二性区分的强调，都是为了维护基督是神人中保这一事实。以下我们将尝试透过检视 "道之全在性" 教义与 "位格统一性"、"神人二性"

---

1 Willis, *Calvin's Catholic Christology*, 125.
2 Wyatt, *Jesus Christ and Creation in the Theology of John Calvin*, 31-32. "动态的统一性" 的观点（perspective of the dynamic unity）"是 Wyatt 对 Willis 观点的称呼，因此笔者称 Wyatt 的观点为 ""统一的动态性" 的观点"。

以及"中保基督"的关系，阐释"道之全在性"的独特功能：揭示和维护基督双重中保性的奥秘，这奥秘即基督既是我们藉以恢复神人关系的拯救中保，*也*是万物赖以维持并迈向终末崭新创造的创造中保。"也"字在认识论上的意义绝不能忽略，它表明对加尔文而言，对创造者上帝的真知不能脱离道成肉身的启示。

第一节 "道之全在性"与一个位格

古老的加克顿信条，确立了基督论的两项重要原则：其一，基督的位格不可分；其二，基督的神性和人性不可混淆。加尔文被称赞有效维护了第二个原则，却常常被人诟病忽略了第一个原则：他似乎无法完全主张基督位格的统一性，因而有聂斯托利主义（Nestorianism）的嫌疑。持这种观点的人事实上没有真正理解加尔文思考道成肉身的方式。加尔文实际上以忠实的态度服从加克顿信条所确立的对基督位格统一性的主张：基督的神性和人性"不可分割，不可离散"。只是，正如有学者已经指出的，加克顿信条的公式本身指向的道成肉身之奥秘，为一切解释者设置了不可能完成的任务：任何一种解释，在理解层面，不是被怀疑有欧迪奇主义（Eutychianism）倾向，就是疑似有聂斯托利主义倾向。[3]具体而言，一个解释者只有两种选择：要么，像路德那样，首先以可理解的方式（借着两性之间直接的真实的属性相通），解释神人二性如何真实地连结在一个位格，然后再去处理二性如何在这合一当中仍保持各自的完整性的问题时，解释就变得困难而模糊起来，最终必须诉诸一种奥秘性的宣称；要么，首先以可理解的方式（比如借着强调人性与神性如何不一样），解释神人二性如何在合一中仍保持各自的完整性，然后再去处理两性如何是真实地合一时，解释的努力就开始变得受阻，解释者才被引导以信心去确认与赞美上帝的奥秘。加尔文理解道成肉身的方式，属于第二个策略。[4]

加尔文实际上喜欢依靠圣经自己的用语谈论道成肉身的奥秘。他用来描述神性和人性的位格性联合的用语主要有：上帝的儿子"取了（assumed）"人性，祂"披戴了我们的肉身（clothed with our flesh）"，祂"在自己身上承受了我们的人性（took our nature upon himself）"，祂"降世为真实的人，取了亚当

---

3 W. Fred Graham, *The Constructive Revolutionary: John Calvin & His Socio-Economic Impact* (Richmond: John Knox Press, 1971), 183; Wyatt, *Jesus Christ and Creation in the Theology of John Calvin*, 31-36.

4 Cf. Willis, *Calvin's Catholic Christology*, 65-67.

的容貌和名号（came forth as true man and took the person and the name of Adam）"，并且他"使人性与神性联姻（coupled human nature with divine）"，[5]以及"上帝在肉身中显现"。[6]但在这些丰富的用语之中，加尔文自己认为最佳表达方式来自提摩太前书三章 16 节的用词——"上帝在肉身中显现"（*Deus manifestatus in carne*）："没有比他（保罗）的这个用词更加适当地论及基督的位格的了：'上帝在肉身中显现（God manifested in the flesh）'。"[7]他认为，这个用词包含了三个意涵：首先，保罗在这里明确地见证了两性：基督同时是真神和真人；其次，这里也指出两性的区分：一方面称基督为*上帝*，另一方面又称基督作为神"显现于肉身"；最后，此处主张了基督位格的统一性，因为上帝和显现于肉身的那一位乃是同一位。[8]特别重要的是最后一点强调。

　　尼斯尔（Wilhelm Niesel）、维特（Johannes Witte）和威利斯三位学者都一致认为：加尔文对"上帝在肉身中显现"这用词的偏好是他坚持"道之全在性"教义的自然结果。[9]笔者认同他们的观点。因为，如威利斯所说，"上帝在肉身中显现"的用语正是要强调"道之全在性"教义所要强调的一项重要事实："在巴勒斯坦传道的拿撒勒人耶稣，乃是在我们中间以肉身方式居住的永恒神子；但是作为永恒的神子他没有被限于肉身之中。"[10]威利斯这段话的前半部分指出了"道之全在性"教义对"显现在肉身中"的强调，后半部分则指明了"道之全在性"教义对"上帝"的强调。换言之，加尔文之所以喜欢用"上帝在肉身中显现"来形容基督的位格性联合，是因为他自己对"道之全在性"教义的强调：因为永恒神子自愿地住在我们肉身中，使肉身连于一个位格，成为我们的拯救者，却同时没有限制他的神性。[11]

　　在提摩太前书注释中，加尔文说，"上帝在肉身中显现"这个用词"以此简单的文字，使真实和正统的信仰获得有力的辩护，对抗亚流、马吉安、聂斯脱利和欧迪奇的异端。"[12]然而，反对者却会认为加尔文对这个用词的偏好

5　这些表达方式由学者 Paul Helm 整理自 *Institutes* 2.12 and 13，见 Helm, *John Calvin's Ideas*, 62。

6　*Comm. I Timothy* 3:16.

7　Willis, *Calvin's Catholic Christology, 62; Comm. I Timothy* 3:16.

8　*Comm. I Timothy* 3:16.

9　Willis, *Calvin's Catholic Christology*, 62, note 4.

10　Willis, *Calvin's Catholic Christology*, 62.

11　Willis, *Calvin's Catholic Christology*, 63.

12　*Comm. I Timothy* 3:16.

证明他是聂斯脱利主义者："上帝在肉身中显现"这个用词，"难道不是强调神在人中间露面，过于他与人认同并承受人的窘境吗？它难道不是建议说神性本质是*在（in）*肉身中，而非*连于（united to）*肉身吗？将'显现'设为中保临在的主要方式，这难道不是暗示救赎只是向人启迪知识吗？"[13]

从加尔文坚持的圣经主义，不难回应这些问题。首先，"上帝在肉身中显现"是圣经的用语，因此不会有问题。其次，在加尔文看来，圣经用语的内涵应由圣经自身来界定。那些异端分子可能在"上帝在肉身中显现"这个用词上错误想象上帝的显现正如天使显现一样，并非真的成了肉身，但是，圣经中虽然多次提到天使以人的形式出现，但没有说他们"在肉身中显现"，"在肉身中显现"这个用语在圣经中只用来描述基督的道成肉身。[14]因此，根据加尔文的圣经主义，圣经对基督道成肉身的独特性的启示，界定了这个词的含义。最后，加尔文认为，应避免用无知的好奇心探究上帝的奥秘，而是以敬畏的心去称颂它："显然寻求神最完美和恰当的方式，不是以任意妄为的好奇心深入考究神的本质，因为我们应当颂赞这本质更胜过对其细枝末节的追根究底。"[15]针对基督神性和人性如何统一的细节问题，加尔文会强调：那位在威严中的全能者与无限者，将自己连于那脆弱的人性，这种联合方式对于我们有限的理性来说，永远是一个无法参透的奥秘。[16]因此，对加尔文来说，圣经的用语，"上帝在肉身中显现"，以它自己独特的方式，可以说是以反直觉的方式，肯定了基督的神性与人性连于一个位格的奥秘，面对这个奥秘，我们只能以敬畏的心去承认，并用圣经的用语去守护。

我们从加尔文使用"上帝在肉身中显现"的例子中看到，他处理基督道成肉身和位格性联合的教义的方式是与众不同的。这正是他的许多反对者会误解他的一个重要原因。对他而言，神性与人性如何连于一个位格是从神而来的奥秘之事。换言之，加尔文其实是以信心的方式预先承认了基督位格统一性的事实，然后通过强调两性各自的真实性和整全性，从而反过来凸显了神性与人性连于一个位格的奥秘性。加尔文其实是在教导：我们要带着敬畏，凭着信心，与道成肉身这奥秘性的事件相遇！为什么说这是奥秘？因为这样的事全然在人的经验之外（除了基督自己），更超越人的理性所能理解的，所

---

13 Willis, *Calvin's Catholic Christology*, 62-63.
14 Willis, *Calvin's Catholic Christology*, 64-65.
15 《基督教要义》，1.5.9。
16 Willis, *Calvin's Catholic Christology*, 63.

以理性应该在此止步，信心需要彰显。因此，在信仰的奥秘面前，加尔文更愿意保持适当的沉默，尽量用圣经的用语规范对这奥秘的神学言说，希望将我们对它的认识限制在圣经见证的范围内。

具有讽刺性的是：当一些近代的学者还在攻击加尔文有聂斯托利主义嫌疑的时候，那位一千几百年前（公元 431 年）叫聂斯托利的君士坦丁堡主教的幽魂，却突然冒了出来，就如莎士比亚笔下的忧郁王子哈姆雷特的父亲的冤魂出现一样。为聂氏喊冤的是一本被确认为出自聂氏手笔的题名为《赫拉克里特斯之书》（*Book of Heracleides*）的古叙利亚文手抄译本，在 1889 年被一名叙利亚教士偶然发现。[17]根据这本著作，现代的学者们重新检讨了传统对聂氏所真正教导过的教义的扭曲的转述方式，这对于一个背上骂名的已死之人，真是不幸中的万幸。虽然学者们的意见仍有分歧，但其中一些人认为聂氏基本上是正统，只是因为教会政治斗争才被定为异端。[18]凯利（J. N. D. Kelly）的研究也承认聂氏的观点绝非传统上所说的聂斯托利派。[19]在他所还原的聂氏观点原貌中，我们基本上看到：首先，聂氏十分清楚地坚持两性始终在联合中不改变也不混淆，这是一个典型的安提阿派首要关注的基本原则，聂氏是其彻底的跟随者；其次，在坚守两性区分原则的同时，聂氏使用"*prospon*"来表达道成肉身是一个整体，明确批评二子论异端。[20]"身为基督，祂不可分，身为神—人，祂有二性……我们不知道有两个基督或两个儿子或独生子或主，不是这个和那个儿子，不是第一和第二基督，而是相同的一位"，这一类话总是规则地出现在他的著作中。[21]由此可见，聂氏的观点相当正统。只是聂氏在以两性区分为出发点去处理道成肉身难题的同时，未能深入解说位格实质的联合，才招致别人草率而拙劣的曲解。[22]我们并不清楚聂氏是否出于与加尔文同样的原因不怎么愿意对位格联合做详细的分析，但再清楚不过的是：聂氏理解道成肉身的方式与加尔文基本上相同。

---

17 莫菲特（Samuel Hugh Moffett），《亚洲基督教史》，中国神学研究院中国文化研究中心编译（香港：基督教文艺出版社，2000），185-186。

18 凯利（J. N. D. Kelly），《早期基督教教义》，康来昌译（台北：中华福音神学院，1992），214。

19 凯利，《早期基督教教义》，218。参莫菲特，《亚洲基督教史》，179-192。

20 凯利，《早期基督教教义》，215-217。

21 凯利，《早期基督教教义》，216。

22 凯利，《早期基督教教义》，218。

看重位格统一性为奥秘的态度，同样可见于加尔文与路德对"属性相通"（*communicatio idiomatum*）教义的不同解释中。路德认为，在道成肉身的位格性联合过程中，神性和人性的属性发生了直接的交换，这是一种关于属性真实交换的教导。[23]但加尔文会认为，这种解释之所以不当，主要是因为它暴露了对道成肉身奥秘的过分猜测，并且有导致混淆神性与人性的本质的危险。相较而言，加尔文自己宁愿不去解释两性是如何结合成一个位格的，而是仅满足于为了符合加克顿信条基本要求——两性在一个位格中既不分割又不混淆——而说一些必须要说的话。对加尔文而言，必定有某些特征唯独属于人性或者神性，这是因为两性在联合中完好无损地保留了各自的本质特征。对于圣经有时将这些唯独属于神性或人性的独特性归给整体的基督（《要义》第二卷 14 章 2 节专门处理这些经文），又有时还描述只有同时考虑两性的时候才有的特征（一切与救赎中保职分有关的描述，《要义》第二卷 14 章 3 节专门处理这些经文），加尔文都不感觉有任何的困难，因为这些关于两性互通的描述，对于维护位格合一性是必须的，而且都在一个位格之内。但对于有时圣经描述两性的互通似乎到了可以直接互换的程度，加尔文则认为这是圣经为了强调这合一性而使用的一种修辞说法（figure of speach），古代教会称之为"属性相通"。[24]笔者认为，加尔文在此之所以认为疑似记载两性属性直接互换的经文使用了修辞，不是因为他不能承认位格合一性的真实，而是因为他不愿意不在位格之内想象两性的互通。对他而言，在不预设位格的前提下谈论两性的互通，将导致企图对两性形成一个位格的神秘过程做过多的解释，以至于消解了位格合一的奥秘性。

因此，依据威利斯的转述，维特正确地指出：加尔文对"属性相通"的解释没有为位格合一提供一个本体论的基础。[25]事实上，如我们以上所分析，加尔文并没有为"属性相通"提供一个本体论的解释，更没有将位格性联合的合理性建立在对"属性相通"的解释之上，而是在解释"属性相通"时预设了位格性联合的奥秘。然而，也正如威利斯所说，维特错误地断定加尔文认为"属性相通"没有一个两性的本体性联合为基础。恰恰相反，加尔文实际上认为，不管"属性相通"如何解释，它都预设了两性本体性联合的基础。

---

23 Wyatt, *Jesus Christ and Creation in the Theology of John Calvin*, 33-34.
24 *Institutes* 2.14.1.
25 Willis, *Calvin's Catholic Christology*, 66-67.

[26]相比较而言，路德将基督位格合一的奥秘确立在关于"属性相通"的一个可理解的本体论基础之上；加尔文则在他相当克制的对"属性相通"的解释中预设了本体性的位格合一之奥秘。[27]因此，威利斯说得对，加尔文对"属性相通"的理解并非弱化，而是强化了对基督位格统一的肯定。[28]

以上讨论已经说明，在对"上帝在肉身中显现"这个用语的使用中和对"属性相通"的解释中，加尔文都遵循了同一个处理基督位格统一性教义的原则：将基督道成肉身的位格联合视为一个关于信仰根本的奥秘，因此对待这个教义的重点是使用圣经的语言去规范它，而不是用理性的方法透解它，这也是"道之全在性"教义所预设的立场。在两处"道之全在性"教义的经典文字中，我们发现，加尔文明确表示基督神性超越了其人性的限制的同时，都强化了神性与人性连于一个位格的奥秘。在第一处经典文字中（《要义》第四卷 17 章 30 节），加尔文说：神性在人性居住的方式，亦即位格性联合的事实，是"不可言喻的"。在第二处经典文字中（《要义》第二卷 13 章 4 节），加尔文用"奇妙无比之事"来形容道成肉身的事实。因此，威利斯所言不虚："道之全在性"教义实际上，不仅没有弱化，反而是强化了"肉身中的拯救者中保"与"作为上帝永恒儿子的创造中保"的同一性，[29]因为它宣告了耶稣基督的位格统一性，但同时避免使用玄思代替对奥秘的敬畏。[30]

小 结

总而言之，在"道之全在性"教义中，加尔文视基督位格统一性为奥秘，并限制理性对其加以揣摩，这是因为：第一，道成肉身的位格联合是福音信仰的根基，属神的奥秘之事，福音信仰应立基于神启示的奥秘之上；第二，道成肉身的奥秘完全在我们人的经验之外，超越理性的理解能力。因此，"道之全在性"教义以预设的方式（而非论证的方式）肯定了基督位格的统一性。

加尔文的卓越智慧还在于：他既知道应该在什么地方让理性适可而止，也知道在什么地方让理性勇往直前。在这点上，他完全赞同安瑟伦，看重"信

---

26 Willis, *Calvin's Catholic Christology*, 67.

27 威利斯仅在笔者所引用的文字中解释加尔文对属性相通与位格联合的解释的特色，但笔者认为这已经暗示了与路德的区别，因此在此延伸出与路德的比较。参 Willis, *Calvin's Catholic Christology*, 65-67。

28 Willis, *Calvin's Catholic Christology*, 65.

29 See Willis, *Calvin's Catholic Christology*, 99, 67, 78-79.

30 Willis, *Calvin's Catholic Christology*, 100.

仰寻求理解"的原则。因此，相较于基督位格统一性，加尔文在其著作中愿意使用更多的文字，也以更明确和理性的方式，去解释何为基督神性与人性的区分。这是因为，对加尔文来说，不同于位格性联合，神性和人性的区分是可以透过我们自己对真实人性的经验去了解的，因此，应该让理性在此大声说话。[31]在下一节我们将看到：在"道之全在性"教义中，加尔文除了宣告基督位格统一性的奥秘，也希望明确地捍卫基督神性与人性各自的完整性。

第二节 "道之全在性"与神人二性

以对基督位格合一之奥秘的信仰告白作为一切命题的前设，加尔文果断地决定让理性去探索上帝允许人明白的一切关于上帝与人自己的真理。在神人二性的问题上，加尔文用了很大的笔墨，阐释基督的人性与神性的区别，维护加克顿信条中关于两性"不可混淆，不可交换"的原则。通过仔细阅读和分析"道之全在性"的两处经典文本，我们将会发现"道之全在性"教义最直接的作用是区分基督的两性，正如瓦亚特所言。[32]

首先，我们分析那段较早出现的经典文本——《要义》第四卷 17 章 30 节。我们之前已经解释过，加尔文很早就卷入路德与慈运理的圣餐争论，并试图调节双方的分歧，以促成新教阵营的团结，这一努力导致加尔文发展出自己对圣餐的独特见解。在 1536 年第一版《要义》中，加尔文就已经开始处理这个棘手的问题，那些文字最终都包含在 1559 年的版本。1559 年版《要义》第四卷 17 章是专门处理圣餐教义的一章。在 30 节中，加尔文主要反对路德宗神学家所教导的基督身体的遍在性。[33]

路德认为，借着道成肉身，基督的身体获得了神性的能力，因此可以无所不在。他借此解释基督身体真实地出现在圣餐饼中。但加尔文不能接受路德关于基督身体无所不在的教导，他质疑一个可以无处不在、不受限制的人性还是与我们一样真实的人性吗？于是，加尔文在 17 章 29 节所设定的任务是"为基督的真实人性辩护"。但何为真实的人性？对加尔文来说，真实的人性是与我们的人性在各方面都相同的（只是他没有罪），它应该是"局限于固

---

31 因此，我们可以总结说，加尔文处理基督位格与神人二性教义的策略和方法有三个特征：对圣经权威的诉诸、对奥秘之事的敬畏、以及对人类经验的尊重。

32 Wyatt, *Jesus Christ and Creation in the Theology of John Calvin*, 32.

33 Lee, *The Holy Spirit as Bond in Calvin's Thought*, 5-6.

定的空间、拥有自己的大小以及自己的形状。”[34]因此，当他回应路德宗神学家的反驳时，加尔文如此有趣地解释基督复活后怎么出了坟墓：

> 他们也反驳说基督从被封闭的坟墓里逃走（太 28：6），且当门关着的时候，基督进入自己门徒所聚会的房间（约 20：19）。这一点都不支持他们的谬论。因为就如水像干地一般为基督行在湖面上提供一条路（太 14：25），同样，当他接近石头的时候，那石头变软也一样是不足为怪的事。但最大的可能是基督吩咐石头滚开，且基督一出来石头立刻又滚回去。而在门关闭时进入房间，不一定表示穿过硬门，虽然门本来是锁着的。基督或许靠自己的大能开门，使他能立刻奇妙地站在他的门徒中间。[35]

从这段文字看到，加尔文对基督拥有一个有限的肉身的辩护如此执着，到了决绝的地步。他认为对这些事件的最佳解释是神性的能力使石头滚开或门打开。但如果非要认为某些物质的属性发生了变化的话，那一定不是基督的身体：不是基督的身体有能力飘在水面上，而是水本身变得如旱地一样坚硬；不是基督的身体变得柔软如空气，可以穿透坚硬的石头，而是石头本身发生了变化，变得柔软如泥，可以让基督的身体一穿而过。这些解释与争论方式可能会让现代的解经家为之惊讶，但清楚可见的是，对加尔文来说，基督的身体没有发生任何变化，它仍然是那个在各方面与我们一样软弱的身体。

为了捍卫“基督有与我们一样的身体”这一信念，现在加尔文在 30 节反对“基督的身体无所不在”这个路德式的教导。在加尔文看来，路德的教导会导致在基督所取的人性与我们的人性之间划分界限，从而将基督的人性与人经验所及的实存抽离开来，去谈一个实际上与人无关的基督人性。从迦克顿信条来看，路德所制造的危险是将人性与神性混淆了，因此有欧迪奇主义的倾向。[36]如果人性可以获得神性无所不在的能力，那么好像人性受神性的影响太多，因而变得模糊不清，就像一滴墨水滴落进那无边无际的海洋中而消失无踪，用加尔文自己的话说，就是“基督的人性被他的神性所吞吃。”[37]因此，维护真实人性的关键就在于严格区分神性和人性，并保持各自的整全性。从逻辑上说，若要区分出真实的人性，就必须预设与人性不同的神性，从而

34　《基督教要义》，4.17.29。也参《基督教要义》，4.17.26，30。
35　《基督教要义》，4.17.29。
36　《基督教要义》，4.17.30。
37　《基督教要义》，4.17.29。

对照出真实的人性，所以，加尔文在为基督真实有限的人性辩护的同时，也必须为基督超越的神性辩护。因此，在"全在性"教义的经典文本出现之前，加尔文先为基督神性的"无痛感"——即"神性不受苦"[38]的观念——辩护：

> 当保罗说'荣耀的主钉在十字架上'时（林前 2：8），他的意思并不是说基督的神性受苦。保罗这样说是因为那位降卑、受藐视、在肉身上受苦的基督，同样也是神和荣耀的主。在同样的意义上基督也是在天上的人子（约 3：13），因为按肉体说，作为人子居住在地上的基督，同时也是在天上的神。[39]

在这里，加尔文应用了他自己对"属性相通"教义的解释。在他看来，当圣经说荣耀的主受苦，这不是指着他的神性说的，而是说其人性的受苦也属于他的位格；当圣经说，仍旧在地的人子耶稣也在天，这不是说耶稣的身体同时在地又在天，而是指：按人性居住在地的基督，按其神性说，也是在天上的神。紧接着，加尔文就写下那一段"道之全在性"教义的经典文字：

> 圣经如此说：他（基督）根据他的神性降卑至此，并不是因为神性离开了天堂，隐藏在身体的囚笼中，而是因为这神性，虽充满万有，却仍然按其本性，以某种不可言喻的方式，带着肉身，居住在基督的人性里。[40]

在此，加尔文很明显地为神性和人性各自的整全性辩护。一方面，加尔文强调基督的神性并没有因为取了我们的肉身而被限制或减损，而是像道成肉身之前一样，没有改变神性的属性。另一方面，加尔文强调，神性没有改变却仍然不妨碍他真实地居住在与我们一样的人性中，是以肉身的方式，这是不可言喻的奥秘。正如我们之前所说的，位格联合是一个理性无法企及的奥秘。用尼斯尔的话来说，"道之全在性"教义表达了一个道成肉身的吊诡性："上帝既完全在拿撒勒人耶稣之内，也完全在他之外。"[41]

---

38 在此我们应该注意到，加尔文仍然没有完全摆脱希腊哲学的影响，对神性已经有了一些在道成肉身启示与人类经验之外的抽象了解，但当时几乎所有的神学家都存在这个问题。但加尔文对基督人性的了解，却是值得重视的，因为他把对人性的了解深深地扎根于圣经对道成肉身之基督的一些描写与人类对自身人性的实存经验。

39 《基督教要义》，4.17.30。

40 *Institutes* 4.17.30. 参《基督教要义》，4.17.30。

41 Wihelm Niesel, *The Theology of Calvin*（Philadelphia: The Westminster Press, 1956），118.

问题是：如果加尔文认为基督复活后的身体限制在天上的某个地方，那么他又如何解释整个基督在圣餐中真实地临在，而不只是一部分呢？为解决这个难题，加尔文应用了从伦巴德（Lombard）那里习得的 totus-totum 的区分："在经院神学家们那里有一个普遍认同的区分，我在此提及也不以为耻：虽然整个（totus）基督是无所不在的，但并非在基督里的全部（totum）都是无所不在。"[42]

根据这个 totus-totum 的区分，基督的位格作为一个整体（totus）与基督的人性（totum）区分开来。瓦亚特极敏锐地观察到，这个区分为加尔文提供了一个方便，使得他可以合乎逻辑地主张：整个"基督真实地临在于圣餐，但同时并非全部都临在，不在的部分就是他人性的肉身"。[43]当然，这里仍然存在基督缺席的肉身如何克服空间障碍从而在圣餐中喂养我们生命的问题。后来，加尔文逐渐发展他的圣灵论，引入"圣灵作为连结"（the Holy Spirit as bond）的教义，最终解决圣餐中的空间问题。[44]

总之，在"道之全在性"教义的第一处经典文本中，加尔文为了维护基督真实的人性，明显地强调了基督神性和人性各自的整全性，从而强调了它们的区分。对"道之全在性"教义第二处经典文本的分析，亦将得出同样的结论。

"道之全在性"教义第二处经典文本，出现在 1559 年《要义》第二卷第 13 章关于"基督取得人真实的肉体"的讨论中。加尔文在其中致力于驳斥门诺·西门的教导。西门认为基督不是真实的人，因为他有一个很虔敬的担忧：如果永恒之道将自己与人的本性相连，这岂不是等于允许自己被限制在童女的母腹中？[45]西门拒绝相信永恒之道真的取了肉身，原因有两个：首先，他认为若基督由人所生，"他就与亚当一切的后裔一样，都处于罪之下。"设想永恒的道住在罪之人当中，与他们有一样的身体，这是对道的贬低和污蔑。其次，他认为如果道真的成为肉身，就等于说他"被囚于世俗的肉体之中"。[46]

42 *Institutes* 4.17.30; *CO* 2: 1032.

43 Wyatt, *Jesus Christ and Creation in the Theology of John Calvin*, 33.

44 李耀坤，〈圣灵的连结——加尔文对解决圣餐争论的献议〉，139-150。也参 Lee, *The Holy Spirit as Bond in Calvin's Thought*, 19-42。

45 Stephen Edmondson, *Calvin's Christology*（Cambridge: Cambridge University Press, 2004），213.

46 《基督教要义》，2.13.4。

针对第一点，加尔文回应：人生育的行动并非本身带有罪污，而是因堕落的缘故才成为不洁；更为重要的是，我们说基督无罪，并不只是因为他是由童女所生，而是"因为圣灵圣化了他"。这里被圣灵圣化的是基督的人性，因为"若说基督的神性是圣洁的，这是多余的。"[47]

针对第二点，加尔文回应道：基督的神性在童女腹中与他的人性联合，这不等于说他被限制在那里，[48]因为：

> 这就是奇妙无比之事：上帝的儿子从天降下，却没有离开天堂；
> 他甘愿出于童女的母腹，历经尘世，又挂于木头，然而他却仍然继
> 续充满这世界，就像他从起初所做的一样！[49]

这就是对"道之全在性"教义的另一个经典的表达方式。"道之全在性"教义在此乃是明确为基督真实的人性辩护，在其上下文当中是通过为基督真实的神性辩护从而达到为人性辩护的目的。[50]与第一处经典文本一样，此处为真实人性辩护的关键在于划出人性的界限，这个界限即基督的人性永远不能与神性相混淆。在这里，加尔文很明显地强调了基督神性和人性的区分。

小 结

以上讨论已经清楚地表明：区分基督的神性和人性是"道之全在性"教义的重要功能。然而，笔者不同意瓦亚特衍生出的另一个观点——其功能也是区分基督神性的能力和人性的能力。因为对加尔文来说，人面对的真正困境不是人的能力不及神的能力，也不是人的身体有限，而是人因为犯罪堕落而遭致的与神关系的破裂。因此，能力不是重点，神人关系才是加尔文关心的核心问题，也应该成为理解"道之全在性"的意义的一把钥匙。

第三节 "道之全在性"与"基督的中保性"

若要全面了解加尔文使用"道之全在性"教义的目的和功能，我们应该把注意力从对基督的本质的迷思中解放出来，将焦点放在基督与我们的

---

47 《基督教要义》，2.13.4。
48 Edmondson, *Calvin's Christology*, 213.
49 *Institutes* 2.13.4.
50 Wyatt, *Jesus Christ and Creation in the Theology of John Calvin*, 34.

关系。如此，我们应该从基督的中保角色去理解"道之全在性"教义存在的意义。这样的进路可以同时包容对位格统一性和神人二性的区分的强调，避免落入对这两个概念的抽象思辨。以下将为这种诠释方向的合理性辩护。

从中保神学解读"道之全在性"教义在加尔文基督论中的意义是否恰当？笔者认为这是恰当的。因为，一方面，"中保基督"是加尔文神学的一个中心，足以影响对"道之全在性"教义的功能的理解，另一方面，如威利斯所言，"道之全在性"的概念本身与"中保基督"的教义存在紧密关系。[51]

首先，不少学者同意"中保基督"是加尔文神学的核心。中世纪神学深受亚里士多德哲学的影响，喜欢思考基督抽象的本质，因而陷入哲学思辨的迷宫。加尔文对此做了一个重要的修正：

> 确实，信心不应该只是紧抓住基督的本质，可以这么说，信心应该留意基督的能力和职分。因为知道基督是谁对我们毫无益处，除非第二个要点被加上去，就是知道他向我们所存的意向是什么以及他向我存此意向是为了什么目的。[52]

加尔文认为：认识基督应基于他的职分和工作。这个强调代表了从中世纪神学过渡到宗教改革神学的一个重要转折，欧伯曼（Heiko Oberman）称之为：从"本质基督论"转变成"功能基督论"，向着"中保神学"迈进。[53]欧伯曼极力倡导，"中保基督"应该是加尔文神学的核心。对此，艾德门松（Stephen Edmondson）做了极佳的辩护。他提供了三个有效的论据：（1）加尔文对"基督作为中保"的讨论开启了其整个基督论的讨论（《要义》2.12-17）；（2）加尔文也以"唯独从中保而来的关于上帝的知识才有能力拯救我们"这个观点（《要义》2.6.1），作为上帝拯救历史叙事的开始；（3）《要义》中对基督位格和工作的解释不断地回到"基督作为中保"这个描述，并且这描述遍布于他的注释书有关基督论的段落。[54]因此，笔者认为，从欧伯曼和艾德门松强调的这个从"本质基督论"到"功能基督论"的转向出发，我们有机会更好地检视"道之全在性"在加尔文基督论中的重要功能和深远意义。

---

51 Willis, *Calvin's Catholic Christology*, 71.
52 *Comm. John* 1:49.
53 Oberman, "The 'Extra' Dimension in the Theology of John Calvin," 60.
54 See Edmondson, *Calvin's Christology*, 5.

其次，"道之全在性"整体性地属于"中保基督"的教义，并为之服务。这个关系可见于"道之全在性"教义的第二处经典文本所处的上下文。正如帕尔克所观察的，整个《要义》第一卷中，上帝在创造中的明显证据与人不能从创造中认出上帝的悲剧，这两种论述交织在一起，表明人在上帝面前无可推诿的处境，这带出对第二卷的需要。《要义》第二卷的主题是：我们如何"在基督里认识神是拯救者"。加尔文首先在第二卷第 1 章至第 5 章，将人类因堕落而陷入无法自救的绝境描写至低谷，很好桥接起第一卷（谈创造）与第二卷（谈救赎）。[55]于是我们进一步看见，在关键的第 6 章，加尔文开门见山地指出我们唯有依靠中保。随后，在第 7 章至第 11 章谈论上帝在旧约中为拯救所做的预备以及旧约与新约的关系之后，加尔文在第 12 章至第 17 章详细解释认识拯救者上帝的关键：认识基督如何担当了我们与神之间的中保职分和工作。在 12 章开头，加尔文即指出中保的重要原则："那位担任我们中保的必须同时是真神和真人，这是最为重要的。"[56]正是为了捍卫基督的中保角色，加尔文才在之后的 13 章中集中火力为中保基督的真实人性辩护，以至于在 13 章的开始他说："我们现在要谈的是基督如何借取人的肉身担任中保的职分。"[57]"道之全在性"教义正是在 13 章的第 4 节中出现，目的是希望通过为基督真实的肉身辩护，从而达到为基督的中保性辩护的目的。在处理完"中保是真人"的议题之后，加尔文在 14 章进一步处理这位中保的位格合一，因为两性的区分和位格的统一性，同时是中保职分所必需的。之后在 15 章至 17 章，他才开始谈及基督中保的职分和事工。因此，从结构上分析，"道之全在性"最终服务的对象乃是"中保基督"。

杜伦斯（T. F. Torrance）的一项研究也支持笔者以上的观点。在《时、空与道成肉身》中，杜伦斯对路德宗和加尔文派的空间观念做了比较，发现路德宗对空间的理解继承了亚里士多德的空间观念，将空间视为"容器"，但加尔文派已经弃绝这一观念，而是把空间视为一种关系。所以，后来当路德宗听到"道亦超越肉身"的教义的时候，因为他们还坚持那个"容器"

---

55 T. H. L. Parker, *Calvin's Doctrine of the Knowledge of God*（Grand Rapids: Eerdmans, 1959），119-120.

56 《基督教要义》，2.12.1。

57 《基督教要义》，2.13.1。

的空间观念，就误以为加尔文派把基督的一部分留在了肉身之外。[58]如果杜伦斯是正确的话，那么加尔文在强调成为肉身的"道也超越肉身"时，他主要想要暗示的是上帝与我们的关系超出了道成肉身的拯救者与被拯救者的关系，因为中保基督"也在肉身之外"的超越性，指向了上帝与我们存在的另一层关系——即创造者与被造物的关系。简言之，加尔文想要强调的是：基督既是"拯救中保"，也是"创造中保"。与此同时，"也"字的重要性在于提醒认识论上的优先次序：对"创造中保"的真知依赖于对"拯救中保"的认识。[59]以此方式，加尔文也肯定了"拯救中保"与"创造中保"的同一身份，正如威利斯所言，"无论两性的联合还有什么其他意义，（它都承认）那位在肉身中的拯救者，就是那还未在肉身中显现之时就做神人中保的永恒神子。"[60]

从关系的角度思考，加尔文在"道之全在性"教义中实际上隐含了对同一中保与我们的两层关系的关注，对应了基督的双重中保性——"创造中保"与"拯救中保"。首先，加尔文在"道之全在性"中区分基督的神性和人性，同时将两者关联，关联的结果即呈现"基督作为拯救中保"，这指向"中保基督"与罪人的关系，这是第一层关系；其次，加尔文在"道之全在性"所强调的对身体的"超越"指向基督的宇宙性向度，这个向度与其神性相关，呈现了"基督作为创造中保"，这指向同一位"中保基督"与整个受造之间的关系，这是第二层关系。[61]最后，我们可以将"道之全在性"与"中保基督"的关系，用图表描述如下：

---

58 T. F. Torrance, *Space, Time and Incarnation*（Edinburgh: T&T Clark, 1997），31；参中文版：杜伦斯，《时、空与道成肉身》，41-42。正如杜伦斯正确地指出加尔文在"道之全在性"教义中关心的空间问题主要是关系性的。但这并不表示加尔文已经完全摒弃了容器式的空间概念。事实上，加尔文在圣餐教义中努力思考基督不出现在圣餐中的身体如何有份于喂养信徒生命时，他不单是关心信徒与基督的关系问题，也在关心正如何克服容器式空间的障碍。笔者认为：加尔文是个更复杂的思考者，他对空间的想象主要是关系性的，但同时也保留了容器式的观念。

59 Oberman, "The 'Extra' Dimension in the Theology of John Calvin," 62; Wyatt, *Jesus Christ and Creation in the Theology of John Calvin*, 40.

60 Willis, *Calvin's Catholic Christology*, 67.

61 Cf. Willis, *Calvin's Catholic Christology*, 71.

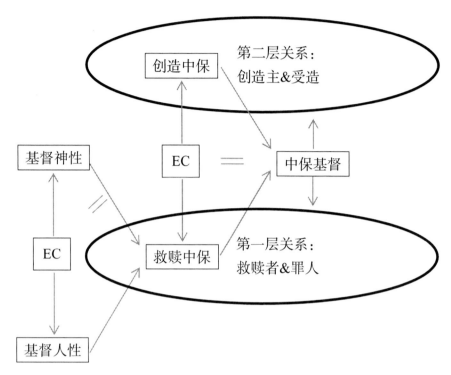

图 1：“道之全在性”与“中保基督”的关系

　　总而言之，“基督同时作为拯救中保和创造中保”，是加尔文在“道之全在性”中希望呈现和维护的核心真理。如此为“道之全在性”与“中保基督”之间建立概念的关联之后，我们便能更自然地继续探讨：“道之全在性”如何辅助加尔文分别呈现“拯救中保”的工作和“创造中保”的工作？

第四节　“道之全在性”与“基督作为拯救中保”

　　加尔文在这双重中保的身份中，首先认识的是“拯救中保”，因为道成肉身始终是我们认识上帝的起点。“道之全在性”教义暗示了这位道成肉身的中保在救恩历史中为罪人做了一个“降卑——升高”（*descendere-attollere*）的运动。并且，他降卑最终是为了我们可以升高与上帝亲近，直面祂的荣光。以下分论拯救中保的降卑和升高。

一、“道之全在性”与“拯救中保”的降卑

　　加尔文在《要义》中不断地回应这一问题：我们为何需要中保？在“道之全在性”教义中暗示的答案是：人无法跨越的与神明之间的鸿沟！虽然这

里包含神人本质的界限，但加尔文首要关心的并非容器式的空间，而是如杜伦斯所说的关系的空间，[62]空间的障碍主要是罪的影响。在"道之全在性"教义中，加尔文如此强烈地突出神性与人性之间的区别和障碍，将我们对两者的想象远远地拉开———一边是基督作为永恒神子的威严，一边是基督所取之肉身的卑微，目的就是为了使得拯救者上帝在耶稣基督里的"自上而下"的降卑，以最强烈对比的描写手法，展现在他的读者眼前，形成震撼心灵的效果。借助这种修辞学策略，加尔文希望读者明白：基督的降卑是何等奇妙的降卑，上帝在基督里使原本不相容的神性的"威严"与人性的"卑微"不再相互对立，而是相互关联一致。结果，在道成肉身的奥秘中，"卑微"成为了"威严"的忠实的仆人！这是无比奇妙的，同时也是真实的。因此，加尔文在"道之全在性"教义中为基督真实人性辩护的真正目的，是要表明上帝在基督里的降卑的真实性。[63]

欧伯曼曾提到加尔文在"道之全在性"教义中关注的两件相关的事：第一，基督有"真实的肉身"，第二，为此，我们有"复活的盼望"。[64]换言之，基督有与我们一样的肉身，这是我们有复活盼望的前提；我们的复活盼望则是基督取了真实肉身的目的。因此，加尔文在"道之全在性"教义中真正感兴趣的，绝不是一些学者所谓的要维护"有限不能包含无限"的希腊哲学原则，他是为了宣告这样一个神学主张——"无限可以包容有限"而同时不需要取消它本身的有限性，或者"无限可以以认同有限的方式去就近有限"。一言以蔽之，无限可以以一种不摧毁有限的方式与之结合。[65]因此，道成肉身是"无限"对"有限"的降卑（humility），是"威严"对"卑微"的俯就（accommodation），是神性对人性的认同，正如欧伯曼所言："永恒的子，虽是在创世之前就已被任命为中保，却没有在道成肉身中稀释或折损我们人性的真实，而是借着成为'在我们肉身当中的肉身'，认同了我们。"[66]

虽然基督神性的降卑在先知、君王和祭司三个角色中都有所体现，但最明显地反映在先知和祭司的职分中。首先，基督在先知角色中承担教导的工

62　Torrance, *Space, Time and Incarnation*, 31；参中文版：杜伦斯，《时、空与道成肉身》，41-42。

63　Willis, *Calvin's Catholic Christology*, 78.

64　Oberman, "The 'Extra' Dimension in the Theology of John Calvin," 61-62.

65　Willis, *Calvin's Catholic Christology*, 18.

66　Oberman, "The 'Extra' Dimension in the Theology of John Calvin," 62.

作，"宣扬父神的恩典并为之作见证。"但这不同于普通先知的教导，因为基督所承担的先知职分超越了一切的先知，[67]他将之前在一切先知的教导中部分启示的救恩计划完全地启示出来，是满有公义良善的上帝恩典的自我启示。基督见证上帝的奇妙之处在于：上帝是以俯就的方式，亲自在肉身中自我揭示，使用我们能够明白的语言，"就像保姆经常以婴儿的口吻向婴儿说话一样"。[68]这种俯就的方式超越了所有在其他先知中的启示的俯就方式。加尔文在解释约翰福音 14 章 24 节时，如此描写基督以俯就的方式教导门徒："当他说这道不是他自己的，他乃是俯就门徒的理解。就好像他在说这不是人的话，因为他乃是忠实地教导父上帝所喜悦传于他的。"[69]因此，威利斯说的对，"道之全在性"教义实际上强化了基督教导的俯就特征。[70]

其次，基督的降卑特别体现在他的祭司职分和工作中，并且达到最低谷，因为祂在祭司性的赎罪行动中为我们忍受了痛苦的极限。这或许是加尔文最看重基督祭司职分的原因。简要而言，在祭司职分中，基督借着他的受苦和死亡补赎我们的罪，平息上帝的烈怒，带来罪人与上帝的和好，使罪人在上帝面前称义。但为此，他忍受了极大的痛苦，这痛苦的极致就是"降在阴间"。因此加尔文对"降在阴间"的教导非常重视，认为它对基督的拯救而言并非无关紧要，而是至关重要。[71]并且他对"降在阴间"有很独到的理解。古代教父的传统一般认为基督下到阴间是为要"宣告已成就的拯救"，[72]但加尔文认为，这其实是在描述基督"承受神严厉的报应，""承受了神对罪人的烈怒，"是他"在神面前所受那看不见、测不透的审判"。[73]换言之，这是对基督受苦至极的形容，刻画祂为我们降至最低谷所忍受的痛苦，凸显基督顺服的完全。以此完全的顺服，基督的死为我们获得属神的义。总而言之，"全在性"教义对基督神性之威严和人性之卑微的区分，以一种修辞的方式强化了对这个降卑的强调。

---

67 《基督教要义》，2.15.2。
68 《基督教要义》，1.13.1。
69 *Comm. John* 14:24.
70 Willis, *Calvin's Catholic Christology*, 86.
71 《基督教要义》，2.16.8。
72 《基督教要义》，2.16.9。
73 《基督教要义》，2.16.10。

二、"道之全在性"与"拯救中保"的升高

自爱任纽时期，教父神学就有这样的观念：基督的降卑是为了我们人性的提升，加尔文同意这样的观点。对加尔文而言，基督降下，是为了叫我们能够升上去，正如他自己所说："基督降世来到我们这里，为了带我们到父那里去，叫我们与父及他自己和好，因为他与父原为一。"[74]在"道之全在性"教义中，加尔文强调基督升天后的肉身是有限制的，并非无所不在，这导致加尔文在圣餐教义中与路德分道扬镳：路德强调基督在圣餐中降下来，加尔文强调基督在圣餐中透过圣灵的工作"叫我们升向他"。[75]与其圣餐教义一致，加尔文也强调基督拯救事工的这个向上提升的面向：基督在祭司职分中所成就的复和工作，结束了其向下的降卑运动，并开启了另一个向上提升的运动。这个提升运动是指：基督，就其人性而言，在复活后被提升天，得以坐在父上帝的右边，并领受治理的权柄，改变所有属基督之人的生命。

这个提升的运动，与他的神性无关，因为根据"道之全在性"教义他的神性从来没有改变过。因此，这个提升是指他所取人性的提升，因而也恰当地指涉他的位格。并且，基督人性的提升是为我们人性的提升开启一条途径，正如《日内瓦教理问答》所言："就如他之前为我们的缘故降世，基督为我们升天，他就为我们开启了一条道路，以至于之前因为罪而关闭的天门，如今正式地为我们打开（罗八 34）。"[76]基督的升天代表他不再以肉身的方式向我们显现，这种肉身的缺席，对世人来说是一种缺失，但对将领受圣灵的人来说，却是更大的福分。[77]因为正如《使徒行传》第一章所记的那样，在带着他的身体离开之前，基督已经应许圣灵的降临，而他自己将在圣灵的能力中与门徒同在。根据加尔文，圣灵的浇灌为我们带来三个好处：

> 首先，我们明白，主已升天打开了从前被亚当关闭的天国之门。……其次，我们的信告诉我们，基督与父同住是我们极大的益

---

74 《基督教要义》，1.13.26。

75 《基督教要义》，4.17.16。

76 "For since Christ is entered into heaven in our name, as he had descended to earth for our sakes, he opens up for us a way there; so that the gate is now open to us which was formerly closed on account of sin （Rom. 8:34）." John Calvin, *Calvin: Theological Treatises*, trans. J. K. S. Reid, vol. XXII of *Library of Christian Classics*（Philadelphia: Westminster, 1954）, 101.

77 Lee, *The Holy Spirit as Bond in Calvin's Thought*, 147；《基督教要义》，2.16.14。

处。……他在父面前一直作我们的中保和代求者。……再次，信中含着基督的大能，而这成为我们的力量、权能、财富，并使我们能向地狱夸胜……并天天厚赐他们属灵的福分。[78]

这段文字所述基督升天的三个好处实际上可以总结为两个方面：（1）带给我们一个终末的盼望；（2）提升我们的生命，使我们在这盼望中，在世积极参与上帝的拯救计划。这两个方面都和基督中保的身份密不可分。首先，基督的升天为我们开启对终末上帝国的盼望。无论今世的遭遇如何，当上帝国以终末的方式实现之时，正如耶稣基督的人性一样，我们的身体将要复活，我们的人性也将完成提升的进程，得以直接面对上帝的荣光。这对于当时处在极度艰难的经济和政治环境中的日内瓦信徒来说，该是何等的盼望！其次，加尔文强调这期盼不是与现实生活脱节的，相反，它会在现世中引发巨大的动力，影响我们在今世对生命和创造有一个积极的承担，活泼地参与在上帝正在进行中的拯救计划。

在"拯救中保"的三重角色中，与这个自下而上的提升运动最紧密关联的是基督的君王职分。升天是基督领受治理权柄，彰显君王职分的开始。[79]加尔文在解释基督君王职分时如是说："当我们说基督坐在父神的右边时，也就是在说他是父的代理人，基督握有神国度一切的权柄，神喜悦透过基督统治和保护教会。"[80]对加尔文而言，基督在虚己后被高举，这只能适合描述他的人性，因为神性并没有因为降卑而有所亏损，而是"隐藏在肉体的幔子之下"好使人性的真实得以呈现。[81]这正是他在"道之全在性"教义中强调的。但与此同时，神性仍有份于基督作为人被授予的君王职分，而且有至为重要的作用。因为按其神性本质来说，他同时是"生命的源泉"（fountain of life），生命要藉着祂浇灌于我们。[82]神性所隐藏的赐予生命的大能，将要特别以他的人性为管道，浇灌我们的生命。[83]

所以，正如神子降下是为使我们与神和好，人子基督被高举为君王也是为了我们领受更丰盛的生命之福。在虚己至谷底之后，基督的神性大能使他

---

78 《基督教要义》，2.16.16。
79 《基督教要义》，2.16.14-15。
80 《基督教要义》，2.15.5。
81 《基督教要义》，2.13.2。也参 *Comm. John* 12:27；*Comm. Philippians.* 2:7。
82 *Comm. John* 6:57.
83 *Comm. John* 6:51.

自己从死里复活，最终战胜了死亡，彰显了他属天的大能（罗一 4）。但这不是为了基督自己，而是为了我们的信心有坚固的支柱，盼望我们将来的复活。[84]为了强调基督复活是为了我们，加尔文在解释《哥林多前书》十五章 12 至 20 节的要义时说："若基督复活，我们也必从死里复活；若我们不复活，基督也没有复活。"[85]同样，基督复活后的身体离开，也是为了我们更大的益处。因为"在基督升天之后，他就更丰盛地浇灌他的圣灵，他的国也更广泛地扩张。"[86]因此，复活与升天的主，实则是以其神性的大能，在他的肉身中，为我们开启了一条通往新生命的道路。[87]我们虽然在身体上与基督暂时分离，但透过圣灵与基督不断联合，我们的人性也与基督被高举的人性一起得到提升，直到他的再来。[88]所以，艾德门松把基督与我们联合整体性地归于基督的君王职分，这显然是正确的。[89]

基督人性被高举的终极目的是使我们进入与上帝的团契。[90]加尔文在解释《歌罗西书》一章 20 节时说："保罗相应地宣告，我们唯独透过基督得到祝福，因为基督是我们与上帝之间的连结，使这两者结成团契。"[91]借着耶稣基督君王职分的中介性作用，我们最终将达至与上帝的关系的完全，这正是加尔文理解的基督中保角色的终极目的。正如艾德门松所言，我们应当将基督的君王职分理解为祭司职的完成，因为基督做教会的头，将神的百姓召集成为一个身体，使他们与自己联合，从而进入与上帝的团契，这样才使复和达至完美。[92]

然而，加尔文强调，这个联合将在终末才得其圆满，因为到那时我们才可以直接面对上帝的荣光，而基督也要在那时将他的国交与父上帝，卸下其人性的中介职能。这说明：如今，基督的人性虽然已被高举，但因为我们的软弱仍然阻隔我们直面上帝，我们仍然需要他的人性作为中介，在这个意义上他的神性仍是自愿地隐藏了大能。[93]从这个意义上说，降卑不只局限在基督的先知与祭司的职分。

---

84 《基督教要义》，2.16.13。

85 《基督教要义》，2.13.2。

86 《基督教要义》，2.16.14。

87 Edmondson, *Calvin's Christology*, 127.

88 Willis, *Calvin's Catholic Christology*, 92.

89 Edmondson, *Calvin's Christology*, 117.

90 Edmondson, *Calvin's Christology*, 115.

91 *Comm. Col.* 1:20.

92 Edmondson, *Calvin's Christology*, 116.

93 *Comm. I Cor.* 15: 27. 也参《基督教要义》，2.14.3。

最后，"道之全在性"教义强化这样的事实：在基督降卑（与高升）的整个过程中，他并非被迫如此——好像祂受困于肉身的限制而只能这样；相反，道成肉身的拯救历史乃是永恒的子所做的一个自由的运动。[94]加尔文不是说永恒的神子在进入历史之前是自由的，而在进入历史之后就只能是被迫的；而是说，从头到尾，整个拯救历史都是永恒的子出于自愿的行动。完美的顺服，成为贯穿中保基督三重职分的主线，使三个方面的功能在同一个中保的事工中相互配搭、合而为一。[95]最终，因基督的顺服已经满足上帝公义的要求，我们应当在基督里寻找救赎、释放、力量、圣洁、温柔、新生⋯⋯等等上帝国里一切丰盛的祝福。[96]

小 结

总而言之，"道之全在性"教义首先帮助我们认出三一上帝在道成肉身的"拯救中保"里所做的"降卑——升高"：神性的降卑，是为了人性得以提升，这是出于圣三一第二位格的自由。他自愿地取了我们的人性，是为了我们的好处，使我们的罪债得偿，为我们赚得义和生命，他又使自己与我们联合，最终使我们得以进入与上帝亲密的团契中。自愿性的顺服是拯救中保的根本美德，见证了上帝自由的爱，充分地体现在他的先知、祭司和君王三重事工中。

然而，若要真正理解何为中保基督在拯救中的降卑和升高，我们必须同时认识他在成为肉身之后没有放弃的创造者身份，那是祂降卑的起点，也是他人性提升的方向。为此，"道之全在性"教义不单见证了基督是"拯救中保"，也同时凸显了另一个同样重要而与之有关联的事实：在道成肉身之前与之后基督都是万物的创造主，作为永恒的神子，祂与父同等，并且万物借着祂被造，因此祂也是"创造中保"。

第五节 "道之全在性"与"基督也作为创造中保"

与其他一些宗教改革领袖不同，加尔文在双重的意义下使用"中保"这个词，"基督作为中保"不单单指道成肉身的"拯救中保"，同时也指作为永

---

94 Willis, *Calvin's Catholic Christology*, 71-73, 85.
95 Willis, *Calvin's Catholic Christology*, 85.
96 《基督教要义》，2.16.19。

恒神子的"创造中保"。在加尔文驳斥路德宗神学家奥西安德尔（Andreas Osiander）提出的"若亚当没有堕落基督仍会成肉身"[97]的辩论中，一位名叫斯坦卡罗（F. Stancaro）的波兰改革宗神学家冒失地介入进来，提出基督只在人类堕落后才做中保的观点，以为自己与加尔文站在同一立场上，却不幸成为加尔文批判的对象。[98]在答复他的信中，加尔文明确反驳说：从创造的开始基督就是中保。[99]在此加尔文所说的即"创造中保"。

对加尔文而言，"道之全在性"概念除了维护基督是"拯救中保"的真实之外，同时*也*守护了另一个事实：基督也是超越肉身的（*etiam extra carnem*）中保，是为"创造中保"。我们从福音信仰中体认到的"拯救中保"，*也*是那与父同等的"创造中保"，万物借着祂而创造和维系，即使在祂降至人类最卑微的处境时，祂仍然继续维持整个宇宙的运转。[100]因此，道成肉身的启示，不单见证了上帝是堕落人类的拯救者，*也*同时见证祂之前是，现在是，并且永远是宇宙万物的伟大创造者。

一、"道之全在性"与"创造中保"的创造之工

加尔文特别强调基督也是"创造中保"。作为永恒的智慧，基督是三一上帝创造工程的指挥师，万物乃是借着祂被造。加尔文在解释《希伯来书》一章 2 节时如此说：

> 这世界是他（基督）所造的，他乃是上帝永恒的智慧，从起初就是上帝所有工作的指挥师……因此，虽然我们通常称父为创造者，但在某些经文中说到创造是'借着智慧'（箴八 27），'借着道'（约一 3）或'借着子'（西一 16），似乎智慧被命名为创造者，这也同

---

97 《基督教要义》，2.12.5。

98 Willis, *Calvin's Catholic Christology*, 69-70.

99 "But we maintain, first, that the name of mediator suits Christ, not only by the fact that he put on flesh, or that he took on the office of reconciling the human race to God, but from the beginning of creation he already truly was mediator, for he always was the head of the Church, had primacy over the angels, and was the firstborn of every creature （Eph. 1:22; Col. 1:15; 2:10）. Therefore, we conclude that not only after Adam's fall did he begin to exercise his office of mediator, but since he is the eternal Word of God, both angels as well as men were united to God by his grace so that they would remain uncorrupted." *CO* 9:338. Englgish translation from Joseph N. Tylenda, "Christ the Mediator: Calvin Versus Stancaro," *Calvin Theological Journal* 8 （1973）: 12.

100 Cf. Paul Helm, *John Calvin's Ideas*, 58-92.

样是正确的。必须注意的是，不止就人而言存在位格的区分，就是在上帝自身之内，也存在父和子的位格的区分。本质的统一性要求：父拥有多少本质，子也拥有同样多的本质，因此父所拥有的，是两者共同拥有的。但这并不妨碍他们各自拥有属于自己位格的属性。[101]

在这段文字中，加尔文大胆直言，我们宣称"基督是创造中保"，这不仅是根据圣经的见证，也是基于教会历来的三一论传统。在教会历史中，反三一论异端一直搅扰正统信仰，奥古斯丁和加尔文在各自的时期遭遇同样的问题。然而，他们应对亚流主义威胁的方式却有些不同。奥古斯丁主张所有上帝外展的行动，包括创造、护佑与拯救，都应该毫无区分地归给三个位格，以此方式拒绝一切次位论的暗示。但加尔文却认为，只要适当地理解不同位格在创造与拯救中的独特职分或角色，不但能避免落入亚流主义的陷阱，而且更有助于确立不同位格在本质上的合一。[102]换言之，要维护三位格的平等，我们需要强调的是他们的同一个本质，而不必将位格各自的独特性消解。同时，也只有在神性本质层面之外确立了三位格的独特性，我们才会不至于像加尔文时代的反三一论者，误以为神性本质是父位格的独特性，以至于他们只愿意称父为"神"。[103]

值得注意的是，在以上文字中，加尔文指出：以区分位格的方式称"基督是创造中保"，这仅单纯反映了圣经对三一的创造之工的见证。加尔文在这里确立了一个认识三一的秩序：对内在三一的认识必须建立在对经世三一的认识的基础上，而对经世三一的认识应根据圣经的见证。[104]

"道之全在性"对创造论的最大贡献在于它暗示了：基督作为永恒之道，即使在道成肉身之后也还是"创造中保"，并没有停止其创造工作。换言之，三一上帝持续地借着同一位中保，继续他的创造，这就是"继续中的创造"[105]的观念。因此，对"道之全在性"的坚持表达了一个关于创造的信念：在耶稣基督里启示的上帝乃是继续中创造的创造者。

"继续中的创造"的重要意义在于向我们表明：创造主并非在创造之后冷酷无情地将这世界弃之不顾，而是持续地在关系中守护着受造的万物，这

---

101 *Comm. Hebrews.* 1:2.
102 Wyatt, *Jesus Christ and Creation in the Theology of John Calvin*, 56-57.
103 Lee, *The Holy Spirit as Bond in Calvin's Thought*, 51-53.
104 Wyatt, *Jesus Christ and Creation in the Theology of John Calvin*, 57.
105 林鸿信，《加尔文神学》，67。

位创造主乃是关系当中的有情的上帝。[106]对加尔文来说，认识上帝的性情比认识祂的本质更加重要。因此，他说："认识神是怎样的神以及他的属性是更重要的。因为，若像伊壁鸠鲁（Epicurus）那样相信一位已不管理世界而只顾寻欢作乐的神，有什么益处呢？"[107]因此，在"创造中保基督"里被见证的创造者上帝，虽然与受造物截然不同，但必定极其关心其创造，与受造物保持着持续性的关系。

可是，"继续中的创造"的目的为何？上帝的持续性创造行动并非漫无目的。相反，既然上帝在其创造中启示自己的美善，他必然已为创造赋予一个美好的目的。关于创造的目的，教会历史中存在多种不同看法：（1）创造本身就是目的；（2）创造的目的是拯救；（3）创造是为了道成肉身。[108]然而加尔文的观点与这些观点都不同，他实际上主张上帝创造的终极目的是为了自己的荣耀得到彰显。[109]这种理解尤其可见于这一事实：加尔文很多次将创造比喻作上帝彰显荣耀的"剧场"。[110]"既然神将我们安排在这如此美丽的露天剧场中，我们就不应当以敬虔欣赏这伟大奇妙之工为耻。……无论我们向何处观看，一切都是神的作为，神要我们同时以敬虔的心默想万物被造的目的。"[111]这目的就是荣耀上帝，因此他在解释《诗篇》104篇31节时说：

> 诗人告诉我们，他在之前的诗句中赞美上主在其造物之工当中所展现的能力、智慧和良善，目的是为了激动人们的心去赞美上帝。因此，上主为了我们的缘故如此宏伟地装饰这世界，不只是为了让我们做这奇妙无比的露天剧场的观众，而是让我们可以欣赏展现在我们眼前的关于祂自己的无比丰富和良善，这是我们极大的荣幸！[112]

然而，在这一段文字中，加尔文也提到上帝"为了我们的缘故"装饰这宇宙，正如他也在《要义》另一处也如此提到："神亲自借创造的次序证明他

106　林鸿信，《加尔文神学》，67-68，86-88。

107　《基督教要义》，1.2.2。

108　Wyatt, *Jesus Christ and Creation in the Theology of John Calvin*, 60-61.

109　Oliver D.Crisp, "Calvin on Creation and Providence," in *John Calvin and Evangelical Theology: Legacy and Prospect*, ed. Sung Wook Chung（Louisville: Westminster John Knox Press, 2009）, 54.

110　例如，《基督教要义》，1.6.2; 1.14.20；以及加尔文的《圣经注释》：诗篇 89:11; 104: 31; 135: 10; 138: 1。

111　《基督教要义》，1.14.20。

112　*Comm. Psalms* 104:31.

是为了人的缘故创造万物。"[113]似乎加尔文也有一种人类中心主义的观念？[114]其实，对加尔文这类善于兼收并蓄的神学家而言，正确的世界观不应该建立在一种有神无人或有人无神二元对立的观念之上，这是因为加尔文对神人相关的现实有很深刻的"实存的领悟"：上帝不是抽离的，祂就在我们的日常生活中，而人则"时时刻刻活在上帝的荣耀之下"，这说明对上帝的认识与对人的认识一定是息息相关的。[115]对人类福祉的认识不可能脱离对上帝荣耀的认识：人最大的福祉和享受就是认识并赞美荣耀的造物主上帝。[116]正如我们所熟悉的《威斯敏斯特小要理问答》以如下方式将人的福乐根植于上帝的荣耀："人的首要目的就是荣耀神，永远以他为乐。"因此，只要避免将人类本身作为创造的终极目的，上帝的荣耀和人的福乐，实际上不存在真正的冲突。

二、"道之全在性"与"创造中保"的护佑之工

既然上帝为创造赋予了一个美好的目的——最终有一群人永远以认识与荣耀祂为乐，[117]那么我们就无法想象祂会冷漠地对待祂的创造，好像伊壁鸠鲁学派所说的那样，在创造世界之后将其撇在一边撒手不管。[118]与路德、慈运理以及布塞珥一样，加尔文非常强调神在创造中没有停止他的作为。[119]因此，加尔文非常重视护佑的教义，强调我们若不了解上帝的护佑，就无法正确地认识造物主，祂与我们的日常生活息息相关，是一位有情的爱的上帝。加尔文如此说：

> 我们若把上帝当作一时的创造者，以为祂在顷刻间就完成了一切的创造之工，就是在说上帝是一位冷酷无情的上帝。在这里我们应该和异教徒特别不同，我们相信：上帝的大能，在宇宙间持续地向我们闪耀，如同在最初创造的时候一样。[120]

---

113 《基督教要义》，1.14.22。斜体为笔者所加。
114 Crisp, "Calvin on Creation and Providence," 54.
115 林鸿信，《加尔文神学》，50-51。参《基督教要义》，1.1。
116 Cf. Randall Zachman, "The Universe as the Living Image of God: Calvin's Doctrine of the Universe Reconsidered," *Concordia Theological Quarterly*, 61（1997），303-304.
117 Wyatt, *Jesus Christ and Creation in the Theology of John Calvin*, 60.
118 《基督教要义》，1.16.1。
119 Francois Wendel, *Calvin: The Origins and Development of his Religious Thought*, trans. Philip Mairet（New York: Harper & Row, 1963），177.
120 *Institutes* 1.16.1.

正如这段文字所暗示的，加尔文反对把上帝视为一时的创造主，主张上帝的创造是继续中的创造。因此，创造与护佑实际上密切关联，很难区分。传统上，一般把创造视作上帝在时间之外开启历史的那一个点，就好像是属于过去的一次性完成的事件，在这之后，上帝才开始与受造物持续处在护佑与被护佑的关系中，以这种方式，创造与护佑被严格区分开来，但是加尔文实际上将这样的严格区分打破，使创造和护佑紧密地交织在一起。[121]可惜的是，虽然克利斯普（Oliver D. Crisp）基于加尔文的观点已经承认对两者的区分是不当的，但他仍然把创造和护佑理解作“上帝藉以创造并在之后保存其存有的一个整体的行动的两个部分。”[122]可是，如果创造是继续中的创造，那么护佑就应该被看作创造的一部分，而创造才是克利斯普所说的上帝的那“一个整体的行动”。从创造的角度，我们应将护佑理解作“继续中的创造”。

加尔文把护佑区分为两种类型：“一般护佑”和“特殊护佑”。所谓“一般护佑”，指上帝借着自然秩序掌管这个世界，其重点在于受造物透过上帝原先所立的自然秩序对上帝的间接依赖；所谓“特殊护佑”指上帝对个别受造物独特的护佑，尤其在人生活中的介入和引导，重点在于强调受造物对上帝直接的依赖。[123]加尔文特别重视“特殊护佑”，认为世界上每一件事情——无论大事小事——都在神的护佑之中，没有任何偶然的事情发生。[124]因此，有信心之人不应当以知道神的“一般护佑”为满足，而要“更深入地思想，神不但是万物的造物主，也是永恒的掌管者和护理者，他不但驱使宇宙及其各部分的运转，也扶持、滋润和保护他所创造的一切，甚至包括小麻雀。”[125]

加尔文甚至说：“没有任何事能在他（神）的预定之外发生。”[126]如此强调上帝护佑的力度，容易导致决定论的想象。既然上帝掌控一切，人为什么还要负上道德责任？[127]学者们为加尔文做了很多辩解，总体上强调加尔文实际上在上帝之外给第二因留出了空间：人是出自愿做出行动，从这个意义上说

121　林鸿信，《加尔文神学》，64，67。

122　Crisp, "Calvin on Creation and Providence," 58.

123　《基督教要义》，1.16.2-4。

124　《基督教要义》，1.16.2。

125　《基督教要义》，1.16.1。

126　《基督教要义》，1.17.11。

127　林鸿信，《加尔文神学》，69。

人应该为自己的行为负责，即使他实际上没有不犯罪的能力。[128]这些辩护都包含一些道理，但是在解决一些问题的同时，恐怕也难免制造新的疑问。相对于在理论上为加尔文辩护，更重要地是关注加尔文护佑论与他的处境的互动。

实际上，在改宗的日内瓦的处境中，加尔文想要通过强化对上帝绝对主权的信念，达到鼓励他的教会与社群在艰难处境中信靠上帝的目的。首先我们必须注意到加尔文所生活的精神氛围，与我们现代社会非常不同。在个人主义盛行的现代世界，个人只要自己不受影响，通常对他人和社会的苦难比较冷漠，因此，太过严格的护佑论（和预定论）有时听来好像正好给了人一个将责任推给上帝的借口，逃避对他人与国家的责任。但加尔文与宗教改革时期的社会氛围却是完全不同。历史学者告诉我们，在类似日内瓦这样的帝国城市中，普遍弥漫着一种源自群体主义的市民的责任感。[129]在这样一种群体感很强的社会文化氛围中，强调一切事物在上帝的绝对干预之下，并不容易导致对责任的逃避。

加尔文面对的主要问题是：当时很多人面对困苦艰难，可能无法承受过重的负担。日内瓦当时面对无比艰难的处境：接踵而至的自然灾害、流离失所的难民不断涌入、多变的政治局势、以及来自反宗教改革势力的军事威胁，这些都在危及刚刚拥抱宗教改革运动的日内瓦城邦的存亡！加尔文自己也经历过曲折而遍布危险的人生。他在《要义》第一卷 17 章 10 节，深刻而细致地描写人生随时可能遭遇的各样危险与死亡，很像是出自他自己的亲身体验。

---

128 克利斯普使用的一个例证：克利斯普选择呆在自己的书房继续研究与写作，而不去客厅看电视，但是他不知道她的女儿已经将他反锁在书房，因此即使他想去看电视也是无法做到的。在这种情况下，虽然实际上克利斯普是出不了房间的，但无论他是否可以走出房门，实际上是他自愿地选择了留在房间，所以他仍要对他的行动负责。参见 Crisp, "Calvin on Creation and Providence," 59-60。但是，如果我们的故事设定克里斯普不会永远愿意呆在书房，我们便无法以自愿为理由将责任归给克里斯普自己：如果故事中的克里斯普之后想要走出书房的话，那时他发现门已经从外面被锁住，他难道不会为自己走出房间的自由被剥夺而感到不公吗？因此，实际上，讲故事的克里斯普之所以能将责任归给故事中的克里斯普，是因为他设定了故事中的克里斯普只会自愿地坐在书房没日没夜地做着枯燥乏味的研究。但是，持有疑问的读者真正想要问的问题会是：为什么讲故事的克里斯普如此设定故事中的克里斯普的意愿，却仍要归咎于他？

129 William C. Innes, *Social Concern in Calvin's Geneva*（Eugene: Pickwick Publications, 1983），27.

[130]面对人生中不计其数的危险，人容易产生对神的怀疑。当时流行的学说将人世间的变幻莫测解释为是漫无目的的命运在玩弄人，更是导致人陷入恐惧、绝望与消极。[131]因此，加尔文强调上帝不会失败的护佑，为要鼓励人在艰难中全心仰赖交托上帝。[132]因此，他说，“当上帝的护佑光照敬虔之人的心，他不但从以前压迫他极重的恐惧和沮丧中得拯救，而且也从所有怀疑中被释放。”[133]

最后，如果创造是继续中的创造，那么拯救就不仅仅指个人的得救。拯救应该指重新创造或第二次创造，亦即创造秩序得以恢复和更新。[134]与这世界将来的命定一致，重生的意涵也要扩大。人经历重生，在本质上应指人性原初秩序——即神的形象——在第二次创造中逐渐恢复。[135]因此，如瓦亚特所言，“恩典绝不是要颠覆或取代自然，而是要恢复自然原有的整全性。”[136]使用政治性的语言去描述恩典对自然的这个应许，我们应该赞同威利斯的说法：道成肉身的拯救就是基督的国重申对这反叛神的世界的主权，并且应许这受造界的反叛必定在将来得到更正，因为基督从未放弃这主权。这一重点其实正好被“道之全在性”所强化：永恒的创造者，从未放弃对这世界的统治，但这似乎因为这世界的反叛而被模糊以致遗忘了，因此道成为了肉身，住在我们中间，乃是要让我们能够重新发现他主权性的统治。[137]

这种从道成肉身出发去关联拯救和创造的思考方法，将引领我们在终末的期盼中与基督相遇：只有当这在基督里已然开始的上帝国在终末达至圆满的时候，创造和拯救的意义才会完全地重迭，那将是加尔文所说的“这世界的圆满复兴。”[138]只有在这个终末论的语境中，才有可能更完备地发掘拯救的丰富意涵。

---

130 林鸿信，《加尔文神学》，69-70；《基督教要义》，1.17.10。

131 《基督教要义》，1.17.10-11。

132 林鸿信，《加尔文神学》，70。

133 *Institutes* 1.17.11.

134 Wyatt, *Jesus Christ and Creation in the Theology of John Calvin*, 55-56;

135 Wyatt, *Jesus Christ and Creation in the Theology of John Calvin*, 55-56, 74.

136 Wyatt, *Jesus Christ and Creation in the Theology of John Calvin*, 55.

137 Willis, *Calvin's Catholic Christology*, 74-78.

138 *Comm. John.* 12:31.在这段注释中，加尔文提到，对约 12：31 这节经文（“现在这世界受审判”）中在我们汉语和合本中翻译为“审判”的希腊文原文的两种不同解释：一些人认为这个词意指“革新”（reforrmation），另外一些人认为它是指“定罪”（condemnation）。加尔文自己赞同第一种解释，因为通常翻译为这个希腊文的希伯来文字词意指一种“有秩序的状态”。

小　结

　　"道之全在性"强调了这样的事实：基督作为永恒之道，在成为肉身之前就已经是"创造中保"，而且即使在祂取了肉身之后，祂也没有放弃其作为创造中保的超越性，因而不受肉身的限制而继续施展其创造的能力，支撑，维持和滋养万物。"也是超越肉身的"中保的"也"（etiam）字非常重要，它说明对"创造中保"的认识是以对"拯救中保"的认识的拓展。[139]

　　并且，基督作为永恒之道，即使在道成肉身之后也还仍然是"创造中保"，这就证明在耶稣基督里自我启示的三一，并非对拯救之外的其他受造冷漠无情的上帝，而是每时每刻以其大能维持万物生长的有情上帝，又与所有人类社会的生活息息相关，值得我们去认识和信靠。

　　最后，正如我们已经看到的，虽然我们对上帝的认识始于认识祂是我们的拯救者，但对"创造中保"和创造主上帝的认识也会回过来加深和更新我们对"拯救中保"和拯救者上帝的认识。首先，对"创造中保"在三一内与父同等之秩序的认识，使我们真正认识何为拯救中保为我们所做的降卑和升高；其次，认识创造乃继续中的创造，更新了我们对拯救的理解。如此，对拯救者上帝和创造者上帝的双重认识形成一个向前发展的循环。

第六节　总　结

　　"道之全在性"教义同时承认道成肉身的"一个位格"和"神人二性各自的完整性"这两个事实，只是以不同的方式去维护。首先，在这教义中，加尔文预设了基督的神性和人性连于一个位格的事实，将之视为信仰的奥秘，所以限制理性对其做过度的猜测，而是愿意更多诉诸圣经用语加以规范。其次，在"一个位格"的前提下，加尔文更愿意运用理性去分辨神性与人性的不同，维护神性和人性各自的完整性。对《基督教要义》中两处"道之全在性"教义的经典文本的分析已经说明，加尔文使用"道之全在性"教义最直接的功能是：区分同一位基督的神性和人性。

　　然而，加尔文所关心者并非神性与人性的能力之别，而是神人关系的议题，因此，我们需要彻底从中保神学理解"道之全在性"教义的功能。"道之全在性"教义在加尔文基督论中最终服务的对象是加尔文对基督双重中保身

---

139 Wyatt, *Jesus Christ and Creation in the Theology of John Calvin*, 40.

份的主张：基督既是在肉身中的"拯救中保"，也是超越肉身限制的"创造中保"。无论是对位格统一性的预设，还是对神性与人性的区分的强调，最终都是为了维护基督是中保这个事实。

首先，"道之全在性"教义维护基督作为"拯救中保"的事实，凸显基督在救恩历史中所做的一个自由的爱的"降下——升高"的运动，为我们赚取属神的义和生命，并使我们的人性因着能与他不断联合也开始得到提升，以至在终末进入与上帝最直接的团契中。

其次，"道之全在性"教义守护着另一个事实：基督作为永恒之道，在成为肉身之前就已经是"创造中保"，而且即使在道成肉身之后，祂也没有停止其创造中保的能力与工作，而是继续施展其能力，以支撑，维持和滋养万物。对"创造中保"的认识，保证了我们对一位极其关心其创造之未来的有情的全能的三一创造者上帝的认识，只有这样的创造主才能承担拯救者的角色。

最后，我们也发现，对"创造中保"的认识也会回过来加深和更新对"拯救中保"的原有认识，如此对拯救者上帝和创造主上帝的认识是相关的，二者可以形成一个循环，向前发展，丰富我们对三一上帝的认识。

在接下的一章，我们将探讨"道之全在性"教义与加尔文的圣灵论的关系。正因为对"道之全在性"教义的坚持，加尔文必须引入"圣灵作为连结"的观念，以解释基督如何带着天上的肉身与信徒联合，如此才发展出一套与基督论平行的圣灵论。

第三章 "道之全在性"与加尔文圣灵论

圣灵论曾经长期处在基督教神学的边缘。但自进入二十世纪以来，因着灵恩运动给普世教会造成的冲击，圣灵论已经成为最热门的神学议题之一，以致于曾经的"西方神学的灰姑娘"[1]，终于穿上了美丽的水晶鞋，突然站在了世界教会舞台的中央。[2]在这个背景下，加尔文圣灵论的重要性，也被学界重新发现，以致有关方面的研究不绝于耳，不仅使我们对加尔文圣灵论有了更多了解，也驱使我们重新认识加尔文神学的整体面貌，一改过往对加尔文所存的刻板印象。因此，华菲德（B. B. Warfield）曾经给予加尔文的"圣灵神学家"[3]之美誉被不断重提，这不应该令我们感到有丝毫的惊讶。

这一章希望呈现"道之全在性"教义与加尔文圣灵论之间的互动。在加尔文那里，圣灵的工作总是与基督的工作紧密关联，同时在创造和拯救中，与中保基督相互配搭，这与加尔文对"道之全在性"教义的主张有非常密切的关系。首先，"道之全在性"教义所确立的真实肉身必须有限的原则导致如何解释基督真身有份于圣餐中的属灵喂养的难题，加尔文为解答这个问题发展出"圣灵作为连结"（the Holy Spirit as bond）的观念（第一节）；然后，加尔文将这项观念进一步应用到整个圣灵论中，首先在对圣灵在拯救和创造中的工作的解释（第二、三节），其次在对圣灵的位格的理解中（第四节）。

1　Jürgen Moltmann, *The Spirit of Life: A Universal Affirmation*, trans. Margaret Kohl（Minneapolis: Fortress Press, 1992）, 1.

2　陈再明，〈大能之灵：系统阐述加尔文圣灵论之初探〉（神学硕士学位论文，台湾神学院，2010），9。

3　Benjamin B. Warfield, *Calvin and Augustine*（Philadelphia: Presbyterian & Reformed, 1956）, 487.

开始这一章的讨论之前，有必要澄清一下一些关键词的区别。这一章的一个核心用语"圣灵作为连结"的"连结"（bond），与另一个看似相似的词"联合"（union）不同。"联合"在加尔文那里有两种不同的使用，第一个用法是用来描述道成肉身中基督的神性和人性连于一个位格，即"位格性联合"（hypostatic union）；第二个用法是指信徒和基督之间的联合，即"与基督联合"（union with Christ）。应该注意：这两个用法是不能等同的。而"圣灵作为连结"的"连结"（bond），在加尔文那是一个可以处在更多不同意义层面上的观念工具，主要用来解释圣灵的工作。首先，圣灵是我们信徒在基督之间的某种连结，一方面坚固基督的人性使其能够活出完美的顺服，从而与基督神性一同完成赎罪之工，另一方面在信徒心中做一切美善的工作，使他们借着信心领受属基督的义与一切在基督里的生命祝福。根据圣经叙事特别凸显的圣灵在经世中的连结之工，加尔文认为圣灵在另一种意义上，也在三一内部是父与子之间的某种连结。由此可见"圣灵作为连结"对加尔文神学的重要性，以下，首先探讨这个观念如何在加尔文思想中出现。

第一节　"道之全在性"与"圣灵作为连结"

根据李耀坤的研究，加尔文发展出"圣灵作为连结"观念的一切条件在1536 年第一次到达日内瓦不久之后已经备齐，这包括：他在"道之全在性"所坚持的人性有限性原则、他关于圣餐理论需持定的一些规范、以及从圣灵论出发解释升天后带着身体离去的基督仍真实地与教会同在的基本思路。而导致并且将这些因素整合在一起的是加尔文一生都遵循的一个基本原则：对圣餐的解释必须不能脱离道为救赎我们而成为肉身的救恩论语境。[4]

在寻求调节路德与慈运理的圣餐之争的努力中，加尔文从一开始就认定：对圣餐意义的解释必须能反映基督的职分与工作是"为了我们"。[5]用加尔文自己的话说，圣餐教义首要关心的问题是："我们如何得着整全的被钉十字架的基督，如何与他所赢得的一切好处有份。"[6]这样做，用李耀坤的话说，是为了"把圣礼理论放置于福音的调控之下，防止福音的内容受某种圣礼理论所掩

4　Lee, *The Holy Spirit as Bond in Calvin's Thought*, 9-21.

5　Lee, *The Holy Spirit as Bond in Calvin's Thought*, 11-14.

6　《要义》（1536），137。

盖或扭曲。"[7]这个原则在 1536 年版《要义》中已经清楚呈现,加尔文认为当时宗教改革内部对圣餐的讨论偏离了这个大原则,将重点放在抽象的基督身体临在的问题,才导致不必要的纷争。[8]对加尔文而言,基督的救赎,概括地说,就是他借着自愿的牺牲一次性地为我们偿付罪的代价,因着他的复活,他又应许自己的一切好处也将成为我们的。我们借着与他联合,最终要从他那里承受永恒的生命。[9]因此,圣餐应该与圣言一样,向我们印证这个在基督里的应许,领我们到十架的现场与基督相遇,不同的只是圣餐是上帝为了俯就我们而预备的更为生动的方式。[10]如果教会的宣讲是可听见的形式的道在我们中间,圣餐就是可看见的形式的道与我们的同在。[11]这是加尔文处理圣餐的首要原则。

基于这个原则,加尔文认为,圣餐理论首先要解释的是基督里的一切美善祝福如何成为我们的。以圣餐的用语,就是主借着圣餐喂养我们的生命。因此,只要基督在圣餐中真实地喂养我们的事实得以确立,关于基督的身体是否以及如何出现在饼中的争论可以有不同的意见。[12]这喂养又是何性质?加尔文认为,既然救恩的祝福是属天的,那么基督在圣餐中的喂养也是属灵的,不在于肉体的吃喝。[13]但是,这难道不是说基督的身体与这属灵的喂养无关吗?与当时不少瑞士改革宗领袖的想法不同,加尔文认为基督的身体必须参与这属灵的喂养。[14]这主要是因为在基督的救赎行动中,基督真实的人性是不可缺少的,加尔文认为这也应该在圣餐的解释中有所反映。[15]日后,加尔文在约翰福音的注释中说得更加明确:基督的身体,是他的神性使其内在生命浇

---

7 李耀坤,〈圣灵的连结——加尔文对解决圣餐争论的献议〉,136。

8 《要义》(1536),137-138;*Institutes*(1536),104.

9 《要义》(1536),134-137;也参 Lee, *The Holy Spirit as Bond in Calvin's Thought*,12。

10 Lee, *The Holy Spirit as Bond in Calvin's Thought*, 12; *Institutes*（1536）,87-88, 91;《要义》（1536）, 112-114,119。

11 Paul S. Chung, "Calvin and the Holy Spirit: A Reconsideration in Light of Spirituality and Social Ethics" *Pneuma* 24, no.1 （March 1, 2002）: 44.

12 李耀坤,〈圣灵的连结——加尔文对解决圣餐争论的献议〉,136-137.

13 《要义》(1536),138;*Institutes*(1536),104.

14 Cf. Karl Barth, *The Theology of John Calvin*, trans. G.W. Bromiley （Grand Rapids: Eerdmans, 1995）,338.

15 Lee, *The Holy Spirit as Bond in Calvin's Thought*, 15.

灌我们的管道。[16]总而言之，从 1536 年版的《要义》来看，加尔文很早就确信基督的身体必须以某种方式有份于基督在圣餐中喂养我们的属灵生命。

然而，基督是带着一个怎样的身体在圣餐中喂养我们呢？对加尔文来说，基督要做神人之间的救赎中保，就必须有与我们一样的人性，拥有同样的本质特征，这尤其包括在空间上与我们一样受到限制，即使在复活与升天之后也是如此。[17]加尔文特别提醒这对我们将来复活之盼望的重要性：“我们之所以有复活和升天的盼望，就是因为基督已经复活、升天。但是，假如基督所取的我们这样的身体并没有进入天国，我们的这种盼望将是何等地脆弱啊！”[18]我们之前的讨论已经说明，“道之全在性”正是在关心中保基督的拯救事工的语境中，对基督有与我们有一样真实的人性所做的一种辩护，而那段最早出现的经典表达也已经 1536 年的《要义》中出现。基于对基督身体的有限性原则的坚持，加尔文反对一切认为基督身体可以无所不在因而也在圣餐中出现的观点。[19]至此，我们已经可以看见，在 1536 年版的《要义》中，加尔文在基督身体临在的问题上，已经发展出属于自己的、同时与路德的慈运理不同的观点：基督的身体与我们一样，有空间的局限性，因此他的身体没有出现在圣餐中；但是，他的身体作为施恩的管道，必须有份于基督在圣餐中的属灵喂养。

可是，基督身体在没有出现在圣餐中的情况下，如何克服空间的障碍，有份于喂养信徒的属灵生命？关键是透过圣灵的工作。为此，加尔文发展“圣灵作为连结”的圣灵论教义，以配合和强化他在“道之全在性”中对基督真实人性的主张，以及对人性与神性的区分的强调。[20]

根据李耀坤的观察，加尔文在第一次停留日内瓦期间，已经透过瑞士改革宗教会的影响，接触到从圣灵论出发处理基督真实临在问题的思路。在加尔文参加的 1536 年的洛桑协谈（Lausanne Colloquy）中，法惹尔（Farel）为大会提供的第三个条款如此说：“这道，虽然在肉体的方面远离我们，却仍然

---

16 "For as the eternal Word of God is the fountain of life, (John 1:4,) so his flesh, as a channel, conveys to us that life which dwells intrinsically, as we say, in his Divinity. And in this sense it is called life-giving, because it conveys to us that life which it borrows for us from another quarter." *Comm. John* 6:51.

17 Lee, *The Holy Spirit as Bond in Calvin's Thought*, 15-16.

18 《要义》(1536)，138。

19 Lee, *The Holy Spirit as Bond in Calvin's Thought*, 16.

20 Lee, *The Holy Spirit as Bond in Calvin's Thought*, 9, 18.

因着他的圣灵的能力，充满，维持，治理万物，并赋予万物以生命力。"[21]鉴于大会对这个条款的讨论集中在基督身体的真实同在的问题，而加尔文当时没有参与起草条款的工作，李耀坤认为有理由相信，当时的改革宗教会已经习惯于将升天后的基督在我们当中的真实同在解释为"基督之灵"的工作，而加尔文很乐意地采纳了这个基本的进路，并且将它发展完善。[22]同年，在对这个条款的辩护中，加尔文明确使用了"圣灵作为连结"的概念，对"属灵同在"的意义做了进一步阐释：基督不是使他属自然的身体与宝血出现在圣餐中，而是使我们透过"他的灵的连结"（the bond of his Spirit）领受他身体与宝血里的恩典。[23]之后在《第一教理问答》中，加尔文对圣餐的教导明确加入"圣灵作为连结"这个观念：

> 饼和酒乃是象征，在其中主展现了他身体和宝血的真实沟通——但这是一种圣灵里的沟通，并不需要一种限定的出现，即他的身体出现在饼中，或他的宝血出现在杯中，而是明显以他的灵的连结（the bond of his Spirit）为满足。因为，基督虽然已经升上天，不再居住于地，但空间的距离仍然无法阻碍他的能力以他自己喂养他的信徒。[24]

李耀坤很有敏锐地指出：在这里，加尔文用"圣灵作为连结"的观念对洛桑协谈中所确立的"属灵的沟通"做了更限定的解释，以方便解决有关基督临在的空间性难题，因为这个观念实际上提供了一个方便，使他可以为基督身体和信徒之间描述"某种无物理接触的连结性"。[25]因为圣灵的连结之工，基督在圣餐中与我们建立真实的个人关系，但这关系不是一种无身体的纯粹

---

21 引用并翻译自 Lee, *The Holy Spirit as Bond in Calvin's Thought*, 19。

22 Lee, *The Holy Spirit as Bond in Calvin's Thought*, 19-20.

23 Lee, *The Holy Spirit as Bond in Calvin's Thought*, 20.

24 "The symbols are bread and wine, under which the Lord exhibits the true communication of his body and blood—but a spiritual one which, obviously content with the bond of his Spirit, does not require an enclosed or circumscribed presence either of the flesh under the bread or of the blood under the cup. For although Christ, having ascended into heaven, ceases to reside on earth（on which we are as yet wayfarers）still no distance can prevent his power from feeding his believers on himself and bringing it about that they still enjoy ever-present communication with him, though he is absent from that place." John Calvin, *Catechism*, Sec. 29, in I. J. Hesselink, *Calvin's First Catechism: A Commentary*（Louisville, Kentucky: Westminster John Knox Press, 1997）, 35. 粗体为笔者为强调所加。

25 Lee, *The Holy Spirit as Bond in Calvin's Thought*, 21.

精神性的关系。[26]难怪，巴特在解释加尔文关于基督身体在圣灵中的临在时，禁不住赞叹加尔文在继承路德圣餐观的优点同时，又借着歌颂"基督之灵的功效"超越了路德：

> 没有任何语言适合描述我们与基督肉身之间团契的奥秘。在此，我们有路德的教导为据。然而，加尔文在此基础上说：但这奥秘绝不与我们主被提升天的事实相悖，他的身体确实已经离开我们，不在空间上出现，而且不需要在空间上出现。因为，虽然我们这些天路客受限于这必死的身体，无法提升至基督所在之处与基督同在，但是基督之灵的功效，却不受任何限制，能把空间上被分隔的联合为一。[27]

最后，加尔文将"圣灵作为连结"的教义整合进 1539 版的《要义》中，形成他自己关于圣餐的完整解释。[28]至此之后，他的基本观点从没有实质性的改变，这可见于 1539 年版与 1559 年最终版本《要义》内容的比较对读。针对任何设想基督身体的空间性临在的教导，加尔文都表示反对。他认为那是没有必要的说法，因为已经有圣灵在基督身体和我们之间作为连结，就如一根管道，又如阳光在太阳与地球之前的联系，使基督所拥有的全部可以通向我们：

> 因为主赐予我们这祝福，乃是透过他的灵，以至于我们可以在身体、灵和魂中与他成为一。因此，这个关系的连结（The bond of this connection）就是基督的灵，借着基督的灵我们被联合在合一之中；并且基督的灵像一根管道，透过这管道，基督的全部所是和所有都通向我们。既然我们看见太阳照射阳光在地上，多多少少也投射它的实质，为要孕育，滋养大地，并使其繁衍后代，难道基督的灵的光芒还不能向我们传递基督身体和宝血作为分享吗？[29]

---

26 Lee, *The Holy Spirit as Bond in Calvin's Thought*, 26-27.

27 Barth, *The Theology of John Calvin*, 338.

28 Lee, *The Holy Spirit as Bond in Calvin's Thought*, 24.

29 "And there is no need of this for us to enjoy a participation in it, since the Lord bestows this benefit upon us through his Spirit so that we may be made one in body, spirit, and soul with him. The bond of this connection is therefore the Spirit of Christ, with whom we are joined in unity, and is like a channel through which all that Christ himself is and has is conveyed to us. For if we see that the sun, shedding its beams upon the earth, casts its substance in some measure upon it in order to beget, nourish, and give growth to its offspring — why should the radiance of Christ's Spirit be less in order to impart to us the communion of his flesh and blood?" *Institutes* 4.17.12. 粗体字体为笔者所加。也参《基督教要义》，4.17.12。

　　值得注意的是，加尔文这段文字之后，又加入了对圣经的引用："保罗在《罗马书》8 章中表明：基督唯独借着他的圣灵居住在我们里面（罗 8：9）。"加尔文解释说，保罗的意思不是圣灵取代了我们与基督真身与宝血的联合，而是强调"唯独圣灵才能使我们全备地拥有基督。"全备地拥有基督，包括与基督真身与宝血的联合，但这需要通过圣灵的连结工作。[30]加尔文并没有把基督身体撇在一边，单单把信徒生命的成长归因于圣灵，好像基督身体是多余的一样。他乃是使基督的身体和信徒生命在圣餐中连结，关键是透过圣灵作为中介。

　　圣餐教义是"圣灵作为连结"发挥作用的一个起点，加尔文并没有将它局限在那里，而是使它的潜在作用遍布在他的整个神学中。根据李耀坤，在之后，加尔文进一步发展了这个观念，用于解释信徒如何领受基督拯救的恩典。[31]正如加尔文自己所说："总之，圣灵是基督借以有效地使我们联于他自己的连结。"[32]

　　在李耀坤的基础上，笔者在以下部分，描述加尔文如何以此"圣灵作为连结"概念作为主轴发展出一套与其基督论并行的圣灵论：正如"道之全在性"教义使加尔文强调中保基督作为我们唯一的拯救，同时也是那从未停止治理宇宙的创造中保；同样，加尔文也强调，圣三一的第三位格——圣灵——既联合了我们与与拯救中保基督，也维系了一切受造与创造者的关系，其工作呼应了第二位格的中保工作。如果基督同时是信徒和上帝、创造和创造者之间的中保，那么圣灵乃是拯救者基督和信徒、以及创造中保基督和创造之间的中保。借用林鸿信的用语，可以称呼基督为"中保基督"，而圣灵为"中介者圣灵"[33]。以下，笔者尝试以这个"作为连结"的角度，呈现加尔文关于圣灵之工作与位格的教导。

第二节　圣灵的连结与拯救

　　在第二章中，我们已经指出，"道之全在性"教义凸显了基督为了我们而做的神性降卑和人性提升的运动，在这个运动中，他以完全的自愿性顺服，

---

30 《基督教要义》，4.17.12。

31 Lee, *The Holy Spirit as Bond in Calvin's Thought*, 24-25.

32 *Institutes* 3.1.1. "To sum up, the Holy Spirit is the bond by which Christ effectually unites us to himself."

33 林鸿信，《加尔文神学》，222。

为我们赢得了义和生命。可是，同样也是"道之全在性"教义造成了加尔文必须面对另一难题：既然他在这个教义中如此强调神性和人性的区别，以至于他拒绝任何关于神性与人性的属性直接发生交换的教导，那么如何解释基督的人性在没有（通过直接交换）获得神性属性的前提下能够活出一个完全不同于我们的生命？我们作为信徒，又如何领受在基督里面又在我们之外的救恩祝福？同他在圣餐教义中所做的一样，加尔文不是简单而直接地以基督神性隐秘的工作作为答案，而是以"圣灵作为连结"的观点，解释圣灵如何影响基督的人性从而完成顺服的义，以及圣灵如何在信徒的生命中动工，使他们在与基督联合中，领受在基督里的双重恩典——称义与成圣。以下，先论圣灵在基督拯救行动中的连结之工，再论圣灵在信徒一方的连结工作。

一、圣灵的连结与道成肉身的救赎

加尔文因为对"道之全在性"教义的坚持，必须面对基督人性与我们之间的相似性和不相似性之间存在的一个紧张：一方面，因为强调人性的真实性，基督的人性在各方面与我们一样软弱，例如会饥饿、恐惧、焦虑等等；另一方面，基督若能为我们赎罪，他的人性必须是无罪的（没有犯过罪）。如何同时坚持这个相似性与不相似性？为了应付这个难题，加尔文将圣灵的连结工作引论进来，解释基督的神性如何影响他的人性，形成一个关于圣灵在拯救中的工作的教义。[34]以下将解释圣灵在基督位格里所做的这个协调工作。

李耀坤在他的研究中，已经分别从三重职分和基督生平两个角度，详细呈现了加尔文如何将圣灵的工作与基督中保的工作紧密联系，以解释基督的神性如何透过圣灵影响其人性：首先，基督的先知、祭司和君王的三重职分都是父上帝藉圣灵膏抹（anointing）、宣告和彰显的，因此远胜过任何用油膏抹的旧约先知、祭司或君王；其次，在耶稣基督一生中，他与我们一样在各方面都软弱的人性，正是借助圣灵的协调工作从他的神性获得帮助，使其能够以完全的顺服成就父上帝的拯救计划。因此，无论是从三重职分来看，还是从他的生平来看，圣灵都是不可或缺的重要因素。[35]由于本文篇幅所限，笔者不打算重新对基督每一个职分和其一生中的每一个事件再做详细的描述，而是仅仅满足于重现加尔文关于圣灵连结之工的一些关键论述，如何在中保基督的降卑与升高的语境中出现。

---

34 Lee, *The Holy Spirit as Bond in Calvin's Thought*, 115.
35 See Lee, *The Holy Spirit as Bond in Calvin's Thought*, 115-149.

1、基督的降生、受苦、死亡与圣灵的工作

我们之前的讨论已经说明，"道之全在性"凸显了神子的降卑：永恒之道，虽与父上帝同等尊荣，却甘愿顺服父的差派，虚己取了与我们一样的肉身。基督的诞生，即是这降卑的开始。但这并不是在说基督只在降生之后才开启顺服之旅，因为降生本身是永恒神子自愿的选择。正如李耀坤所说，"对加尔文来说，基督的生，不是后续救赎工作的一个琐碎的起点，它本身就是基督对父上帝的旨意的顺服性回应。"[36]为了强化这神性的降卑，加尔文极力坚持基督的人性在各方面与我们一样软弱，只是他没有罪。对加尔文来说，这对于基督成为我们的赎罪者是必须的。可是，我们如何在强调基督人性有软弱之处的同时，又合理地解释他的无罪性？

加尔文回答说，"人的出生并非本身（itself）是不洁的或恶毒的，这不洁和恶毒乃是因为堕落而意外产生的品质（quality）。"[37]李耀坤指出，加尔文在此区分"被造的本质"（created nature）和"偶发的品质"（accidental quality）：在本质的层面，人性本身（itself）不是有污点的，这包括人的生育本身；但在品质的层面，因为偶然的亚当堕落事件的影响，恶的品质已经侵染世界，无一人能在出生之始幸免其人性的玷污。[38]因此，加尔文虽定义原罪是"人类本性中遗传的堕落和败坏，"但这"遗传"他认为并不是借着性的繁殖，而是因为亚当在最初已经代表全人类在堕落中选择丢掉了创造主赐给人的恩赐。"因为亚当所领受的、他之后又丧失的那恩赐，是他为全人类领受的恩赐。"[39]上帝原初赐给亚当的恩赐以及这恩赐的丧失，应该放在品质的层面去理解。然而，基督之所以能够例外，并不是因为在本质上与我们有别，也不只是因为在没有性行为的情况下成孕，而是因为在品质层面得到圣灵的荫蔽。因此加尔文说："我们认为基督纯洁无瑕，并不只是因为他的母亲在从未与男人同房的情况生他，而是因为他被圣灵圣化，以至于他的出生是纯洁和毫无玷污的，犹如亚当堕落前的状况。"[40]

基督在虚己中借着他代替性的受苦为我们赢得生命的义，而他的死是受苦的极致、顺服的完成。李耀坤指出，对加尔文而言，死亡给基督带来的痛

---

36 Lee, *The Holy Spirit as Bond in Calvin's Thought*, 125.
37 *Institutes* 2.13.4.
38 Lee, *The Holy Spirit as Bond in Calvin's Thought*, 126.
39 《基督教要义》，2.1.7。
40 *Institutes* 2.13.4. Also cf. *Comm. Luke* 1:35.

苦，远胜于一般人的经历。他的痛苦不只是身体与灵魂的分离，更是灵魂在死亡边缘体验到的上帝的离弃，因为这是上帝对我们的罪之愤怒审判的结果。[41]可是，基督如何带着与我们一样软弱的人性，能够通过各样的试炼，特别是在面对死亡时，以完全的顺服成全父上帝的拯救计划？这个答案在关于降生的讨论中已经明确：正如基督的人性因圣灵荫蔽而能免于原罪的污染，这人性同样也持续在圣灵的守护当中，不断从其神性的能力获得帮助，因而能够克服人性的软弱，并且借着代替性的死为我们赎罪。

可是最大的难题是基督自己在十架上受苦以至于濒临死亡时喊着说："我的 神，我的 神！为什么离弃我？"（太27：46）这样的抱怨是否超过了基督无罪的界限？加尔文没有回避这个问题。他区分"自然的情绪"与"信仰的知识"：濒临死亡的基督，感受到上帝因我们的罪与他疏离，因而人与生俱来的焦虑在基督的灵魂里以独特的方式迸发，这是出自人本性的软弱的真实感受，并不能算为有罪；但同时基督在内心仍确信上帝是与他同在的。因此，加尔文辩解说，"在说出这试探之语之前，他首先说他所寻求得到庇护的上帝是*他的*上帝，以此信心作为护盾，他从另一面勇敢地拒绝了那*遗弃*之类的话的诱惑。"[42]在这个区分的基础上，加尔文继续强调"圣灵作为连结"的功效：

> 当试炼以此种形式逼近基督的时候，似乎上帝与他为敌，并且他注定毁灭，他被恐惧抓住——这恐惧足以吞灭这世界所有的人成百上千次；但他最终得胜了，乃是靠着圣灵惊人的能力。[43]

靠着圣灵的工作，基督最终战胜了对死亡的焦虑，以致这代替性的死能满足了神的公义，成了我们的赎价，平息了神的愤怒。对加尔文来说，基督的死具有赎罪的功效，并非单单因为基督人性的缘故，关键在于圣灵的工作。加尔文在另一处甚至说，基督的血之所以能洗净我们一切的罪，是因为圣灵将它分别为圣。[44]总之，在基督的降生、受苦与死的过程中，圣灵发挥着关键的连结作用，使其人性的顺服完全呼应了其神性选择的降卑，从而与神性一同做成救赎之工。正如 Chung 所说，"这位圣灵，使自己涉入一种沟通方式，亦即动态地协调属于耶稣基督同一位格的神性与人性。"[45]

---

41 Lee, *The Holy Spirit as Bond in Calvin's Thought*, 139.

42 *Comm. Matt.* 27:46.

43 *Comm. Matt.* 27:46.

44 *Comm. Lev.* 1:5. Cf. *Comm. Hebrews* 9:14.

45 Chung, "Calvin and the Holy Spirit," 42.

2、基督的复活、升天与圣灵的工作

虽然基督以完全的顺服满足了神的义，但假如死亡是他的结局，那么他的拯救就是无效的。若是如此，福音就是一张空头支票，信也是徒然的。因为除非死亡被战胜，我们就仍然活在死亡的辖制中，没有指望。因此，加尔文将基督的死和复活看作相互关联、不可分割的一个整体事件。[46] "基督的死除灭了罪和死亡，他的复活使我们重新称义并获得生命，如此看来，基督的复活使他的死亡在我们身上发挥功效。"[47]

对加尔文而言，基督复活本身和复活的意义，都与圣灵的工作密切相关。首先，基督的复活本身显明了神的大能（罗 1：4；林后 13：4；腓 3：10），因为基督软弱的肉身之所以能够胜过死亡，皆因为其神性中藏有的生命。[48]加尔文认为，既然这神性是圣灵与父和子共同的本质，而圣经又称圣灵是父和子共同的灵（罗八 9），那么圣经有时称父是使基督复活的那一位，有时提到子使自己复活，有时又指圣灵使基督复活，这些都说法都毫无冲突。[49]其次，对加尔文来说，基督复活的意义在于：圣灵不只使基督复活，而且继续工作，使基督的复活成为我们将来复活的盼望（彼前 1：3），并且在今生就藉所赐下之圣灵的能力，重生我们，使我们经历生命的更新，不断与基督联合。[50]

基督的升天，使得圣灵在我们与基督之间的居中角色显得更加明显与重要。这反映在：加尔文一方面重视圣灵在我们与基督联合中的作用，另一方面他也没有轻看基督离开的身体对这联合的意义。对加尔文而言，基督的身体，虽然已经远离我们，但这开启了圣灵使我们与基督联合的工作，将基督里的客观祝福转化成我们主观的真实；[51]而正是借着这个联合，这身体成为流通祝福的管道。[52]以下，我们将进一步解释加尔文关于信徒透过圣灵与基督联合的教导。

46　Lee, *The Holy Spirit as Bond in Calvin's Thought*, 145.

47　《基督教要义》，2.16.13。

48　"For as the eternal Word of God is the fountain of life,（John 1:4,）......" *Comm. John* 6:51.

49　Lee, *The Holy Spirit as Bond in Calvin's Thought*, 146; *Comm. John*. 2:19; *Comm. Rom*. 8:9, 11; *Comm. I Cor*. 15:45.

50　"But that the Spirit of Christ, who raised him up from the dead, dwelleth also in us, and that he is life, to raise up us also one day from the dead." *Comm. I Cor*. 15:45;《基督教要义》，2.16.13。

51　《基督教要义》，2.16.14-16。

52　"For as the eternal Word of God is the fountain of life,（John 1:4,）so his flesh, as a channel, conveys to us that life which dwells intrinsically, as we say, in his Divinity." *Comm. John* 6:51.

二、圣灵的连结和信徒与基督的联合

中保基督的救赎职分和工作已经为我们从父上帝那里赚得救恩的双重祝福：从神而来的义和生命。可是，如果基督的救恩是"为了我们"，我们必须同时问：信徒如何接收基督为我们做成的救恩祝福？为此，加尔文再次将圣灵引入作为解答。圣灵进一步的工作，是建立中保基督与信徒生命之间的相关性，使信徒领受在基督里的双重恩典——称义和成圣，这就是加尔文所教导的"在圣灵中与基督联合"。对加尔文而言，圣灵在信徒一方的主要事工包含：信心的光照坚固和新生命的重生。

1、信心和圣灵的光照与印记

> 信心正确的定义就是：它是神对我们施慈爱的明白和确定的知识，这知识建立在神在基督里白白赏赐我们之应许的真实性上，且这应许是圣灵向我们启示并印在我们心中的。[53]

加尔文对信的定义交代了基督教信仰最重要的几个因素。第一，信的对象是神向我们施慈爱。其次，这信是一种知识，这知识包含人主观对信的对象做出的两个层面的回应：心智（mind）与心灵（heart）。我们不仅需要明白，而且必须确信他正在向我们施慈爱。再者，这知识的基础是神在基督里赐下的恩典的应许的真实性，亦即这知识的可靠性唯独在乎神的信实，而不能在其他任何资源中去找确据。因而，最后，信的产生必须要依靠圣灵，因为需要圣灵在我们心中将信的基础——上帝的应许——"启示"并"印记"在我们心中，我们才能确信神在向我们施展慈爱。

加尔文又认为，信是我们在主观方面领受基督祝福的必要条件。因为透过信，基督住在我们里面，使我们与他相交：

> 我们领受如此巨大祝福的方法在此明示：信在此得到如此重要的评价，借着它，神的儿子成为我们的并"使自己与我们同住!"（约14：23）借着信，我们不只承认基督为我们受苦并且从死里复活，而且接受他，拥有和享受他，因为他将自己提供给我们。……我们与基督的相交乃是信的结果。[54]

换言之，与基督联合应被视为信产生的果效。因此，信非常重要。但信的重要性不在于信本身有某种能力或功效，而在于信作为圣灵使用的工具，

---

53 《基督教要义》，3.2.7。
54 *Comm. Eph.* 3:17.

藉此传递基督的恩典。因此，加尔文借用经院哲学"四因说"的语言，将信心视作我们得着救恩的工具因或形式因：父上帝的爱是主动因（efficient cause），基督的顺服是物质因（material cause），神的荣耀是目的因（final cause），圣灵的光照，亦即信，是工具因（instrumental cause）。[55]

信是圣灵的工作，因为圣灵就是信的生发者。圣灵又借着在我们主体里所生发的信，使我们与基督相交。因此加尔文说，"基督自己，带着他所有的祝福，借着圣灵与我们沟通。因为，借着信，我们领受基督，并且承受了他的恩典，信的生发者就是圣灵。"[56]

圣灵又是如何具体地在我们心中工作，生发出信心呢？这涉及与信的定义有关的圣灵在人主观里的两方面工作：首先，圣灵光照或启迪我们的心智，使我们能够明白；然后，圣灵也坚固我们的心灵，使我们能够确信。[57]若仔细观察，不难发现，圣灵的这两方面工作分别针对了人性的两大弱点：对心智的光照，针对人在理性上的愚笨；对心灵的坚固，则针对人在意志上的不信与不顺服。这两个弱点正是人不能信的原因，也是基督的人性靠着圣灵的恩赐已经攻克的，同样，现在也要借着圣灵在我们的人性中被克服。

扎克曼（Randall C. Zachman）指出：加尔文会认为，我们的心智，因着自身的障碍，需要圣灵的启迪才能在基督身上认出上帝活生生的形象，因为上帝因基督人性的软弱与卑微仍然有所隐藏。[58]这亦即是说，圣灵在人主观里的光照，配合并补全了福音在人主观之外的客观的光照：在道成肉身的启示中，基督将父上帝对我们的爱揭示出来；然而，只因我们心智愚钝，无法明白上帝在那降至卑微的基督里所揭示的爱，就如瞎眼的人无法看见阳光，尽管阳光直射在他的脸上。[59]因此，在《要义》的一处，加尔文在解释人的愚钝如何阻碍对上帝应许的认识之后，以如下方式描述圣灵光照我们的心智，以克服愚钝的障碍：

---

55 *Institutes* 3.14.21.

56 *Comm. I Cor.* 6:11.

57 *Comm. Eph.* 1:13. "there are two operations of the Spirit in faith, corresponding to the two parts of which faith consists, as it enlightens, and as it establishes the mind. The commencement of faith is knowledge; the completion of it is a firm and steady conviction, which admits of no opposing doubt."

58 Randall C. Zachman, *Image and Word in the Theology of John Calvin*（Notre Dame: University of Notre Dame Press, 2007）, 259.

59 *Comm. II Cor.* 4:6.

　　既然在圣灵的吸引之外我们无法到基督那里，这就证明圣灵的
吸引使人在心智和精神上超越他从前的理解力。因人在圣灵的光照
下，就有某种新且敏锐的观察力，使他能思考天上的奥秘，即那从
前使他瞎眼的荣光。人的理解力因受圣灵的光照，终于能真正领悟
属神国的事，因他从前的愚钝使他无法领悟。[60]

　　然而，人性最大的软弱还不在于心智的愚钝，更在于心灵的不顺服。因
此，除了需要圣灵的光照，我们还需要圣灵在我们心中的坚固工作：

　　若圣灵的光照等于人心智真正的理解，那么使真理在心里扎根
就更彰显圣灵的大能，因为人心里的不信比心智的盲目更严重。而
且赏赐人心确据比赐人知识更难。此圣灵将他所说服人相信的应许
印记在人心中，使这些应许坚固人。[61]

　　加尔文对人性的观察极其入微：即使一个人明白上帝在基督里显明的爱，
他仍然无法顺服和信靠上帝，这主要不是因为他认识有限，而是因为他在人
性中从始祖亚当那里继承了意志上的一种不顺服的倾向，具体化为对上帝应
许的不信。因此，圣灵的工作就是扭转这种倾向，不仅照亮人的心智，使其
可以看见上帝的应许，也将这应许像印章一样刻在人的内心，使人产生导致
顺服的信心。

　　圣灵在信徒心中隐秘的工作，最终会导致信徒确信上帝的应许是真实的，
从而带着盼望忍耐等候这应许在将来实现。[62]正是借着这确信，圣灵使我们嫁
接于基督，领受称义与成圣的双重恩典。在基督里，借着这确信，我们不仅
在客观上被称为义，也继续借着这确信，在时间长河之中领受圣灵更新生命
的祝福。在此，加尔文以如下方式又一次凸显了圣灵的拯救与基督的拯救之
间的完美配搭：基督在拯救行动中满足律法的要求，完成了人性的顺服，以
至于称义；这顺服的义，已经在基督人性里面显明，但仍是客观地外在于信
徒，而圣灵的进一步工作就是将这外在的顺服之义转变成信徒生命的主观真
实。[63]

60　《基督教要义》，3.2.34。

61　《基督教要义》，3.2.36。

62　《基督教要义》，3.2.36，37，40，43。

63　Paul S. Chung, *The Spirit of God Transforming Life: The Reformation and Theology of the Holy Spirit*（New York: Palgrave Macmillan, 2009），14.

2、成圣和圣灵的重生工作

圣灵的工作不只是生发信心使我们被算为义。圣灵更是借着这信心重生我们，使我们真实地经历生命的改变。李耀坤发现，加尔文描述成圣的语言有很大的浮动性：悔改（repentance）、重生（regeneration）、圣洁（holiness）、新生（newness of life）等等，这些都是"成圣"的近义词。[64]温德尔（Wendel）亦指出：成圣和重生在加尔文那里没有特别的区别。[65]加尔文自己在《哥林多前书》一章 2 节的释义中说："'成圣'（sanctification）这个词的意思是分别（separation），当我们被圣灵重生（generated）从而进入新生（newness of life）的时候，成圣就在我们里面发生了。"[66]他又在《要义》第三卷第 3 章认为"悔改"即是"重生"。[67]因此，"重生"、"悔改"、"分别为圣"、"新生"与"成圣"没有实质的区别。

沿袭墨兰顿的用语，[68]加尔文将信徒的成圣过程描述为两个部分，即在基督里经历的"旧死"（mortification）与"新生"（sanctification）："悔改就是我们的生命真实地归向上帝，这归向出自对上帝纯洁、真诚的敬畏；悔改也包含我们肉体与旧人的死去（mortification），和圣灵所赐的新生（vivification of the Spirit）。"[69]无论是"旧死"还是"新生"，都是通过与基督联合，亦即我们的生命参与基督的死与复活。[70]

但是，如果我们误解加尔文是教导我们去治死我们属物质的身体，将这身体当作败坏的源头，那么我们就落入摩尼教的灵肉二元论的错误，而后者正是加尔文所反对的。加尔文的论述中确实充满了保罗的"灵"与"肉"的语言去生动地描述与修饰"旧死"和"新生"，[71]但他对保罗的诠释是明显反对灵肉二元论的。在针对《罗马书》第七章 17 节（"我也知道，在我里头，

64　Lee, *The Holy Spirit as Bond in Calvin's Thought*, 195.

65　Francois Wendel, *Calvin: The Origins and Development of His Religious Thought*, trans. Philip Mairet（New York: Harper & Row, 1963）, 242, note 31.

66　*Comm. I Cor.* 1:2.

67　《基督教要义》, 3.3.9。

68　Mark A. Garcia, *Life in Christ: Union with Christ and Twofold Grace in Calvin's Theology*, Studies in Christian History and Thought（Eugene: Wipf & Stock Pub, 2008）, 120.

69　"Repentance can thus be well defined: it is the true turning of our life to God, a turning that arises from a pure and earnest fear of him; and it consists in the mortification of our flesh and of the old man, and in the vivification of the Spirit." *Institutes* 3.3.5.

70　*Institutes* 3.3.9.

71　*Institutes* 3.3.5, 8.

就是在我肉体之中，没有善良。"）的注释中，加尔文指出：保罗用"肉体"一词，包括人性的全部，尤其是指灵魂（soul）。换言之，"肉体"乃是指我们"人里面一切没有被圣灵圣化的部分。"与之相对，"灵"（spirit）是指"灵魂（soul）当中已经被上帝的灵重新塑造，从堕落中得到净化，以致神的形象在其里面照耀的部分。"[72]因此，如果正确理解加尔文，"旧死"或所谓的"治死肉体"，乃是指靠着圣灵的大能，我们的人性逐渐摆脱罪的影响，这应该同时包括除去我们心智的愚钝与心灵的不顺服。正如一个中文版《要义》将"mortification"翻译为"治死罪"，[73]这是再恰当不过的了。而"新生"是指我们活在圣灵的统治中，生命得以更新，被罪模糊的神的形象得以恢复并彰，从而追求过一个符合神心意的生活。[74]简言之，"旧死"是借着圣灵透过有份于基督死的赦罪功效而除去人性受罪玷污的败坏，"新生"是借着圣灵有份于基督复活的大能，带来我们生命的更新。[75]

借着"旧死"与"新生"的区分，加尔文对圣灵的这个连结工作的解释，有时侧重"旧死"的角度，有时又偏重"新生"的视角。在一段文字中，加尔文着重从"旧死"的角度去解释圣灵联合我们与基督的工作。他强调，因为我们旧人与生俱来的性情与神为敌，所以无法顺服上帝的律法——就是行善、凭公正判断和好怜悯，因此要靠着圣灵的大能治死这旧人犯罪的倾向：

> 只有当上帝的灵充满我们的灵魂，使我们沉浸在他的圣洁中，赏赐我们新的思想和情感的时候，这一切才能发生。如此，我们才能正确地被称为新的。……"旧死"这个词提醒我们离弃从前的本性是何等艰难。因为"旧死"这个词暗示了我们不会愿意敬畏上帝，也不会愿意学习敬虔的法则，除非我们被圣灵的刀剑猛烈击杀，成为虚无。[76]

又在另一段文字中，加尔文侧重从"新生"的角度谈圣灵的重生工作在信徒和基督之间的连结工作：

> "成圣"这个词的意思是分别。当我们被圣灵重生，从而进入新生的时候，成圣在我们里面就发生了，以致我们不再服事这世界，

---

72 *Comm. Romans* 7:18. Also see *Comm. Romans* 6:12.

73 《基督教要义》，3.3.8-9。

74 *Institutes* 3.3.5, 8-9.

75 Garcia, *Life in Christ*, 128.

76 *Institutes* 3.3.8.

而服事上帝。因为既然我们按照本性是不洁的，圣灵就将我们分别为圣归向上帝。正如，这仅真实地发生在我们被嫁接到基督的身体的时候，若离了他，在我们里面就只有污秽；同样，圣灵唯独从基督赐下，而非从其他任何的源头而来，因此，保罗有充分的理由说：我们是在基督里成圣的，因为我们是透过基督才与上帝粘合（cleave to），也是在基督里成为新的创造。[77]

总而言之，无论是"旧死"还是"新生"，我们与基督联合获取祝福的整个过程都是依靠圣灵的工作。这是一种真实的联合，而非仅仅在道德上对基督人格的模仿。[78]故此，为避免误解，加尔文自己的神学论述中包含了不能以道德模仿的方式去解释的比喻："这神秘的联合"，使我们与基督一起成长，吸收他的美德，这就如"被嫁接的枝子与树共享一样的生命或死亡一般。"[79]因此加尔文提醒，保罗在《罗马书》六章 4 节中所说的"与基督同死"与"分享基督的新生"并非简单地在劝告我们去模仿基督，相反，"他的教导是：基督的死满有能力，摧毁和瓦解我们肉身的败坏，而他的复活使我们里面重新有一个更好的本性。"[80]换言之，除非圣灵的大能使基督的死与复活的果效发生在我们生命里面，我们无法活出基督人性的一切美善。借用史毕克（Willem van't Spijker）的话说就是：在圣灵大能的联合工作中，"'在我们之外'的基督成为'在我们之内'的基督。"[81]

可是，以这种方式去强调"与基督联合"会不会导致基督"在我们之内"（in nobis）与基督"在我们之外"（extra nos）之间的张力消失？[82]事实上，加尔文一直保持在这一张力之中。首先，"道之全在性"教义强调基督与我们的人性的有限性必须保留，因此没有留下我们的人性被神化的想象空间。其次，将圣灵设定为我们与基督之间的动态连结，避免了想象我们与基督的直接契合。正如威尼玛（Cornelis P. Venema）所说，对圣灵在与基督联合当中的职分的强调，使得加尔文在坚持亲密的联合的同时，不至于混淆我们与基督

---

77 *Comm. I Cor.* 1:2.

78 Lee, *The Holy Spirit as Bond in Calvin's Thought*, 196.

79 *Comm. Rom.* 6:5.

80 *Comm. Rom.* 6:4.

81 Willem van't Spijker, "'Extra Nos' and 'In Nobis' by Calvin in a Pneumatological Light," in *Calvin and the Holy Spirit: Sixth Colloquium on Calvin and Calvin Studies*, ed. Peter de Klerk （Grand Rapids: Calvin Studies Society, 1989）, 44.

82 Spijker, "'Extra Nos' and 'In Nobis' by Calvin in a Pneumatological Light," 50-51.

的位格，从而确保了这是一种关系性的联合。[83]因此，为了确保这是一种关系性的联合，我们应该设想基督透过圣灵向我们所做的任何神秘的沟通，都只是在"属灵品质的层面"，而不是本质的层面。[84]

最后，圣灵使基督与我们发生真实的联合，应该导致我们去过积极的伦理生活。如果"旧死"与"新生"是圣灵在这联合中的工作，那么"自我否定"和"爱邻舍"就应该是圣灵工作在信徒生活中结出的果实。加尔文并不反对合宜的对自己的爱。但他之所以强调他爱的优先性，是因为他认为人有与生俱来的自爱倾向，而且在现实中过多的自爱，常常变质为不合宜的自私的爱，习惯于偏袒自己以及与自己亲近的人，因而无法正确地爱他人与自己。[85]"自我否定"所否定的不是自己本身，而是自我在与他人以及神的关系中以自我为优先的偏私倾向。[86]因此，加尔文教导我们应该走出一己，去过爱他者的生活。[87]这样，对邻舍的爱也不可能局限在教会之内，因为那样只不过把教会变成一个更大的"自己"。相反，我们必须进入公共领域，去爱所有的人，因为"全人类被一种神圣的友情之纽带连结在一起。"[88]如果我们真的嫁接在基督里，又真的从他那里领受了属天的美德，我们便不至于忽略在此世过这种爱的伦理生活。[89]

83　Cornelis P. Venema, *Accepted and Renewed in Christ: The "Twofold Grace of God" and the Interpretation of Calvin's Theology*. Reformed Historical Theology, vol 2（Gottingen: Vandenhoeck & Ruprecht, 2007），87-88.

84　Lee, *The Holy Spirit as Bond in Calvin's Thought*, 198.

85　"因人生来极为倾向自爱——不论他有多么远离真理，他们仍然不忘自爱——神无须再颁布律法加赠这已过度的爱。"《基督教要义》，2.8.54。也参 Guenther H. Haas, *The Concept of Equity in Calvin's Ethics*（Waterloo, Ontario: Wilfrid Laurier University Press, 1997），58。

86　《基督教要义》，3.7.4。

87　《基督教要义》，3.7.5；《基督教要义》，2.8.54。

88　*Comm. Luke* 10:30.

89　对加尔文而言，爱的伦理生活整体性地属于我们的拯救，但不是这拯救的原因；它是值得称赞的，但是对拯救没有功劳。加西亚（Mark A. Garcia）指出，加尔文在处理善行的问题上之所以比其他改革者更胜一筹，是因为他将成圣与称义一道根植于同一个与基督联合的过程,这使他可以同时将好行为理解为:对救恩是没有功劳的,但在上帝面前是可称赞的（reward but not meritorious）。这是因为：法庭式的称义指向与基督联合的拯救缘起于上帝的白白恩典，同时成圣指出我们在这同一个拯救过程中与这个恩典相称的主观的变化（Garcia, *Life in Christ*, 106-113, 145-146）。因此，正如加尔文自己所说，"我们被称为义却不是没有善行，但也不是透过善行，这是因为我们在基督里的分享同时包含了成圣与称义"（*Institutes*, 3.16.1.）。

　　总而言之，基督徒的成圣是这样一个一生之久的过程：借着圣灵的重生之工，参与在基督的死和复活中，在今生逐渐脱去罪的影响，活出属基督的新生命，过爱邻舍的生活，达到与上帝的公义一致，直到在终末得以完全。至此，加尔文已经形成一个完整的基督与圣灵的职分并行的三一式救恩论：在三一的经世救恩中，基督是父上帝与我们之间的连结，[90]而圣灵是我们与基督之间的连结，最终使我们与父上帝联合。

　　正如加尔文在其基督论中主张基督是拯救中保的同时强调他也是创造中保，同样，加尔文在圣灵论中，不但视圣灵为信徒与基督之间的连结，也视其为创造和创造中保之间的维系——亦即某种连结。以下论圣灵在创造中的连结工作。

第三节　圣灵的连结与创造

　　在圣灵论方面，加尔文给人的一般印象，比较强调圣灵的拯救事工，对圣灵作为创造者的描写，远不及论述圣灵作为拯救者的篇幅。但是，加尔文并没有将圣灵的工作局限于拯救，正如他没有将基督的工作限制在拯救一样。关于圣灵与创造的关系，加尔文说："圣灵的能力，对于维持这世界是必须的。"[91]实际上，加尔文为创造者圣灵的教义提供了一些关键论述，使后人可以在他的基础上发展一个更具整全视野的"圣灵论——创造论"。总体而言，加尔文把圣灵描写成寓居在受造界的上帝之灵，是三一中最贴近受造物的位格，他持续地赋予创造以秩序，并赐万物以生命，是创造行动的实施者：

> 圣灵遍及四方，扶持万物，使其生长，并在天上和地上供应万物以生命。因为圣灵不受限制，不属受造物，反而将其能力浇灌万物，将本质、生命和运动吹入万物之内，他的确就是神。[92]

---

90 加尔文明确将基督的中保角色称为父上帝与我们之间的"连结"："He declares, accordingly, that we are blessed through Christ alone, inasmuch as he is the bond of our connection with God, and, on the other hand, that, apart from him, we are most miserable, because we are shut out from God." *Comm. Col.* 1:20.

91 *Comm. Gen.* 1:2.

92 "For it is the Spirit who, everywhere diffused, sustains all things, causes them to grow, and quickens them in heaven and in earth. Because he is circumscribed by no limits, he is excepted from the category of creatures; but in transfusing into all things his energy, and breathing into them essence, life, and movement, he is indeed plainly divine." *Institutes*. 1.13.14.

圣灵在创造中的工作可以区分为"创造之工"和"护佑之工"，但对加尔文来说，创造和护佑之间无法分割，护佑之工应被视为上帝"继续中的创造"，是创造的一部分。区分只是为了方便论述。以下内容，分别从创造和护佑的角度，阐释加尔文如何看待圣灵在创造中的工作。

一、圣灵的创造

> 尽管在创造世界之前圣经没有提到圣灵，但在创造的时候提到他，并且他不是一个虚无的影儿，而是神不可或缺的大能，因为摩西记载当时那空虚混沌的地球是圣灵所托住的（创 1：2）。因此我们十分清楚那永恒的圣灵早就在神面前，他细心地护理、扶持这混沌的天地，直到神为之加上美丽和秩序。[93]

在这段文字中，加尔文强调圣灵与创造的紧密关联：上帝借着圣灵的大能创造，并赋予混沌的地球以美丽和秩序。这是加尔文对《创世记》中的创造故事的概要认识，在此加尔文强调了圣灵在创造中的两方面作为：首先，上帝原初所创造的地球乃是一片混乱，没有秩序，是圣灵细心护佑、托住了原初的创造，使其免于消亡，因为"神的灵运行在水面上"（创 1：2），意即"在神未曾装饰宇宙以前，圣灵就已运行在空虚混沌的地球上。"[94]这是在上帝装饰整个宇宙之前。其次，上帝的创造并不满足于留下一个混乱无序的宇宙。相反，仁慈的造物主继续借着祂的灵之运行，使万物穿上美丽的新装，那就是创造界中的各样秩序。加尔文曾指出：圣父是万物的源头和起始，圣子是三一的智慧和谋士，按秩序安排万物，而圣灵是三一所有作为的大能和果效。[95]因此，在创造中，圣灵与作为谋士和智慧的基督相互配合：彷佛基督是各样秩序的设计者，而圣灵是基督设计方案的实施者。如此，加尔文的圣灵创造论呼应了他的基督创造论。

既然圣灵是创造秩序得以维系的根本原因，那么受造之物就是圣灵大能和上帝荣耀的直接见证。因此，加尔文将上帝的创造比喻为"剧场"、"书"、"镜子"，认为受造物反映了创造者的属性，比如：上帝的荣耀、智慧、能力、良善、公义等等。[96]故此，加尔文对自然之美的赞叹不应该令我们感到惊讶。

---

93 《基督教要义》，1.13.22。
94 《基督教要义》，1.13.14。
95 《基督教要义》，1.13.18; *Institutes* 1.13.18.
96 参《基督教要义》，1.14.20, 21; 1.5.1; 1.6.1, 2。

在他看来，上帝以无限的恩赐，装饰祂的创造，以至于创造界"如一栋既宽敞又豪华的住宅，里面充满许多高贵的装饰，"[97] 而这些装饰正在以各式各样的方式，述说上主的荣耀：

> 在此世界任何一处，在天或在地，祂已经写下了，正如祂已经刻下了祂的荣耀，是关于祂的能力、良善、智慧和永恒的……因为所有受造物，从穹苍到地的中心，都是祂的使者，向所有人见证祂的荣耀，吸引他们寻求祂，并且在他们找到祂之后，服事并尊敬祂，是照着祂作为一位如此良善、有能、智慧与永恒之主的尊荣……因为鸟儿歌颂上主，动物宣扬祂，自然的力量敬畏祂，众山以回音传颂祂，河流与众溪水向祂眨眼，花草对祂微笑。[98]

对加尔文而言，自然中的一切，包括鸟儿、动物、花草、树木、众山、溪水、河流等等，都在以各自的存在方式，向人们述说上主的荣耀，证明圣灵的大能，因此他以这种拟人化的修辞描写自然界中万物的见证。如此，Paul S. Chung 才能从加尔文的神学美学中，读出创造论与圣灵论的相关性，进而延伸出基督教对自然生态的伦理责任。[99] Chung 的观察是值得肯定的，因为加尔文为圣灵论与创造论之间建立的关联，也为改革宗神学继续发展更丰硕的圣灵论留下极大空间。[100]

既然上帝的创造无时无刻不在见证上帝的荣耀，那么人就有责任从创造界中认识上帝的作为并以行动做出回应。人是否从创造物中认识，进而敬拜那位独一的创造者，是辨识人是否有真智慧的标准："因为人的智慧就是去发现上主的工作，以及让自己的心思完全专注于它们。上主已经命定这世界像一个剧场，在其中我们瞻仰祂的良善、公义、能力和智慧。"[101]

---

97 《基督教要义》，1.14.20。

98 Cited from H. Paul Santmire, *The Travail of Nature: The Ambiguous Ecological Promise of Christian Theology*（Minneapolis: Fortress, 2000），128.

99 Chung, "Calvin and the Holy Spirit," 43.

100 林鸿信，《加尔文神学》，87。

101 "For it is said that it is the wisdom of men to search out God's works, and to set their minds wholly upon them. And God has also ordained the world to be like a theater upon which to behold his goodness, righteousness, power, and wisdom." Sermon on Ephesians 3:9-12, CO 51:462, quoted by Susan Schreiner, The Theater of His Glory: Nature and Natural Order in the Thought of John Calvin（Baker Books, Grand Rapids, 1995），113.

加尔文的圣灵论，开阔了我们关于上帝与创造之关系的视野：上帝与创造的关系不再局限在祂与人类的关系——好像传统的拯救论所关心的上帝对罪人的拯救；上帝与创造的关系，也包括祂透过圣灵与自然的紧密关系。上帝与自然的关系，进而涵括了一种拯救的意义：上帝不止对堕落的人类有一个拯救计划，祂对因人犯罪而招连累的自然也有一个终末性的应许：最终万物将在上帝国的新天新地中得以恢复和更新。因此，

> 万物将要被更新……但保罗的意思，并非万物与上主的众子得享一样的荣耀，而是说：他们将以他们自己的方式，在一种更好的状态中，分享上主的荣耀，因为上主即将把现今堕落的世界，与人一同，恢复至完全的状态。[102]

然而，因为罪的影响，人既不能从创造中认识圣灵作为，也无法真正明白造物主对创造的终极美意。但信徒却是不同。因为在圣灵特殊恩典的帮助下，信徒经历重生，开启原本闭塞的眼睛，能够从创造中识别出圣灵的作为。为此，一个已经认识圣灵是拯救者的人，应该对圣灵在创造中的明证更加敏感。也因此，信徒就更有责任，以敬虔的心欣赏与守护创造中的美，活出对创造负责的伦理生活，将这生活当作感恩和赞美的祭向主献上：

> 无论何时我们称神为创造天地万物的主，我们就应当同时留意，神所创造的这一切都在他的手中和他的权柄之下，并且我们是他的儿女，是他所悦纳的，他也必定保护、抚养和教导我们。所以，我们要唯独等候神丰盛的赏赐，并完全信任他不至于使我们在救恩上缺乏，且唯独仰望依靠他！他也允许我们向他求告我们一切的渴望；同时我们也当承认一切临到我们的恩惠都是他的赐福，也要心存感恩。最终，在他甘甜的慈爱和恩惠的吸引下，我们当学习如何全心全意地爱他、事奉他。[103]

信徒既然因圣灵的帮助而重生，借着圣灵的恩赐，能够更敏锐地从创造中认识造物主上帝，因而对创造秩序的认识也胜过不信的人，那么他们就更有义务以创造性的方式参与人类社会的伦理生活。为此，我们不应满足于对创造秩序的既有认识。面对现代社会在自然律的认识上愈来愈产生分歧的挑

---

102 *Comm. Rom.* 8:21.
103 《基督教要义》，1.14.22。

战，基督徒应该真诚地祈求圣灵更新我们的认识，使我们能对现实生活中的伦理难题做出更加创造性的回应。如此才能使我们的伦理生活在期盼中不断呼应终末的新创造。

二、圣灵的护佑

在第二章我们已经指出，加尔文一贯视上帝的创造为继续中的创造。同样，从圣灵论的角度看，上帝透过祂的灵的创造，更不应该被看作一次性完成的行动，或者已经过去的历史，而是不间断的“继续中的创造”，因为维系万物生生不息并且始终处在一种秩序中的，正是这位圣灵。[104]若结合圣灵论与“继续中的创造”之观点，圣灵的创造和护佑也没有严格的区分，而是紧密相连，圣灵的护佑应被视为圣灵“继续中的创造”的一部分。

加尔文在《要义》中较少提及圣灵与护佑间的联系，但在其他作品中却有更丰富的论述。在《使徒行传》注释中，加尔文明显将圣灵与护佑联系在一起：“依靠祂的灵的奇妙能力与呼吸，上主保守着祂自己从无中所造出的万物。”[105]换言之，万物的生命和秩序得以维系，全赖圣灵的持续性工作。在《以赛亚书》的一处注释中，加尔文强调：“假如上主撤走祂的灵，万物将消解，变为无有。”[106]之后，我们还将看到更多例子。对加尔文而言，创造者圣灵一贯地借着护佑继续祂的创造。正如饱克（Willem Balke）所说，上帝的灵“不只是第一推动力（*primus agens*），祂更在自己的创造中持续做工，是自由的创造者、保守者和治理者”，又如克鲁斯奇（Werner Krusche）所说，圣灵是“护佑行动的作者（施动者）。”[107]总之，于加尔文而言，圣灵不但参与在最初的从无到有的创造，而且在这之后，持续地护佑整个宇宙在适当的秩序中，使其免于消亡，并且扶持、滋养万物，使其生生不息。

正如本文第二章所示，加尔文认为有关中保基督的护佑之工区分为“一般护佑”和“特殊护佑”两种类型；同样，圣灵的护佑之工，与基督的护佑之工相互符应，亦可区分为这两种类型。

---

104 林鸿信，《加尔文神学》，87。

105 *Comm. Acts* 17:28.

106 *Comm. Isaiah.* 40:7.

107 I. J. Hessilink, "Pneumatology," in *The Calvin Handbook*, ed. Herman J. Selderhuis（Grand Rapids: Eerdmans, 2009），303.

1、圣灵的"一般护佑"

圣灵的"一般护佑"，着重强调圣灵对万物的生命和秩序的维系，是在宇宙中的一般性维护，正如加尔文自己说言：

> 神以隐秘的方式滋润一些受造物，就如时常将新的活力赐给他们；也将生育能力赐给某些活物，免得他们死后就绝种。神奇妙地以无限量的丰盛、各样的活物以及美丽装饰天地，这天地就如一栋既宽敞又豪华的住宅，里面充满许多高贵的装饰。[108]

但加尔文的意思不是说：圣灵依靠某种创造秩序维护和保守宇宙，好像创造秩序是上帝原初设定的固定不变的秩序，圣灵只是透过它来管理宇宙。他的意思乃是说：万物始终处在一种适当的秩序中，不至堕入混乱，这是因为圣灵主动而持续的保守。正是从这个圣灵论观点出发，加尔文才能将圣灵在大自然中的工作描述得那样栩栩如生：圣灵犹如上帝的一口气，穿梭在高山峻岭，浮沉在天地。在解释《诗篇》十八篇 13 节"耶和华也在天上打雷，至高者发出声音"的时候，加尔文将大自然中打雷的现象，归因于上帝自己亲自主动的介入：

> 在圣灵的引导下，大卫在描述大气的自然现象时不只是看见现象本身，而是向我们呈明上主乃是全地至高的掌管者。他按其意志，穿透隐藏的地脉，从中引出地气；他将地气分类，使其发散在空气中；他又将蒸汽收集于一处，使其与稀薄干燥的热气相撞，随即产生雷鸣，如同从上主口中发出的响亮隆隆之声。[109]

因此，圣灵在创造中持续主动的动工，才是万物得以有序存在、运行、变化和更新的根本原因。假如上帝收回祂的灵，万物便会立刻堕入混乱的深渊，从而变为无有。[110]在人类历史中，每当人离弃上帝和他的灵，自然和社会就会招致混乱，这就证明上帝的灵才是创造秩序得以维系的根本原因。这里牵涉一个很重要的关于创造论的原则，是加尔文一贯坚持的：创造的秩序，不是受造界本质性的获得，而是持续地由圣灵维持，以圣灵为源头和依归。因此，自然绝不应该被神化。这个原则使加尔文可以拒绝任何企图以圣灵为依据将自然神化的错误倾向。

---

108 《基督教要义》，1.14.20。
109 *Comm. Psalms* 18:13.
110 *Comm. Gen.* 1:2.

2、圣灵的"特殊护佑"

圣灵除了以维系宇宙普遍秩序为己任之外，亦以独特的方式在具体的个别受造物当中动工，保全和维护自然与人类社会的存在，尤其包括了对信徒的保守，这就是圣灵的"特殊护佑"（Special Providence）：

> 根据一种非常普遍的观点，在这些事上，上帝的能力仅关乎一种普遍性的护佑，但我却不以为然。经文在此区分上帝在天，在地和在海中，指明了一种特殊的管理。……圣灵宣告，他按照自己的喜悦行事，这与很多人所谈论的神圣管理非常不同，他们认为这护佑只是对一种既定世界秩序的维持，似乎与圣灵自己的计划无关。但实际上，有一种特别的护佑，施展在上帝所管理的世界的每个部分，也就是说：世事无巧合，凡看似偶然的事物，皆因他神秘智慧的有序安排。[111]

根据加尔文的观察，在他的时代中，有很多人将圣灵的护佑设想为只是"一般护佑"，又将上帝的"一般护佑"理解为消极被动的、对一种既定秩序的维持。加尔文与这些人的不同，不仅在于对"一般护佑"的理解不同，更在于加尔文对"特殊护佑"的强调。加尔文认为：圣灵积极地运行在世界各个层面，使其时刻在上帝的掌管之下运行。这是非常重要的信仰基础和原则，因为这种"特殊护佑"的教导表明了上帝的主权。

因此，对加尔文来说，圣灵的"特殊护佑"，可以在必要的时候以违背自然现象的方式介入。例如，祂有时可以使风浪即刻平静：

> 上帝的灵，使风浪平静，以此使上帝的护佑主导万物。此即意谓，那威胁着世界秩序的海与风，如此狂怒与骚乱，却突然平息，这不是借助人力而为。当海水搅动，在惊骇的暴怒中沸腾，一浪接着一浪，何处可得顷刻的平静与平安呢？但是，上帝抑制波涛之汹涌，平息如此惊人的海浪之追逐，使翻腾的海洋平静如镜。[112]

故此，对加尔文来说，如果一个人在经历狂风暴雨后终得平安之境，那也是圣灵动工保守的结果，正如圣经所言："他使狂风止息，波浪平静。"（诗篇107：29）加尔文作为日内瓦的改教者，同时也是流亡的法国难民，一生经

---

111 *Comm. Psalms* 135:6.
112 *Comm. Psalms* 107:29.

历多少险境与危难，甚至有与死亡插肩而过的经验，因此自然对护佑有特别深刻的体会。[113]

加尔文对圣灵之"特殊护佑"的教导，较偏重其对人类社会的保守。他特别强调，为了人类共同的利益，圣灵将各样的恩赐赐给世人，不分信徒与非信徒。为此观点辩护的圣灵论的理据是：圣灵是真理的唯一源头，一切真理皆出自圣灵。因此，加尔文能以较开阔的胸怀，肯定非基督徒在他们的作品中所展现的才智："当我们从世俗作家的作品中发现他们的才能时，我们要让神在他们身上所彰显可畏的真理之光教导我们。"[114]更为重要的是，加尔文认为，圣灵将这些才能也赐给不信的人，目的是为了保守人类社会，为了人类的共同利益：

> 我们千万不要忘记，圣灵为了人类共同的利益，随己意赏赐、分配众人卓越的才能……无怪乎圣经告诉我们，人一生中最杰出的知识是圣灵所赏赐的。人没有理由反问：那些远离神的不敬虔之人与圣灵有何关系呢？圣经告诉我们，神的灵只居住在信徒心中（罗8：9），其正确的解释是，圣灵分别信徒为圣作神的殿（林前3：16）。但神也借同一位圣灵按照各受造物的属性充满、感动，并赏赐生命给他们。[115]

在以上文字的结尾，我们看见与"道之全在性"平行的圣灵论暗示：正如基督不只是我们的拯救者，也是万物的创造中保，同样，圣灵除了将信徒分别为圣，他也同时将延续生命的能力赐给他所造的万物。人类社会之所以得以保全与延续，正是靠着圣灵赐给世人的恩赐。

针对政治领域，加尔文认为人世间的任何公义都出自公义的圣灵。任何君王或政治领袖能行的一切公义之举，皆因圣灵在他们心中动工，若不是依靠从属天正义之灵而来的力量，任何世俗政府，都无能使其治理维持在公义和平等的限度内，其统治最终只能堕落为独裁和暴政的制度。[116]加尔文在《马太福音》十二章18节[117]释义中，表明了基督借着圣灵为世界带来相对的公义的观点：

---

113 林鸿信，《加尔文神学》，69-70。
114 《基督教要义》，2.2.15。
115 《基督教要义》，2.2.16。
116 *Comm. Psalms* 72:4.
117 "看哪，我的仆人，……我要将我的灵赐给他，他必将公理传给外邦。"（太12：18，和合本）

这句话解释了公义被带来的方式。毋庸置疑，在这世界中没有任何的公义，不是出自上主的灵，或者不借着这位圣灵属天能力得以维持。正如，若非借着同一位圣灵的帮助，地上没有一位君王能够建构和保护良好的秩序。同时，基督既带来公义，他就是在万物之上的，因为他已经从父那里领受了圣灵，也必将圣灵浇灌给他所有的子民；他不仅借着话语或文字，也借着圣灵的恩赐，形塑人们的内心，以此维持公义的统治。[118]

我们在第二章已经指出，"道之全在性"教义通过强调拯救的基督*也是*创造的基督，使我们从创造的角度对拯救有了更进一步的认识：上帝最终对其创造有一个美好的终末性计划，就是在新天新地里，万物和人得以更新，变得更加完美。[119]这同样也是圣灵"特殊护佑"的目标。当然，中介圣灵与中保基督对创造的护佑，其终极目的都只有一个：为了上帝的荣耀，即为了最终有一群子民赞美上帝的荣耀。[120]因此，圣灵的"特殊护佑"以被上帝拣选的人为中心。正如扎克曼所观察到的，[121]加尔文在1559版《要义》中重复了以前的观点——上帝的护佑行动以教会为中心："最后，神的护理涵盖全人类，但特别彰显他对教会的关怀。"[122]

故此，如果圣灵的"特殊护佑"以信徒为中心，那么信徒就应比世人对圣灵的护佑工作更加敏感，对创造主对创造的美好心意和关怀有更多感触，从而认识祂是一位有情的造物主上帝。世人因亚当堕落遭致认知性的眼盲，故此不能从创造中识别圣灵的作为，即使这作为在客观上如此清晰地彰显。但信徒，既然因圣灵的帮助对这位爱的造物主有更多的认识，那么他们就更有义务以真诚向这位造物主发出赞美，将荣耀归给他，并用其一生来服事他。并且，信徒既然能比世人更加清楚敏锐地感受圣灵在创造中持续的护佑之工，他们就更应该时时刻刻活在热切期盼万物被上帝之灵更新的盼望中，意即期盼上帝国的来临。

在结束这一节之前，有必要尝试对加尔文关于创造者圣灵的教导做一个评鉴。加尔文最大的贡献在于:他从圣灵的角度出发处理三一与创造间持续性

---

118 *Comm. Matt.* 12:18.
119 *Comm. Rom.* 8:21.
120 Wyatt, *Jesus Christ and Creation in the Theology of John Calvin*, 60.
121 Zachman, *Image and Word in the Theology of John Calvin*, 89.
122 《基督教要义》，1.17.1。

的关系，视创造为"继续中的创造"，这种观点在之后的改革宗神学中进一步发展。[123]林鸿信特别称加尔文为"由圣灵论出发之创造论的开创者"，影响了莫特曼的创造中的圣灵论："他的圣灵论以'创造中的上帝'为题，背后依稀可见加尔文的影子。"[124] Chung 也有类似的观点，他指出：我们若跟随加尔文，从创造者圣灵持续维系受造生命的角度出发，可发现圣灵与生命之间的紧密关系，走向对生命及生态伦理的重视，[125]因为正如莫特曼所说："凡圣灵所在之处，上帝就以一种特殊的方式临在，而我们乃是透过自己的生命来经历上帝，因为我们的生命全然地从祂而来。"[126]

这种结合圣灵与"继续中的创造"的观点，有时可能导致误解，以为加尔文把圣灵与自然混淆了。实际上，加尔文在其著作中，已多次明确反对混淆自然与上帝的观点。然而，若要真正释放误解，还需仔细分辨加尔文与斯多亚式泛神论观点的差别。[127]对此，莫特曼的评论极有参考价值。莫特曼指出：加尔文使他自己与斯多亚主义区别开来，关键在于三一论，因为根据三一论，圣灵在世界里面工作的同时，并没有使自己成为这世界。[128]

---

123 林鸿信特别强调加尔文在这方面的贡献，参见林鸿信，《加尔文神学》，67，87，224。

124 林鸿信，《加尔文神学》，224。

125 Chung, *The Spirit of God Transforming Life*, 26.

126 Jürgen Moltmann, *Source of Life: The Holy Spirit and the Theology of Life*, trans. Margaret Kohl（Minneapolis: Fortress Press, 1997），10.

127 除了对伊比鸠鲁派的批驳，加尔文与斯多亚派的关系也是学者较关心的一个议题。加尔文与斯多亚派都认同上帝对宇宙的持续性护佑，因此上帝必定是在自然和历史中活跃的，但加尔文与斯多亚派的最大分歧在于两点：（1）加尔文强调上帝的超越性，批判斯多亚派混淆了上帝与自然的界限；（2）加尔文拒绝像斯多亚派那样将"无情"（Apatheia）视为美德，对加尔文来说，上帝不是冷漠无情的，祂的护佑行动不是出于必然性，而是出自祂自由的爱。关于加尔文与斯多亚派思想的分歧，请参 P. H. Reardon, "Calvin on Providence: The Development of an Insight," *Scottish Journal of Theology* 28, no. 6（1975）: 517-533。

128 "With his idea of the immanence of God the Spirit in creation, Calvin came very close to the Stoic notion of divine universe and the indwelling of the World Soul in the one Universal Body. But he distinguished his doctrine of the Cosmic Spirit from Stoic pantheism by way of the Christian doctrine of the Trinity: 'God's Spirit acts in and penetrates the world, effecting and fashioning the world's coherence' without himself becoming merged in it." Jürgen Moltmann, *God in Creation: A New Theology of Creation and the Spirit of God*, trans. Margaret Kohl（San Francisco: Harper & Row, 1985），11-12.

最后需要指出：在加尔文的论述中，圣灵的创造之工与基督的创造之工的关联性，没有圣灵的拯救之工与基督的拯救之工的关联性展现地那么详细和具体。圣灵作为基督与创造之间的连结的观念，只是隐含地预设在加尔文的论述中：子作为智慧和谋士，是创造的设计者，而圣灵是这设计的实现者，在这个意义上，圣灵配合了永恒之道的工作，是创造与道之间的连结。尽管如此，加尔文仍然为我们呈现了"道之全在性"在圣灵论当中的进一步暗示：正如基督在成为我们的拯救中保之后没有放弃创造中保的职分，圣灵也同时是我们的拯救中介与创造中介。

既然已经说明圣灵的工作，下一节将继续讨论加尔文对圣灵位格的理解，因为从圣灵的工作论及圣灵的位格，这符合加尔文所坚持的从上帝的行动认识上帝的本质的认识论秩序。

第四节　"作为连结"的圣灵位格

"正如在天上作见证的有三，就是父、道和灵。同样，在世间作见证的也有三，就是圣灵、血和水（约 5：7-8）。"[129] 在此，"血和水"代表了基督的拯救，圣灵即这拯救和我们之间的连结，加尔文认为，这种在"经世救恩"中的关系多少反映了"内在三一"里的本质。这与加尔文一贯坚持的认识论原则一致：我们必须透过上帝的行动——亦即上帝的启示——才能认识上帝的本质。因此，他尽量避免过分好奇地玄思臆测"内在三一"的奥秘，而是强调从三一的行动认识三一的本质。[130] 这一章论述加尔文如何基于圣灵在基督的救赎行动和我们的生命中的连结性工作，去认识圣灵的位格也是三一内部圣父与圣子之间的某种奥秘性的连结。

一、圣灵是神

加尔文的三一论与西方教会的传统基本一致：在强调三位格合一的同时，也强调三位格的区分，但同时偏重对合一本质的强调。因此，我们先从圣灵

---

129 *Institutes* 3.1.1.
130 P. W. Butin 同意 F. C. Bauer 的重要观点：认为加尔文在三一论中，从对上帝本质的玄思，转向关注上帝作为父、子、圣灵如何与人类取得关系，但他批判 Bauer 使用神人两极的辩证语言来描述这个三一上帝与人的关系。见 Philip W. Butin, *Revelation, Redemption, and Response: Calvin Trinitarian Understanding of the Divine-Human Relationship*（Oxford: Oxford University Press, 1995），16。

的神性开始论述是合适的，因为圣灵的神性是保证他与其他两个位格在本质上合一的必要条件。

加尔文说："要从圣经中寻找证明圣灵神性的证据。"[131]在《要义》卷一第13章14-15节中，他专门为圣灵的神性辩护。首先，根据圣经，圣灵的工作证明其神性，这不仅包括拯救的行动，也包含创造的行动。其次，圣经毫不犹豫地用"神"（God）称呼圣灵。[132]

然而，仅强调圣灵拥有神性，对于维护三一的合一性仍是不足够的，因为这里仍然可能存在两种错误的认识：其一，认为圣灵、与父和子，各自具有自己的神性，因此导致三神论；其二，认为圣灵和子本身没有神性，其神性是从父那里获得的或借过来的，如此导致一种次位论。这两种观点，都是加尔文所摒弃的。加尔文的观点乃是：父、子、圣灵拥有同一个神性本质，同时就每一位而言，其神性都是完整的、自存的。

针对三神论的错误观点，加尔文根据圣经关于洗礼的用语，证明圣灵与其他两个位格的合一性。他认为：耶稣基督吩咐初期教会"奉父、子、圣灵的名给他们施洗"（太 28：19），这已经表明三个位格同有一个本质。他如此推论：在洗礼中，"信心的对象只有一位，这就证明神只有一位；既然洗礼的目的也只有一个，也就证明信心的对象只有一位。"[133]换言之，既然我们在同一个洗礼中，以同一个信心，信靠父、子、圣灵，这就清楚说明父、子、圣灵是同一位上帝。这样的宣称是从第一代基督徒传承至今的基督教敬虔的信仰实践所必须的。因此，加尔文在《第一教理问答》中说，"当我们呼告父、子和圣灵时，我们不是在捏造三个神，而是圣经与那等敬虔的经验向我们揭示：父、他的子、和圣灵，在神最纯粹的合一当中。"[134]

针对那些认为唯独父是"（神性）本质的赏赐者"的人，加尔文指出：这些人忽略了圣经有些经文的说法（约十二 41，罗九 33，罗十四 11，来一 10，来一 6），等同于是在肯定子的神性是自有永有的，而非获得的。特别是像《罗马书》十四章 11 节引用旧约经文——"万膝必向我跪拜"（赛四十五 23）——指基督的时候，就已经肯定了子与父的差别不是在本质上的。换言之，若

---

131 《基督教要义》，1.13.14。

132 《基督教要义》，1.13.14-15。

133 《基督教要义》，1.13.16。

134 John Calvin, *Catechism*, Sec 20, in Hesselink, *Calvin's First Catechism: A Commentary*, 21.

非如此，圣经岂不是在教导我们拜偶像？[135]既然基督的自存性得以证明，圣灵也是一样。[136]因此，加尔文在 1559 版《要义》中毫不犹豫地将犹太信仰的独一真神的名号——"耶和华"——归给圣灵："事实上，先知通常说他们所陈述的话是出自万军之耶和华，而基督和使徒将其看作是出自圣灵。由此可见，那位说预言的圣灵就是耶和华。"[137]

值得注意的是，无论是对基督还是对圣灵的神性与自存性的辩护，加尔文的关注都不是抽象的理论，而是经历救恩之后与我们的信仰实践有关的知识。在为基督神性辩护时，加尔文说，"在神之外没有救恩、没有义、没有生命，既因这一切都在基督里。所以基督就是神。。。根据这样的证据，我们就坦然无惧地信靠和盼望基督。"[138]加尔文认为，对圣灵神性的确信也来自同一个实践的知识："事实上，他（圣灵）是无所不在，扶持万物，使万物成长并生机勃勃的那一位；他又是住在信徒心中，引导他们进入一切真理，使他们重生与成圣，在将来使他们成为完全的那一位。"[139]正如赫西林克（I. John Hesselink）所言，加尔文努力使三一论的知识为信仰与实践带来力量与安慰。[140]总而言之，如李耀坤所力证的那样，加尔文在三一论中不喜欢抽象地思考三一的本质，而是将他认为必要的言说放在福音的调控之下。[141]然而仍需明确一点：福音调控下的知识，不只有圣灵的拯救，也包括他的创造。这呼应了"道之全在性"教义关于拯救者基督也是创造中保的神学暗示。除了对圣灵神性的辩护，加尔文对圣灵位格的理解，更是强化了这一点。

二、圣灵的位格

如何理解三一中的位格？对此，加尔文有一段非常重要的论述：

> 撇开术语的争论不谈，我要开始进入内容本身：位格（Person），我将它理解为神本质（essence）内的一种存在（subsistence），在与

135　参《基督教要义》，1.13.23。

136　Lee, *The Holy Spirit as Bond in Calvin's Thought*, 46.

137　《基督教要义》，1.13.15。

138　《基督教要义》，1.13.13。

139　*Confessio de Trinitate*（1537）quoted in and translated by Lee, *The Holy Spirit as Bond in Calvin's Thought*, 46. 中文系笔者根据 Lee 的英译翻译。

140　Hesselink, "Appendix: Calvin, Theologian of the Holy Spirit," in Hesselink, *Calvin's First Catechism: A Commentary*, 179.

141　Lee, *The Holy Spirit as Bond in Calvin's Thought*, 46.

其他位格的相互关联中（while related to others），以其不可沟通的属性（incommunicable quality）被区别开来。[142]

这段简要的文字却点出了关于位格的两个重点：第一，区分不同位格的，是每一位格拥有的不可分享的属性。第二，更为重要的是，位格的区分只存在于关系中，没有相互的关系，就无所谓位格。

首先，加尔文指出各个位格有不可分享的属性，背后的用意不是要好奇地探知三位格各自的神秘属性。对加尔文而言，无论这些属性具体是何，它们都保证了每一位格的独特性不至被消解，因此确保了"三"是真实的。李耀坤巧妙地指出，"不可沟通的属性"其实方便了加尔文在明确每一位格的独特性的同时，指出位格的区分不在本质层面，因此不应该将神性本质视为父的独特属性。换言之，无论父位格的独特属性是何，都不会是神性本质。因此，实际上，"不可沟通的属性"的概念，在确保"三"的真实性的同时也间接地保证了"一"的真实性，回应了当时反三一论者认为唯独父是神性源头并且只能称父为"神"的谬误。[143]

其次，加尔文又强调位格的区分乃是关系中的区分。虽然不可分享的属性构成每一位格的独特性，但这些属性是不能脱离位格间的关系去独自认识的。因此，林鸿信认为加尔文定义位格的进路不是通过定义位格的特质，而是通过定义一位格与其他位格的关系，这基本上是正确的。[144]因为虽然加尔文在定义位格时指出各位格有其不可沟通的属性，但他没有去定义这些属性是什么，而是最终为我们指向位格在关系中彼此的区分。父与子都是相对而言的，正如加尔文引用奥古斯丁说："就基督自己而论，他被称为神；就父而论，他被称为子。同样地，就父自己而论，他被称为神；就子而论，他被称为父……"[145]跟从奥古斯丁在关系中界定位格的进路，加尔文能够证明：他所坚持的"基督没有所出"与古代教父的公式"父是子和圣灵的源头"，两者其实没有矛盾。因为前者是就基督自己的本质而言，因此我们说他没有任何所出；而后者是就子与父的关系而言，子是源自父，这绝不能指本质，而是指关系。[146]

---

142 *Institutes* 1.13.6.

143 Lee, *The Holy Spirit as Bond in Calvin's Thought*, 51-53.

144 林鸿信，《加尔文神学》，94。

145 《基督教要义》，1.13.19。

146 Lee, *The Holy Spirit as Bond in Calvin's Thought*, 55-56.

将同样的原则也应用到圣灵，我们便认识圣灵位格的独特性为何。就圣灵自己而论，他被称为神，就与父和子的关系而论，他独特地被称为父和子共同的灵。因此，圣灵位格的独特性在于圣灵与子以及父的关系：在这关系中，我们既可以依据圣经说他是父和子共同的灵，也可以像西方三一论传统那样说他是"出于父和子"。"子出于父"是必须的，因为这表明子与父在关系中的区分；同时，"圣灵出于父和子"也是必须的，因为这保证了圣灵与父的区分，以及圣灵与子的区分；再者，圣灵作为父与子共同的灵，这见证了子与父在本质上的合一。[147]这正是加尔文坚持"和子说"的重要原因。加尔文不需要详细解释"和子说"的奥秘，而只需要诉诸圣经指出这样说对于理解圣灵位格的独特性是必须的，因为《罗马书》八章 9 节提到圣灵是父和子共同的灵。[148]

从圣经与教会传统描述圣灵与父和子的关系来看，可以衍生出圣灵位格在三一里面作为某种连结的观念，这正是加尔文所做的。加尔文虽然没有像奥古斯丁那样将圣灵理解为父与子之间"爱"的连结，[149]但他确实暗示了圣灵位格是父与子之间的某种连结。[150]在 1559 年版《要义》第三卷 1 章 2 节，一段解释基督透过父神所赐的圣灵与我们联合的关键文字中，加尔文表达了这样的观点。他认为圣经之所以称圣灵为"基督的灵"，其中一部分原因就是圣灵将父与子基督相连：

> 我们应该晓得，他（圣灵）被称为"基督的灵"，不只是因为基督作为神的永恒之道，是在这同一位圣灵中连于（is joined）父，而且也是因为他的角色是中保。[151]

这段文字蕴含了两个重点。首先，加尔文表达了圣灵是三一内部父与子契合的某种神秘连结。正如 Chung 说建议的，对加尔文而言，"和子"的意义可以用契合的语言描述为圣灵"出自与父契合的子"（from the Son in Communion with the Father）。[152]其次，加尔文特别强调，比认识圣灵在内在三一中的某种

147　《基督教要义》，1.13.19。

148　《基督教要义》，1.13.18。

149　奥古斯丁（Aurelius Augustine），《论三位一体》，周伟驰译（北京：世纪，2005），184-185。

150　Lee, *The Holy Spirit as Bond in Calvin's Thought*, 69.

151　"Also, we ought to know that he is called the "Spirit of Christ" not only because Christ, as eternal Word of God, is joined in the same Spirit with the Father, but also from his character as the Mediator." *Institutes* 3.1.2.

152　Chung, "Calvin and the Holy Spirit," 42.

神秘的"连结"更加重要的是认识他是我们的中保。如果要真正认识"基督的灵",首先需要关注的是这灵在基督与我们之间的联合之工。因此,当加尔文提到圣灵是父与子的连结时,他的用意不是叫我们去深究我们其实无法明白的三一内在的奥秘,而是希望我们更加确信并且更好地理解上帝借着基督透过圣灵与我们的团契。

有趣的是,与上一段文字有些类似,加尔文又在《要义》第一卷13章的一处,将"子出于父,圣灵同时出于父和子"这个内在三一的秩序,关联于经世三一在创造工作中的秩序:"父是行动的起始,并且是万物的源头;子是智慧和谋士,有次序地安排万物;而圣灵乃是那行动的能力和果效。"[153]加尔文自己并没有解释为何这样关联。但是,从他一贯的功能基督论去透视,我们大概可以断定:在这里他也是一致地将对三一本质的认识建基于并且服务于对三一行动的认识。

结合本章之前的论述,我们基本上可以勾勒出一幅粗略的关于加尔文认识圣灵作为连结的图画,包含了三个有类比关系的层次或秩序。首先,圣灵是我们与基督之间的连结,使我们连于基督,从而领受基督的恩赐。这包含了圣灵在基督救赎行动中动态调节人性软弱与神性能力的某种更为神秘的连结。其次,圣灵是受造与父和子之间的某种连结,他的大能实施子献于父的智谋,使父开始的行动满有成效,在万物当中做维系的工作,扶持,使万物生长。最后,圣灵是三一内在父与子契合的某种奥秘性的连结。对加尔文而言,认识的优先秩序是由外向内地从第一个层次朝向第三个层次,而不是相反。圣灵作为人与上帝的连结,他的启迪工作也应该是按照同样次序:人关于上帝的一切真知,以道成肉身的救赎的知识最为优先;与此同时,人在与上帝的亲密关系当中认出他也是关爱我们的创造者;只有在以上基础上,对上帝同时作为拯救者与创造者的认识的恢复,也使我们多少可以以类比的方式对三一的奥秘略知一二。

---

153 "然而,若忽视圣经向我们表达的区分,也是不对的。这区分乃是:父是行动的起始,并且是万物的源头;子是智慧和谋士,有次序地安排万物;而圣灵乃是那行动的能力和果效。实际上,父的永恒性也是子和圣灵的永恒性,因为神的存在不可能脱离他的智慧和能力,我们也不应在永恒性中区分"一个在先,一个在后"。尽管如此,对一种秩序的观察并非毫无意义或是多余,这秩序乃是:父是首先,然后子从他而出,最终圣灵乃是从父和子而来。人的头脑自然地倾向于先想到神,然后想到从神而出的智慧,最后才想到神实施其计划的谕令的能力。因此之故,圣经说子出于父,圣灵同时出于父和子。" *Institutes* 1.13.18.

第五节 总 结

综上所述，在加尔文神学中，圣灵的工作与基督的工作紧密联系在一起。在拯救中，圣灵既在基督身上工作，使基督的神性影响基督的人性，使之达到完全的顺服，祂也在信徒的生命中工作，将基督的客观工作转化成我们主观的祝福，主要体现在“与基督联合”的教导中；在创造中，圣灵是三一上帝的三个位格之中与受造最亲近的位格，其工作与基督作为智慧的设计者并行：三一上帝，借着祂的灵，施行中保基督的设计，持续性地扶持、滋养、护佑这世界在秩序之中，使之不断转化、更新，朝向终末的新天新地的新创造。从圣灵的工作去看圣灵的位格，加尔文认为圣灵在三一内部也是父与子之间的某种奥秘的连结。

在此，我们已经可以看到加尔文神学与路德神学之间一个明显的差异：在路德那里，没有一个完整的圣灵论，但在加尔文那里却发展出如此清晰完整的圣灵论，并且他的圣灵论总是与他的基督论存在一种平行呼应的关系。这绝不是说明路德神学无法发展它自己的圣灵论，而是说明对“道之全在性”教义的坚持使得加尔文能够更自觉地去发展一个与其基督论并行的圣灵论。“道之全在性”引导加尔文发展出其圣灵论的核心观念——“圣灵作为连结”，从这个观念出发，加尔文终得建构属于他自己的圣灵论，因而享誉“圣灵神学家”，当之无愧。

在接下来的一章，我们将继续探讨“道之全在性”教义在基督论和圣灵论中的功能，如何进一步影响加尔文的社会政治伦理观。

第四章 "道之全在性"与加尔文神学的入世倾向

　　本文已经在前面阐明其主要观点："道之全在性"教义在加尔文基督论和圣灵论中的功能，乃是凸显对基督双重中保性的认识——基督既是拯救中保，也是创造中保，同时产生相应的关于圣灵双重中介性的认识——圣灵既是拯救中介，也是创造中介。从这里可以延伸出去，问一个较有实际意义的问题：这又如何影响加尔文对社会参与的神学思考？瓦亚特在解释加尔文政治观的时候曾言："虽然加尔文没有在任何地方明显这样说，但他的教导之所以不同于路德，可能是因为那个'外部'（extra）的面向。"[1]对此，瓦亚特没能做详细的解释，留下了遗憾。本章希望弥补这个遗憾，说明"道之全在性"很好地结合加尔文的处境，影响加尔文发展一套相对路德更有入世倾向的神学。

　　需要特别指出的是：加尔文的思想，并非纯粹抽象的神学思考，而是形成于具体的处境，因应十六世纪欧洲的社会宗教政治文化变革的需要。加尔文对社会政治的看法，比其神学中的其他部分更容易受处境的影响。因此，在这一章，我们特别更多着墨于对加尔文身处之环境的描述，借此，我们希望表明我们不想将问题简单化的立场。一个神学家的思想的成形过程是复杂的，因为思想与处境是柔和在一起的：思想会影响其对处境的判断与行动，处境亦影响其思想的发展；尤其当我们再考虑到思想与处境本身又各自容纳很多不同片段的时候，我们若还想穷究孰先孰后的问题，那就如无理智地在为到底是鸡生蛋还是蛋生鸡的问题辩论不休一般。因此，我们希望明确一点：加尔文神学的入世性格之形成原因是复杂而多元的，"道之全在性"教义只是

1　Wyatt, *Jesus Christ and Creation in the Theology of John Calvin*, 149.

其中的因素之一。我们所探究的是"道之全在性"教义与加尔文神学入世性格之间的关联，而不是简单的因果关系。

以下，在第一节，首先描述加尔文神学的入世性格，是如何在他的社会、文化和政治的处境中被形塑的；然后，在第二节，解释"道之全在性"所强调的基督"也在肉身之外"的存在，如何为他明确主张"基督也在教会之外掌管世界"奠定基督论的基础，从而影响其神学更具入世的取态；最后，在第三节，以加尔文与路德的"两国论"的比较为例子，强化这个论点

第一节　社会文化处境与加尔文神学的入世倾向

加尔文神学对这世界的关怀，有其在社会、文化和政治处境中的成因。培登（Roland Bainton）曾说过："路德所标榜的基督徒自由纯粹是宗教性的，但很容易变成社会性。"[2]加尔文和日内瓦正参与在朝向更具社会性影响发展的宗教改革运动之中。一些历史学者的研究有助于我们更清楚看见这个发展。奥兹门特（Steven Ozment），在姆勒（Bernd Moeller）之后，结合社会史和思想史的进路，对十六世纪德意志和瑞士的一些帝国城市的研究，旨在说明：当路德的宗教改革之火燃烧至这一类城市的时候，宗教改革和社会改良总是交织在一起。[3]十六世纪的日内瓦，正是这些帝国城市中的一员。这一节，将从日内瓦的城市化处境出发，结合加尔文的人文主义素养和他心系之祖国（法国）的政治变局，分析其神学的入世倾向如何因应他的时空处境的需要而生。

一、帝国城市的处境

根据姆勒，1521 年在整个欧洲，有 85 个城市享有"自由和帝国的城市"的名号，其中 65 个城市已经得以脱离封建领主的控制，享有直属帝国的特权。[4]这些城市有一些共同点，使它们与一般臣服于诸侯的领地城市（territorial cities）区分开来：市民有更多的权利、更多的自由、更多的社会参与。在传

2　罗伦·培登（Roland Bainton），《这是我的立场：改教先导马丁路德传记》，古乐人、陆中石译（香港：道声，1987），329。

3　Steven E. Ozment, *The Reformation in the Cities: The Appeal of Protestantism to Sixteenth-Century Germany and Switzerland*（New Haven: Yale University Press, 1975）. 可参 Moeller 的研究：Bernd Moeller, *Imperial Cities and the Reformation*, ed. H. C. Erik Midelfort and Mark U. Edwards, trans. H. C. Erik Midelfort and Mark U. Edwards （Durham, North Carolina: The Labyrinth Press, 1982）。

4　Moeller, *Imperial Cities and the Reformation*, 41.

统的诸侯国领地城市中，封建体系更加森严，平民受到更加严格的控制，以路德的威登堡（Wittenberg）为例，平民在城市管理中享有极少的自由和权利，却有很多服从的义务。斯瓦比亚（Swabia）农民革命得不到广泛的支持并迅速被镇压，很好地例证了这些领地城市的特点。但在帝国城市中，市民则享有更多自由，有权参与一部分的城市管理。总体上，这些帝国城市正在经历一个平民政治参与权逐渐扩张的过程，市议会成员最初以贵族和富商为主，之后逐渐将一般商人和手工业者包括进来，最后发展至一个能广泛代表市民群体的议会，一群来自不同社会阶层的人得以共同管理城市。因此，帝国城市的生活呈现了公民社群的特征。[5]

在这些城市中，市民对自己的尊严感到自豪，也意识到自己的责任。在他们看来，物质的幸福和永恒的救恩不可区分，世俗领域与属灵领域之间没有界线。[6]为此，世俗机构有责任服事群体的属灵生活，主教必须关心市民的世俗生活，个人、政府、教会，最终都应努力促成城市的共同幸福。在这种情况下，教士们依靠罗马教廷的谕令在世俗法律上获得豁免权，这在市民看来是不正常的。相反，市民要求神职人员要履行一个市民应尽的义务，包括：服从城市的司法系统，缴纳各种税款，宣誓做一个好的市民，并持守他的誓言。[7]

早在宗教改革之前，日内瓦就已经是帝国城市中的一员。在日内瓦，政治与宗教不可分，政府与教会必须紧密合作。历史学者因内斯（William C. Innes）的研究告诉我们，在日内瓦，像其他自由的帝国城市一样，弥漫着一种作为市民的责任感。[8]1387 年，主教法布利（Adhemar Fabri）通过一部民法，为了保障每一位公民的权利和自由。自那时起，日内瓦市民就要求每一位新上任的主教，有义务服从并且宣誓维护这个城市的法律。[9]主教、教士们必须和普通的日内瓦市民站在一起，为他们作为日内瓦人的尊严感到自豪，誓死捍卫日内瓦的自由。

只是从 15 世纪末开始，日内瓦的主教和教士已经堕落，越来越抽离日内瓦市民的生活，漠视他们的权利，并且听命于对日内瓦垂涎欲滴的撒伏衣公爵。直到 16 世纪初，新教的影响力仍然很小，因此日内瓦的政府和市民，从一开始就一直主张遵循法国的人文主义大师勒菲甫尔（Jacques Lefevre

---

5　Cf. Moeller, *Imperial Cities and the Reformation*, 42-44.

6　Moeller, *Imperial Cities and the Reformation*, 46.

7　Moeller, *Imperial Cities and the Reformation*, 48-49.

8　Innes, *Social Concern in Calvin's Geneva*, 27.

9　Innes, *Social Concern in Calvin's Geneva*, 29-30.

d'Etaples）的倡导，寻求净化和改革天主教自身的解决方案，而与激进的路德派保持距离。他们根据日内瓦城市的传统，要求主教和教士履行应有的俗世社会的责任，比如：应遵守法律，并且在日内瓦人争取自由的事业中尽一分力。但是，主教却和撒伏衣的势力长期勾结在一起，不但不支持日内瓦争取政治独立的事业，反而企图废除日内瓦民法所赋予市民的自由和权利。1534年2月，一桩惊天大阴谋被揭露出来：主教得拉菩美（Pierre de la Baume）与撒伏衣公爵合计预谋了一个推翻日内瓦政府的计划，企图以此建立一个由公爵掌控的独裁政府，幸好他们没有得逞。然而，此时，日内瓦议会仍然为城市的信仰走向举棋不定。但之后，因为法惹勒等人被允许进入日内瓦公开布道，激起宗教改革热情，新教的影响力迅速扩大，日内瓦政府才慢慢有条不紊地转向对宗教改革的支持，因为宗教改革的立场符合这个城市所追求的尊严，但循序渐进的改变才是根本上符合这个城市的利益的。[10]从因内斯所描述的日内瓦在争取政治自由和独立中逐渐倒向宗教改革的过程来看，日内瓦作为一个自由的帝国城市的特点非常凸显。因此，日内瓦的城市处境是一个非常重要而不可忽略的因素，有助于解释加尔文政治思想的特点。

姆勒认为，帝国城市的这种精神氛围，塑造慈运理（Zwingli）和布塞珥（Bucer）的神学，使之具有一种"城市化神学"（"urban" theology）的特征。[11]姆勒的观点有助于解释为什么慈运理和布塞珥能在路德的基础上发展出与路德不同的神学。路德教导，人唯有借着信心才能在神面前称义。慈运理和布塞珥在路德"因信称义"教义的基础上，则同时强调教会外在组织、教会与政府之间的紧密合作以及一个圣洁的社群的重要性，而这些都是路德所轻看的。[12]慈运理和布塞珥并非认为一个城市的圣洁能保证其市民的得救，但他们强调：这些能成为上帝的话语被宣讲，被相信和被遵行的地方。[13]这些路德所轻忽的神学主张，对于一个看重俗世社会责任的帝国城市的市民来说，却是必须的。正是因为这样，慈运理和布塞珥，比路德更加强调教会与政治间的互动。笔者认为，正由于加尔文很深地参与在日内瓦的城市生活中，他的神学也与慈运里和布塞珥类似，具有浓厚的城市性格。

---

10 关于日内瓦争取政治独立和走向宗教改革的详细过程，参 Innes, *Social Concern in Calvin's Geneva*, 63-90。

11 Moeller, *Imperial Cities and the Reformation*, 103.

12 Moeller, *Imperial Cities and the Reformation*, 87.

13 Moeller, *Imperial Cities and the Reformation*, 90.

这种具有城市性格的神学，对加尔文政治观的一个重要影响在于：它使加尔文能够将"基督的主权"这个概念的应用范围，从属灵领域延伸到世俗领域。在路德的称义神学中，与"基督的主权"互动的是属灵国度，"基督的主权"只与个人的良心有关，而与群体的外在表现无关。但"城市化神学"，却使加尔文更容易把"基督的主权"的概念，同时应用在世俗生活中，尤其是一个基督徒社群的道德生活中。因此，在加尔文神学中，"基督的主权"与人的责任，福音信仰与人文主义的道德理念之间，可以存在一个良性的互动，这正是成圣教义的动力来源。加尔文强调"基督的主权"同时在属灵领域和世俗领域之中，这一点成为加尔文政治思想的一个积极因素，使他不仅肯定世俗领域的价值，并且努力追求属灵领域对俗世领域的影响。

二、人文主义的影响

帝国城市中那种开明的气氛，有利于宗教改革与人文主义思潮建立一种正面的关系。似乎我们可以观察到这样一种情况：在帝国城市里，那些有人文主义倾向的改革者会比较受到欢迎，而路德的反人文主义的倾向则比较容易导致冲突。在苏黎士主持宗教改革的慈运里和游走瑞士州各个城市劝化改宗的法惹勒，都在不同程度上受过人文主义的熏陶，慈运里师承伊拉斯姆，法惹勒曾跟随过勒非甫尔，二人在瑞士的改教工作都相当成功，后者还促成了日内瓦的改宗。

最早将人文主义思想带进日内瓦的是一对师徒——Cornelius Agrippa 和 Francois Bonivard，前者自 1521 年定居日内瓦，并于 1530 年之前离开，而后者是一个自由主义者，爱得格诺派（Eidguenot cause）的热情支持者，既不支持罗马教会，也不支持路德。Bonivard 的人文主义追求与社会改革紧密结合。虽然与其他城市相比，日内瓦的人文主义者圈子相对较小，但不管怎么说，因为这对师徒的缘故，人文主义和日内瓦之间的一种正面的关系已经建立。[14] 这相当大程度上能解释，为什么一开始日内瓦政府会主张跟从勒非甫尔的改革方案，与路德的主张保持距离。

十六世纪的人文主义的特点是：对人的真实处境有一种强烈的关怀，看重人的尊严，并相信人性有向善的倾向。[15] 就其特点而言，这种思潮比较容易与当时的社会改革运动认同，与城市处境比较融合。因此，可以预见的情况

---

14 Innes, *Social Concern in Calvin's Geneva*, 48-49.

15 Innes, *Social Concern in Calvin's Geneva*, 46.

会是：当一个基督教的人文主义者将宗教改革与人文主义结合的时候，自然比较倾向把属灵的祝福与社会的幸福结合在一起。

众所周知，加尔文受过很好的人文主义教育。从 14 岁进入巴黎大学的玛谢学院（College de la Marche）接受基础性的人文教育起，到 1536 年被迫踏入日内瓦从事改教工作，加尔文都没有停止过对人文主义的热切追求。[16]因此，当加尔文来到日内瓦的时候，他的人文主义气质与这个城市是投合的，当然他对宗教生活的理解与过于放纵的日内瓦人之间存在严重分歧——这是日后不断发生的冲突的来源。

值得注意的是，加尔文追随的是法国的人文主义。法国的人文主义学术气氛和德国存在很大差异。在德国（以及欧洲大部分地区），人文主义者主要追随意大利文艺复兴式的人文主义，对人存一种完全乐观的态度，认为只要在人自身之内便能寻找到人的真实本性和人的出路。因此，虽然德国的宗教改革者与人文主义者，一开始基于姆勒所说的一种"有建设性的误解"（constructive misunderstanding）[17]而结成合作，但之后很快就发现他们彼此间的不能融合而决裂了。但法国的人文主义学术氛围截然不同，在那里，人文主义的进路与福音神学的进路不是对立的，而是相互补充的。这主要得益于 16 世纪法国的人文主义者促成的一个关键的兴趣转移——他们从研究异教的经典文学，转而研究犹太教和基督教的经典文学及其古典语言，将人文主义研究与基督教经典研究紧密结合起来。[18]神学与人文主义的结合，也相当程度上刺激了教士和平民参与社会改革的兴趣。[19]

法国独特的人文主义学术气氛，有助于塑造加尔文成为一名善于兼收并蓄的神学家。作为一位人文主义者和一名神学家，加尔文能自如地以福音为

---

16 关于加尔文受人文主义熏陶的详细经过，可参 David C. Steinmetz, *Calvin in Context* (New York: Oxford University Press, 1995), 3-22; Bouwsma, *John Calvin: A Sixteenth Century Portrait*, 9-31。

17 Moeller, *Imperial Cities and the Reformation*, 29.

18 Cf. Andre Bieler, *The Social Humanism of Calvin*, trans. Paul T. Fuhrmann (Richmond: John Knox Press, 1964), 11-12.

19 其中一个例子是：勒非甫尔（Jacques Lefevre d'Etaples）的学生 Guillaume de Briconnet 在获得 Meaux 的主教职位后，在其郊区内推行人文主义式的社会改革，推动教士走出教会的四面墙，努力服务小区，尝试将其建成一个充满兄弟般友情的乌托邦式城镇。其他类似的实践人文主义理想的中心也相继建立。然而，这个天主教内部的改革运动，很快就招来天主教保守势力的镇压而失败。参 Innes, *Social Concern in Calvin's Geneva*, 47-48。

出发点，将人文主义理想和福音神学整合在一起。一方面，加尔文站在福音的立场上认为，因为人的真实本性已经扭曲，所以人唯有回到上帝的话语中才能认识自己真实的本质和真正的出路，因此反对意大利式的世俗人文主义者。另一方面，加尔文仍然认为，人在一定程度上仍旧能够正确认知其世俗本质，没有完全丧失上帝所赐的在世俗层面的能力，比如在政治领域的自然恩赐。[20]这正是加尔文能积极地看待政治的一个原因。加尔文会同意一般的人文主义的看法——人有向善的倾向，但他也同时会提醒这必须有一个前提——人已经在恩典中得蒙拯救。更为重要的是，恩典不是使人被动，而是激发人所有的潜能。[21]因此，一个已经在恩典之中的基督徒，不应该对世事持消极的态度。

毕勒（Andre Bieler）认为，加尔文的人文主义是社会式的人文主义，强调人唯有在与他人的关系中才能成为真正的人。[22]这种社会式人文主义对加尔文的影响，尤其体现在加尔文对语言的观点中。作为一名优秀的修辞学家，加尔文强调：语言的正确使用，应该促进社会的幸福，产生群体中的亲密、在爱中的互相支持、温柔的爱与兄弟般的友情，[23]因为语言是“社会的链接”。[24]因此，加尔文式人文主义，不单单寻求个人真实人性的恢复，而且以更新社会为己任。[25]对加尔文而言，社会的更新，首先发生在教会，因此教会的一项社会性使命就是要向社会见证上帝希望恢复的秩序是什么。教会作为已经部分被更新的一个群体，应该不断提醒国家应有的使命，见证上帝的秩序，以免国家堕落为一种非秩序。[26]因此，对加尔文而言，不仅是基督徒个人，教会作为一整体也应该关心政治。

---

20 Cf. Bieler, *The Social Humanism of Calvin*, 13. 事实上，对民主政治的倡导，不能像加尔文主义者所设想的那样单单建立在对人之全然败坏的假设上。试问：假如人性没有任何的光明，那么如何保证一个所有人参与的政治不会变成像霍布斯（Thomas Hobbes）所说的“每一个人对抗每一个人的战争”？一种强调制衡和监督公权力的民主制度，恰好应建立在对人之阴暗面和人之光明面的双重假设之上：正因为人有阴暗面，所以需要制衡和监督，又因为人未完全失去上帝所赐管理世界的自然恩赐，所以制衡和监督才有可能是有效的。

21 Bieler, *The Social Humanism of Calvin*, 16.

22 Bieler, *The Social Humanism of Calvin*, 17.

23 Bouwsma, *John Calvin: A Sixteenth Century Portrait*, 116.

24 *Comm. Jer.* 5:15; Bouwsma, *John Calvin: A Sixteenth Century Portrait*, 115.

25 Bieler, *The Social Humanism of Calvin*, 22.

26 Bieler, *The Social Humanism of Calvin*, 23-24.

总之，人文主义和福音的结合，促使加尔文对世俗领域的价值多有肯定，并且拒绝将圣俗两个领域作截然的二分。然而，福音仍然是基础和出发点，因此加尔文主要关心的方向是：圣的领域如何影响俗的领域。

三、法国的政治变局

加尔文的祖国——法国——的政治处境，也促使加尔文必须更加关怀现世的政治。母亲早逝，以及过早地离开父亲的家寄居在蒙特穆尔家族（Montmor family），这些经历似乎都在促成加尔文过早地产生一种飘落异乡的感伤。[27]这种带着忧郁的伤感，不正是人们能在传统的加尔文肖像中所能接收到的吗？以至于，当他因为宗教迫害，不得不离开法国故土，并且意识到自己可能必须长期寄居在异国他乡之时，这种无家的伤感自然会和对祖国的思念揉成一团。例如，加尔文似乎将自己的祖国情结读入了《约书亚记》二章 4 节的批注。在解释喇合为隐藏两个探子而做出背叛自己国家之决定的艰难时，他说："对国家的爱，亦即说对我们共同的母亲的爱，乃是自然根植在我们心中的。"[28]这种被放逐者的飘落异乡感，也驱使他急切地把第一版《要义》题献给法国国王弗兰西斯一世，希望为那些在法国受逼迫的改革宗信徒辩护。特切帝（Mario Turchetti）提醒我们，加尔文的心中可能有更大的目标——不只是被"宽容"，而是希望改变整个王国的信仰，他向时间的未来企盼一个属于改革宗信仰的法国。[29]因此，加尔文在早期倾向于透过说服法国王室为法国的新教徒争取信仰的宽容。然而，事与愿违，16 世纪法国的政教关系波折不断，宫廷对新教的态度飘忽不定。日后，加尔文也必须做出一些调整，不但在宗教上，也需要在政治上，积极援助法国的改革宗信徒。根据斯坦麦兹（David C. Steinmetz）的说法，虽然加尔文坚决反对安布瓦斯密谋（Conspiracy of Amboise），但当密谋失败后，他仍然支持了法国预格诺派（Huguenots）反对天主教王权的宗教战争。[30]根据郑仰恩对金顿（Robert M. Kingdon）一项研究的阅读，当法国改革宗教会面临困境时，日内瓦牧师团向他们提供的实际帮助包括以下方面："人力（牧师、军事参谋）、经济支持、组织蓝图、弹药、

---

27 Bouwsma, *John Calvin: A Sixteenth Century Portrait*, 11.

28 *Comm. Josh.* 2:4.

29 Mario Turchetti, "The Contribution of Calvin and Calvinism to the Birth of Modern Democracy," in *John Calvin's Impact on Church and Society, 1509-2009*, ed. Martin Ernst Hirzel and Martin Sallmann （Grand Rapids: Eerdmans, 2009）, 209.

30 Steinmetz, *Calvin in Context*, 19.

政治讲道、政变计划、抵抗理论以及道德支持。"[31]这些帮助毫不回避地包含了政治、甚至军事上的支持。

　　笔者认为，加尔文和路德之所以会发展出不同的政治观，一部分原因可能是他们各自国家的政府与新教的关系不同。路德在德国因为得到智者腓德烈的主动保护，可以享受学术和牧会的自由，政教关系相对稳定。关于他的宗教改革与政治的关系，路德可以说，他"只是在德国寻求庇护而已。"[32]除此之外，路德对政治还有什么需要说的吗？但法国的情况却十分不同，法国的宫廷在经历一阵曲折的摇摆之后，最终倒向罗马教廷的怀抱，进而对新教的迫害自然也就愈演愈烈。因此，加尔文必须对变化中的法国政教关系做出有弹性的回应。

小　结

　　总而言之，这一节的讨论旨在说明：在加尔文的处境中已经为他预备好一块适宜的土壤，帮助他发展出一套更加关心世俗生活的神学。这些处境的因素主要包括：日内瓦的城市化特征、人文主义对加尔文的塑造、祖国法国的变局对加尔文内心的牵动。这些因素组合在一起，以耳濡目染的方式影响加尔文对世事的态度，塑造他的神学具有入世关怀的特征。只有在以上背景中，才能更好地理解"道之全在性"教义对于加尔文神学入世个性的形成所起的积极作用。

第二节　"道之全在性"与加尔文神学的入世倾向

　　正是在以上有利的环境中，加尔文对"道之全在性"教义的使用，为他建构一种具入世精神的伦理神学提供了一个坚实的基督论基础。威利斯曾言，在"道之全在性"教义与加尔文关于基督主权（Lordship of Christ）的教导之间能找到一种平行："关于道连于肉身却同时也超越在肉身之外（*etiam extra*

31　Cheng Yang-en, *The Theology of the Calvinist Resistance Movement: A Theological Study of the French Calvinist Resistance Literature（1572-1579）*（Princeton: Princeton Theological Seminary, 1994），22，quoting Robert M. Kingdon, *Geneva and the Coming of the Wars of Religion in France, 1555-1563*（Geneva: Librairie Droz, 1956）; *Geneva and the Consolidation of the French Protestant Movement 1564-1572: A Contribution to the History of Congregationalism, Presbyterianism, and Calvinist Resistence Theory*（Geneva: Librairie Droz, 1967）.

32　Oberman, "The 'Extra' Dimension in the Theology of John Calvin," 44.

carnem）的宣告，呼应了基督对教会的主权和基督也在教会之外（*etiam extra ecclesiam*）的主权之间的关系。"[33]笔者认为，威利斯所说的这个"平行"，可以结合两方面去诠释：第一、思考方式上的类比；第二、神学内容上的关联。

首先，我们能够在"基督也在肉身之外"与"基督也在教会之外"之间找到一种类似的思考方式。"道之全在性"教义强调基督在道成肉身之后，其神性完完全全地与人性连于一个位格，但仍然不受有限之物的限制，因而*也*超越在肉身之外。这种用以描述道成肉身基督之存在方式的"既在⋯⋯之内，*也在*⋯⋯之外"，很容易变成一种思维的习惯，使得加尔文在思考其他与基督之临在有关的神学主题时，能够更有意识地去考虑基督临在又超越的两面性。基督既在肉身之内，也超越了肉身；以相似的方式，他既以某种方式特别临在于某些事物当中，也同时超越在这些事物之外。正如欧伯曼在〈加尔文神学中的'超越'面向〉一文中所示范的那样，"道之全在性"所强调的基督也在肉身之外存在，"并非只是一个孤立的现象，而是像一座冰山之顶峰，衍生出加尔文神学中的其他"外部面向"：也"在圣餐之外"，也"在法律之外"，也"在教会之外"等等。[34]然而，必须提请注意的是：当我们在此谈及"道也在肉身之外"与其他"外部面向"的关系时，我们绝不是将道成肉身的神人连合等同于基督在其他事物中的临在。相反，对加尔文而言，道成肉身与基督的位格是独一无二的，基督与他所取人性的关系，绝非基督与其他事物的关系可以比拟。其实，正如威利斯所言，"道之全在性"教义本身已经杜绝了任何相对化道成肉身独特性的企图，因为在这个教义中加尔文坚持基督的人性因其身体已经被提而远离我们，以此将道所取的肉身与教会本质性地区分开来。尽管成为肉身的道借着圣灵持续地临在于教会当中，并与我们联合，但教会仍然只是教会，而没有成为道成肉身的一部分。[35]因此，以上所提思考方式上的类比，绝非指一般自然神学的存在的类比。它仅是指出：当基督以某种不同于神性与人性连合的方式临在于某些事物当中的时候，他亦不受这些事物的局限，这并没有不当之处。

在持定道成肉身之唯一性的原则的前提下，加尔文可以恰如其分地将"道之全在性"中的思考方式应用到基督对教会与世界的治理的主题上，从而强化了其神学对此世的关怀：正如基督是成为肉身的拯救中保的同时也仍然是

---

33 Willis, *Calvin's Catholic Christology*, 135.
34 Oberman, "The 'Extra' Dimension in the Theology of John Calvin," 62.
35 Willis, *Calvin's Catholic Christology*, 134-145.

不受肉身限制的创造中保，基督在教会之中为首的同时也没有放弃对这世界的主权。正如欧伯曼所提醒的，这里的“也”字非常重要，因为它强调了对基督作为拯救中保与教会元首的认识在认识论上的优先性：正如我们必须首先依赖道成肉身的启示认识基督是拯救我们的中保，然后才能认识他也是守护创造的中保，同样，我们也是因为先认识与承认基督为教会的元首，才能认识与承认他仍以隐秘的方式统治这世界。[36] 无论是基督为创造者或基督为统治世界的万王之王，这些都不是未领受基督启示之人可以真正明白的道理。因此，加尔文并没有脱离启示谈基督是创造中保，世界元首，以及创造与统治的作为，他也不承认人可以仅通过观察自然与运用理性就能认识创造主以及人与这创造者的关系。相反，从道成肉身的启示出发，加尔文强调对拯救中保基督的认识的完整性，他不仅是拯救者，也是创造者，他不仅是教会的元首，也是这世界的万王之万。总而言之，加尔文在“道之全在性”教义中主张“基督也是创造中保”，与他主张“基督也是这世界的君王”，这两者的思考之间存在类比，可以用图表描述如下：

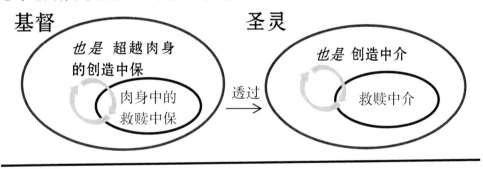

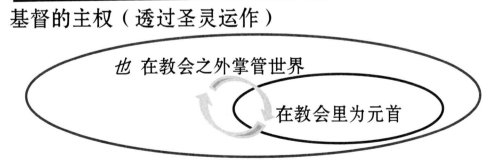

图 2：“基督也超越在肉身之外”与“基督也在教会之外”在思考方式上的平行

---

36 Oberman, "The 'Extra' Dimension in the Theology of John Calvin," 62.

笔者认为，以上这个"平行"，不只是一种思考方式上的相似，同时也存在神学内容上的关联。只是这种关联在加尔文那里并不是通过简单地将指涉基督肉身的直接应用在教会身上，[37]而是通过更深入仔细地认识基督作为创造中保的工作。如果加尔文所认识的基督只是曾经的创造中保，已经在过去一次性地完成其创造大工，而之后的护佑只是上帝在创造之后的另一项事工，那么"基督也是超越肉身的创造中保"这个题旨很难与"基督也是这世界的主"取得实质性的关联，因为后者的意义明显是现在进行时态的。但在本文第二章中，我们已经说明"道之全在性"教义对创造论的一大贡献在于：它暗示了基督作为永恒之道，即使在道成肉身之后也还是"创造中保"，并没有停止其创造工作。这使我们对上帝创造的认识发生一种观念性的转变，不再视创造为已经过去的一次历史事件，而是"继续中的创造"。既然创造的观念已经变得更加动态和持续，那么护佑也不再被视为与创造分隔的阶段性行动，而是整体地属于"继续中的创造"的一部分行动。由此，"护佑"教义与"创造中保"概念的关系，在加尔文那里被拉得更近："护佑"已经不能只是被视为只与父上帝或圣灵有关的一项事工，而应该是三一上帝——尤其包括作为创造中保的第二位格——主动涉入此世的一种行动。与此同时，因为创造观念的改变，护佑也不能只是解释为一种静态的、只是将宇宙交由事先设定好的世界构造或自然规律去管理的观念。根据欧伯曼，加尔文与中世纪神学家的一个不同在于：加尔文虽然也将宇宙视为上帝创造的一部机器，但他也暗示"护佑"是一种"也在世界机器的机制之外"（*etiam extra machinam*）的持续性行动。[38]

正是这种强调基督持续地以主体涉入在与这被造世界的活的关系当中的护佑观念，使得加尔文所强调的"基督也是超越肉身的创造中保"与"基督也在教会之外掌管世界"的观念取得了一致性的关联。一方面，基督首要的统治在教会之中，是借着福音的宣告、圣灵的动工与信徒主动的顺服，这是基督主权彰显得最完全的方式。[39]道成肉身的基督被提至上帝右手边，对加尔

---

37 正如我们以上已经说明的，这样做将导致混淆两个意义不等同的"基督身体"的概念（基督的真身与教会作为基督的身体），从而导致否定道成肉身的独特性，因而是不可取的进路。

38 Oberman, "The 'Extra' Dimension in the Theology of John Calvin," 62, note 2. Also cf. *Institutes* 1.16.1; *Institutes* 1.16.3-4; *Institutes* 1.17.2.

39 Willis, *Calvin's Catholic Christology*, 135-136.

文而言，是指中保基督从父上帝那领受了统领教会的权柄。但与此同时，加尔文*也*强调，中保基督，作为永恒的神子，从未放弃其从创世之初就开始的对这世界的统治，尽管这种统治如今因人的不能顺服仍然只是以较为隐藏的方式运作。[40]

　　如此基于基督论断言基督也在教会之外对世界有主权，这明显有助于加尔文神学形成积极关怀与想要影响此世的取态。首先，至少加尔文会期待这个世界在将来也就是在终末会被更新，而不是被遗弃，因为我们的主基督在道成肉身之前是，在成为肉身之后仍然是，而且将来也不会不是掌管这世界的主。其次，虽然主基督元首更完全的治理是通过教会，但正如欧伯曼所强调的，今日教会作为属基督的"小小的王国"与终末的那个"完美的国度"之间，虽然存在相似性，但也保留了不相似性。而且，上帝推进其国度成长而至圆满，"并不只是透过教会内部的进化，也是借助上帝在教会外部的干预。"[41] 如此看来，对教会而言，在其自身外部仍有许多公共的空间，值得教会参与进去，借着顺服基督的行动，与上帝在教会之外拓展其国度的行动取得呼应。无怪乎，加尔文非常看重自然秩序、政治与经济、家庭、国家、以及人文艺术与科学的价值：尽管这些工具都不是拯救性的，并且人只有透过圣经的眼光才能明白上帝提供这些工具时对人所存的美好心意，但它们仍然是拓展上帝国度的辅助工具。[42] 对终末未然的强调，以一种反直觉的方式，不仅没有削弱加尔文对此世的积极态度，反而为其神学开辟入世关怀的空间。

　　当加尔文坚持基督也是这世界的主的时候，这里的"世界"是指上帝所创造的一切。威利斯指出，在加尔文的著作中，"世界"一词有时用来指一切反叛上帝旨意的事，尤指罪的影响或潜在的混沌（亦即宇宙假若没有上帝维系的状态）对受造秩序的威胁；但在另一些时候，加尔文又使用"世界"一词指上帝创造又以其大能恩典托住的那个领域本身，已经被上帝自己所肯定为"甚好"（创1：31）。在此基础上，我们应当说，加尔文的伦理学里确实有一种很强烈的追求"他世"的倾向，要求基督徒矢志不渝地离开此生既暂时又残缺的生活，奔走天路朝向天家。但是，正如威利斯同时强调的，加尔文在这里所否定的"属世界"，是指我们处在被罪影响"恋慕偶像的状态，"而

---

40 Oberman, "The 'Extra' Dimension in the Theology of John Calvin," 47.

41 Oberman, "The 'Extra' Dimension in the Theology of John Calvin," 47. 斜体为笔者所加。

42 Willis, *Calvin's Catholic Christology*, 145-151. Also cf. *Institutes* 2.2.13-16.

不是要求我们离弃这可见的被造世界；他在这里所肯定的"属天"是指我们喜爱伏在上帝治下的生活状态，而非与物质对立。[43]尽管整个受造界，因伊甸园的堕落而不情愿地受到罪的染指，落得终日劳苦叹息，但仍没有一个受造之物的价值是应该被否定的，因为拯救者所赐给它们的应许清楚地说："受造之物，切望等候神的众子显出来。⸪指望脱离败坏的辖制，得享神儿女自由的荣耀"（罗8：19-22）。

由此可见，一种轻视作为上帝创造的世界的弃世主义，或以追求他世为名而否定人（尤其他人）对此世物质供应所需的属灵主义，在加尔文看来，都不符合三一上帝与基督对这世界的心意。在谈及即使基督徒在朝向属天国度奔跑的历程中仍需要世俗政府帮助时，加尔文强调说：那些企图夺走这属世帮助的人，"同时也在夺去人的人性本身。"[44]所以，加尔文必定反对那种企图通过隔离基督徒自身来推进上帝国进程的建议。[45]这种声音，如今并不仅仅局限在重洗派信徒当中，主张基督徒应该主动从社会公共空间撤离，躲进自己的小小洞穴，不问世俗政治。对加尔文而言，这种满足于自身小小王国的基督徒自我陶醉主义，严重忽视了我主基督元首也在教会之外掌权。

然而须知，加尔文的入世神学，也不是那种激进的、缺乏耐性的、想要极速颠覆原有社会秩序的乌托邦式理想主义。无论是想要借助政治参与在世俗社会中推行福音统治的神权政治理念，还是乐观地认为仅仅通过依靠人类理性或追求人性善就能带来未来公义社会的现代世俗的启蒙进步论，都不会是加尔文所认同的，因为他的政治终末论，既足够重视罪的权势在历史中的顽固性，也强调教会因其自身还不是上帝国而需与世俗社会合作。面对世俗社会与秩序中的不公义，加尔文既强调"抵抗"也呼吁"忍耐"。因此，欧伯曼在总结"道之全在性"在加尔文思想中引发的各种"也在⋯之外"的神学主张对加尔文神学的影响时，将加尔文神学称为"耐心抵抗的神学"，这是再恰当不过的了。[46]

---

43 Willis, *Calvin's Catholic Christology*, 143-144.

44 《基督教要义》，4.20.2；*Institutes* 4.20.2.

45 加尔文自己转述他所反对的这类观点，说："这不过是一些喜爱放纵自己的狂热分子所吼叫和自夸的话：我们一旦藉基督对属世的事死（西二 20），被迁到基督的国里，以及与天使一同坐在天上，那么管这些污秽、属世、与基督徒毫无关连的事情，与我们这么高贵的地位极不相称。"《基督教要义》，4.20.2。

46 Oberman, "The 'Extra' Dimension in the Theology of John Calvin," 64.

以上描述的"道之全在性"对加尔文神学入世个性形成的贡献，在很多现当代的神学听来，不免会是反直觉的，这主要是因为现当代神学所处的思潮背景与宗教改革时期的思想处境非常不同。因为经过启蒙运动与后现代思潮一前一后的洗礼，现当代的神学已经趋向关注身体的价值。现代主义对人性的肯定，后现代主义对形而上学与抽象的反叛，都加速了身体神学整体性地属于神学入世关怀的一部分的进程。因而在这种背景下，似乎路德在道成肉身教义中强调的那个在位格连合中获得神性能力的被提升的人性，代表了对人性的一种更加正面的看法，因而应该更能催生神学的入世倾向。相反，加尔文神学对"肉身之外"这个向度的关注，则容易让人联想到那种追求灵性超越的神学观点。因此，在现代神学的语境中，似乎是"肉身之内"，而不是"肉身之外"，更直接地与神学的入世性关联在一起。

然而，加尔文与我们的时代背景却很不相同。在那个时代，对基督肉身的神学关注主要是与救恩论——而非人论——联系在一起的。这种神学关注本身与宗教改革对中世纪神学传统的继承与反对有关。伦巴德那部神学大全式著作《语录》，总共分为四卷：（1）上帝；（2）受造物，和基督之前的世界历史；（3）道成肉身和救赎；（4）圣礼和最后的事物（the *Novissima*，即 the last）：死亡、审判、地狱和天堂。我们注意到第三卷的标题为"道成肉身和救赎"，宗教改革神学对肉身的关注主要是在这个神学语境中展开的。《语录》的结构呈现了一种流行于中世纪神学的遵循救恩历史次序的教导秩序，阿奎那更是将这种描述事物发生的存在秩序看作是符合上帝自身（即第一因）可理解性的神学表达方式。[47] 但是，阿奎那仍然强调，认识这种救恩历史次序的前提是恩典。[48] 然而不幸的是，之后的中世纪神学，将这种教导秩序误解为一种认识秩序，导致受教者误以为人仅凭着理性的自然之光，就能找到上帝。为了要纠正这个认识论的偏差，路德才大声疾呼：人要真正认识上帝，唯有回到道成肉身的启示，在道所取的肉身之中认识他是我们的（for us）拯救者上帝。路德又在救恩论中片面强调因信称义，进一步导致对拯救的关注局限在内在的个人良心的领域，而似乎与个人之外的社会无关。在这种语境中，想要纠正这种偏差，就需要强调救赎与周遭世界的关联。加尔文对"道之全在性"的使用，正是回应这一需要的一种方式。

47　Wyatt, *Jesus Christ and Creation in the Theology of John Calvin*, 7-8.
48　Wyatt, *Jesus Christ and Creation in the Theology of John Calvin*, 10.

即使是在现当代神学处境中，路德基督论也未必就比加尔文基督论在引导神学入世关怀方面更有优势。路德强调，基督的身体因为属性相通从神性获得了无所不在的能力，这对基督人性而言是很了不起的神化式的提升。但是，如果类似的提升并不继续发生在信徒的身体中，这反而使得基督那神化的人性与我们更为疏远。因此，后续的路德宗神学发展面临一个抉择：是否要强调我们的人性也将因着与基督的联合而至神化？这正是当代路德宗神学中一个很大的争议：路德宗的芬兰学派神学家试图从路德神学著作中发掘一位看重与基督联合教义的路德以及强调人性借着与基督的联合而至神化提升的教导，但这一努力正遭致路德宗正统主义的强烈反对。路德宗神学今后的走向，在这一点上仍是未见明朗。相较之下，加尔文虽然没有为人性——即使基督的人性——添加神性的光环，但是通过强调成为肉身的基督是与我们一样有限的人，只是他没有罪，加尔文以另一种方式（或许是更重要的）肯定了我们的人性。永恒无限的道，真实地取了人性，却没有否定而是留住了人性本身的有限性，这难道不是对人性的肯定吗？加尔文神学实则是在强调，我们人性的有限性本身不是不好，人性借着圣灵与基督联合过程中获得的提升，其真正意涵不在乎改变身体的有限性，而在于我们将靠着恩典变得越来越顺服，从而克服罪的影响，与基督的人性相似。[49]加尔文对"道之全在性"的使用，可以为现代神学关于人性与身体的探索中注入一个可借鉴的新视角，一种认同身体的新方式。与此同时，"道之全在性"有助于将我们对拯救者上帝与创造者上帝的认识关联起来，正能抵抗现代社会在个人主义驱动下越来越视信仰上帝为个体得救的事件因而将信仰从公共领域中驱逐出去的趋势。

小　结

基于以上的讨论，笔者认为，加尔文对"道之全在性"的使用，有助于其神学的入世性格的形成。即使是在现代社会的处境，"道之全在性"教义对于重建公共神学的努力，仍有助益。当然，很难简单地说，因为加尔文坚持"道之全在性"教义，他的神学就必然发展出入世关怀的取向，加尔文也没有明确这样说。事实上，教义的发展是一件复杂的事情，无法脱离社会政治文化处境的影响，有时对某个教义的坚持会改变一个人回应处境的方式，但有时环境的影响也可能左右一个神学家思想发展的方向。我们可以比较安全

49　Cf. Oberman, "The 'Extra' Dimension in the Theology of John Calvin," 62.

地说，"道之全在性"对加尔文神学入世性格的积极影响，与处境对加尔文思想的影响是一致的。接下来，我们将通过比较加尔文与路德"两国论"的异同，更具体地去看"道之全在性"对加尔文神学发展其入世取态上的作用。

第三节　以加尔文"两国论"与路德"两国论"的比较为例[50]

为了呈现路德与加尔文的比较，首先必须引介路德的"两国论"。路德的"两国论"，对加尔文有基础性的影响，但加尔文也在这个基础上，发展了一些不同于路德的见解，影响了之后的加尔文主义者。加尔文因为坚持"道之全在性"教义所以能够明确主张基督对这世界的主权，这是解释加尔文在"两国论"中的思考与路德不同的关键。

一、路德"两国论"

自宗教改革的号角吹响起，路德在威登堡一直得到智者腓德烈的保护。但在外部，教皇和他的主教们一直在利用皇帝与贵族的政治力量，压制路德思想的传播。路德本人被通缉，其著作遭焚毁，其跟随者也到处受到迫害。因此，路德早已萌生著述论讨世俗权力的想法。1522 年，路德版新约德文译本问世，却遭遇皇帝查理和其他诸侯的禁令，路德派的信徒应该何去何从，他们是应该交出路德的圣经，还是应该选择更具风险的、对世俗政权命令的不服从？尤其，在同一年，乔治公爵在萨克森领地对路德德语新约圣经的明令禁止，直接刺激了路德的写作动机。[51]仅次年，即 1523 年，路德出版了〈论俗世的权力〉一文予以回应，此文清楚呈现了"两个国度"的区分，通常称它为"两国论"。

---

50 本节与"路德两国论"有关的讨论，对之前神硕论文的相应内容做了很大改动。更新后的大部分内容，已经出现在我发表在亚洲神学期刊的一篇文章。在此感谢亚洲神学期刊允许我在这里重复使用那篇文章的内容。然而，出于问题焦点不同的考虑，这里并没有包括那篇文章的另一个重要部分：即分析路德的静态秩序观与他喜欢将基督徒自由属灵化的倾向如何阻碍了他的两国论在现代处境中被正确理解与应用。对此有兴趣的读者可参阅我的文章：Weizhen Chen, "Luther's Doctrine of the Two Kingdoms and Its Problem of Reception." *Asia Journal of Theology* 32, no 1（April 2018）：109-135.

51 拜尔（Oswald Bayer），《路德神学：当代解读》，邓肇明译（香港：道声，2011），384。

路德论著〈论俗世的权力〉，除了针对世俗权力的滥用，也同时希望回应当时一些更为激进的改革者的极端主张。这些被洛茨（Bernhard Lohse）称为"改教运动左翼"（left wing of the Reformation）[52]的激进主义改教领袖，企图在因信称义教义的基础上，主张废掉世俗建制，建立单单以福音治理的乌托邦社群。[53]有时他们的立场与路德的观点混为一谈，因此引发同情宗教改革的政治统治者的担忧。为此，早有支持路德的世俗官员希望路德能就福音与世俗政府的关系著书立作，以正视听。因此，海特福德（David Whitford）正确地总结说，"路德寻求发展一种政治涉入的神学，能高举基督的命令，但不落入一种即或不然的二分：不是完全的屈从，就是全然的藐视抵抗统治权威。"[54]对路德政治思想的认识，必须放在这样的历史情境下。

在〈论俗世的权力〉一文的题献，路德提到一些俗世侯爵对基督"登山宝训"中的教导感到困惑："不要与恶人作对。有人打你的右脸，连左脸也转过来由他打"（太五 39）。[55]中世纪的神学家，将耶稣的教导解释成特别针对教士，也就是"对完人的劝告，而不是一切基督徒所当遵行的命令"，因而并不与俗世权力的存在发生冲突。[56]但路德反对完全人与不完全人的区分。[57]可是，如果基督关于非暴力的主张是针对所有基督徒，那么世俗政府和他们所配的剑还有存在的必要吗？公权力强制执行的律法还需要吗？路德对基督"登山宝训"的解释又如何与《罗马书》十三章要求顺服俗世政府的教导调和？路德所主张的基督徒的自由，会不会导致基督徒不再顺服政府呢？

为此，路德在〈论俗世的权力〉一文的第一部分，首先为世俗政府的必要性辩护。他根据圣经"该撒的物当归给该撒，上帝的物当归给上帝"（太 22：21），提出"两个国度"的主张，将上帝的国和世界的国区分：

---

52 Bernhard Lohse, *Martin Luther's Theology: Its Historical and Systematic Development*（Minneapolis: Fortress Press, 1999）, 332.

53 Notger Slenczka, 'God and Evil: Martin Luther's Teaching on Temporal Authority and the Two Realms,' *Lutheran Quarterly* 26, no. 1（2012）: 9-10.

54 David M. Whitford, *Luther: A Guide for the Perplexed*（London: T&T Clark, 2011）, 111.

55 同时还有保罗在《罗马书》十二章的教导："亲爱的弟兄，不要自己伸冤，宁可让不，听凭主怒；因为经上记着说：主说：'伸冤在我，我必报应。'"（罗十二 19）

56 《路德选集》，上册，449。

57 《路德选集》，上册，449-450，453-454。

我们必须将亚当的子孙分为两类，第一类属于上帝的国，第二
类属于世界的国。凡属于上帝的国的人，是真正相信基督的人，而
且顺从基督。因为基督是上帝的国的君王，正如诗篇二篇和全部圣
经所说的。祂为此来到世间，以便在世上开始建立上帝的国。[58]

对路德而言，属于上帝国的民众是真基督徒，不再需要法律与刀剑，因
为圣灵内住他们心中。圣灵在每一个真基督徒内心滋养生发一种自由而发的
爱（free love），因此他们不是因为外力的迫使，而是出于自愿以善行去爱他
们身边的邻舍。[59]从这个角度说，基督徒的自由，虽是由基督借着信与圣灵而
赐的礼物，却不否定善行在基督徒生活的价值。相反，这自由仅是将律法的
强制性变成对真基督徒而言是多余的。

如果这个世界没有不信者，世俗的治理者、刀剑与法律都变为无用。[60]但
现实却不是如此，因为"整个世界既是邪恶的，在千万人中难有一个真基督
徒。"[61]用 Notger Slenczka 的话说，对于路德，真基督徒总是"属于全球的少
数派，且只是其中一部分"（part of a global minority）。[62]为此缘故，与上帝的
国同时存在的，是不信者所属的这世界的国，这是不能否认的事实。"所有的
非基督徒是属于世界的国，并且是处在法律之下。"[63]

58　《路德选集》，上册，454。

59　《路德选集》，上册，454。

60　"如果全世界的人都是基督徒，即真信徒，那么所有的君王，贵族，刀剑和法律
都用不着了。因为基督徒心中有圣灵使他们爱人，而不加害于人，也使他们甘心
情愿忍受任何人所加的不公道，甚至死亡。这么一来，刀剑和法律还有什么用呢？
既忍受一切冤屈，又实行诸般公道，就毋须口角，纷争，审判，法官，刑罚，律
法或刀剑了。"《路德选集》，上册，454。

61　路德继续说，"在以基督教和福音的方式管理世界以前，先要使世界充满真实的基
督徒。这是你们所绝对做不到的，因为世界上大多数的人常是非基督徒，他们虽
然都受过洗，也不过是挂名的基督徒。正如俗话所说，基督徒是如凤毛麟角。"《路
德选集》，上册，456。路德又说，"基督的统治并不及于全人类，反倒基督徒常是
居少数。"《路德选集》，上册，457。

62　Slenczka, 'God and Evil: Martin Luther's Teaching on Temporal Authority and the Two
Realms,' 11.

63　《路德选集》，上册，455；*LW* 45:90。值得注意的是，既然定义真信徒的信心对
人而言是不可见的，路德在区分世界的国与上帝的国时，绝对不是想要在人类群
体中划出一条明显的界限，以至于好像我们可以看见有两个可以绝然区分的群体。
"国度"（kingdom）这个词，其用法实际上是修辞性与论辩性的，旨在以强化的
方式指出：实际上存在有分别的两类人群，尽管我们没有能力去识别。对路德而

路德认为，真基督徒作为少数与不信之人作为多数共同生活在一个世界，这个事实决定了：这世界不能单靠福音治理。只有那些拥有圣灵的人才能接受上帝话语的治理，这正是这世界仍需要世俗政府的原因。世俗政府是在人类犯罪之后由上帝设立的，为的是维护人类社会的外在秩序，以免它被罪所吞噬而变为混沌。[64]为反对那些极力主张建立一个唯独由福音治理的乌托邦世界的激进改革者，路德诉诸一种现实主义，指出滥用基督徒自由的危险：既然不信之人并不接受也是不能接受圣灵的治理，又因为唯独圣灵能把人从罪之枷锁中释放，使人在自由中去爱，那么必然地，不信之人必须接受刀剑与法律的约束，以免他们的罪恶以失控的方式被释放出来。将他们从世俗法律与刀剑的约束中解放出来将是荒唐至极，犹如"把缚住野兽的链索解开，让它们乱咬，"同时却宣称"它们是很驯良的家畜。"[65]为此缘故，

> 上帝在基督徒和上帝的国以外，为非基督徒另外准备了一种不同的政府，使他们受刀剑支配，使他们虽想要作恶，也不可能，假如他们作恶的话，就使他们不能无所畏惧，并且不能有平安和幸福。[66]

路德又通过区分"为自己"与"为他人"，试图解决一些由区分两个国度衍生出来的实际问题。比如，如果世俗政府单是为不信之人而设立的，那么每一个自认为是真基督徒的人似乎有理由认为自己有福音与圣灵的治理已经足够，因此不再需要顺服世俗权力了。但对路德而言，持这样想法的人恰恰证明他不愿意顺服道与圣灵的治理，因为上帝国的生活法则正是要求基督徒为了邻舍的缘故自愿地选择顺服世俗权力的治理，因为世俗的法律与刀剑对于他们的邻舍是很有帮助的。正如路德自己说，"因为一个基督徒在世上活着，劳作，不是为自己，而是为邻舍，他必然出于他属灵的本质去做一些对邻舍有益和必须的事，尽管这些事是他自己不需要的。"[67]

言，这两类人群的区分，虽是不能真正看见，但仍需要指涉，实际的意义在于说明：这世界就目前仍然没有完全降服于上帝而论，必须同时存在两种治理。Slenczka, 'God and Evil: Martin Luther's Teaching on Temporal Authority and the Two Realms,' 11.

64 《路德选集》，上册，455-456；*LW* 45:90-91.

65 《路德选集》，上册，456；*LW* 45:91.

66 《路德选集》，上册，455；*LW* 45:90.

67 "Since a true Christian lives and labors on earth not for himself alone but for his neighbor, he does by the very nature of his spirit even what he himself has no need of, but is needful and useful to his neighbor." *LW* 45:94.

又如，一个基督徒是否能在政府中担任公职，"佩剑并惩罚恶人，"这是否违背基督的命令——"你们不要与恶人作对"？路德回答说：首先，既然上帝的国不需要刀剑来治理，那么在基督徒当中使用刀剑本身就是不合宜；但如果是为了非基督徒要使用刀剑，问题的性质已经不同。在这种情况下，基督徒是否使用刀剑应视乎这使用是否有助于实践对他者的无私的爱：若是为自己，基督徒不应向世俗的刀剑乞援，反而要忍受不义，但若是为了别人，基督徒就应该正确地诉诸世俗的刀剑与法律，防止邪恶，保护良善，匡扶正义。[68]正如路德自己所说，"凡关于你们自己方面的，你们就照着福音去行，忍受一切的不义，做一个真基督徒；凡关于别人方面的，你们就照着爱心去行，不容许任何不义加在他人身上。"这样一来，便同时满足了属上帝国的义与属这世界的责任。[69]可以看出，路德在处理基督徒参与政事上，持定一个原则，可称之为"无我有他的利他主义之爱"。

两个国度的区分，不仅允许路德为世俗权威的必要性辩护，也是他为世俗政府设置权力限度的关键，副标题"对俗世权力服从的限度"多少道出了此一用意。当时，教廷正教唆他的爪牙们——皇帝和各诸侯——以武力干涉信仰和良心的事情，摧毁宗教改革的成果。在背后支持起这种做法的理论是长期影响中世纪政教模式的"两把剑理论"，根据这个理论，教皇将世俗的权柄或刀剑委托给了世俗政府，因此实际上是教皇在同时执掌属灵与世俗的权柄，而世俗政府应该在教皇的指挥下挥舞刀剑。[70]这个理论不仅合理化教皇驱使统治者挥舞刀剑以铲除宗教异议分子，而且困扰许多持中立立场甚至同情路德改教运动的贵族的良心，胁迫他们不情愿地屈服于教廷的指使，导致政教关系的本末倒置。因此路德如此形容当时的政教关系："一方面，主教们离弃上帝的话，不用上帝的话来治理灵魂，反命令世界的君王以刀剑来统治灵魂。另一方面，世界的君主纵容盘剥，盗窃，奸淫，谋杀和其他的罪恶，而且他们自己也犯这些罪，然后让主教们来用禁令惩罚人。这样他们把一切的事都颠倒了。"[71]

68　《路德选集》，上册，458-459。

69　《路德选集》，上册，460。

70　Jonathon David Beeke, "Martin Luther's Two Kingdoms, Law and Gospel, and the Created Order: Was There a Time When the Two Kingdoms Were Not?," *The Westminster Theological Journal* 73, no. 2　（September 2011）: 196-7.

71　《路德选集》，上册，475；*LW* 45:115-116。也参《路德选集》，上册，471；*LW* 45:109。路德针对当时被混淆的教会与政府职能，强调政府与教会的独立运作，但不幸经常被后人误解为主张教会不应该关心政治。

作为回应，路德强调两个国度是上帝设立的两种治理方式，有着不同的功能与目的："这两种国度应该彼此划分清楚，而且并存；一个国度是为产生虔敬，另一个国度是为维持治安，防止恶行。"[72]在此，路德希望提醒世俗政权，要清楚自己的权限，不要越界干涉信仰的事情，以免得罪上帝，因为"属世界的政府所有的法律，只及于生命，财产，和世界上外表之事。至于灵魂，只受上帝统治。"[73]因为信仰是"属灵的事"与"自由的行动"，关乎良心与上帝的关系，无法借由任何个人与机构的强迫性行为促成。[74]即便是异端，也不应该用武力去压制，因为异端也是信仰的事。防止异端，只能依靠上帝的道的宣扬，而"不是铁打、火烧和水淹所能克服的。"[75]因此，俗世政府绝对不可跨过权限，将其权力扩张至上帝国和灵魂的领域，强加法律于良心之上叫它信这信那，因为"若俗世的权力要擅自为灵魂制定法律，它就侵犯了上帝的统治，"[76]"将别人的罪恶加在自己身上，为上帝和人民所厌恶。"[77]因此，当君主要求臣民交出圣经时，臣民不仅可以，而且有义务不服从他们的命令。[78]

然而，在著述〈论俗世的权力〉一文时，路德尚未允许臣民为信仰的缘故抵抗暴君，而是要求他们乐于承受因为不服从而遭致的一切逼迫。[79]一些来自黑森的研究宪法权利的法律学者，曾试图说服路德在神学上允许抵抗暴君的权利，但路德一直犹豫。直到1531年，当亲罗马的世俗政权强化军事行动，眼见就要威胁到宗教改革运动的存亡之际，路德才改变立场，认为一旦暴政导致宣告福音的权利遭到威胁，抵抗可以是最后的选择。[80]尽管如此，他从未

---

72 《路德选集》，上册，457；*LW* 45:92.

73 《路德选集》，上册，467-468；*LW* 45:105.

74 《路德选集》，上册，470，472，474；*LW* 45:108, 111, 115.

75 《路德选集》，上册，474；*LW* 45:115.

76 《路德选集》，上册，468；*LW* 45:105.

77 《路德选集》，上册，471；*LW* 45:109.

78 《路德选集》，上册，473；*LW* 45:111-113.

79 《路德选集》，上册，473；*LW* 45:112.在另一处路德的观点也是一样："无论如何，基督教导我们不要抵抗由罪恶和不公义的苦难，乃是愿意常常受苦，让别人抢去我们的东西，若你不能忍受这法则，便应放下基督徒的称谓。"路德，《路德文集——信仰与社会》，叶泰昌译（香港：协同福利及教育协会，1992），36。

80 关于路德调整其抵抗理论的详细过程，见 Whitford, *Luther: A Guide for the Perplexed*, pp. 119-127。

允许臣民为修正社会的不公义而抵抗不义的政府，即使统治者已然变成暴君。因此之故，路德才在农民暴动的问题上毫不同情地反驳农民说："统治者的邪恶和不公义，不能成为你们叛乱的借口，因为惩治恶人不是每一个人的责任，而是由属世的掌权的统治者，正如保罗在罗马书十三章 4 节，彼得在彼得前书三章 3 至 14 节所说，统治者是上帝所设立，用来惩罚犯罪的人。"[81]耐人寻味的是，即使统治者为了自己的利益将赏善罚恶的天职颠倒过来，堕落为社会不公义的主要来源，路德仍以教导我们被动忍受暴政为满足。针对统治者制造的不公义如何修正的问题，路德所言甚少，除了简单地否定一般人参与政治的权利，就是单方面劝说统治者要实行仁政，公平判断，做智慧的君王。[82]

总体而言，在两国论的思考中，路德首要关注的是如何修正在他的时代教会职能与政府职能的严重混淆，以及如何回应那些想要在基督徒当中废除世俗政府的极端改革者，但就世俗政治的运作应做何种安排，防止政治腐败，以体现更多社会正义，没能有充分的思考。

二、对路德"两国论"的评价

希特勒在德国掌权之后，路德两国论遭受的批评，比他神学的任何其他部分都多。路德宗教会在纳粹独裁统治暴行面前普遍缄默不语，许多路德宗神学家通过诠释路德两国论为他们对屠夫政权的默从辩护，这些事实更加剧了对路德神学的怀疑。许多著名神学家，包括巴特与潘霍华，在希特勒还掌权的时期，就已经发表对路德两国论的批评。几乎所有批评都共享一个看法：路德的两国论是一种有害的二元论，允许世俗国度独立于属灵国度而运作，因而导致教会在不公义的政治秩序面前误以为自己可以缄默与冷漠。例如，尼布尔（Reinhold Niebuhr）批评路德社会伦理为一种"静寂主义"（quietism）[83]与"失败主义"（defeatism）[84]，其根源就在于路德主张的"上帝—世界、灵与身体的二元论"。[85]

---

81 路德，《路德文集——信仰与社会》，33。

82 《路德选集》，上册，477-486。

83 Reinhold Niebuhr, *The Nature and Destiny of Man: II Human Destiny* （New York: Charles Scribner's Sons, 1943）, 187.

84 Niebuhr, *The Nature and Destiny of Man: II Human Destiny*, 191.

85 Reinhold Niebuhr, *Moral Man and Immoral Society: A Study in Ethics and Politics*

　　然而，发展至如今，许多路德学者借着重读路德著作似乎已经将这种把路德两国论视作二元论标本的趋势扭转。许多学者指出，路德使用"两个国度"这个概念，并非为了建构一套关于两个在本体上区分开来的"国度"或"领域"的抽象理论。相反，正如我们之前对路德〈论俗世政府的权力〉的阅读所示，路德使用两个国度的区分，主要是为了方便处理基督徒作为这世界的一小群如何与其他人共处的实际问题。因此，对路德两国论的诠释似乎应该沿着更实用的方向前进。

　　根据拜尔（Oswald Bayer），在路德神学中，两国论的重要性不及他关于三种秩序——教会、家庭或经济、政治——的教导。[86]首先，在路德著作中那些概括其思想要点的文字中，总是重提三种秩序，却看不见两个领域。[87]不仅如此，路德自己也明确表示三种秩序的教义是一项重要的释经原则：一节经文至少应关涉上帝在其中一种秩序当中的作为。[88]拜尔的观察说明，在路德那里，将教会等同于属灵，或将政府等同于俗世，都是不可能的。尤其是家庭

（New York: Charles Scribner's Sons, 1960）, 78; Ernst Troeltsch also charges that Lutheran theology has bred out "a purely personal spirituality," which misguides a Christian to "express his inner liberty through submission to the existing order." See Ernst Troeltsch, *The Social Teaching of the Christian Churches*, trans. Oliver Wyon, 2 vols（1931; repr., New York: Harper & Row, 1960）, 2: 540; Recently, J. Mark Beach has summarized Reinhold Niebuhr as "a severe critic," Helmut Thielicke as "a reluctant critic," Wolfhart Pannenberg as "a sober critic," and Herman Bavinck as "a Reformed critic" against Luther. According to Beach, all four theologians accuse or acknowledge that Luther's doctrine of the two kingdoms refers to a dichotomous dualism of the spiritual and the secular. Employing a Reformed wholistic viewpoint exemplified by Bavinck, Beach himself also severely criticizes Luther two-kingdoms theory as a harmful dualism. See Mark Beach, "A Tale of Two Kingdoms: Some Critics of the Lutheran Doctrine of Two Kingdoms," *Mid-America Journal of Theology* 25,（2014）: 35-73.

86 关于三种秩序的教义对于路德神学的重要性，一个全面与深入的讨论见 Bayer, *Martin Luther's Theology: A Contemporary Interpretation*, trans. Thomas H. Trapp（Grand Rapids: Eerdmans, 2008）, chapter 6; Bayer, "Nature and Institution: Luther's Doctrine of the Three Orders," *Lutheran Quarterly* 12, no. 2（1998）: 125-159.

87 Bayer, *Martin Luther's Theology*, 324; Bayer, "Nature and Institution: Luther's Doctrine of the Three Orders," 129.

88 正如路德自己说，"首先，圣经教导关于上帝的作为，这是毫无疑问的。这些作为可以划分归入三个层次：家庭、政府、和教会。如果一节经文不适合谈教会，我们应当考虑它是不是在谈政府或家庭。其中总有一个是该经文所适用的。"（*LW* 54:446）。更详细的讨论见 Bayer, "Nature and Institution: Luther's Doctrine of the Three Orders," 127-8.

或经济，这一与政府和教会并重的秩序，不仅关乎家庭成员之间的关系，也涉及人类在劳作中与土地结成的密切关系，[89]因而最终无法回避上帝对整个生态系统的关照，这实际上否决了任何想根据路德神学将宇宙做圣俗截然二分的企图。按拜尔的建议，在路德神学中，我们反而应该将属灵治理与世俗治理视为同时运作在每一秩序当中的两种治理方式，而非两个领域的划分。[90]

　　正如洛茨所提议的，“区分两国或两政府的用意。。。是要区分人‘在上帝面前’（coram Deo）与‘在这世界面前’（coram mundo）的存在，只有在此意义上才能准确地掌握属灵与世俗之物彼此之间的关联与区别。”[91]科布（Robert Kolb）也相似地指出，两个领域的区分其实是指向人类生活的两个向度，其中一个是与上帝的“纵向”关系，而另一个关乎与其他受造物的“横向”关系。同一个生活的两个向度，绝不是截然分开的领域，好像一个交由福音治理，而另一个丢给律法去辖制。相反，福音与律法在每一个向度中都相互合作：一方面，在与上帝的关系中，唯独福音从无到有地创造了这种关系性，然而我们若想通过践行信靠与赞美来延续这种关系，也不可没有十诫前三条诫命的指引；另一方面，福音将属于基督的义归给信的人，在他们里面生发新的动机，使他们想要活在与其他受造的正确关系当中，与此同时，他们仍需律法引导他们如何为了其他受造而活。[92]从人的视角去看，根据以上我们对〈论俗世的权力〉一文的分析，将生活中的这两个向度或关系连结在一起的就是基督徒自由的爱：这爱，因一个人与上帝的正确关系的恢复，借由圣灵的工作而产生，流向这个人与其他受造的关系当中。当基督徒因恩典的帮助真正在人群当中活出这种自由的爱时，他们并不强迫他人以同样的方式回报，而是自愿地为他人而活，因而也为他人愿受俗世秩序的限制。[93]

89　Bayer, "Nature and Institution: Luther's Doctrine of the Three Orders," 128.

90　Bayer, "Nature and Institution: Luther's Doctrine of the Three Orders," 129-130.

91　Lohse, *Martin Luther's Theology*, 315.

92　Kolb, "Luther's Hermeneutics of Distinctions: Law and Gospel, Two Kinds of Righteousness, Two Realms, Freedom and Bondage," in *The Oxford Handbook of Martin Luther's Theology*, eds. Robert Kolb, Irene Dingel and L'ubomir Batka（Oxford: Oxford University Press, 2014）, 179-180.

93　最能说明在路德神学中基督徒的爱将两个领域连结在一起的一段文字："Christians have in their heart the Holy Spirit, who both teaches and makes them to *do injustice to no one*, to *love everyone*, and to suffer injustice and even death willingly and cheerfully at the hands of anyone"（斜体为笔者所加）。虽然路德在此正在描述属于上帝国的真基督徒，他所强调的基督徒的爱，作为上帝国的活的法则，其对象为“每一个

如果继续将以上区分的人类生活的两个向度放在路德的天启主义中去理解，我们更不可能将路德两国论误读为二元论。杜赫罗（Ulrich Duchrow）正确地主张，路德对两个领域的区分，整体性地属于上帝与魔鬼展开天启终末之战的圣经叙事。[94] 在这个战场中，上帝争战，是为了将公义、解放与生命带给我们，但魔鬼试图不择手段，想要将我们奴役在不义、压迫与死亡之下。人在战场，绝无中立可言，要么选择上帝的统治，要么选择撒旦的辖制，每个人都必须在生死、义恶、爱恨之间做出抉择。虽然上帝一早已经注定赢得胜利，但历史也被命定总有它"未圆"的一面，因而必然卷入冲突之中。[95] 因此奥尔特曼（Walter Altmann）说得好，"这场（上帝与撒旦）的角力绝不以一种去历史化的或无人参与的方式发生。"[96]因此，想要以一个属灵化的"上帝国"之名逃避历史中的责任，是绝无可能，因为人生的全部向度都已经卷入上帝与魔鬼的争战，不是选择站在上帝一边，就是选择与魔鬼为伍。

路德所重视的三种秩序都卷入了战场，在这个上下文谈论所谓的"两个国度"，路德不可能指向一幅两个空间性的领域彼此冲突的图画。相反，"两个国度"实际上是在谈论内森（Craig Nessan）所说的上帝使用的两种不同类型的"策略"，目的都是为了"削弱撒旦的影响，并带来上帝的国。"这两种策略犹如上帝的"两只手"，设想一只手会反对另一只手，这是绝对荒唐的。[97]因此，指控路德两国论为一种有害的二元主义是没有根据的。

人"，包括非基督徒，因此这爱的活出实际上将基督徒与非基督徒、上帝国与世界的过联系在一起（*LW* 45:89）。之后，当路德回答一个基督徒是否需要遵守俗世律法以及是否可以在俗世政府中当差的问题时，他强调基督徒的爱乃是关键："A true Christian…does by the very nature of his spirit even what he himself has no need of, but is needful and useful to his neighbor." "If he did not so serve he would be acting not as a Christian but even contrary to *love*"（斜体为笔者所加）。因此，"You are under obligation to serve and assist the sword by whatever means you can, with body, goods, honor, and soul. For it is something which you do not need, but which is very beneficial and essential for the whole world and for your neighbor"（*LW* 45: 94-5）.

94　Walter Altmann, *Luther and Liberation: A Latin American Perspective*, revised and expanded ed., trans. Thia Cooper（Minneapolis: Fortress Press, 2015），187.

95　Altmann, *Luther and Liberation: A Latin American Perspective*, 190-1.

96　Altmann, *Luther and Liberation: A Latin American Perspective*, 190.

97　Craig L. Nessan, "Liberation Theology's Critique of Luther's Two-Kingdoms Doctrine," in *Liberating Lutheran Theology: Freedom for Justice and Solidarity with Others in a Global Context*,（Minneapolis: Fortress Press, 2011），49.

可是，如果路德的两国论实际上并没有主张世俗政治与属灵信仰的二元对立，那么又是什么导致二战前夕路德宗教会对路德思想的普遍误用呢？这并不是很好回答的问题，其中牵涉的因素非常复杂，既有神学的又有社会政治处境的，既与路德神学自身的模糊特征有关，也与路德跟随者自身对路德思想遗产的不恰当的挪用方式有关。在此，笔者既不打算也不需要解答这么复杂的问题。本文本章写作目的是关注"道之全在性"教义与加尔文和路德政治观的差异的关系，因此我们在此仅需指出：这与路德（尤其在关于两个国度的论述中）没有明确主张基督在世俗领域的主权存在一定关联。

著名的路德宗神学家阿尔托依兹（Paul Althaus）明确地指出，对于路德而言，"基督没有参与在这个世俗国度中。神——而不是基督——设立了世俗国度。因此，这个世俗国度绝对是神的国度，但不是基督的国度。基督只关注属灵的国度。基督对于俗世政府的关心，就像关心神在大自然中的作为一样（例如：暴风雨），微乎其微。"[98]如果阿尔托依兹是正确的话，路德不仅没有明确主张基督也是这世界的主，而且主动暗示基督不享有对这世界的主权。路德的意思应该是说，因为这世界暂时——至少在终末来到之前——还不是基督的国，因此我们不要妄图想要以福音统治这世界；但这并不妨碍基督徒为了他人的益处去关心这暂不属基督的世界的政治，因为他们有道与圣灵的治理，使他们能够乐意活出对邻舍的爱，因此路德并无意也没有将两个领域做截然二分。但是，为了强调我们如今无法以福音统治这世界，路德不是通过主张基督治理的不同方式，而是借着暗示基督还不是这世界的主，这容易被后人误解或故意曲解为划分领域主权的理论——好像基督的主权只限于教会之内，而上帝在教会之外的主权代理则是世俗的统治者。因此，希特勒才会铮铮有词地说："我并不关心教义，但我不能容忍一个神职人员让自己卷入世俗的事务。"[99]而那些在希特勒暴政面前选择默不作声的教会领袖也不反对这样的主张。为此，福音教会的〈巴门宣言〉才必须对此做出回应，明确主张没有一个领域不属于主基督。[100]

98　保罗·阿尔托依兹（Paul Althaus），《马丁路德的伦理学》，顾美芬译（新竹市：中华信义神学院，2007），91-92；Paul Althaus, *The Ethics of Martin Luther*, trans. Robert C. Schultz （Philadelphia: Fortress Press, 1972），46.

99　Eberhard Busch, *The Barmen Theses Then and Now* （Grand Rapids: Eerdmans, 2010），1.

100　〈巴门宣言〉第二条："……我们拒绝那错误的教义，就是认为在我们生活的某些领域中我们不属于耶稣基督，而是属于其他的主，以为在这些领域我们不需要借

这绝不是说，路德的基督论因为反对"道之全在性"教义就必然无法主张基督对这世界的主权。事实恰恰相反，正如我们在第一章的时候就已经说明的那样，对路德而言，基督的身体借着属性相通从神性获得了无所不在的能力，因此这身体并没有成为基督的牢笼阻碍其对这世界的治理。但路德并没有将这一教义暗示发展成明确的教义主张。事实上，开姆尼茨曾在《基督的神人二性》中已经发展出路德宗版本的基督主权论：他将路德宗所坚持的真实的属性相通称为"至高权的相通"，强调基督的人性借着位格合一从神性获得了"至高权和能力"，因此，"基督的人性能赐予生命并统治万物。"[101] 只是可惜这种对基督在道成肉身后仍在万物中掌权的神学强调，日后并没有沉淀为路德宗内部的共识。

总体来看，路德的政治保守主义，并不是因为对两个领域的区分本身，而是主要体现在对世俗治理改善的可能性持了比较刻板的消极态度，因而不愿意更积极地想象属灵领域对世俗领域的可能的创造性影响。莫特曼更是指出，路德教导人去被动地接受一个社会的既定秩序，等于也是教导人只在认同现存社会结构的限制中去爱邻舍，这导致了对他所看重的爱的创造性能力的忽略。[102] 路德有这样的限制，这主要是因为他倾向于暗示基督的统治现在还不会扩展至这个世界，尽管他也承认上帝仍以某种方式在统治。又加上相对于类似日内瓦那些自由城市更具保守氛围的威登堡处境的影响，他的政治观点难免偏向保守，因而对后来的西方社会发展民主政治的影响不及加尔文。比较之下，我们能够清楚地看到"道之全在性"对于加尔文能够明确主张基督对这世界的主权所发挥的积极作用：加尔文之所以能毫不含糊地强调基督也是这世界的主，很大程度上是得益于他坚持基督神性在道成肉身之后仍没有被限制于肉身。这一关联尤见于加尔文"两国论"呈现出的与路德"两国论"的差异。

着祂称义和成圣。"中文系笔者从英文翻译，见 Busch, *The Barmen Theses Then and Now*, 35。

101 开姆尼茨，《基督的神人二性》，107-108。开姆尼茨的论述，虽说在说明在地的基督如何既维持虚己的状态又继续统治世界时仍有些困难，但对升天后的基督在人性内实施对宇宙的统治而言，完全没有困难。

102 Jürgen Moltmann, *Ethics of Hope*, trans. Margaret Kohl（London: SCM Press, 2012），12.

三、加尔文“两国论”：对路德的承继与超越

在很多方面，加尔文的观点与路德很相似。从 1536 年版《要义》开始，加尔文就已经将路德区分两个国度的主张纳入自己的思想：

> 我们应当思想神对人有双重治理：一是属灵的治理，因这治理，良心被教导要敬虔和敬畏神；第二是政治的治理，因这治理，人被教导要尽作为人和公民应尽的本分。这两重治理通常被称为“属灵”和“属世”的管辖权（并没有不恰当），前者的治理关乎人的灵魂，而后者的治理关乎今生之事——不只关心衣食，也同样关切法律的制定，以使人能在他人中间度圣洁、可尊和节制的日子。前者在人的内心，而后者只约束人外在的行为。[103]

值得注意的是，加尔文在以上的句子中喜欢使用“双重治理”，而不是“两个国度”。[104]这表明加尔文明确希望避免别人误解他在教导两个可以分隔的国度。虽然在之后的文字中，加尔文不时也像路德那样使用“属灵国度”和“属世国度”来指称这两种有区别的“治理”，但那更像是一种方便的使用。因为国度（kingdom）的观念在中世纪非常普遍，[105]加尔文很可能也与路德一样，出于修辞学的策略，借用当时的人所熟悉的观念来描述这种区分。无论如何，加尔文主要关心的是一个实际的问题：如今，属灵国度已经在一部分人心中建立起来，但罪的影响仍然有待消除，因此即使是教会也不可能是完美的，在这样的人类历史处境中，应该如何看待上帝的治理方式。[106]

一方面，与路德一样，加尔文希望明确区分属灵治理与属世治理，严词警告将两者混淆的危险。因此他在我们之前看过的那段文字里强调：属灵的政府治理人的内心，教导良心敬畏与顺服上帝；世俗的政府规范人外在的行为，目的是使人学习承担社会责任。[107]加尔文也在关于《撒母耳记上》的讲章中说：“福音不是要改变这世界的政府，或制定世俗国家的法律。国王、王子与官员应该总是请

103　*Institutes* 3.19.15; 参《基督教要义》，3.19.15。

104　Wyatt 注意到加尔文与路德的这个不同：“government”（“治理”或“政府”）这个词是加尔文喜欢使用的。他至少在一处场合使用单数的形式——“twofold government”，而更经常地使用复数形式“twofold governments”（*Institutes* 4.20.1），见 Wyatt, *Jesus Christ and Creation in the Theology of John Calvin*, 146。

105　现代社会的人很少会用“kingdom”指自己的国家，而是会用“nation”或“country”。

106　《基督教要义》，4.20.2。

107　《基督教要义》，3.19.15。

教上帝的口，并遵行他的话语，这是没有错的；但我们的上主也赐给他们自由，使他们可以依据所托付给他们的统治，制定他们认为合宜与有用的法律。"[108]为了一再提醒区分两种治理的重要性，加尔文加尔文在 1559 年《要义》第四卷最后一章中，在正式进入讨论属世的治理——政府——之前，提醒读者说："在我们开始讨论这主题之前，必须记住我们在上面所做的区分，免得我们（因这是普遍的错误）不智慧地把这两个在本质上不同的政府混为一谈。"[109]

　　另一方面，在关联双重治理的方式上，加尔文与路德既有相似，也有不同。路德在承认两种治理有关联的前提下，主要强化了区分两者的重要性；加尔文则在路德基础上做了进一步暗示：在确立两种治理的区分之后，也需要说明两者是如何联系在一起的。因此，加尔文比路德更加勤奋地思考两种治理是如何关联的。正如林鸿信说："加尔文强调在区分两者的同时，也要把这两者合在一起考虑，而不是分别各自考虑。当考虑属灵的事时，要想到属世的事；当考虑属世的事时，也要想到属灵的事。"[110]加尔文自己在《要义》第四卷最后一章（专门讨论属世政府）的开头说出了这样做的动机：

> 既然我们在上面已经确立人受双重治理的说法，又已经充分讨论了那在人内心里关乎永恒生命的治理，现在在这一章我们要讨论另一种治理，就是那关于民事公义和外在道德的治理。因为虽然这个主题表面上看似在本质上与我已经讨论过那关于信仰的属灵教义很不同，但我以下的讨论会表明将两者连接在一起是正确的，事实上我必须这样做。[111]

　　"事实上我必须这样做"——如此看来，对加尔文而言，在区分两种治理的同时将两者关联起来思考，是根据信仰的要求必须做的事情。否则，针对世俗国家的错误教义很可能会从另外一个方向偷进来："一方面某些疯狂和

---

108 Sermon on I Sam., quoted in W. Fred Graham, *The Constructive Revolutionary: John Calvin & His Socio-Economic Impact*（Richmond: John Knox Press, 1971），158-159.

109 《基督教要义》，4.20.1。

110 林鸿信，《加尔文神学》，203。

111 "Now, since we have established above that man is under a twofold government, and since we have elsewhere discussed at sufficient length the kind that resides in the soul or inner man and pertains to eternal life, this is the place to say something also about the other kind, which pertains only to the establishment of civil justice and outward morality. For although this topic seems by nature alien to the spiritual doctrine of faith which I have undertaken to discuss, what follows will show that I am right in joining them, in fact, that necessity compels me to do so." *Institutes* 4.20.1.

野蛮的人，不顾一切地想要毁坏神所设立的属世的政府；另一方面，又有一些奉承君王的人，过分地称赞君王的权威，而毫不犹豫地拿他们对抗神的统治。"[112]那些"疯狂和野蛮"的人，很可能指极端的重洗派信徒[113]，因为他们要求信仰和政治完全分离，主张既然基督徒已经在基督的国里，就不再需要法庭、法律和官员、以及任何约束他们的俗世权柄。那些"奉承君王的人"，可能指当时像马基雅维利那样为君主制辩护的人或行古代帝王崇拜的人[114]，这些人将君主的权力绝对化。有趣的是，针对当时的世俗君主，路德主要关注如何阻止他们成为罗马教廷打压改教运动的打手，但加尔文同时注意到这些人当中的另一个趋势——世俗权力的自我绝对化。这说明，加尔文比路德对国家暴力的危害性有更敏锐的观察与思考。

与路德一样，加尔文首先为属世政府的必要性辩护。政府是由上帝所设立，有其神圣功能。上帝设立政府，首先是作为人类犯罪后的一部分必要的补救方案，"藉此人类才能得到保护，免于毁灭。"[115]因此，任何无政府主义的狂热分子都需聆听："我们若想要把它根除，这将会导致很野蛮的世界。这在人间的政府与食物、水、太阳以及空气一样重要；事实上，它比这些东西有更高贵的尊荣。"[116]因应这个神圣的目的，根据《罗马书》十三章，政府应有的责任是："为行善之人提供平安，约束作恶之人的恶行。"[117]在《要义》中，加尔文更将这个职责具体化：维护社会治安、保护个人财产、确保顺畅贸易、保守众人中的诚实和节制。[118]因此，斯蒂文森（William R. Stevenson）说：政府的存在（而不是无政府状态），清楚地表明了上帝的护佑和眷顾的真实。[119]至此，加尔文也只不过在呼应路德的观点。

但加尔文的教导还有更积极的一面，就是强调政府有责任维护与增进社会的公正（equity），因为公正是每个社会中有尊严的生活的必须品。为此，政府官员应该根据公正的原则治理国家。为了到达公正的统治，他们必须避

112　《基督教要义》，4.20.1。

113　《基督教要义》，4.20.1，脚注4。

114　《基督教要义》，4.20.1，脚注4。

115　*Comm. Rom.* 13:3.

116　《基督教要义》，4.20.3。

117　*Comm. Rom.* 13:3.

118　《基督教要义》，4.20.3。

119　William R. Stevenson, "Calvin and Political Issues," in *The Cambridge Companion to John Calvin*, ed. Donald K. McKim （Cambridge: Cambridge University Press, 2004），174.

免执政为己，假公济私，滥用权力中饱私囊。相反，他们应该总是不偏不倚地判断与统治，成为"和平与平等的守护者。"[120] 审判官应该唯独依照平等去审判，避免偏袒任何涉案之人，既不伙同富人压榨穷人，也不为了沽名钓誉而不公正地袒护穷人。[121] 否则，法庭会遭受徇私枉法的荼毒，从而退变为"仅是一个市场，在其中人的权利被出卖，没有公义可言。"[122]

然而，公正的原则并不与政府特别照顾困苦穷乏之人的责任矛盾。相反，一个社会的扶贫扶困工作是实践公正原则的一种具体方式，因为贫困者正是社会不公义的最脆弱的受害者。正如加尔文所言，"上主对贫穷者的特别照顾胜于其他人，这不是毫无原因的，因为他们最容易遭受侵犯与伤害。"因此，大卫在诗篇 72 篇所预告的应许要来的君王，将是穷人的辩护者与不公义受害者的伸冤者。[123] 是故，一个公义的政府不但应该防止富人剥削穷人，而且有责任主动地施以援手，以公共部门的服务济贫济困，为穷人提供住宿、医疗福利与教育的帮助。[124]

加尔文又认为，匡扶社会正义与减少社会贫困，并不是政府的特权，也同时是教会的权利乃至责任，这最具体地表现在加尔文作为牧师在日内瓦将其一生献于与社会贫困斗争的事实。[125] 尤其在 1542 年与 1561 年之间，面对宗教逼迫导致新教难民不断涌入日内瓦所增加的社会贫困的压力，加尔文积极参与重建已经瘫痪的社会福利制度，改革日内瓦教会的执事一职，差派他们进入公共的福利院，专门从事照顾贫困的工作。[126] 在之前的天主教教制中，掌管教会物资的是主教，而不是执事。执事必须完全服从于主教，既不能关心扶贫事工，也无法对主教在扶贫职责上的玩忽职守说三道四，因而沦为"仅是通往祭司职的踏脚石。"[127] 作为对教士腐败的回应，像慈运理与布林格的改

---

120 *Comm. Rom.* 13:10. Also see *Comm. I Tim.* 5:21.

121 Guenther H. Haas, *The Concept of Equity in Calvin's Ethics*（Waterloo, Ontario: Wilfrid Laurier University Press, 1997）, 111. Also see *Comm. Psalm* 82:3; *Comm. Ex.* 23:6.

122 Sermon on Deut. 5:19 in John Calvin, *John Calvin's Sermons on the Ten Commandments*, ed. and trans. Benjamin W. Farley （Grand Rapids: Baker Book House, 1980）, 189.

123 *Comm. Psalm* 72:4.

124 Matthew J. Tuininga, "Why Calvin Had Good News for the Poor," The Gospel Coalition, last modified October 26, 2016, accessed October 27, 2016, https://www.thegospelcoalition.org/article/why-calvin-had-good-news-for-the-poor.

125 Graham, *The Constructive Revolutionary*, 97-115.

126 Graham, *The Constructive Revolutionary*, 105-106.

127 *Institutes* 4.5.15.

革领袖将照顾穷人的职责排他性地归给政府，但加尔文并不同意，正如特维宁加（Matthew J. Tuininga）所强调的，加尔文相信：教会，作为基督的属灵国度，必须通过他们自己服事穷人的方式，成为这公义国度的活的见证。[128]为此，加尔文在布塞珥的影响下，基于圣经（徒 6：1-6）将执事重新定义为教会的第四大职分，专职回应服事穷人的神圣呼召，做"穷人的管家"，并在等级上不低于牧师、长老与教师。[129]加尔文又与日内瓦的政府达成合作，使教会能够差派这些执事进入政府资助与管理的公共福利院工作，既成为福利院的管理者与穷人的照顾者，也实际上成为政府的监督者。[130]借此，正如因内斯所言，加尔文成功地将福利院的社会关怀的使命整合为教会牧养事工的一部分，从而关联了教会的宗教关怀与社会关怀[131]。以上的事例使我们足见加尔文为了关联双重治理避免世俗治理不受限制地独立运作所做的努力。

关于政治体制，加尔文明确表达了自己的见解。那个时代的人，已经认识到有三种可供选择的政治体制：君主制、贵族制和民主制。哪一种是最好的政体？对此问题，加尔文显得非常谨慎。他认为，每种制度都有优点和缺点，若脱离各国的处境决定哪一种最好是困难的，因为君主制容易变成独裁，贵族政治容易变成派系之争，民主制容易造成混乱。然而，加尔文也明确表态自己的偏好是贵族制或者贵族制和民主制的混合。[132]这个显得有些含糊的评论，未必能完全打动现代社会中那些受尽专制独裁摧残，长夜漫漫无助求索，只能眼巴巴地遥望远处彼岸的民主自由的人们，但对于一个普遍对民主制存有偏见的时代——认为这必然导致"所有人对所有人的战争"[133]——来说，已经相当进步。尽管加尔文仅是通过诉诸个人的喜好表达了对具体的制度安排的建议，但他却以更明确的表达方式认同人们追求人权与政治自由的理想，说："最值得渴望的是这样一种自由：任何人都不应该强迫我们去服从他，因为这样的人可能会成为骑在我们头上专横施虐的暴君；应当渴望的自

128　Tuininga, "Why Calvin Had Good News for the Poor."

129　*Comm. Acts* 6:1-6; *Institutes* 4.3; *Institutes* 4.5.15.

130　关于加尔文如何受布塞珥的影响根据圣经重新定义执事的功能，一个详细的解释：Innes, *Social Concern in Calvin's Geneva*, 105-116。

131　Innes, *Social Concern in Calvin's Geneva*, 129.

132　加尔文在文中说明自己有此偏爱的原因：一是出于经验——成功的君主制的例子很少，最好有多人治理；二是圣经的根据——上帝在以色列人中设立了贵族制和民主制的混合（出 18：13-26；申 1：9-17），见《基督教要义》，4.20.8。

133　拜尔，《路德神学》，395。语出哲学家霍布斯。

由却是人们享有选举权的自由，因此没有人应该在未赢得到我们的认可的情况下统治我们。"[134]因此，毕林思（J. Todd Billing）说得对，加尔文实际上毫不含糊地反对合理化任何形式的不受监督的政府，认为任何类型的政治都应该某种程度上反映人民的影响。[135]更为重要的是，我们应该看到加尔文确实是在努力思考如何在世俗国家安排权力运作的方式以改善社会状况的实际问题。这表明加尔文并不满足于像路德那样仅仅将属世治理视为防止世界陷入混沌状态的"应急秩序"[136]，而是期待上帝公义的统治能在这世界更加彰显，其神学入世的特征又一次出现。

是否可以抵抗不义政府？与路德一样，加尔文相当警惕抵抗的说法。他强调：基督徒必须顺服属世的政府，连不公义的政府也要顺服。[137]他引用圣经说：有时，邪恶的统治者应被视为上帝对他百姓的惩罚。[138]然而，顺服的限度是：对政府的顺服不应该导致对上帝的不顺服。[139]但不顺服不等于可以抵抗。对于私民，加尔文也像路德那样，严厉禁止抵抗统治者的想法，即使统治者是暴君。[140]他要求信徒应忍受一切不义，背负十架与基督一同受苦。"因

---

134 Comm. Deut. 1:13.

135 J. Todd Billings, *Calvin, Participation, and the Gift: The Activity of Believers in Union with Christ*（New York: Oxford University Press, 2007），181.

136 拜尔，《路德神学》，396。

137 《基督教要义》，4.20.24。

138 《基督教要义》，4.20.25。

139 "but that, on the other hand, if princes claim any part of the authority of God, we ought not to obey them any farther than can be done without offending God." *Comm. Matt.* 22:21, *Mark* 12:17, and *Luke* 20:25.

140 加尔文关于抵抗不义政府的观点很可能处在变化与挣扎中，他晚年的立场似乎有松动，特别是法国爆发第一次宗教战争（1562 年）之后。比如《但以理注释》中的一段话引起学者的广泛注意："当地上的君王起来反对上帝，他们就卸下了自己的权柄，并且不配算为一个人。无论何时，当他们如此不受约束，想要掠夺上帝的权柄，正如他们所做的，就是抢夺上帝的宝座，要把上帝从天上拉下来，那么，我们就应该全然藐视（defy）他们，而不是顺从他们。"（中文系笔者根据英文版自译）*Comm. Daniel* 6:22. 斯金纳（Quentin Skinner）基于这段文字，认为加尔文在这里提出了"私民抵抗理论"（private-law theory），参见 Quentin Skinner, *The Foundations of Modern Political Thought*, 2 vols.（Cambridge: Cambridge University Press, 1978），2: 217-24；其中文版参见斯金纳（Quentin Skinner），《现代政治思想的基础》（*The Foundations of Modern Political Thought*），第二卷，303-13。但笔者认为斯金纳的这个观点是值得商榷的。首先，在英文版中翻译为"defy"的这个词是模糊的，是否只是"不顺服"或"不合作"的一种修辞？其次，若按字面理

为基督徒的确应该习惯忍受恶人的毁谤、伤害、恶毒、诡诈以及嘲笑。他们不但要忍受，甚至也要忍耐这些恶行。……甚至在被得罪之后，立刻就有心理准备再一次被得罪，他们要提醒自己这辈子必须不断地背十字架。"[141]与路德一样，加尔文的反抗理论比较保守，这主要是因为时代所限，那个时代的人因为普遍受亚里士多德式静态秩序观影响，害怕一切不稳定因素。

但是，与路德不同，加尔文明确地提出次级官员（inferior magistrate）有责任抵抗暴君的观点。[142]这个观点在 1541 年的《要义》中就已经出现，早于1550 年路德宗的《马德格堡信条》，其主要理据是历史上的先例：斯巴达的五监察官对斯巴达王的约束、罗马的护民官对执政官的约束和雅典的行政长官对元老院的约束，而这些例子直接来自罗马法[143]。这个观点——借用凯利（Douglas F. Kelly）的巧妙用语——在"门上开了一道缝"[144]，为后世进一步发展私民抵抗理论提供了可能的空间：既然在加尔文的时代有公职之人可以反抗独裁者，那么可以预见在未来有一种政体，在其中每个私人实际上都承担监督的公职，这就是现代的民主制度。加尔文在当时保守的政治气氛中，努力在原有宪法的框架下为更广泛的抵抗权利寻求合法性，为抵抗理论争取

解，"defy"指"藐视"，可引申为"公然反抗"的意思，但加尔文在这里将这反对的权利明确地归给私民了吗？再者，即使是归给私民了，也可能只是为一种情况允许私民反抗，即暴君骄傲到侵犯信仰和良心的领域，比如夺走圣经，要求人信这信那。但若君王的暴政只限于属世领域的事务上，那就很难证明加尔文是允许私民反抗的。

141 《基督教要义》，4.20.20。

142 《基督教要义》，4.20.31；*Institutes* 4.20.31."若有百姓挑选为了约束君王之专制的官员（如在古时候，五位监察官当选为以约束斯巴达王，或在罗马的护民官负责约束执政官，或雅典人的行政长官负责约束元老院；或在我们的时代，召开议会时在各领域发挥作用的三级会议），我不但没有禁止他们照自己的职分反对君王暴虐、放肆的行为，我反而要说，他们若对这些残忍压迫穷困百姓的君王睁一只眼、闭一只眼，这种懦弱的行为简直是邪恶的背叛，因他们不忠心地出卖百姓的自由，而且他们知道保护这自由是神所交付他们的职分。"（笔者根据英文版，修改了中文版的翻译。）

143 Richard C. Gamble, "The Christian and the Tyrant: Beza and Knox on Political Resistance Theory," in *Calvinism in Switzerland, Germany, and Hungary*, ed. Richard C. Gamble; vol. 13 of *Articles on Calvin and Calvinism: A Fourteen-volume Anthology of Scholarly Articles*, ed. Richard C. Gamble （New York: Garland Publishing Co., 1992.），120.

144 凯利，《自由的崛起——16-18 世纪，加尔文主义和五个政府的形成》，45。

些许发展空间，正说明他对改善属世领域内部治理的问题非常重视，这是路德所不及的[145]。

　　加尔文也在路德的观点之外，以实际行动表明另一个影响深远的不同立场：教会作为教会，有责任向政府说话（即批判政府或者向政府建言）。[146]加尔文强调教会不能成为政府，而政府也不能成为教会，然而这并不阻碍他同时主张教会应该积极关心政治。对他而言，福音不是为更改世俗国家的建制而赐，但"国王、王子与官员应该总是请教上帝的口，并遵行他的话语。"[147]与路德倾向对神职人员介入政治充满疑虑相比，加尔文主张教会应该积极关心政治，包括：建言、批评和行动参与。以关心日内瓦社会福利的建设为例，每每福利院运作中的滥权现象曝光后，加尔文都伙同其教会的牧师毫不犹豫地站出来指正，为此他卷入与市政议会之间的不少争拗。到了加尔文的晚年，日内瓦的神职人员在贝撒的带领下越发关注如何守护市民利益不受政府侵犯的问题。[148]借用格拉汉姆的表达方式，日内瓦的实际情况就好像是：尽管官员们常常充耳不闻"上帝的口"，"上帝的口（这里指加尔文）还是照样持续劝告他们。"[149]又如芒特（E. William Monter）所评，加尔文要求他教会的牧师们"扮演一個忠實的反對者，去批評世俗的權力，並提醒日內瓦的執政者應該更加留意自己的責任，因為他們有時不夠重視這些責任。"[150]由此看来，虽然神职人员的职责是正确地宣告上帝的话语，但这并不排除在宣告上帝话语当中告诫世俗政治领袖何为公平与不公平的政治。而且从加尔文不断涉入日内瓦政治的事实来看，这种针对政治忠实地宣讲神道的方式也不局限在教会之内。在此展现了一种以属灵治理为出发点的入世关怀：期盼属灵治理所孕育的对上帝话语的正确宣讲能够积极影响和转化世俗社会的治理。

---

145 拜尔指出：当路德面对是否允许"下人"（王侯）以武力反对"上人"（皇帝）的问题，要做神学上和法律上的评估时，就尤其感到问题的棘手。拜尔，《路德神学》，396，脚注 73。

146 Graham, *The Constructive Revolutionary*, 176.

147 Sermon on I Sam., quoted in Graham, *The Constructive Revolutionary*, 158-159.

148 Innes, *Social Concern in Calvin's Geneva*, chapter 10. 日内瓦教会与政府的实际关系，正如因内斯所评，"加尔文的神职人员视自己为世俗政府的合作者，一同维持一个基督教国家的运作，但绝不是政府的附庸"（Innes, *Social Concern in Calvin's Geneva*, 150）。

149 Graham, *The Constructive Revolutionary*, 160.

150 E. William Monter, *Studies in Genevan Government, 1536-1605* （Geneva: Droz, 1964），144.

在以上所有差异的背后，加尔文与路德最大的不同在于：路德似乎暗示基督不是世界的主，而只有父上帝才是世界的主；但加尔文明确主张基督也是世界的主。瓦亚特认为，加尔文与路德的一个区别在于：路德认为基督只在统治者个人心中掌权，但加尔文相信基督不只是统治者个人的主，而且也是统治者在其治理职分中的主——无论统治者自己主观上是否认同，这都是客观的事实。[151]瓦亚特对路德的评论没有看到路德神学本身的复杂性与模糊性，尤其忽略了路德强调的爱会将基督的统治从个人内心延伸到基督徒群体生活，因而未免过于简单化了。但他仍然正确地指出加尔文神学之所以明显比路德更在乎世俗领域的实况是好是坏，那是因为加尔文毫不含糊地申明基督拥有对这个领域的至高无上的主权。

加尔文自己在著作中，不断暗示了基督也是世界的主的观念。在1559年版《要义》第四卷最后一章第4节中，他在说明政府官员的职分是上帝设立的同时，也指出他们也不过是"基督的仆人"，是被使用来造就教会的。[152]在随后的第5节中，加尔文又说："虽然大卫劝所有的君王和统治者当以嘴亲子（诗2：22），他的意思并不是说他们应该弃绝自己的权柄，而做凡夫俗子，乃是劝他们将神所交付他们的权柄，伏在基督的权柄之下，好叫基督在万有之上做王。"[153]因此，在随后的第6节中，加尔文提醒政府官员应当经常提醒自己这个事实，好激励他们以公义服事上帝，履行上帝所委派的神圣职责，而不是以专制暴政对待自己的臣民。"只要他们记住自己是神的代表，他们就应当谨慎、热切以及殷勤地想要彰显神的某种护理、保护、仁慈、良善，以及公义。"[154]加尔文又在《提摩太前书》的讲道篇中说："如果官员正确地履行他们的职分，我们就会看见在他们的行动和源自我们救主耶稣基督的统治的秩序之间存在一种极为恰当的合一。"[155]因此，如果一个政府以顺服回应基督的命令，它实际上并没有带来基督的统治，而只是承认了基督已然存在的主权。[156]因此，瓦亚特说得对："加尔文以直接的方式，主张基督是所有权柄的源头，同时包括属灵的和属世的。"[157]

---

151 Wyatt, *Jesus Christ and Creation in the Theology of John Calvin*, 148.

152 《基督教要义》，4.20.4。

153 《基督教要义》，4.20.5。

154 《基督教要义》，4.20.6。

155 Quoted in Wyatt, *Jesus Christ and Creation in the Theology of John Calvin*, 148-149.

156 Wyatt, *Jesus Christ and Creation in the Theology of John Calvin*, 148.

157 Wyatt, *Jesus Christ and Creation in the Theology of John Calvin*, 149.

　　与此同时，加尔文也主张：透过圣灵，基督在属世治理中实施他的主权。从圣灵论角度看，路德在〈论俗世政府〉一文中，总是将圣灵的统治与属灵治理相提并论，但当他谈到俗世治理时，几乎看不见圣灵的影子。但加尔文与路德不同。在本文第三章第三节对圣灵的特殊护佑的讨论中，已经提到：加尔文明确主张社会公义的维持与圣灵的工作有关，任何君王或政治领袖能行的一切公义之举，皆因圣灵在他们心中动工，若不依靠从属天正义之灵而来的力量，这些凡夫俗子都将无法按着公义和平等统治，最终只能堕落为独裁和暴政的制造者：

> 毋庸置疑，在这世界中没有任何的公义，不是出自上主的灵，或者不借着这位圣灵属天能力得以维持。正如，若非借着同一位圣灵的帮助，地上没有一位君王能够建构和保护良好的秩序。同时，基督既带来公义，他就是在万物之上的，因为他已经从父那里领受了圣灵，也必将圣灵浇灌给他所有的子民；他不仅借着话语或文字，也借着圣灵的恩赐，形塑人们的内心，以此维持公义的统治。[158]

　　在这段文字中，我们清楚看见，加尔文主张基督透过圣灵维持社会公义。以此方式，加尔文直接了当地宣告：借着圣灵，基督也在教会之外的属世领域中掌权为王。

　　总而言之，路德在强调基督在教会当中为首的同时，没有明确主张基督也是这世界的主，但加尔文明确主张基督也在教会之外对不信的世界拥有主权，这是解释加尔文与路德为何对世界与世俗政治有不同态度的关键。又如我们之前已经说明的，加尔文之所以能够明确主张基督也是世界的主，是因为"道之全在性"教义的暗示。这最终证明"道之全在性"教义是造成加尔文两国论与路德两国论不同的一个重要因素。

　　然而，对加尔文的赞誉也不能太过。加尔文强调属世的政府对属灵的事情也负有一定责任："这政府要确保基督徒能公开表达信仰。"[159]如果这仅仅指政府有责任保护教会的合法地位、公开宣扬教义和公开敬拜的权利，[160]那就完全是一个积极的观点，因为保护宗教自由本应该是世俗政府的职责。然而，加尔文进一步不节制地要求政府也要"禁止偶像崇拜、对神圣名的亵渎，

158　*Comm. Matt.* 12:18.
159　《基督教要义》，4.20.3。
160　《基督教要义》，4.20.2。

并防止其他公开冒犯信仰的产生和扩散。”[161]加尔文曾经出于这个不节制的要求，有份于日内瓦政府以异端罪处死色维图斯的野蛮事件（尽管加尔文反对使用火刑）。同时出于时代和个人观念的限制，[162]加尔文有时过分地要求日内瓦政府按他自己的意愿挥舞刀剑，干涉信仰和良心的事情。对此，格拉汉姆（W. Fred Graham）形容得既恰当又生动：加尔文有时将彼得的剑放在了该撒的手中，并指使其挥舞，造成不少惨案。[163]在笔者看来，加尔文的两国论如果不至于黑化为一种有害的侵犯良心的“神权政治论”，仍然需要路德在他耳边不断提醒两国的区分与政府权力的界限。在此，为加尔文建议的一个与其肯定的基督徒的自由与两种治理的区分相一致的教导上的调整将是：世俗政府有责任提供一个更公义与公平的社会环境，使得教会可以自由地宣讲福音，并且使得教会不是通过强迫他人，而是借着自己自由地活出上帝国的价值，去影响世界。在此意义上，世俗政府——如加尔文所愿——履行了其属灵的责任，辅助了上帝国的扩展。

161　《基督教要义》，4.20.3；参《基督教要义》，4.20.9。

162　Strohm 分析指出加尔文在他的处境和时代中的限制主要有四点：（1）惩治异端是基督教皇帝对罗马法一贯的遵守，加尔文的法学训练使得他清楚这一点。（2）与第一点紧密关联的是对旧约律法的看重。与路德相比，加尔文更不情愿将旧约律法做相对化的处理。他认为可以从摩西律法获得一个原则，支持用死刑对付异端分子的做法。他和贝撒共享一种观点：上帝会因为人们容忍了错误教导、偶像崇拜和亵渎而惩罚整个群体。（3）加尔文与所有改革宗神学家和支持改革的天主教神学家一样，更偏爱柏拉图哲学，认为真正的存有不是外在的和物质的而是精神的和属灵的，因此将精神和灵上的冒犯视为是特别严重的冒犯。（4）最后一个因素是加尔文对宗教改革所受威胁的感知，这个印象被他的同胞在法国受逼迫的经验和他自己在日内瓦背井离乡的不稳定状态所强化。Christoph Strohm, “Calvin and Religious Tolerance,” *John Calvin's Impact on Church and Society*, 175-191。

163　Graham 使用的词是“Peter's Sword in Caesar's Hand”，他通过对日内瓦议会记录一手数据的研究，详细呈现加尔文在参与政治过程中所犯的一些鲜为人知的错误，包括对异见者的不宽容、公报私仇、以集体利益的名义牺牲个人权利等等。Graham 也指出，这些并不是加尔文的常态，事实上加尔文在日内瓦的整体形象还是相当开明的。因为这部分不是本文关注的重点，所以不再累述，有兴趣的读者请参考 Graham, *The Constructive Revolutionary*, 161-171。尽管加尔文有这些污点，但 Graham 仍然认为加尔文积极关心和参与政治，总体上是一个积极的因素，一方面加尔文对日内瓦的贡献比伤害更大，另一方面这种态度对后世政治的进步影响深远，见 Graham, *The The Constructive Revolutionary*, 171-178。

小　结

　　综上所述，加尔文对路德多有继承，因此其"两国论"与路德"两国论"有很多相似之处；但同时，加尔文也发展出一些与路德不同的见解，影响深远。总体而言，加尔文和路德的不同在于：路德在没有否定两者互相关联的前提下，偏重对两个国度或两种治理的区分，因为他特别担心两者的混淆；加尔文在明确区分两种治理的同时，主动将两种治理实质性地关联在一起，希望属灵治理能够更积极地影响转化俗世治理。这种将属灵层面和属世层面关联的倾向，导致加尔文更积极地看待与参与政治。加尔文之所以更自觉地将属灵与俗世关联在一起，是因为"道之全在性"教义使得他能够明确主张基督对这世界的主权。

第四节　总　结

　　综上所述，"道之全在性"教义在加尔文基督论和圣灵论中的功能——强调基督和圣灵既是"拯救中保/中介"也是"创造中保/中介"，有利于加尔文发展出一套较有入世倾向的神学，与路德较有避世倾向的神学风格区分开来。笔者之所以说"有利于"，是要澄清，也是要提醒：第一、影响加尔文神学形成入世性格的因素是复杂而多元的，因此实际情况比我们能说的更加复杂，至少处境也是一个重要的影响，因此，我们的观点不是说只要有这个教义，加尔文的神学就必然能产生一种入世倾向；第二、我们也不能知道加尔文是否实际上有意识地让他在"道之全在性"教义的思考影响他发展一套有入世性格的神学——因为加尔文自己没有这样说。然而，我们可以在加尔文坚持的两个神学主张之间寻找到一种关联，这种关联是："道之全在性"教义在加尔文基督论和圣灵论中的作用本身，是和加尔文神学的入世关怀非常匹配的，可以为那些积极关怀这世界的神学主张，提供在基督论（和圣灵论）里的立足点。在这个意义上，我们可以说，它*有利于*加尔文发展出一套有入世倾向的神学。

　　相对而言，路德的神学比较缺乏入世的倾向，原因还是在于：他的十架神学虽然在耶稣基督的福音中扎根很深（这是优点），但仍然缺乏一个莫特曼所说的更加广泛的理解基础。正如林鸿信根据莫特曼对路德所做的批判：路德的十架神学虽好，但可惜不够彻底，因为他的十架神学仅仅批判中世纪的体制教会，却忽略了对中世纪封建社会的批判，这是因为路德的眼界不够开阔，无法看到教会以外的社会。[164]对此，我们以上的分析已经指出，其中一个主要原因是路德没有明确主张基督对这世界的主权。

　　莫特曼又认为，人们应该在路德之后，"发展导向世界和历史理解的十字架神学；展开十字架神学，不仅是为了改革教会，而且也是要把它当作同解放苦难者及其统治者这两种人的实际行动相关联的社会批判。"[165]笔者认为，在加尔文的基督论中，不难找到一个可供参考的广泛的理解基础，就是加尔文在"道之全在性"教义中所强调的既为拯救中保又为创造中保的基督，以及基督的拯救行动与创造行动之间的相互关联与互动一致。同时，我们也能从加尔文神学那里发现一个与这个整全的基督论平行互补的整全圣灵论：圣灵同为拯救中介和创造中介，并且祂的拯救与创造相互关联、互动一致。在这样的"基督论——圣灵论"基础上，发展莫特曼所提倡的更加整全的十架神学，比较能够做到顺理成章。当然，加尔文提供的这个理解基础，也绝非是完善的，他的政治神学，也未必能够转化成莫特曼所要求的"同解放苦难者及其统治者这两种人的实际行动相关联的社会批判"。但是，加尔文毕竟已经在路德的基础上跨出了一步，对我们有所启发，而我们的任务是要在路德和加尔文的基础上继续努力前行。

164　林鸿信，《觉醒中的自由：路德神学精要》，208。
165　莫特曼，《被钉十字架的上帝》，阮炜等译（香港：道风书社，1994），110。

第一部分结论

要点总结

"这就是奇妙无比之事：上帝的儿子从天降下，*却没有离开天堂*；他甘愿出于童女的母腹，历经尘世，又挂于木头，然而他却仍然继续充满这世界，就像他从起初所做的一样！"[1] "他（基督）根据他的神性降卑至此，并不是因为神性离开了天堂，隐藏在身体的囚笼中，而是因为这神性，虽充满万有，却仍然按其本性，以某种不可言喻的方式，带着肉身，居住在基督的人性里。"[2] 在以上两段文字中，加尔文表达了在之前的教会传统中早已被认可的一项基督论观念：永恒之道，在成了肉身之后，也没有被限制在肉身之内，而是从其神性而言继续充满万有。这项被路德宗神学家戏称为 "extra Calvinisiticum" 的教义，并不是加尔文自己发明的。它作为对道成肉身奥秘的一个教义表达方式，早已在加尔文之前被许多著名的教父和中世纪大神学家认可和使用。然而，加尔文确实以独特的方式使用了这项教义，影响其神学的特色。

首先，"道之全在性"教义在加尔文基督论中，凸显了对基督双重中保性的主张：基督既是在肉身中的"拯救中保"，*也*是超越肉身限制的"创造中保"。作为"拯救中保"，基督在救恩历史中，为拯救我们而降卑，又为我们人性的更新而升高。同时，作为永恒之道，基督在成为肉身之前，就已经是"创造中保"，而且即使在道成肉身之后，也没有停止其"创造中保"的工作，而是

1　*Institutes* 2.13.4. 斜体是笔者为强调而加。

2　*Institutes* 4.17.30. 斜体是笔者为强调而加。

继续施展其能力，支撑，维持和滋养万物，直到终末万物在新天新地里得到完全的救赎。对"拯救中保"的认识和对"创造中保"的认识相互关联一致。"也"字的重要性在于提醒我们：被造却堕落的人如果想要重获对创造主的确切乃至完全的真知，需要首先借着耶稣基督认识这位创造者是我们的拯救者。

其次，透过"道之全在性"教义的作用，这种强调双重中保的神学进路，也渗入到加尔文关于圣灵的言说中，使其圣灵论呼应基督论。在拯救中，圣灵在基督的拯救中工作，使基督神性影响基督的人性，促成基督的完全顺服；圣灵也在信徒的生命中工作，将基督的客观工作转化成我们主观的祝福。在创造中，圣灵的工作与基督作为智慧的设计者之工作并行：三一上帝，借着祂的灵，实现中保基督的设计，持续性地扶持、滋养、护佑这世界在秩序中，使之不断转化、更新，朝向终末的新创造。加尔文的圣灵论总是与他的基督论存在一种平行呼应的关系，这主要是因为加尔文对"道之全在性"教义的坚持：因为"道之全在性"教义对基督肉身受限的强调，要求加尔文发展关于圣灵的连结工作的教导，解释基督如何带着他那个并非无所不在的身体，与信徒真实地联合。因此，"圣灵作为连结"的教义和"（信徒）与基督联合"的教义，总是相互配合。

最后，特别以加尔文"两国论"与路德"两国论"的比较为例，我们已经说明："道之全在性"教义对"肉身之外"的向度的关注，尤其它所带出的对"基督也是创造中保"的强调，可以与加尔文明确主张的"基督也是世界的主"的观念取得一致性的关联。在这个意义上，我们说，"道之全在性"教义，有利于加尔文在其神学探索中发展一种入世的神学性格，而这与处境对他的影响是一致的，这些处境因素主要包括：日内瓦作为帝国城市的社会处境、加尔文自身的人文主义素养、和变化中的法国政府与新教的关系。

简言之，"道之全在性"教义在加尔文基督论和圣灵论中的功能是：同时强调同一位基督是拯救中保和创造中保，并且带动加尔文也同时强调同一位圣灵是拯救中介和创造中介，其工作与基督的工作相互配合。这个在"基督论——圣灵论"中同时强调"创造"面向的功能，有利于加尔文在他自己的处境中发展一套关心世俗社会的神学。

因此，在"道之全在性"教义的使用中，加尔文不是要在启示之外寻找哲学家的抽象的上帝或上帝的本质，而是要在信仰关系当中寻求认识那位在基督里启示自己的有情的三一上帝与这位上帝为眷顾罪人与其他受造物而付诸的爱的具体行动。加尔文不会否定，人在耶稣基督的启示之外，在自然秩序中，借着理性，或许可以对创造主的大能有所认识。但加尔文也强调这种认识是模糊不清的，以至于虽然我们可以揣测说有一位创造主，但若没有基督的启示，我们其实不能真知道他是谁？唯有借着上帝自己在道成肉身中的拯救行动，我们才能首先认识他是谁并且恢复与他的正确关系，在这个基础上我们才有可能进一步真正认识那位创造并维系万物存有的创造主就是他。因此，当加尔文强调永恒之道在真实地成为肉身之后也超越在肉身之外时，他不只是想要维护基督所启示的上帝的全在性和超越性，更是要强调一位有情的全能三一上帝实际上是与人认同，并且与受造万物处在真实、具体和活泼的关系之中，而这些都只有在圣灵的群体里才能确知。

应用刍议

对"道之全在性"教义的研究，与今日教会有何相干？十六世纪的加尔文，对今天的基督徒能有什么样的启发？在本文导论已经提到，莫特曼曾指出，当代神学正面临一个双重危机：要么因为要尝试着与世界的社会性危机取得关联，而陷入基督教的身份危机，要么因为不理会这世界的社会和文化变迁而陷入基督教对这世界的意义危机。[3]神学，看似只能在"信仰认同"和"世界相关"之间选择一个而弃掉另一个。但莫特曼指出这其实是错误的"二选一"[4]。

在今日中国处境的教会中，能够比较强烈感受到的是那种"世界相关"的危机。自四九以来，基督教在中国一直处在不自由和边缘化的状态，生存成为首要的任务，因此从来没有主动地与这世界建立过相关性。经济改革开放之后，教会开始能在一定程度上浮出水面，虽然仍处在不自由的状态，但相对以前，今日教会已经可以在社会的公共领域有更多发言的空间和机会。然而，中国教会长期被封锁和被隔离的经历，造成教会自身在诸多方面的限制和先天不足，教会既缺乏回应社会问题的能力与智慧，也欠缺承担社会公义的意愿与勇气。教会的主调比较强调在世俗事情上顺服执政掌权者。殊不知，从邓小平南巡讲话到今天，经过三十多年的国家资本主义式的对自然强

3　Moltmann, *The Experiment Hope*, 1-2.
4　Moltmann, *The Experiment Hope*, 4.

取豪夺的经济发展，中国正面临空前的社会政治经济环境危机：贫富差距正在日益扩大，因开发造成的环境污染比西方国家更加严重，层出不穷的毒奶粉地沟油等骇人听闻的食品安全事件正反映严重的道德危机和生存危机，政府暴力维稳导致"越维稳越不稳"的事实凸显了严重的政治危机。面对这样严重的社会危机，中国的主流教会，倾向于抽离世界，并且排斥其他关心社会公义的基督徒，强调要顺服政府，掩面不看这世界的危机与受压迫者的受苦。对于那些主张灾前被提的前千禧年主义信徒来说，更是乐见于此，因为当世界末日的灾难越来越逼近时，他们被提的日子也日益临近了。他们自私的盼望倒成了这世界的无盼望。一些以知识分子为主的新兴城市教会，比较关心社会，并且更积极付诸社会行动，但是他们不仅面对来自政府的压力，也面对主流教会的谴责，只能在夹缝中求生存。政治冷漠的基督徒经常会这样反问："在这样不自由的环境中，我们又能够做什么呢？"是的，中国教会为改变社会实际能够做的可能非常有限，毕竟我们自己也活在不自由当中。但是，相对于能做什么，更重要的，也是更基本的，是对我们周遭世界的不公义与这不公义的受害者所持的态度。很多时候，教会以其言行表明，我们不只是自己选择被动地接受不公义，而且自己作为不公义制度的受害者，却经常对这个社会、这个世界的其他不公义的受害者表现出冷漠与不认同，甚至有时也会主动地去否定那些面对不公义现实与自己有不同样选择的邻舍。因此，可以说，中国教会已经处在严重的相关性危机之中，而且在求变呼声日长的局势下，这个危机正日益加剧。福音在中国，经历令人振奋的快速传播期之后，是否也要遭遇属灵的滑铁卢呢？

造成这个危机的原因并不简单，背后有很深的历史原因，也有很复杂的社会原因，不易理清。然而，可以明确地说，这背后也有一些神学或信仰观念的因素，有份于对这现状的支撑。所以，相关的神学反思非常重要。总体而言，中国教会面对的相关性危机反映了中国教会在神学上存在的一个结构性问题：倾向将拯救与创造二分，强调一种没有创造意涵的拯救观。这种神学上的"拯救—创造"二分的结构，颇能对应到中国教会信仰传统中的"圣—俗"二分的倾向。

加尔文在"道之全在性"教义中的思考，对处在相关性危机中的今日中国教会有什么启发？笔者认为，主要是有助于破除上面提到的这种二分倾向。加尔文在"道之全在性"教义中对认识上帝问题的思考可以归纳为四点：（1）

真实的信仰，只开始于对道成肉身的基督所揭示的拯救者上帝的认识，这认识唯独依靠圣灵的工作；（2）这位成为肉身的拯救者上帝同时是这世界的创造主，否则我们便无法合理地宣告他是我们的救主，因此对拯救者的认识必然进一步导向对创造者的认识；（3）我们是基于第一点认识第二点，只有在认识拯救者上帝的信仰群体中才能真正认识上帝是创造者；（4）最后，基于对同一位上帝的认识，对创造者的认识，回过来也会深化我们对拯救者的认识，如此对上帝的拯救者身份和创造者身份的认识，形成一个互为预设的循环，向前发展，丰富我们对三一上帝的认识。可以清楚看见，加尔文的思考，一方面可以纠正中世纪自然神学脱离中保基督研究神学的错误进路，另一方面也可以平衡路德在宣讲中对"拯救中保"的片面强调。

　　基于加尔文的思考，我们可以将拯救和创造的意义相互关联起来：拯救不只是个人灵魂的得救，拯救更应该是指创造的恢复和更新，是第二次创造或继续中的创造。这种把拯救和创造关联起来的思考，将引导我们在今世强烈地期盼终末上帝国的来临，在那里我们和整个创造将得到终末性的救赎。在历史中，与这种终末期盼取得一致的，不是对这世界的弃绝，而是教会作为预先品尝上帝国滋味的属灵群体，积极地（在教会内与教会之外）以其行动向这世界见证它的未来。这种将拯救和创造相互关联的思考，没有在"信仰认同"和"世界相关"之间做二选一的选择，而是将两者结合起来：一方面，对拯救者上帝的认信，是我们信仰认识的起点，强调的是"信仰认同"；另一方面，从这个"信仰认同"出发，我们也将认识上帝是创造主，这个普遍性的主张，有利于我们的信仰与我们身边的邻舍取得关联，走向"世界相关"。如此，加尔文神学可以对今日中国教会提出一个重要的提醒：教会作为上帝国的预显，可以从自身信仰的认同出发而及世界的处境，又从世界的处境回过来而及信仰认同，使"信仰认同"和"世界相关"形成一个互动的良性循环。一个真正扎根于信仰的教会，一群对基督教本质有正确认识的基督徒，不会害怕走出自己进入世界。因为，正如莫特曼所说，"要不断重新探索它与这世界的相关性和它在基督里的身份，这从一开始就属于基督教的本质。"[5]

5　Moltmann, *The Experiment Hope*, 1.

一点商榷

最后，笔者仍然想要在一个点上与加尔文商榷。加尔文在《要义》卷四17 章 30 节提出"道之全在性"的表述之前辩解说："当保罗说'荣耀的主钉在十字架上'时（林前 2：8），他的意思并不是说基督的神性受苦。"[6]在此，加尔文明确表达了对"神性不受苦"（divine impassibility）这希腊形而上学观念的赞同，寻找一位无痛感的上帝，对以后的一些加尔文主义者有很大的影响。笔者认为，对这项观念的坚持，是加尔文神学的阿喀琉斯之踝，表明他有时脱离道成肉身的启示去认识神性。

首先，神性不受苦的观念，与加尔文在"道之全在性"中辩护的人性的有限性不同，既没有圣经的根据，也没有经验的支持。它仅仅是哲学家的一个形而上学的假设。神性或受苦或不受苦，是神性内在奥秘性的经验，我们的人性既然不在神性之内便无从透过经验得知（或许唯有基督的人性借着位格合一才能经验），除非上帝自己来告诉我们答案。但圣经没有一处经文可以说是明显在提及神性不受苦或为之辩护的。有些经文强调神性的永恒与无限，总体而言在表达神性不受限制的超越性，以及上帝那忠实不变的爱，但这并不必然在断言神性不能受苦，毕竟神性对人间苦难的可能有的感受可以理解为一种人无法完全理解的存在状态，与人的受苦相比既有相似性又有不可否定的未知的不相似性，不必然被解释为对上帝全能的折损（稍后我们也将说明即使人性的受苦也不应该被视为完全负面的事情）。相反，新约圣经中的基督会与哀伤的人一同哭泣，会为门徒担忧，会因看见本族的命运而忧伤，甚至在十架上经历了神弃。如果这些反对者认为都是单指基督人性说的，那么旧约圣经则频繁地描述了无肉身的上帝容易被人世间的事情触动，会因选民回应他的不同方式而有喜怒哀乐，充满丰富的情感，特别包括对选民悖逆行为的不悦与恼怒。但面对这些经文，像加尔文一样坚决否定神性可以受苦的人，通常都会解释说这些经文不可以按着字面解释。但这样的解经只是辩护性的，是为了辩解说某些经文与解经者事先持定的某些观念并不冲突，而不证明其观念有圣经支持。如果解经者不是事先假设神性不能受苦，不是事先将这种从希腊哲学那里领受的观念读入圣经，也就不必须说这些经文不可以按字面解释为神性可以受苦。[7]

6　《基督教要义》，4.17.30。

7　为神性受苦的观念辩护的例子，参莫特曼，《被钉十字架的上帝》，阮炜等译（香港：道风书社，1994）; Moltmann, *Jesus Christ for Today's World*, trans. Margaret Kohl

当然，不能因为一项形而上的观念没有圣经的明确支持，就断定它必定是毫无用处的，但同时我们也不能让它成为决定释经与神学好坏的标准。那么，它是否仍然可以被使用来辅助理解圣经所启示的神性的超越性呢？这需要视诠释者面对的处境的需要而定。或许对于一些处境下的人，说神性不受苦并不造成理解的困扰。但确实对于另一些处境中忍受着无意义苦难的受害者而言，谈论不受苦的神性就如在暗示说上帝对发生在他们中间的惨剧是抽离的、冷漠无情的、缺乏同情的、无动于衷的。在这样的处境中，谈论一个不受苦的上帝是困难的，因为正如莫特曼所言，尤其在像奥斯维辛这样惨绝人寰的事情发生之后，人们希望得到答复的问题是"上帝在哪里？"而不是上帝的本质如何。[8] 如果能够借用神性不受苦的哲学概念帮助人理解上帝的超越性而不造成误解，这未必是坏的选择，至少在教父时期所处的希腊哲学文化中是好的。但是，为了固守古人遗传的哲学观念，而牺牲掉启示对处境说话的能力，一定导致坏的神学。

坚持认为神性受苦为不可能的人，也经常错误地诠释受苦本身。对他们而言，说上帝在受苦就好像等于说上帝受了某种负面事物的局限因而变成一个残缺不全的无能的上帝，这是因为他们没有仔细区分不同的受苦。一个人受苦，可能是因为自己犯错而遭受惩罚，可能是因为身体与心理的病痛，可能是因为别人不公义的对待，也可能是因为爱而代替或者与他人一同受苦。这些受苦都有不同的意义：其中一些受苦是负面的，其中一些受苦者是无辜的、特别需要同情的，而另一些受苦是值得肯定的。即使最负面的受苦，也不是完全没有正面的意义，因为一个因自己过犯而受苦的人，仍然好过一个侵犯他人后逃脱法律问责或心安理得的人，因为受苦使他无法逃避自己的过错。这就好比，人的身体会感觉疼痛，虽然这疼痛经常使人难以忍受，但它却是非常必要的存在，因为它忠实地指向人的身体机能受损或遭致病变的不幸事实，进而引导他去寻求医治。

真正有助我们想象上帝受苦的，是最后一种积极的因爱受苦，这好比一个有爱之能力的人，当她目睹另一个人正在受苦，特别当这苦难是因为不公

（ Minneapolis: Fortress Press, 1994 ）, 30-46; Richard Bauckham, "'Only the Suffering God Can Help': Divine Passibility in Modern Theology," *Themelios* 9, no. 3 （ 1984 ）: 6-12。反对神性受苦的观念的例子，参 Thomas G. Weinandy, *Does God Suffer?* （ Edinburgh: T & T Clark, 2000 ）。

8　Moltmann, *Jesus Christ for Today's World*, 30-31, 42.

义者造成的时候，她会难过，会同情，会因为看见受苦者寻求不到解放的方法而伤心，甚至会主动投身于受苦者当中，与他们一同受苦。相反，一个不会被他人的受苦打动的人，以其冷漠证明他是没有爱之能力的人。人因为有爱，有同理心，才能看见别人受苦而自己也受苦。正如路易斯（C. S. Lewis）所说，"爱是一件会让人受伤的事。"[9]因此，以莫特曼那样的方式想象上帝的受苦并没有不妥：上帝因为看见我们在人间受苦，就选择让他的独生子自愿地来到我们中间，成为我们的兄弟，又在十架上为救赎我们而代替我们受苦，又借着这受苦与受苦者认同，同时上帝也参与了他独生子受苦的历史，他参与受苦是因为他那热情洋溢的爱。[10]

莫特曼评论说，古代的教父认定神性不受苦，主要是希望避免混淆神与受造物的界限，但他们之所以认为不受苦的属性是维护这个界限所必须的，那是因为他们陷入了一种错误的非此即彼——要么神性本质是不受苦的，要么神性就必然被受苦征服而丢失其完美的本质。然而，他们忽略在这两者之外仍有第三个选择：在肯定上帝出于热情的爱而为我们受苦的同时，只需要指出上帝在受苦时不像我们暂时的受造物那样会屈从于受苦。[11]换言之，就是承认上帝的受苦与我们的受苦存在类比的相似性的同时，也存在我们永远无法参透的不相似性。人性因其有限性而时常无法承受过重的受苦而遭致负面的效果，正如一个奥斯维辛集中营的亲历者可能一生都会活在心理阴影下，但我们不需要也不应该这样设想上帝。而是应当说，上帝在其奥秘当中为我们以及与我们一同受苦，但这受苦没有对他自身产生一丝一毫的扭曲。

因此，在神学上没有必然的理由排除神性受苦的可能。与此同时，神性不受苦的观念在功能上与"道之全在性"教义存在冲突，这是我们与加尔文商榷的另一个重要原因。主张上帝在空间与关系中的全在性是一回事，但认为神性不受苦则是另外一回事。加尔文之所以坚持神性在空间上不受限制，因为对他而言，这构成理解神性与万物存在实质性关系的一个本体论基础，但神性不受苦的属性却是与之相反。为什么一个无所不在的上帝，就必须是一个无痛感的上帝呢？如果上帝实际上是有情的全能三一上帝，而他又真的无所不在，他岂不是更能感受世间的苦痛吗？在"道之全在性"教义的使用

9　C. S. Lewis, *The Four Loves*（New York: Harcourt Brace Jovanovich, 1960），169.

10　Moltmann, *Jesus Christ for Today's World*, 38-45.

11　Moltmann, *Jesus Christ for Today's World*, 44.

中，加尔文希望强调：三一上帝虽是无所不在的，但这并不妨碍他真实地进入我们的人性，降卑在基督的肉身之中，体谅和抚恤人性的软弱，为的是将之提升至与上帝的团契中；同时，虽然上帝真实地降卑至我们人性的软弱，却没有卸下他作为创造主的身份，而是为了受造万物的福祉，继续以他的威严和全能施行保守与护佑，直到万物在终末新天新地里得享救赎，以此显明祂是极其关心其创造的有情三一上帝。然而，"神性不受苦"的观念却与以上这些认识背道而驰：一个不受苦的上帝，如何能够真实地认同我们受苦的卑微的人性？更不用说在一个位格当中取了与我们一样的身体与人性，成为我们当中的一个——只是他没有罪！一个不受苦的上帝，又如何能够体谅因人堕落遭受牵连的受造万物的叹息，以慈悲和恩典眷顾这个世界？更不用说要为它预备一个更美好的将来！总而言之，"神性不受苦"的观念在神学理解上导致神性与人性和其他受造的关系不是更加认同，而是更加疏离了。这与加尔文对"道之全在性"的使用并不协调。

值得注意的是，"神性不受苦"的观念对加尔文神学的负面影响，可能超出我们的估计。格拉汉姆通过翻看遗留至今的加尔文时代的日内瓦政府记录，发现加尔文在影响政治的人生中更鲜为人知的一面：虽然他在大部分时间里，在不越过教会与政府间的界限的前提下，透过积极服事社会，而活出了基督徒对邻舍的爱，推动了日内瓦社会对公义的实践；但他也会偶尔越过界限，没有节制地要求日内瓦政府为教会挥刀舞剑，苛刻地惩罚违反教会纪律的软弱的罪人，又寻找并迫害异见者，甚至有时到了无视个人权利的地步，并且是奉"父、子、圣灵的名，阿门!" [12] 正如格拉汉姆这位具有批判精神的加尔文支持者评论说，"加尔文的教会在许多时候勇敢地站出来反对政府，但有时她却假以政府的虎威，‚‚，要求政府强迫和威胁那些固执己见者和软弱之人。

---

12 Graham, *The Constructive Revolutionary*, 161-171, 176. Graham 详细列举了不少例子，其中一个较典型的事件如下：1545 年，一个制造业商人兼小市议会成员，Pierre Ameaux，在家中的私人聚会中抱怨说加尔文是个邪恶的人，传讲错误的教义，结果遭到告密。市议会判决他犯有诽谤罪：他首先必须缴纳罚款，然后剃光头，拿着火把，跪在地上承认自己的罪。但加尔文仍不愿意原谅他，要求更严重的惩罚。议会因此而分裂为两派。最后 Ameaux 遭受了更重的惩罚，多坐了两个月的牢，失去了议会的职位，并且必须只穿一件衬衣，头被剃光，拿着一个火把绕城一圈之后跪在地上承认自己犯罪（Graham, *The Constructive Revolutionary*, 167-168）。

结果'去服事'变成了'被服事'。"[13]格拉汉姆解释说，加尔文之所以有时候会无情地远离与不同情地对待软弱犯错的罪人，不仅是因为他的时代的影响，也与他所坚持的神性不怎么受人性影响的观念有关：因为加尔文认为"上帝并不怎么卷入基督里的人类经验的最深处，而是在一旁休眠与隐藏。"同样，在日内瓦，加尔文领导的"教会合议会（Consistory）也不怎么体谅人性○○○，而是鞭打，驱逐和羞辱他们。"[14]

在此，我不准备评估加尔文偶尔走上歧路在多大程度上是因为神性不受苦观念的影响。但可以肯定，并且想要提请注意的是：神性不受苦的观念，确实有时会误导人去想象一位无情而苛刻的上帝，因而误导人走向对他人道德的不完美的不宽容。如果这种苛刻只发生在个人与个人之间，导致的破坏还是有限；但如果发生在教会与社会之间，尤其当一个在社会政治文化中占据优势的教会苛求一个世俗社会时，更大的悲剧就会发生。事实上，这一点提醒也不是与在社会政治文化中缺乏地位的中国教会完全无关，因为在现实当中，弃世主义与寻求政府为教会挥舞刀剑，这两种错误往往不是简单地发生在截然不同在两群人当中：许多中国教会的基督徒，因为面对宗教不自由的环境，难免会选择明则保身，抽离而不去关心社会政治，但是有时当同一个迫害性政权不公义地侵犯我们基督徒不喜欢的群体的权利时，我们又会为之喝彩。因此，在此借着讨论"神性不受苦"的观念，提示对加尔文神学可能的误用，并非是离题的。因为我在此文中总体上希望向中国教会推荐的是从加尔文神学学习一种既不同于弃世主义又有别于神权政治的、另类的理解福音与社会的关系的方式：基于身份认同走向为了他人的利益关心社会政治。

总而言之，"神性不受苦"的观念并非加尔文神学必须坚持的，又与"道之全在性"教义在凸显一位有情的三一拯救者与创造者以及辅助加尔文神学走向积极入世关怀的功能背道而驰。因此，笔者建议，当代加尔文主义者对加尔文神学遗产的承继，需要警惕将这项哲学观念当作一种政治正确，如此才能更好地在今日世界处境中发展加尔文神学，对当代普世教会做出更多贡献。

---

13 Graham, *The Constructive Revolutionary*, 184, also cf. 177-178.
14 Graham, *The Constructive Revolutionary*, 184, also cf. 179, 181.

第二部分
"自爱"抑或"自我否定":从修辞学角度比较奥古斯丁和加尔文的自我观

高山 著

第二部分导论

一、问题的提出

奥古斯丁是新约圣经成书之后，宗教改革之前，对西方教会影响最为深远的神学家，在他之后的正统神学家无不受他的影响，正如学者巴滕哈斯（Roy W. Battenhouse）所说："如果说整个西方哲学是对柏拉图的脚注，那么西方的基督教神学可以说是对奥古斯丁的脚注。"[1]

加尔文是十六世纪著名的宗教改革家、神学家，他受奥古斯丁的影响之深是众所周知的。在他的著作《基督教要义》中，他引用奥古斯丁多达 410 次，超过其他所有教父。[2]尽管加尔文的神学奠基于圣经，但是他对圣经的解读在很大程度上是奥古斯丁式的，所以，最近学术界一些学者对加尔文如何应用奥古斯丁思想的研究确立了这样的认识："在基督教传统内，奥古斯丁是加尔文灵感（inspiration）和参考（reference）的主要源头。"[3]

然而，在对待自我的问题上，奥古斯丁和加尔文的态度却截然相反：奥古斯丁强调"自爱（self-love）"，并将其作为人道德行为的基础；[4]加尔文却用"自

1　Roy W. Battenhouse, ed., *A Companion to the Study of St. Augustine* （Michigan: Grand Rapid, 1955）, 4.

2　J. H. Van Wyk, "What Are the Key Characteristics of a Christian Life? A Comparison of the Ethics of Calvin to that of Augustine and Their Relevance Today," *die Skriflig* 44, no. 3（2010）: 49.

3　Wyk, "What Are the Key Characteristics of a Christian Life?," 49.

4　See St. Augustine, *The City of God*, trans. Gerald G. Walsh et al., vol. 14 of *The Fathers of the Church* Series, eds. Hermigild Dressler et al. （Washington D.C.: the Catholic University America Press, 1952）, 10.3.

我否定（self-denial）"来总结基督徒当有的生活态度。[5] 针对这种分歧，学者维克（J H. Van Wyk）在〈什么是基督徒生活的关键特征：关于加尔文和奥古斯丁伦理学的比较及其与今日之关联〉（"What are the key characteristics of a Christian life? A comparison of the ethics of Calvin to that of Augustine and their relevance today"）一文中，将他们神学体系中的伦理学（ethics）和教义学（dogmatics）分开："教义学"处理"我们信什么"，而伦理学处理"我们做什么"，[6]认为尽管两位神学家的思想在教义学领域是一脉相承，然而，在伦理学领域却相差很远，具体体现在加尔文对奥古斯丁美德伦理学（virtue ethics）的拒绝。[7]维克在这里忽略了一个很重要的问题：奥古斯丁和加尔文都是系统神学家，他们思想中的任何一个部分都不能脱离整体而孤立理解，对他们伦理学的诠释必须在各自的系统神学框架下，考察相关教义的意义、地位及内在联系。维克将两者分开，在方法论上有明显的问题，最终导致对两位神学家思想的错误诠释。

学者坎利斯（Julie Canlis）在《加尔文的梯子：一种提升和升天的圣灵神学》（Calvin's Ladder: A Spiritual Theology of Ascent and Ascension）书中，也关注到了加尔文与奥古斯丁之间的这种差异。不同于维克，坎利斯没有将两位神学家的伦理观从教义体系中分离出来单独看，相反，他认为奥古斯丁和加尔文在伦理学领域所产生的这种分歧与他们的救恩观密切联系。坎利斯指出，尽管奥古斯丁和加尔文都强调人在救恩的事情上全然被动，人的改变是圣灵的工作，然而相对于加尔文，奥古斯丁受到时代错误的限制，在这个问题上态度并不彻底：他没有完全放弃人类中心说（anthropocentrism）的思维模式，并且在批判帕拉纠主义的同时，并未完全摆脱其影响。在坎利斯看来，尽管奥古斯丁也强调人的改变是透过圣灵的工作，但是，在他的观念中，"（人）对上帝热烈的爱并非扎根在基督对上帝的爱和回应之中，而是一种人类学思考。"这种思考包含一系列具体的从肉身束缚中解脱出来的方式。坎利斯隐晦地指出，奥古斯丁的这种不彻底的立场为"自爱"作为道德伦理基础之地位保留了空间。[8]然而，笔者认为，坎利斯的这种解读亦不符合奥古斯丁在救恩问题上的历史影响及其与加尔文之间的继承关系。

5　*Institutes* 3.7.

6　Van Wyk, "What Are the Key Characteristics of a Christian Life? A Comparison of the Ethics of Calvin to that of Augustine and Their Relevance Today," 49.

7　Wyk, "What Are the Key Characteristics of a Christian Life?," 58.

8　Julie Canlis. *Calvin's Ladder: A Spiritual Theology of Ascent and Ascension*（Grand Rapids, Michigan: Eerdmans, 2010）, 35.

面对奥古斯丁和加尔文伦理观的这种分歧，维克和坎利斯的研究进路十分不同：维克尝试将他们的伦理观与他们的教义学思想分开看，而坎利斯则将两者密切联系，并从他们伦理观的不同看到他们教义学思想的根本分歧。然而，正如前面所分析的，这两种进路都有各自的问题。

事实上，两者的进路有一点是相同的，就是预设了"自爱"与"自我否定"之内涵如同它们的字面意思一样是截然相反的。这个预设成立吗？本文研究的基本进路是：从奥古斯丁和加尔文对修辞学神学方法的运用入手，分析两者在伦理学领域出现分歧的原因。田立克认为，神学有两个根本任务：传讲永恒不变的真理和回应处境。[9]笔者认同这一说法。事实上，古今中外的每一位神学家，不管他本人是否意识到，他都在有意无意地处理这两个问题。从这个角度看，奥古斯丁和加尔文思想之一脉相承局限于"传讲永恒不变的真理"方面，在"回应处境"方面，这两位前后相差一千多年的神学家处在不同的时代处境，要回应不同的问题，面对不同的群体，不可避免出现分歧。奥古斯丁和加尔文都是修辞学大师，在他们留给后人的文本中，不仅有传讲真理的信息，还有他们运用修辞学神学方法回应当时处境的痕迹，两者交织在一起。本文尝试从从他们本人的作品入手，联系他们各自的处境，探究其修辞学神学方法的运用，并发掘"自爱"与"自我否定"内在精神的一致性。

需要特别指出的是，这里所说"自爱"与"自我否定"内在精神的一致性，并非指两者意思完全相同。事实上，奥古斯丁和加尔文除了个人气质的不同之外，还受到各自时代精神的影响，导致他们的神学在思想内涵上存在微妙的差异。罗马著名的修辞学家西塞罗认为，"口才与智慧不可分，表达和思想密切相连"。[10]奥古斯丁和加尔文都受西塞罗修辞学的影响很深，他们选择两个字面意思完全相反的词表述信仰，体现出他们思想的微妙差异。我们探究他们思想内在精神的一致性，同时承认这种微妙差异的存在。

造成"自爱"与"自我否定"之分歧的原因是复杂的，两位神学家对修辞学神学方法的运用只是其中的一个方面，其他诸如两位神学家所处的不同时代的精神氛围之差异、两位神学家不同的个人气质、经历，两位神学家神学思想的微妙差异等，都会影响他们的表达。本文限于篇幅，将焦点集中在

---

9 Paul Tillich, *Systematic Theology*, vol. 1（Chicago: The University of Chicago Press, 1951）, 3.

10 杨克勤，《古修辞学：希罗文化与圣经诠释》（香港：道风书社，2002），73-89。

修辞学上，这并不意味着其他方面不会提及，由于思想的各个方面是交织的，我们很难将一个方面与其他方面截然分开，所以，本文也会涉及其他方面。

二、研究意义和方法

1、研究意义

笔者认为，这项研究对当代基督教研究学界和现今教会有如下几个方面的意义。首先，是对学界的意义，有两个方面。其一，尽管对奥古斯丁和加尔文的研究层出不穷，对两位神学家的比较也是学术界历来关注的焦点，然而，目前尚无学者从修辞学的角度出发，对两者做比较。事实上，奥古斯丁和加尔文都受过很好的修辞学训练，并且他们都将之运用于自己的神学著作，以及释经、讲道。诠释他们的文本不可忽略修辞学向度，否则就不能把握其精髓。近年来，学界对修辞学神学方法的关注与日俱增，越来越多奥古斯丁学者和加尔文学者从修辞学的角度解读他们的文本，在这些学者的著作中，也有只言片语对两者进行比较，然而，迄今为止，尚没有专著从修辞学角度比较两者。

其二，研究神学修辞方法对汉语神学本土化进程有一定的促进和引导作用。今天的汉语神学的发展面对一个问题：如何用我们华人自己的语言、文化表达基督教神学的内涵。基督教神学在西方已经发展了两千多年，大部分基督教专著都是用西方的文字写成，表达和思维方式也是西方的。这对我们东方人而言，不仅在理解过程中会感到困难，理解后如何在自己的文化中表达出来更是困难。研究奥古斯丁和加尔文在不同处境中所用的不同表达，在一定程度上能够启发华人学者寻找适合我们自己文化的表达方式。

其次，是对教会的意义，有三个方面。其一，对奥古斯丁和加尔文思想内在一致性的探究有助于理解正统神学的内在一致性，也有助于不同教派之间彼此接纳，促进教会合一。自宗教改革以来，天主教和新教之间的张力一直存在，双方在一些问题上持相反的态度，然而双方又都坚信自己继承了奥古斯丁神学的精髓。如何理解这种张力？新教和天主教是否在一些观点不同的问题上有彼此沟通的可能？新教发展出多个宗派：改革宗、信义宗、卫理宗……他们各自坚持一些自己独特的立场。为何圣经所传讲的独一真理会发展出这么多不同宗派的神学？这些宗派之间如何对话？对修辞学神学方法的研究可以从一个方面回答这些问题。

其二，奥古斯丁和加尔文对神学修辞方法的运用不仅在他们的神学专著中，也在他们平时的释经、讲道中，对他们神学修辞方法的研究有助于启发今天的牧者寻求适合自己会众的表达方式，并提供方法论的引导。不同文化层次、不同社会阶层、不同职业……的会众在思维和表达方式上有很大的不同，牧者要说服这些会众，必须首先俯就他们的思维和表达方式，这就要用到修辞学神学方法。奥古斯丁和加尔文对修辞学神学方法的运用给今天的牧者起到很好的示范作用。

其三，对古典文献中"自爱"和"自我否定"的诠释对基督徒生活有现实指导意义。基督徒一方面要肯定自己的价值，要有使命感和社会承担，另一方面又要学习谦卑，看到自己的软弱与无能为力，这两方面如何统一？自爱、自我肯定如何避免自私、骄傲？谦卑、自我否定又如何避免自卑、避世？这些是每个基督徒每天都要面对的问题。研究奥古斯丁的"自爱"与加尔文"自我否定"的内涵，能帮助基督徒更好地处理这些问题。

2、研究方法

神学比较建立在神学诠释的基础之上，所以，诠释是本文的首要任务。本文所用的神学诠释方法主要是处境关联法。奥古斯丁神学和加尔文神学都是在特定的处境所产生的，唯有联系他们各自的处境，才能把握他们思想的精髓。本文将使用的处境关联法主要包括三个方面，如下。

首先，要关注文本前的处境。奥古斯丁和加尔文都生活在特定的时空背景下，有特定的对话群体。作为牧者，他们都有各自要处理的问题。关注文本前的处境就是要关注他们的读者、听众、辩论对手各是什么样的人，他们所面对的问题是什么，他们所想达到的效果是什么，等等。面对具体的人和事，他们所要考虑的不仅仅是"要表达什么"，还要考虑"如何表达"，不仅仅是"什么是真理"，还有"如何说服所面对的群体接受真理"。这些都是后人研究他们的思想不可忽略的。

其次，要关注文本后的处境。奥古斯丁和加尔文是正统神学发展脉络中的两位重要的神学家，要把他们的思想放在整个思想史中去考察，才能把握他们思想的形成和发展脉络，才能清晰地看到他们在神学思想史上的地位和贡献。另外，奥古斯丁和加尔文都受过很好的世俗文化方面的训练，奥古斯丁对古希腊哲学和修辞学有十分全面的了解，加尔文受十六世纪人文主义影响很深，并且受过很好的法学训练，解读他们的思想不能脱离他们各自的教育背景。

最后，要关注文本中的处境。对奥古斯丁和加尔文的诠释必须建立在对他们文本的解读的基础上。奥古斯丁没有留下专门论述"自爱"的篇章，他对"自爱"的论述散见在他的教义学著作中，如《上帝之城》（*The City of God*）、《论基督教教义》（*The Christian Doctrine*）、《婚姻的善》（*the Good of Marriage*）等。加尔文对"自我否定"的集中论述是在《基督教要义》第三卷的第7-10章，另外在他的圣经注释、讲章集，以及《基督教要义》的其他章节中也有部分论述。分析、解读这些文本的内涵是本文要重点处理的问题之一。然而，这些文本不是孤立存在的，而是与两位神学家整体神学思想架构有着密不可分的关系，这关系构成文本中的处境。奥古斯丁和加尔文都是系统神学家，他们思想中的任何一个部分都不能脱离整体而孤立理解，对"自爱"和"自我否定"的诠释必须在各自的系统神学框架下，考察相关教义的意义、地位及内在联系。

神学比较建立在神学诠释基础上，也是用处境关联法，从文本前的处境、文本中的处境和文本后的处境三个方面比较两位神学家的思想。

三、研究背景

奥古斯丁和加尔文都受希罗修辞学影响很深。希罗修辞学在西方有很悠久的传统，早在苏格拉底之前，已经存在，并被广泛运用，亚里士多德将其系统化，罗马时期的哲学家西塞罗、昆体良等将其进一步发展。奥古斯丁将其用于传讲基督教信息，使得古典修辞学与基督教文化融合，形成基督教修辞学，对后世影响深远。奥古斯丁对修辞学的论述主要集中在《论基督教教义》（*On Christian Doctrine*）的第四册，另外在《论秩序》（*On Order*）和《论教师》（*On the Teacher*）两部著作中也有一些论述。

修辞学在中世纪一度被边缘化，到了文艺复兴的时期，修辞学重新崛起，受到人文主义者们的青睐，对修辞学的重视在当时成为人文主义区别于经院主义的一个重要特征。加尔文作为一位人文主义者，深受古典修辞学影响，尽管他没有像奥古斯丁那样对其直接论述，但在他的《基督教要义》、《圣经注释》、《讲章集》等文本中，充满了修辞学方法的运用。

"自爱"源于希腊文化，早期见于柏拉图的《法律篇》（*Laws*），亚里士多德的《尼各马可伦理学》（*Nicomachean Ethics*）、《优台谟伦理学》（*Eudemian Ethics*）等著作中。到了罗马时期，西塞罗的《善与恶的结局》（*On the Ends of*

Good and Evil)、《论友谊》(*On Friendship*)、塞内卡的《论利益》(*On Benefits*)
等著作均有对"自爱"的论述。在希罗哲学传统中，"自爱"的内涵是正面的，
作为人之本性是理所当然的，如果加以引导，可以帮助人到达永恒。奥古斯
丁对"自爱"的论述在很大程度上继承了希罗的传统。在《上帝之城》和《论
基督教教义》中有比较多的论述。"自我否定"的观念源于圣经，各个时期的
神学家都对之有比较多的关注，加尔文对"自我否定"论述比较集中的文本
是《基督教要义》第三卷第6-10章。

四、相关研究简介

1、奥古斯丁研究

学术界对奥古斯丁的研究层出不穷，硕果累累。具体到奥古斯丁的爱观，
瑞典著名神学家虞格仁(Anders Nygren)在他的著作《圣爱与欲爱》(*Agape and
Eros*)中，指出奥古斯丁将早期基督教的"圣爱"(agape)和古希腊哲学中的"欲
爱"(eros)相统一，就是"仁爱"(caritas)。然而，虞格仁并不认同这种统一，
他站在新教神学的立场上将"圣爱"与"欲爱"对立，并引用路德的观点对奥
古斯丁予以批判。[11]在"自爱"的问题上，虞格仁认为，在奥古斯丁对"自爱"
论述中存在明显的矛盾：一方面，"自爱"是一切罪和恶的根源，另一方面，"自
爱"与"爱上帝"是一致的，而"爱上帝"是一切善的根源，两个方面相互抵
触。总的来说，在虞格仁观念中，奥古斯丁的爱观充满了矛盾和张力。

当代基督教伦理学者奥多诺曼(Oliver O'Donovan)在他的著作《奥古斯丁
神学中的"自爱"问题》(*The Problem of Self-love in St. Augustine*)中，认为奥古
斯丁论"自爱"是用希罗"欲爱"观的理论架构整合基督教的"爱上帝"，是一
种修辞学方法的运用，其中"欲爱"观只是一个修辞的工具，并不是一个可以与
福音信息并存的另外一个主题，所以，事实上并不存在虞格仁说的那种张力。

在汉语神学界，中国大陆学者游冠辉在他的博士论文《圣爱与欲爱》中，
梳理了西方思想史中两种不同的爱各自的渊源、发展和相互的关系，其中阐
释了在奥古斯丁神学中两种爱的融合。台湾基督教学者林鸿信在《无我自由》
一文中对奥古斯丁的爱观做了梳理，并从路德的立场出发，对其做了批判。

---

11 Anders Nygren, *Agape and Eros*, trans. Philip S. Watson (Philadelphia: The Westminster
 Press, 1938)，709-716.

继上个世纪 80 年代，奥多诺曼从修辞学的角度诠释奥古斯丁的"自爱"观之后，奥古斯丁对修辞学方法的使用逐渐受到学术界的关注。上个世纪 90 年代，库克（John G. Cook）撰写〈早期基督教语言的说服力量：从约翰到奥古斯丁〉（"The Protreptic Power of Early Christian Language: From John to Augustine"）一文，其中探讨奥古斯丁的表达技巧；黑尔根多夫（M. D. Hilgendorf）撰写〈奥古斯丁：原始的说教家〉（"St Augustine: the Original Homiletician"）一文，从修辞学的角度解读奥古斯丁的文本。1992 年，为纪念奥古斯丁皈依 1600 周年，克威廉（Joanne Mcwilliam）编辑了《奥古斯丁：从修辞学家到神学家》（Augustine: From Rhetor to Theologian）一书，其中部分探讨了奥古斯丁的修辞学。

2001 年，帕利坎（Jaroslav Pelikan）撰写《神圣的修辞学：在奥古斯丁、屈梭多模和路德思想中作为信息和模式的登山宝训》（Divine Rhetoric: The Sermon on the Mount as Message and as Model in Augustine, Chrysostom and Luther）一书，探究古典修辞学对基督教经典著作的影响，其中包括对奥古斯丁著作所使用的修辞学策略的分析。2008 年，学者恩诺斯（Richard Leo Enos）和汤普森（Roger Thompson）共同编辑了《奥古斯丁修辞学：论基督教教义和显著的基督教修辞学探究》（The Rhetoric of St. Augustine of Hippo: De Doctina Christiana & the Search for a Distinctly Christian Rhetoric），聚焦于论奥古斯丁的名著《论基督教教义》第四册，结合他的讲道集，探究奥古斯丁的语言艺术以及所处时代中口头表达和书面表达的关系。在汉语学界，杨克勤撰写了《古修辞学：希罗文化与圣经诠释》一书，其中一章专门探讨奥古斯丁，他认为奥古斯丁吸取了希罗文化修辞学的精髓，并将之基督教化，使之服务于基督教信息。

2、加尔文研究

当代学者坎利斯（Julie Canlis）在《加尔文的梯子：一种提升和升天的圣灵神学》（Calvin's Ladder: A Spiritual Theology of Ascent and Ascension）中，指出在加尔文的观念中，基督徒圣化是借着圣灵与基督联合（participation in Christ），这个过程不是人至下而上的努力追求，而是圣灵至上而下的浇灌。书中比较了奥古斯丁和加尔文的救恩观，作者暗示两位神学家的救恩观微妙的差异导致了他们对自爱的不同态度。此外，威尼考夫（David K. Winecoff）撰写〈加尔文的克己教义〉（"Calvin's Doctrine of Mortification"）一文，也对加尔文的"自我否定"做了详细的阐释。2009 年加尔文诞辰 500 周年纪念之际，加尔文对"自我否定"的教导也受到了很多学者的关注，其中扎克曼（Randall C. Zachman）撰写了〈"否定你自己并且背起你的十字架"——加尔文论基督徒生活〉（"'Deny Yourself and Take up Your Cross': John Calvin on the Christian life"），Sung Wook Chung 撰写〈背起我们的十字架——加尔文关于成圣的十字架神学〉（"Taking up Our Cross: Calvin's Cross Theology of Sanctification"）。学者维克（J H. Van Wyk）撰写〈什么是基督徒生活的关键特征？奥古斯丁和加尔文伦理学比较及其它们与今日之关联〉（"What are the Key Characteristics of a Christian Life? A Comparison of the Ethics of Calvin to that of Augustine and Their Relevance Today"）一文，比较奥古斯丁和加尔文的伦理观，指出加尔文在继承奥古斯丁的同时，拒绝奥古斯丁的美德伦理学（virtue ethics），建立了以圣灵论和基督里为基础的伦理学，核心是自我否定。

　　上个世纪以来，加尔文作为一位人文主义者的身份逐渐受到加尔文学者们的关注。学者布尔（Quirinius Breen）撰写了《约翰・加尔文——法国人文主义研究》（John Calvin: A Study in French Humanism），从分析加尔文的早期作品，《塞内卡论怜悯注释》（Commentary on Seneca's De Clementia）注释入手，探究加尔文所处时代的人文主义学术氛围及其对加尔文的影响。学者毕勒（Andre Bieler）撰写《加尔文的社会人文主义》（The Social Humanism of Calvin）一书，梳理加尔文神学对各种社会关系的态度，包括工作、薪水、商业、金钱、财产等问题。鲍斯玛（William J. Bouwsma）撰写《约翰·加尔文——十六世纪的肖像》（John Calvin: A Sixteenth Century Portrait）一书，指出加尔文神学中同时存在两个传统：经院主义传统和人文主义传统，这两个传统彼此不兼容，导致加尔文神学矛盾重重，展现一位充满焦虑、不安的加尔文。欧伯曼（Heiko Augustinus Oberman）撰写〈对幸福的追求——人文主义与宗教改革之间的加尔文〉（"The Pursuit of Happiness : Calvin between Humanism and Reformation"）一文，认为加尔文从人文主义的角度出发，对"找回人里面失落的上帝形象"的解释从本体论转向了心理学。久米（Atsumi Kume）撰写〈加尔文方法的双重知识〉（"Twofold Knowledge in Calvin's Methods"）一文，指出加尔文神学中"认识上帝"和"认识人"与人文主义密切相连。台湾学者郑仰恩在〈改革宗传统的人文精神：传承与前景〉一文中，探讨了加尔文神学中的人文精神。

上个世纪末到本世纪初，关注加尔文人文主义者身份的学者逐渐聚焦于人文主义对加尔文神学方法的影响，其中修辞学策略的运用是很重要的一个方面。学者琼斯（Serene Jones）在她的著作《加尔文和敬虔的修辞学》（*Calvin and the Rhetoric of Piety*）一书中，以加尔文的著作《基督教要义》第一卷的前三章文本为例，分析加尔文所使用的修辞学策略。她认为加尔文是一位艺术家，我们要像阅读作家拉伯雷、蒙田等的作品一样阅读加尔文的作品。她指出，正确解读加尔文的文本必须了解加尔文心目中的读者。学者甘布尔（Richard C. Gamble）撰写〈加尔文的神学方法——圣道和圣灵〉（"Calvin's Theological Method: Word and Spirit, a Case Study"）一文，以分析加尔文神学中的圣道和圣灵为例，探究加尔文的修辞学方法。他还撰写了〈加尔文神学中的阐释和方法〉（"Exposition and Method in Calvin"），指出加尔文对圣经风格的理解以及释经方法都受到人文主义修辞学的影响。斯威伯尔（Jan Swanepoel）撰写〈作为书信作者的加尔文〉（"Calvin as a Letter-writer"）一文，认为加尔文著作中的每一段都是为说服特定的读者所写，并且争对不同的读者用了不同的修辞手法。

3、修辞学神学方法研究

学者肯迪（George A. Kennedy）撰写了《古典修辞学及其古往今来的基督教与世俗传统》（*Classical Rhetoric and Its Christian and Secular Tradition from Ancient to Modern Times*），对古往今来各种不同文化、不同学术流派中的修辞学传统做了梳理。学者怀尔德（Amos N. Wilder）撰写了《早期基督教修辞学：福音的语言》（*Early Christian Rhetoric: The Language of the Gospel*）一书，探究新约福音书中的各种修辞学策略。在汉语学界，杨克勤撰写了《古修辞学：希罗文化与圣经诠释》，分析希罗文化修辞学对基督教的影响。

五、研究概要

本文聚焦于奥古斯丁和加尔文神学文本中两个字面意思完全相反的词："自爱"和"自我否定"，分析两位神学家在使用这两个词的时候所运用的修辞学神学方法，以及这两个词在各自处境中所表达的内涵的一致性。

第一章，阐释修辞学神学方法的内涵和历史渊源。修辞学是希罗文化遗产，在苏格拉底之前已经存在，亚里士多德对前人的思想做了总结，使之系统化，撰写了第一步修辞学专着：《修辞的艺术》（*The Art of Rhetoric*）。[12]罗马时期西塞罗进一步发展了修辞学，他提出"口才与智慧不可分，表达和思想密切相连"，从而改变了修辞学的地位，使之成为包罗万象的学问。[13]奥古斯丁是希罗修辞学与基督教思想整合的关键人物，他的努力使得希罗修辞学得到了全新的发展，成为中世纪修辞学的主要形式。[14]加尔文从来没有对修辞学做直接的论述，但他的著作中充满了各种修辞学方法。

第二章，阐释奥古斯丁论"自爱"。奥古斯丁所处的时代正统神学思想尚未成形，大公教会的权威尚未建立，神学思想多元，各种异教思想风靡。在这种处境中，奥古斯丁选择当时流行的异教思想中相对接近基督教的新柏拉图主义哲学，将其作为一个观念性工具整合福音信息。新柏拉图主义认为"自爱"即是寻求自己的幸福，而真正的幸福是与至善结合，所以"自爱"是推动人朝着至善方向发展的内在动力。奥古斯丁将福音信息注入其理论架构之中说，真正的"自爱"就是爱上帝，因为爱上帝人才可能得到真幸福。事实上，奥古斯丁所说的"自爱"与新柏拉图主义所说的"自爱"十分不同：前者是以上帝为中心的爱，是舍己之爱，而后者是以自己为中心的爱。然而，奥古斯丁为了俯就处境的需要，回避了这种不同。

"amor sui"（自爱）在奥古斯丁文本中的三种含义：邪恶的自爱，即放纵自己的私欲；中性的自爱，即合理地爱自己的身体，关注自己物质生活的需要；良善的自爱，即合理地爱自己的灵魂，与爱上帝、爱邻舍一致。这三种不同意义的自爱分别回应当时处境中的不同问题：奥古斯丁对邪恶的自爱的批判与《圣经》及早期教父传统对自爱的态度相一致，表达对大公教会的认同，维护教会的权威；他对中性的自爱持温和否定的态度，为了抗衡当时受异教文化影响而形成的堕落、淫秽的世俗生活方式；论"良善的自爱"是为了与柏拉图主义对话，吸引受过希罗高等教育的群体。前两种是不正当的自爱，对应柏拉图主义哲学中"庸俗的自爱"，即自私；最后一种是正当的自爱，对应柏拉图哲学中"神圣的自爱"，即追求内在灵魂的提升。奥古斯丁对

---

12 George A. Kennedy, *Classical Rhetoric and its Christian and Secular Tradition from Ancient to Modern Times*（London: The University of North Carolina Press, 1999），1-95.

13 杨克勤，《古修辞学：希罗文化与圣经诠释》，73-89。

14 Kennedy, *Classical Rhetoric and its Christian and Secular Tradition from Ancient to Modern Times*, 17; 杨克勤，《古修辞学》，106。

三种自爱的区分为"自爱"留下了更多的诠释空间，可以更加灵活地回应处境的问题。

第三章，阐释加尔文对奥古斯丁"自爱"的态度。加尔文继承了奥古斯丁"自爱"观的内涵，并在此基础上进一步发展，强调圣灵工作的重要性，同时肯定人的世俗生活方面。然而，加尔文却从来不用"自爱"这个词表达奥古斯丁所说的"自爱"，反倒将其意思限定于奥古斯丁所说的"不正当的自爱"加以批判，这是为了维护宗教改革的神学立场。在加尔文当时的处境中，有代表三种立场的三个主要群体：宗教改革者、罗马天主教和人文主义者，除了宗教改革者对"自爱"持否定态度，其余两个都对"自爱"持肯定态度。在这种情况下，加尔文表达对"自爱"的否定态度，更多的是一种立场的表达：为了显明自己是坚定地站在宗教改革者这一边的。

第四章，阐释加尔文论自我否定。"自我否定"这个词源于新约圣经，其内涵与奥古斯丁所说的"自爱"是一致的。然而，奥古斯丁从来没有提及"自我否定"的这种内涵，反倒将之局限于表达"禁欲"，这是出于当时具体处境的需要。早期教会将"自我否定"解读为为主殉道。逼迫停止后，奥古斯丁一方面要努力纠正多纳图主义的殉道崇拜，另一方面要防止逼迫结束后希罗世俗文化的负面影响入侵教会，因而将"自我否定"解读为禁欲。中世纪继承了奥古斯丁将"自我否定"解读为禁欲，并且认为它有功德。加尔文站在宗教改革的神学立场上，要批判中世纪天主教的功德神学，因而反对将"自我否定"狭隘地理解为禁欲。他认为，"自我否定"不排除人合理地享受。[15]

加尔文对"自我否定"的诠释跟随了新约圣经的传统，包含了奥古斯丁文本中"自爱"的内涵。加尔文论"自我否定"和奥古斯丁论"自爱"内涵相通，表现在三个方面： 1、都是对真信仰的表达；2、都运用了幸福主义理论架构；3、都强调以上帝为中心。然而，尽管这两个词内涵相通，这两位神学家用这两个字面意思完全相反的词表达出他们不同的神学侧重。加尔文用"自我否定"一是针对中世纪的圣功说，强调人的全然被动；二是针对中世纪神学对来世的强调，将侧重点置于人今世的生活。另外，"自我否定"这个词源于圣经，用它诠释信仰，符合宗教改革"唯独圣经"的原则；同时，它亦回应了当时相当一部分人文主义者对人的潜能和创造力过分乐观的态度。

---

15 *Institutes* 3.10.2.

　　第十章，结论。以奥古斯丁和加尔文对神学修辞方法的运用为例，阐释修辞学神学方法的两个重要方面：1、见证上帝的启示，2、回应人的具体处境。前者是福音信息的本质，后者是功能，两者都不得忽略。本段将以中国教会历史中发生的重大事件为例，阐释忽略其中任何一个方面所导致的严重问题。大秦景教为了适应处境，忽略了福音信息的本质，最终被处境所同化；礼仪之争，为了维护福音信息的本质，忽略了对具体处境的回应，导致福音被拒绝。当代教会仍面对这样的问题：自由派处在被文化所同化的危险中，基要派拒绝回应文化。在坚守福音信息的本质和回应处境两者间如何平衡是每个时代的教会需要面对的问题。

第一章 修辞学方法的内涵和历史渊源

沟通是人类基本的生存能力之一，包括思想、语言、表达、意义、诠释等一系列复杂的过程。修辞学作为一种沟通的技巧，普遍存在于各种文化之中。然而在不同文化中，对修辞学的理解呈现出巨大的差异。

对汉语学界而言，修辞学通常被理解为狭义的文学修辞，其内涵仅局限于修饰用字和玩弄文采。在中国，"修辞"二字最早见于南朝时期的文学理论家刘勰撰写的《文心雕龙》中，这是一部有关文章作法和文学批评的书。中国第一部修辞学著作是宋朝时期陈骙撰写的《文则》，第一部以"修辞"定名的书是元朝的王构撰写的《修辞鉴衡》，这两本书都是从文学鉴赏和写作方法的角度探讨修辞学。受传统文化影响，华人学者提及修辞学，所说的通常只是文学修辞。[1]

然而，对西方学界而言，修辞学的内涵远远不止于文学修辞，它包含了逻辑学、诠释学、语言学等，并且有系统的理论和著作。本文研究奥古斯丁和加尔文的修辞学，他们主要受到希罗修辞学的影响，并将之运用在传讲基督教信息。在西方，希腊和罗马的修辞学体系最完整，内容最丰富，历史最悠久，对整个西方文化产生的影响最深远。基督教从使徒时期开始，就与希罗文化不断地碰撞、融合，期间希罗修辞学深深地影响了基督教文化。本章从希罗修辞学的历史沿革入手，介绍修辞学的内涵和渊源，对基督教的影响，以及在基督教文化下的发展，重点介绍奥古斯丁和加尔文对修辞学的态度和观念。

---

1 此段关于"修辞学"在中国文化中的内涵，参杨克勤，《古修辞学》，1-2；胡曙中，《英汉修辞比较研究》（上海：上海人民出版社，1993），7-147。

第一节　修辞学的内涵和渊源

"修辞学"源于古希腊，原文是希腊文"Ρητορική"，传入罗马后翻译为拉丁文"rhetoricam"。华人学者杨克勤认为，这个词在汉语中翻译为"修辞学"并不十分准确，更准确的翻译是"雄辩术"、"演说术"。[2]笔者同意这种观点，因为在汉语语境中，"修辞学"这个词与希腊文中的"Ρητορική"，拉丁文中的"rhetoricam"，以及它们的英文翻译"rhetoric"，在意思上相去甚远。不过，为了与汉语学界一致，本文仍采用"修辞学"这个词。

"修辞学"这个词最早出现于公元前四世纪二十年代柏拉图所记载的苏格拉底对话录《高尔吉亚》(Gorgias)中。然而，这部对话录并没有给"修辞学"下一个清楚的定义，只是用比喻的方式，将其比作"说服的技工"(the craftsman of persuasion)。[3]尽管这个比喻不能让读者准确地把握"修辞学"的内涵，但它表达了"修辞学"与"说服"之间密不可分的关系。学者肯迪(Kennedy)认为，在"修辞学"出现以前，希腊文单词"Πειθώ"(说服)被用来表达修辞学的意思。根据肯迪的研究，还有另一个词在早期的古典希腊文中也表达修辞学的意思，就是"logos"，这个词在英文中被翻译为"word"，汉语将其翻译为"道"，它的意思十分丰富，可以表示话语、思想、理性、观念、言说等等。[4]

在柏拉图之后，亚里士多德将先前有关修辞学的零散的观念系统化，奠定了其哲学基础。他撰写的《修辞的艺术》(The art of Rhetoric)是对西方文化影响极为深远的专门探讨修辞学的理论著作。[5]在《修辞的艺术》中，他开篇阐述修辞学和辩证法(dialectic)的关系，说"修辞学是辩证法的对应物(antistrophe)"。[6]"对应物"(希腊文：αντιστροφή，拉丁文：antistrophos)这个词的意思较为模糊，有一致、关联的意思，亦有相反的意思，在英文中有

2　参杨克勤，《古修辞学》，2。

3　Plato, *Gorgias*, trans. Terence Irwin, ed. M. J. Woods（Oxford: Clarendon Press, 1979），453a.

4　Kennedy, *Classical Rhetoric and its Christian and Secular Tradition from Ancient to Modern Times*, 1.

5　《修辞的艺术》(希腊文 τέχνη ῥητορική，拉丁文 *Ars Rhetorica*)，书名有不同的英文翻译，最典型的有三种：*Rhetoric*、*Art of Rhetoric*、*Treatise on Rhetoric*、*on Rhetoric*，翻译为汉语分别是：《修辞学》、《修辞学的艺术》、《修辞学的专著》。

6　Aristotle, *On Rhetoric: A Theory of Civic Discourse*, trans. George A. Kennedy（New York: Oxford University Press, 2007），1354a.

多种翻译，除了 "antistrophe"，还有 "counterpart"、"converse"、"correlative"、"coordinate" 等。[7] "对应物"意思之模糊导致后人对这句名言的理解各不相同，这也成为学术界历来争论的问题。学者肯迪认为，在亚里士多德那里，修辞学与辩证法有很大的相似性，同时又有所不同。首先，修辞学和辩证法有很大的相似性。亚里士多德在《论题篇》(Topics) 中对辩证法的定义是："辩证法是理性的一种形式，建立在被普遍接受的假设基础上。"修辞学作为"证明的形式"，或者"说服的模式"，与辩证法有相通之处。其次，修辞学和辩证法有所不同。辩证法作为一种单一的智性活动，常常以一对一的问答形式出现，所处理的问题通常是哲学或者其他具有普遍性的问题，要求严谨。而修辞学常常以演说的形式出现，面对广大的听众，所处理的问题通常是具体的，实践性的，要求易懂、普及。肯迪倾向于认为相同之处是主要的，不同之处是次要的。[8]在《修辞的艺术》中，亚里士多德分析了多种修辞的策略，其中包括"演说者应当给人信任感"、"要激发听众的情感"等等。[9]古希腊时期，修辞学广泛应用于公共演讲、教学、辩论，形成一种学术氛围。亚里士多德之后的各个希腊哲学流派，如斯多亚学派、伊壁鸠鲁学派、新柏拉图主义等，都延续了这个传统。[10]

希腊王国被罗马帝国征服后，希腊文化在异族的统治下并未消亡，相反，她在与罗马文化的碰撞过程中得到全新的发展，希腊修辞学也在拉丁文传统形成了独特的传统。罗马时期，最伟大的修辞学家是西塞罗（Cicero），他将修辞学发展到了巅峰。他是一个多产的作家，修辞学方面的作品共有七部，其中《论演说家》(On Orator) 的成果可以与亚里士多德的《修辞的艺术》并列。全书共有三卷，以对话的形式阐释了理想中完美的演说家所当拥有的修养。西塞罗强调修辞和哲学之间的密切关系，反对苏格拉底和柏拉图将两者区分。他分析了晚期希腊哲学的几个学派：犬儒派、逍遥派、学术派、禁欲派，认为这些学派都有很多问题，而这些问题源于修辞和哲学不健康的区分。他认为修辞作为一种表达的形式，不能脱离其内容，这内容就是思想、智慧，

---

7 See Aristotle, *On Rhetoric*, 30f.
8 See Kennedy, *Classical Rhetoric and its Christian and Secular Tradition from Ancient to Modern Times*, 79-81.
9 See Kennedy, *Classical Rhetoric and its Christian and Secular Tradition from Ancient to Modern Times*, 82.
10 See Kennedy, *Classical Rhetoric and its Christian and Secular Tradition from Ancient to Modern Times*, 93-95.

因此理想的修辞是口才与智慧结合。和希腊哲学家们一样，西塞罗认为修辞学的目标是说服，在《布卢图斯》中，他对"说服"做了说明，就是"影响听者的思想和转变他们到所要求的方向"。[11]西塞罗的修辞学理论对后世影响很大，从某种意义上说，促成了西方古典教育模式的形成。

在古希腊时代，修辞学已经应用于教育，然而由于古希腊哲学家将修辞学与哲学分开，修辞学沦为政治的工具，被边缘化。[12]到了罗马时期，昆体良（Quintilian）受到西塞罗的影响，认为合格的雄辩家必须拥有宽广而渊博的知识修养，基于这种理解，他提出全面人文教育。[13]昆体良的思想对西方教育体制有很大的贡献，在他的教育理念引导下，经过几百年的发展，到了公元四世纪，修辞学被正式列为学校的课程，与辩证术、文法、几何、算数、音乐、天文学并列，俗称七艺。在罗马思想家们的努力下，修辞学作为一门学问在文化体系中从边缘走向了核心，与哲学、科学成为一体，对中世纪，文艺复兴、启蒙运动，乃至后现代的各种西方思想产生了深远的影响。

大致上，希罗修辞学在西塞罗、昆体良之后，基本定型。之后尽管也有很多学者著书立说，但他们大体上沿用了这个传统，没有出现颠覆性同时又很有影响力的学说。奥古斯丁和加尔文都继承了这个传统。至此，我们可以为希罗修辞学下一个简单的定义：修辞学是一种说服的艺术，其目标是为了影响和转变人的思想到所要求的方向，同时关注思想的正确性和表达的合理性，兼顾说话者的气质和听众的情感、处境，是融哲学、科学、历史学、文学、法学等于一体的综合性学问。

第二节　修辞学与早期基督教

古希伯来文化没有像古希腊文化一样，对修辞学做明确的阐释，然而，修辞学方法却普遍应用于古希伯来的各种文献之中。在《旧约圣经》中，充满了各种修辞学方法的运用。[14]比如，在创世纪第一章，创造的起点不是上帝

---

11 关于西塞罗的修辞学理论，参杨克勤，《古修辞学》，73-89。

12 Richard Edwards, et al., *Rhetoric and Educational Discourse: Persuasive Texts*. （London: Taylor & Francis e-Library, 2004），4-6.

13 See Kennedy, *Classical Rhetoric and its Christian and Secular Tradition from Ancient to Modern Times*, 115-118.

14 Kennedy, *Classical Rhetoric and its Christian and Secular Tradition from Ancient to Modern Times*, 137-142.

的行动，而是上帝的话语："上帝说，要有光，就有了光。"（创 1：3）紧接着，重复出现一系列很相似的句式："神说……就……"（创 1：6-26），强化了上帝以话语创造世界这个主题。然而，到了第二章，作者进一步阐明创造人的过程，创造却变成了上帝的行为："耶和华用地上的尘土造人，将生气吹在他的鼻孔里，他就成了有灵的活人。"（创 2：7）如果说前半句"上帝用地上的尘土造人"，并未清楚地表达其过程是话语还是行为，后半句"将生气吹在他的鼻孔里"，则明显是一个动作。美国学者帕特里克（Dale Patrick）和斯卡特（Allen Scult）指出，这种经文本身意思的对立是一种修辞学策略：用两个不同的叙事回应实存处境中人的自然生物过程与上帝的绝对主权之间的内在关联。[15]持这种观点的还有学者肯迪，他的表达更加直接，他说："任何人读了第一章，都会先入为主地对话语的能力产生一种强烈的意识，尤其是从上帝而来的具有权威性的话语。"[16]

旧约圣经中的修辞学与希罗修辞学有很大的差异：不是理性的论证而是叙事的牵引；它不在乎思路之清晰而在乎故事之认同，不注重真理之分析而注重真理之包含。[17]两希文化的差异造就了两个不同传统的修辞学，并且它们都影响了新约圣经的文本：一方面，新约圣经延续了旧约圣经的叙事修辞传统，以耶稣基督的故事作为真理的载体；另一方面，新约圣经又受到希罗修辞学的影响，在叙事中穿插了大段的证道。

新约圣经成书时间是中东地区经历希腊化巨变的时候，这体现在新约文本中，成书时间越晚的文本越具有希腊文化特色。在四福音中成书时间最早的《马可福音》最具叙事修辞的特色，其中几乎没有逻辑论证。之后成书的《马太福音》和《路加福音》将《马可福音》的内容作为自己的数据源，同时注入了希腊式的理性思考。比如，《马太福音》记载耶稣受洗，比《马可福音》增加了耶稣和约翰的一段对话，其内容是耶稣受洗的原因，马太借着这段对话交代了事件的神学意义。（太 3：13-17）《约翰福音》成书最晚，其中希腊化的特色也最为明显。《约翰福音》开篇，说，"太初有道，道与神同在，道就是神。"其中"道"就是希腊哲学中的核心词汇"logos"，希腊人用这个

---

15 See Dale Patrick and Allen Scult, *Rhetoric and Biblical Interpretation*（New York: The Almond Press, 1990），119-125.

16 Kennedy, *Classical Rhetoric and its Christian and Secular Tradition from Ancient to Modern Times*,138.

17 杨克勤，118.

词表示实存背后的理性、意义等。《约翰福音》用这个词作为开头，给福音信息穿上了希腊文化的外衣：希腊人所寻求的实存的终极意义就是福音所宣讲的上帝。争对四福音的这种差异，很多新约学者研究四位作者不同的教育背景，诚然，这是一个重要方面。但更为重要的原因是文化处境的不同：不仅作者本人深受其影响，读者、听众也因着希腊化的文化巨变而呈现出不同的特质。在四福音中，经常出现对同一事件的不同描述，有时甚至会相互矛盾，这不是作者的失误，而是一种修辞学策略：他们要用不同的表达回应不同处境中的读者。

学者 James L. Kinneavy 从同时出现在希腊文新约圣经和古希腊修辞学文献中的词汇"pistis"入手，指出这个词在新约圣经中表示"信仰"（faith），但在古希腊修辞学文献中却表示"说服、论证"，由此认为早期基督教所说的"信仰"源自希腊修辞学传统中所说的"说服、论证"。[18]尽管 Kinneavy 过分强调两者之间意思上的渊源关系遭到一些圣经学者的质疑，[19]他本人也承认这观点只是一个需要进一步证实的假设，[20]然而他的观察有一点是可取的：早期基督教采用"证道"的形式传讲信仰是受到了希罗修辞学传统中"说服、论证"（pistis）的影响。[21]在希罗修辞传统中，"说服、论证"往往是以公开演讲的形式出现。从耶稣时代开始，演讲之风盛行于地中海一带，"学校、剧场、市场全都是演讲的地方，到访的官绅显贵、公民领袖、教师和演员，都会在这些地方对群众演说一番。"[22]在这种文化下成长起来的早期基督教自然会采用与当时的社会文化相一致的方式传讲真理。随着希腊化的发展，早期基督教越来越多地在"证道"的过程中使用修辞学策略以回应深受希腊文化影响的听众，包括用词（word）、结构（structure）、内容（content）、风格（style）等。[23]

---

18 James L. Kinneavy, *Greek Rhetorical Origins of Christian Faith: An Inquiry* （New York: Oxford University Press, 1987）, 4-21.

19 See Norman R. Petersen, review of James L. Kinneavy, *Greek Rhetorical Origins of Christian Faith: An Inquiry, Theology Today* 45, no. 3 （October 1, 1988）: 356-360; Peter A. Scholl, review of James L. Kinneavy, *Greek Rhetorical Origins of Christian Faith: An Inquiry, Christianity And Literature* 38, no. 1 （September 1, 1988）: 83-85; 杨克勤，《古修辞学》，18f。

20 Kinneavy, *Greek Rhetorical Origins of Christian Faith: An Inquiry*, 101, 131, 147-149.

21 杨克勤，《古修辞学》，18f。

22 杨克勤，《古修辞学》，17。

23 Kennedy, *Classical Rhetoric and its Christian and Secular Tradition from Ancient to Modern Times*, 156.

随着罗马帝国不断希腊化，同时，基督教不断发展，到了教父时期，希罗修辞学被广泛应用，并且与基督教文化融合在一起，形成独具特色的基督教修辞学。尽管在奥古斯丁之前，没有出现有关基督教修辞学的专著，然而它却被广泛运用于期教父的著作中。比如，被称为金口约翰的著名早期布道家约翰·屈梭多模（John Chrysostom）在他的讲道集中大量使用吊诡（paradox）、反讽（irony），对照（antithesis）等希罗传统的修辞方法。[24]尤西比乌（Eusebius）在他的著作《教会历史》（Ecclesiastical History）中，放弃了他所熟悉的世俗历史学家的路述，在选材和陈述上使用了大量的基督教修辞学方法体现基督教价值观，甚至在一些篇章中跟随布道者的表达模式。[25]即使是喊出"雅典与耶路撒冷何干"的特土良（Tertullian），不仅公开表示对西塞罗的尊重，还在他的著作中大量使用希罗修辞学方法。[26]

然而，"许多当时的教父或基督教神学家都认为，希罗的世俗文化不能与基督教的神圣真理相提并论，更何况修辞学相对性的觅材及论证法更不能解释基督教真理的绝对性和启示性。"[27]在早期基督教群体中，修辞学作为一门学问是被排斥的，但它的影响是潜移默化的。

回顾早期基督教的形成与发展过程，希罗修辞学的影响是不可忽略的。另一方面，希罗修辞学在与基督教文化融合的过程中得到了新的发展。经过使徒、教父，以及早期布道家们的潜移默化的继承，在奥古斯丁的整理和阐释下，形成独具特色的基督教修辞学。到了中世纪，希罗古典修辞学的发展渐渐消弱，但基督教修辞学却经久不衰，以另一种形式保存和发展了作为古典文化遗产的古典修辞学。

第三节 奥古斯丁与修辞学

奥古斯丁是促使希罗古典修辞学与基督教文化结合的关键人物。在他之前，尽管希罗修辞学的方法已经在教会被广泛运用，但它仍被看为一种世俗的学问，并遭到一定程度的排斥。奥古斯丁所做的一个重大突破是，他将世

24　See Kennedy, *Greek Rhetoric under Christian Empires*（Princeton: Princeton University Press, 1983）, 241-254.

25　See Kennedy, *Greek Rhetoric under Christian Empires*, 186-197.

26　Kennedy, *Classical Rhetoric and its Christian and Secular Tradition from Ancient to Modern Times*, 167-168.

27　杨克勤，《古修辞学》，104。

俗文化与基督教信仰结合。他站在基督教信仰的立场上，阐释各种世俗学问，并将它们与基督信仰加以融会贯通。在修辞学方面，他大胆地糅合了希罗修辞学和圣经修辞学的不同理论，并且将福音信息注入其中。在那个没有人愿意谈及修辞学的时代，奥古斯丁突破了文化的限制，将希罗修辞学与基督教信息结合，形成基督教修辞学，深深影响了之后的中世纪。在奥古斯丁时代，希罗修辞学作为一种古典文化，已经开始衰败，奥古斯丁的努力为其开创了另一片发展空间。虽然他所关注的是如何宣讲福音的基督教修辞学，并非西塞罗所说的公众演讲修辞学，但西塞罗的修辞学却深深影响了奥古斯丁。[28]奥古斯丁对修辞学的直接论述主要集中在《论基督教教义》(On Christian Doctrine) 中，另外，在《论秩序》(On Order) 和《论教师》(On the Teacher) 两部著作中也有一些论述。

《论秩序》是奥古斯丁早年的著作，其中对世俗文化有比较多的谈论。关于修辞学，奥古斯丁说，"普通人常常随从自己的情感和习俗，对他们谈论真理，不仅需要使用理性的逻辑，唤起他们的情感同样重要……其目的是为了群众自己的好处而影响他们。"[29]在这里，奥古斯丁肯定了修辞学对传讲真理而言的必要性。

《论教师》的成书时间比《论秩序》要晚，其中宗教的色彩更加浓厚，然而，这并没有导致书中世俗文化的成分减少。相对于《论秩序》，奥古斯丁在《论教师》中不仅引进了希罗修辞学的内容，并且在福音信息的架构中对其重新定位。他认为，仅仅只有修辞学策略不能达到说服的目的，除非神圣的恩典同时介入。尽管修辞学对于传讲真理而言是必要的，但不是决定性的，它能够服务于上帝的启示，但不能代替启示本身。[30]

奥古斯丁对修辞学的主要贡献集中在《论基督教教义》第四卷。其中，他对西塞罗的修辞学做了详尽的分析，并从启示真理的角度，将新的意义注入其中，使之基督教化。在书中，他引用了西塞罗有关演说智慧的两本着作：《修辞素材》和《论演说家》。在《修辞素材》中，西塞罗说，"智慧没有口才的表达是不足的，但口才没有智慧则对人没有好处。"在此，西塞罗同时强

---

28 参杨克勤，《古修辞学》，104。

29 Augustine, *On Order*, 2.13.38, quoted in Kennedy, *Classical Rhetoric and its Christian and Secular Tradition from Ancient to Modern Times*, 173.

30 Kennedy, *Classical Rhetoric and its Christian and Secular Tradition from Ancient to Modern Times*, 173.

调了演说技巧（口才）、演说者的知识（智慧）和演说艺术（有益处的表达）三者的重要性及其相互的关系。在《论演说家》中，西塞罗进一步指出，这三者在理念世界中是同等重要的概念，在实际的世界中并不一样重要，其中演说者的知识比演说技巧更加重要，这知识来自演说者的常识和观察。奥古斯丁将西塞罗的这种修辞学理论基督教化，认为演说者的知识的来源不是常识而是圣经，演说者的口才、智慧与基督教修辞的作用不是一般意义上的说服，而是教导和讲道。[31]

首先，奥古斯丁认为修辞学作为一门世俗的学问，可以也应当服务于基督教。在《论基督教教义》中，他说：

> 由于借助于修辞的艺术，真理和谬论都可以得到推行，谁敢说真理及其捍卫者必须赤手空拳地面对谬论？那些企图推行谬论的人尚且懂得如何让他们的听众以一种善意的、关注的、受教的姿态面对他们的陈述，难道真理的守卫者就该对这种艺术一窍不通？[32]

在这段论述中，有两点需要注意。一、修辞学本身无所谓善与恶，它可以服务于真理，也可以服务于谬论，从这个意义上看，修辞学作为一门世俗学问区别于福音真理；二、基督徒作为真理的维护者，应当积极得使用修辞学，而不应该将修辞学看为异教的专利，从这个意义上看，修辞学与福音真理是相容的，而非对立的。

接下来，他用西塞罗的理论架构，对西塞罗所说的修辞学的三个要素，即演说者的知识（智慧）、演说技巧（口才）和演说艺术（有益处的表达），分别注入了基督教的信息。关于演说者的知识（智慧），他说，"一个人说话拥有多少智慧，取决于他对《圣经》的熟悉程度。"[33]在奥古斯丁看来，知识的来源不是经验的积累，也不是个人的悟性，而是上帝的启示。智慧是人对上帝启示的领受和回应，就是熟悉《圣经》，这"熟悉"不是对《圣经》"读得多，记得多"，而是"理解得正确"，"能用心眼洞悉《圣经》精义"。[34]

---

31 参杨克勤，《古修辞学》，106。

32 Augustine, *On Christian Doctrine*, trans. D. W. Robertson（Indianapolis: The Liberal Arts Press, 1958），4.3.

33 Augustine, *On Christian Doctrine*, 4.7.

34 Augustine, *On Christian Doctrine*, 4.7.

关于演说技巧（口才），奥古斯丁说，

> 对于那些想讲智慧之言却口笨舌拙的人，最重要的是牢记圣经的经文。当他认为自己的口才有限的，他将引述更多的圣经，以至他所讲的内容都有圣经的支持。那些笨口拙舌的人将在这伟大的经历中成长。[35]

笔者同意学者杨克勤的观点，他认为这段话回应了西塞罗关于口才与知识之复杂关系的论述。西塞罗在《论演说家》中，用思想与身体的紧密关系来比喻知识与口才的关系。在他看来，两者互相依存，一方面，口才"乃是借着知识从演讲中得着美丽和丰满"，[36]另一方面，"没有人能把思想带给演说者，除非它被恰当地表达出来"。[37]奥古斯丁继承了西塞罗的这种观点，同时用圣经真理来诠释他所说的"知识"或者"智慧"，认为圣经的智慧有助于加强基督徒演说家的口才，同时，有口才的表达对宣讲这智慧是必要的。[38]

和西塞罗一样，奥古斯丁认为智慧比口才重要。在《论基督教教义》中，他引用西塞罗的话说，"没有口才的智慧只有很小的益处，而没有智慧的口才通常具有很大的伤害性，并且完全没有益处。"[39]他用相当的篇幅来论证智慧对于基督教教师的重要性超过口才。他说"流利的口才使听者悦耳，智慧的言语使听者有益处。"[40]他又引述《所罗门智慧》六章 26 节说，圣经没有说"口才的群众"，乃是说"智慧的群众是全世界的福气"。[41]在他看来，最终让人得益处的是智慧，即对上帝启示真理之领受。口才仅仅是手段、途径、方法，智慧才是源头和最终目标。

关于演说艺术（有益处的表达），奥古斯丁继承了西塞罗所说的"风格"与"合适"。[42]关于风格，他引用西塞罗的话说，"有口才的人用低沉的风格说细小的事情，能教导人；用温柔的风格说中等的事，能愉悦人；用威严的风格说伟大的事，能说服人。"[43]奥古斯丁用西塞罗所说的"教导人"、"愉悦人"、

---

35 Augustine, *On Christian Doctrine*, 4.8.

36 Cicero, *On Orator*, 1.17.

37 Cicero, *On Orator*, 2.27.

38 杨克勤，《古修辞学》108-110.

39 Cicero, *De Invent*, 1.1.1, quoted in Augustine, *On Christian Doctrine*, 4.7.

40 Augustine, *On Christian Doctrine*, 4.8.

41 Augustine, *On Christian Doctrine*, 4.8.

42 杨克勤，《古修辞学》，112-114.

43 Cicero, *On Orator*, 29, 101, quoted in Augustine, *On Christian Doctrine*, 4.34.

"说服人"来总结说话的三个良善目标。[44]然而，当他将福音信息注入其中，他对西塞罗的理论做了改造。他认为，基督教演说家说的都是伟大的事情，然而，并不都是用威严的风格，其目标也不单单是为了说服，还包括教导人和愉悦人。[45]他提倡基督教传教者或教师以适当的风格使用圣经的真理，以至能得到预期的功用与结果。至于如何选用适当的风格，奥古斯丁用西塞罗的"合适"理论做了进一步的论述。

"合适"是西塞罗修辞学中的重要概念，指一位演说家为了某种目的，面对特定的听众、针对指定的课题，口才流利地讲出智慧之言。[46]奥古斯丁受其启发，认为基督教教师应当根据具体处境的不同选用相应的表达风格。他对《圣经》和教父著作中不同表达风格做了分析，认为这些基督教权威文本是学习基督教修辞学的范例。[47]

无论是智慧还是口才，还是表达的效果，在奥古斯丁看来都需要圣灵的引导，在具体实践中，他强调祷告的重要性。他说，

> （传讲真理）与其说靠演说的天分，还不如说靠敬虔的祷告，所以，他开始演讲之前应当为自己祷告，也为那些准备听他讲的人祷告。……到了要说话的时候，当思想主说的话："不要思虑怎样说话，或说什么话。到那时候，必赐给你们当说的话，因为不是你们自己说的，乃是你们父的灵在你们里头说的。"（太 10：19-20）圣灵既然在那些为了基督的缘故被交给逼迫者的人里面说话，为什么不也在那些传讲福音的人里面说话呢？[48]

在这段论述中，可以看出奥古斯丁与西塞罗的根本区别：在奥古斯丁的修辞学中，有一位神圣的他者始终贯穿其中，这是西塞罗的修辞学所没有的。

奥古斯丁的修辞学对后世产生了深远的影响。公元五世纪，随着西罗马帝国的灭亡，璀璨的希罗文化迅速衰落，罗马时代的城市几乎完全没落，古代的各种文化教育机构几乎荡然无存。在教会的努力下，出现一些修院学校、大主教区学校和教区学校，承担着传播古典文化的重任。尽管这些学校保留了修辞学的课程，但修辞学作为一门世俗文化，在这个神权至上的时代，已

---

44 Augustine, *On Christian Doctrine*, 4.34.

45 Augustine, *On Christian Doctrine*, 4.35-57.

46 杨克勤，《古修辞学》，110，113。

47 Augustine, *On Christian Doctrine*, 4.39-50.

48 Augustine, *On Christian Doctrine*, 4.32.

经被边缘化而沦为神学的附庸。修辞学训练也变得僵化，有诸多的限制和繁琐的规则。[49]然而，在奥古斯丁的影响下，中世纪教会提倡用修辞引导听众明白真理，从而为修辞学的发展开创了另一片空间。在古典修辞学逐渐衰败的时候，奥古斯丁开创的基督教修辞学却意外地繁荣昌盛，深深地影响了中世纪的思想文化。从某种意义上说，奥古斯丁的努力让古典修辞学的精髓在中世纪得以保存。他将福音信息注入古典修辞学的同时，也为修辞学找到了适应基督教文化的表达方式，这本身就是一种修辞策略。

第四节　加尔文与修辞学

加尔文作为十六世纪的宗教改革家，同时也是一位人文主义者，他继承了人文主义对修辞的关注。人文主义思想十分多元，很难总结，学术界普遍接纳克里斯特勒的观点，即认为人文主义主要关心的是以不同的形式发扬雄辩修辞的学问。[50]人文主义的中心主题是人的潜在能力和创造能力，这些都需要透过教育来引导，而修辞学在其过程中发挥着重要的作用。[51]可以说，对修辞学的重视是十六世纪人文主义思潮的一个重要特征。当时很多著名的人文主义学者，如伊拉斯姆（Erasmus）、彼得·拉姆斯（Peter Ramus）、弗朗西斯·培根（Francis Bacon）等，同时也是修辞学家。[52]

本着"回到本源"的指导思想，亚里士多德、西塞罗、昆体良等古典思想家们的作品在十六世纪重新被重视，人文主义者在古典文化遗产的启发下，重新寻求适应当时社会处境的学术规范，为此，他们对语言的本质及其作用很有兴趣，这兴趣激发他们投入了极大的热情讨论一些议题，如术语（vernacular）的价值，翻译的艺术，社会处境对词汇意义的决定性作用等等。[53]人文主义者强调人的潜力和自由，他们批判经院主义系统化的知识架构，认为那是人思想的枷锁，这些与修辞学相结合，形成一种对语言能力的极度乐观

---

49 See James P. Zappen, "Francis Bacon and the Historiography of Scientific Rhetoric," *Rhetoric Review* 8, no. 1（1989）: 74-88; Paul E. Prill, "Rhetoric and Poetics in the Early Middle Ages," *Rhetorica* 5, no .2（1987）: 129-147.

50 参麦格夫，《宗教改革运动思潮》，陈佐人译（香港：基道出版社，2006），59。

51 参布洛克，《西方人文主义传统》，董乐山译（台北：究竟出版社，2000），61。

52 See Kennedy, *Classical Rhetoric and its Christian and Secular Tradition from Ancient to Modern Times*, 226-258.

53 Serene Jones, *Calvin and the Rhetoric of Piety*（Louisville: Westminster John Knox, 1995），15.

态度。他们认为语言并非只是知识的传播媒体，而是人类社会中生命的实质成分（essential ingredient），除了传递思想，还能够转变人的情感，激发行动的意愿，等等。他们强调修辞学的三项能力：启发、说服和引导，它代表了自由、创新与成就（艺术修养）。简言之，对人文主义者来说，语言就是力量。[54]

人文主义对修辞学的特别重视在加尔文的著作中有明显的体现。在他早年的作品《塞尼卡的〈论怜悯〉注释》（Commentary on Seneca's De Clementia）中，他分析国王（king）和暴君（tyrant）两个词的不同，说，"起决定性意义的区别是用法（usage）而非词源（etymology）或者起初的含义（original meanings）。"[55]在他看来，词的意义是人在交流过程中，为了达到某种交流的目的，赋予它的，而非词汇本身含有的。这种观点带有很强的人文主义色彩。

加尔文是一位圣经实证主义神学家，他的神学理论体系建基于《圣经》，而他对《圣经》的诠释是人文主义式的。加尔文用一个很形象的比喻来说明《圣经》中的修辞学，他说，"就像保姆经常以婴儿的口吻向婴儿说话一样，同样地，神向我们启示时也是如此。"[56]加尔文认为，上帝是测不透的，超越人的理解能力，然而，因着爱的缘故，上帝用一种符合人的理解能力的方式启示自己，这种做法，加尔文称之为"俯就"。[57]"俯就"在拉丁文原文中是"accommodation"，亦可翻译为"适应"、"调整"、"迁就"、"屈就"等，英文中也有多种翻译，比如"accommodation"、"condescension"、"adjustment"等。这个词有两层意思，除了适应、调整的意思外，还有降卑、屈尊的意思，用在这里，指上帝在启示过程为了适应人的理解能力而中放低自己，包括使用人的语言和观念等。[58]加尔文所要强调的是，不能将《圣经》中的修辞表达，如比喻、象征等，看为上帝对自己本质的直接启示，否则会导致对经文的误读。加尔文举例说，神人同形论者"因为圣经经常描述上帝有口、耳、眼、手、脚"就认为"上帝与人有一样的身体"，这种诠释是荒唐可笑的，而造成这种错误诠释的原因是忽略了圣经中的修辞学方法。

54 See William James Bouwsma, *John Calvin: a sixteenth century portrait*（New York: Oxford University Press, 1988）, 114.

55 Calvin, *Commentary on Seneca's De Clementia*,1.11.4.

56 *Institutes* 1.13.1.

57 *Institutes* 1.13.1.

58 Richard A. Muller, *Dictionary of Latin and Greek Theological Terms: Drawn Principally From Protestan Scholastic Theology*（Grand Rapids, Michigan: Baker Book House,1986）, 19.

在同一卷《基督教要义》中，加尔文以上帝的"后悔"为例，对《圣经》中的修辞学方法做了进一步阐释。他提出一个问题：《圣经》中有几处经文提到上帝后悔，比如后悔造人（创6：6）、后悔立扫罗为王（撒上15：11）、因着以色列人的回转而后悔不降灾给他们（耶18：8）等等，然而《圣经》中又有经文说上帝做事"绝不后悔"（撒上15：29 p.）"必不后悔"（民23：19 p.）等，如何理解这矛盾呢？[59]加尔文从修辞学的观点出发，对这个问题做了回答，他说：

> 那么，"后悔"这一词的意思是什么呢？就是用人的说法描述上帝。因人的软弱，无法测透至高者，所以圣经在描述上帝时，屈就我们好让我们能明白。上帝屈就我们的方式就是，并非按着他自己的本质，而是用我们所能理解的方式描述他自己。尽管上帝不会受搅扰，然而他却表明他会向恶人发怒。所以当我们读到上帝发怒时，我们不应当认为在上帝里面有任何情感，而应当想到，这表达方式是屈就人的经验，因当上帝施行审判的时候，表面上就如人被惹怒生气一般。所以，"后悔"这一词的含义纯粹是指行动的改变，因为人每一次改变行动都在见证对自己的不满。因此，既然人每次行为上的改变都在纠正他从前的行为，而且这纠正来自后悔，那么"后悔"这个词指的就只是上帝作为的改变。但同时上帝并没有改变他原先的旨意和计划，他从永恒中所预知、赞成和预定的事，他都毫不踌躇地成就，不论事情的转变在人看来有多突然。[60]

在这里，加尔文用形象生动的语言，分析了《圣经》中"上帝后悔"的修辞学策略，并透过这分析，引导读者理解这种表达方式。

与其他人文主义者一样，加尔文认为相对于对真理的忠诚，有效的沟通更加重要。在约伯记注释中，他指出，约伯的朋友无法安慰约伯的失败是一个警告：忽略表达的得体（decorum），其后果是严重的。[61]在加尔文看来，神学家所要做的并非透过上帝的启示发掘上帝的本质，而是引导人从这启示中获得益处。[62]在加尔文神学体系中，有关上帝的知识并非直接涉及上帝本质的

---

59 *Institutes* 1.17.12.
60 *Institutes* 1.17.13.
61 Bouwsma, *John Calvin*, 116.
62 *Institutes* 1.5.5, 1.14.1.

客观知识，而是处在与上帝的关系之中，领受上帝的恩典。[63]这种观点与早期人文主义学者彼特拉克（Petrarch）对人文主义修辞学所做的总结遥相呼应。彼特拉克是这样总结的：好的教师是那些让听众获益，不仅影响听众的头脑（head），还要影响听众的心灵（heart），激发他们内心的爱和情感。[64]

　　近年来，有关加尔文修辞学的研究成果普遍达成了这样的共识：加尔文继承了西塞罗的修辞学思想。[65]然而，加尔文《基督教要义》中提及西塞罗经常是一种不认可的态度。比如，他批判西塞罗的观点：信仰随着时间的推移而不断坚固；[66]他指出西塞罗对"宗教"这个词的诠释不正确；[67]他甚至建议信徒放下西塞罗的作品。[68]笔者认为，加尔文对西塞罗的这种有意的贬低本身就是一种修辞学策略。随着文艺复兴的兴起，以及人文主义的发展，世俗文化的影响力不断壮大，不仅威胁到中世纪经院主义思想传统，还在一定程度上挑战了基督教信仰。尽管十六世纪的人文主义思潮本身十分多元，并非必然反宗教，但是大众并不能区分清楚。在这种处境中，加尔文要提醒大众避免受到人文主义思潮中反宗教思想的影响，就要刻意在大众面前保持一种与人文主义者立场不一样的姿态。西塞罗的思想在人文主义阵营中很受欢迎，因此加尔文在《基督教要义》中要刻意批判西塞罗，他并非真的不认同西塞罗，而是一种修辞学策略。

第五节　小　结

　　奥古斯丁和加尔文都受到希罗修辞学的影响很深，并且，他们都将希罗修辞学的方法应用在他们留给后人的神学文本中。希罗修辞学在奥古斯丁之前已经有很悠久的历史传统，在苏格拉底之前已被广泛运用于公众演讲、辩论、教学等，经过亚里士多德的整理和阐释，形成系统，又经过西塞罗、昆体良等罗马时期思想家的发展，成为与哲学、科学、艺术等融为一体的综合性学问。希罗修辞学关注如何达到说服的目的，强调思想正确、方法得体，

63　See *Institutes* 3.2.1-37.

64　Jones, *Calvin and the Rhetoric of Piety*, 24.

65　Quirinus Breen, "John Calvin and the Rhetorical Tradition", *Church History* 26, no. 1（March 1, 1957）: 7; Jones, *Calvin and the Rhetoric of Piety*, 25-36, Bouwsma, *John Calvin*, 113-130; 麦格夫,《宗教改革运动思潮》, 67。

66　*Institutes* 1.3.3.

67　*Institutes* 1.12.1.

68　*Institutes* 1.8.1.

不仅要有理性的阐释，还要兼顾听众的情感，要根据听众的不同的处境、气质类型选择不同的表达方式。

在早期基督教的形成与发展过程中，希罗修辞学发挥着巨大的影响，在新约文本与其他早期基督教文献中，充满各种修辞学方法的运用。奥古斯丁对希罗修辞学运用于基督教文化处境做了系统的阐释，将福音信息注入到希罗修辞学中，形成独具特色的基督教修辞学，对后世影响深远。修辞学在中世纪一度被边缘化，然而随着文艺复兴的兴起，修辞学受到人文主义者的特别关注。人文主义强调人的潜能和自由，这些与修辞学相结合，形成一种对语言能力的极度乐观。加尔文是一位人文主义者，他将修辞学方法应用于撰写学术专著、释经、讲道。他没有像奥古斯丁一样对修辞学做直接的论述，在当时的处境中，这种做法本身就是一种修辞学策略：为了教导大众避免受到人文主义思想中反宗教内容的影响，他必须在信徒面前保持与人文主义的距离。

第二章　奥古斯丁论"自爱"

公元 354 年，奥古斯丁生于北非塔加斯特（Thagaste）的一个小镇上，父亲伯特撒乌斯·赫纠拉斯（Patricius Herculus）是一位异教徒，担任罗马的税史，[1] 母亲莫妮卡（Monica）是一位虔诚的基督教徒。[2] 奥古斯丁从婴儿时期开始，就同时受到来自父亲的世俗文化和来自母亲的基督教信仰的双重影响，这也注定了他日后在这两种文化中挣扎，并努力调和二者。年轻时候，奥古斯丁一方面沉溺于肉体的情欲，另一方面在思想上苦苦寻求真理。从摩尼教，到学院怀疑主义，再到柏拉图主义，奥古斯丁走过了一段曲折的心路历程，直到三十二岁那年才皈依基督教。

奥古斯丁早年被父亲安排学习修辞学，先是在马达乌拉（Madaura），之后到迦太基（Carthage）。[3] 完成学业后，他先后在塔加斯特、迦太基、罗马、米兰教授修辞学，教学生涯长达十三年之久。[4] 当时的修辞学教学有具体的方法和内容，通常是设想一个具体处境，比如法庭、公共广场、演说厅等，老师大声朗读一段文章，学生将其复述出来，然后尝试做一系列练习，如改写（paraphrase）、反驳（refute）、评论（criticize）、论证（prove）等，其目的是培养学生争对具体的问题、具体的处境、为了达到具体的说服目标，组织语

1　参华尔克,《基督教会史》,谢受灵、赵毅之译（香港：基督教文艺出版社，2005），281。

2　See Peter Brown, *Augustine of Hippo: A Biography* (London: Faber, 1967) , 28-34.

3　奥古斯丁,《忏悔录》,徐蕾译（北京：中国社会科学出版社，2007），63。

4　See Kennedy, *Classical Rhetoric and its Christian and Secular Tradition from Ancient to Modern Times*, 171-172.

言的能力。[5]这段学习和教学的经历对他日后的神学研究、写作、讲道、释经等工作影响颇深，以至于他日后的神学作品蒙上了一层修辞学的色彩。

十八岁那年，奥古斯丁读到西塞罗的《荷尔顿西乌斯》（*Hortensius*），这本书激发了他对哲学的浓厚兴趣，想要探索物质世界背后的永恒实在及其人生的终极意义。旋即，他接受了摩尼教（Manichean）的善恶二元论信仰，做了十年的摩尼教徒。然而，摩尼教信仰并没有满足他追求永恒智慧的内在需求，他以敏锐的洞察力，发现了摩尼教的破绽，对其产生了怀疑。同时，他被柏拉图主义者的著作所吸引，这些著作使他越发看轻可感的物质世界，而把目光投向永恒不变的超感觉世界。新柏拉图主义者普罗提诺（Plotinus）的思想对奥古斯丁产生了强烈的震撼，最终使他放弃了摩尼教信仰，成为柏拉图主义者。[6]

386 年，32 岁的奥古斯丁经历了人生最大的转折，皈依了基督教。[7]之后，发生了一系列在他生命中意义十分重大的事件：33 岁辞去了修辞学教师的工作；[8]同年接受教会的洗礼，参与教会的团契生活；[9]34 岁回到北非建立修道团体过严谨的修道生活。[10]三年后，奥古斯丁成为北非西坡（Hippo）教会的牧师（priest），以反驳摩尼教而闻名；[11]42 岁任西坡的主教，直到 76 岁离世。[12]

皈依并没有导致奥古斯丁对柏拉图主义思想兴趣的减弱，相反，他终其一生都对此有浓厚的兴趣。皈依后，奥古斯丁的神学思想有很浓的柏拉图主义色彩，比如，他受普罗提诺的影响，认为恶是善的缺欠，再比如，他看重永恒而形上的事物，轻视感官可及的事物，等等。在《上帝之城》中，奥古斯丁肯定柏拉图主义以理性的方式探索到的真理与基督教的启示真理是一致的，说，"他（柏拉图）不怀疑从事哲学探索就是爱上帝。"[13]然而，他亦强调柏拉图主义不能替代道成肉身的启示真理：柏拉图主义的理性思考虽然能让人知道上帝的存在，却不能提供达到上帝的途径，耶稣基督才是唯一的道路。

5　Kennedy, *Classical Rhetoric and its Christian and Secular Tradition from Ancient to Modern Times*, 27.

6　沈介山，《今日教会的渊源》（台北：橄榄基金会，1984），333。

7　奥古斯丁，《忏悔录》，363-367。

8　奥古斯丁，《忏悔录》，377。

9　奥古斯丁，《忏悔录》，391。

10　巴尔迪，《圣奥古斯定传》，吴宗文译（台南：闻道出版社，1992），76-84。

11　See Brown, *Augustine of Hippo*, 138-145.

12　Kennedy, *Classical Rhetoric and its Christian and Secular Tradition from Ancient to Modern Times*, 172.

13　Augustine, *The City of God*, 8.8.

从奥古斯丁的成长经历看，希罗文化对他的影响是根深蒂固的。皈依基督教之后，他仍然十分看重希罗文化，并且，希罗文化深深地刻在他的生命中，使得他对上帝的思考蒙上了一层希罗文化的色彩。在神学内容上，他受柏拉图主义影响很深，在神学方法上，希罗修辞学的影响不可忽视。从某种意义上说，奥古斯丁终其一生在整合希罗文化和基督教文化。然而，他强调救恩的不可替代性，从这个角度出发，他对不认识道成肉身的基督耶稣的希罗哲学思想不无批判。

第一节 奥古斯丁之前的自爱观

"自爱"在奥古斯丁之前已经有很长的历史传承，其内涵十分多元，在不同的传统、语境中，"自爱"所表达的意思往往不同。总的来说，在希罗文化传统中，"自爱"的意思有正面的，也有负面的，而在基督教传统中，"自爱"的意思都是负面的。

一、希罗文化中的自爱[14]

"自爱"这个词源于希腊语，原文是"φιλαυτια"。"φιλαυτια"经常出现在古希腊的各种文献中。这个词的含义十分丰富，在不同的文献中用法不同，内涵也不同。古希腊文化中流传最为广泛的一种对"自爱"的诠释是负面意义的，将其理解为"满足自己的私欲"，与"自私"同义。[15]在这种诠释下，"自爱"被看为一切罪恶的源头，是反伦理的。

然而，古希腊的一些哲学家却赋予了"自爱"正面的意义。柏拉图在《法律篇》（*Laws*）肯定了"自爱"的正当性，他说，"每个人就其本性而言都是，并且应当是，他自己的朋友。"[16]亚里士多德继承了柏拉图的"自爱"观，并且更进一步，不仅肯定"自爱"的正当性，还将其作为道德伦理之基础，赋予它极其重要的意义和价值。在《优台谟伦理学》（*Eudemian Ethics*）中，亚里士多德说，人应当首先肯定自己的价值，才有可能爱别人，因此，"自爱"

---

14 希罗文化和早期基督教文化是交织着的，彼此相互影响，不可能截然区分，然而，为了方便论述，必须在两者之间做区分。本节所说的希罗文化，指的是希罗时期的世俗文化。

15 S. I. Irenee Hausherr, *Philautie: De La Tendresse Pour Soi A La Charite Selon Saint Maxime Le Confesseur*（Rome: Institutum Orientalium Studiorum, 1952）, 5.

16 Plato, *Laws*, trans. Benjamin Jowett （Amherst, N.Y.: Prometheus Books, 2000）, 72.

是友爱（friendship）的基础。[17]在《尼各马可伦理学》（*Nicomachean Ethics*）中，亚里士多德再次论述"自爱"作为友爱之基础的理论，并将其与人的快乐（happiness）相联系。[18]

古希腊哲学家对"自爱"的这种正面的态度与他们对"自爱"内涵的独特理解密切相关。在《尼各马可伦理学》中，亚里士多德对"自爱"通常意义上的用法（common usage）提出质疑，他说，很多人指责"自爱"是一种罪恶，在他们的语境中，"自爱者"（self-lover）是耻辱的代号，这种观念并不符合事实。亚里士多德指出，"自爱者"可以指那些为自己争取更多的金钱、荣耀、身体快乐的人，也可以指那些为自己追求更多美德（virtues），如公义、节制等，的人。前一种人的"自爱"是大多数人所理解的"自爱"，导致邪恶、贪婪，然而，这并非真正的"自爱"。后一种人的"自爱"才是真正的"自爱"，因为他们努力满足自己灵魂的权威部分（authoritative part），就是理性部分。[19]

在罗马拉丁文化中，"自爱"（φιλαυτια）被翻译为"amor sui"或者"dilectio sui"，这个词同时继承了古希腊对"自爱"的两种不同理解。一方面，拉丁文化中的"自爱"在通常意义上是负面的意思，与"自私"同义。另一方面，亚里士多德对"自爱"的诠释在一些罗马哲学家的思想中得到了继承。比如，西塞罗在《论友爱》（*On Friendship*）中说："每一个人都爱自己……除非这种情感转移到他人那里，真正的朋友才会出现，因为他是第二个自己。"[20]在这里，西塞罗继承了亚里士多德，将"自爱"看为友爱的基础，赋予它正面的含义。

总之，在希罗世俗文化中，对"自爱"有两种不同的解读：在通常意义上，"自爱"指满足自己的私欲，与"自私"同义；然而在一些哲学家们的观念中，"自爱"指满足自己灵魂的需要，追求自己灵魂的提升，作为人的本性不仅是正当的，而且是友爱、美德、幸福等实现的基础。对"自爱"两种不同的解读带出两种不同的态度：希罗文化传统中大多数人对"自爱"的负面

---

17 See Aristotle, *The Athenian Consitution, The Eudemian Ethics, on Virtues and Vices*, trans. H. Rackham（London: Harvard University Press, 1935），406-408.

18 See Aristotle, *Nicomachean Ethics*, trans. W. D. Ross （Oxford: Clarendon Press, 1908），1169a.

19 See Aristotle, *Nicomachean Ethics*, trans. Robert C. Bartlett and Susand D. Collins （Chicago: University of Chicago Press, 2011），1168b.

20 Cicero, *Treatises on Friendship and Old Age*, trans. E. S. Shuckburgh（Project Gutenberg eTexts, 2001），20.

态度与希罗一些哲学家们对"自爱"的正面态度，这两种态度都对基督教产生了影响。

二、早期基督教文化中的"自爱"

在奥古斯丁之前，早期基督教继承了希罗世俗文化对"自爱"的负面态度。在《新约圣经》和奥古斯丁之前的基督教著作中，"自爱"被看为人的罪，人的捆绑，人的私欲等，与爱上帝、爱他人对立。

在《新约圣经》中有多处对"自爱"持否定态度的经文。《路加福音》中记载耶稣的话："若有人要跟从我，就当舍己，天天背起他的十字架来跟从我。因为凡要救自己生命的必要丧掉生命，凡为我（耶稣）丧掉生命的必救了生命。"（路，9：23-24，《新标点和合本》）尽管这段经文没有直接否定"自爱"，但经文所说的"舍己"，以及所表达出来的对"救自己生命"的否定态度，显示作者对"自爱"的负面态度。保罗在《提摩太后书》中说得更加直接，他描述末世的人罪恶滔天，说，"人们将要自爱……"（提后，3：2，作者翻译）[21] 在这里，他将"自爱"看为人的罪，并且是十分严重的罪。接下来，保罗列举了人类的多种罪恶："贪爱钱财、自夸、狂妄、诽谤、违背父母、忘恩负义、心不圣洁、无亲情、不解怨、好说谗言、不能自约、性情凶暴、不爱良善、卖主卖友……"（提后，3：2-5，《新标点和合本》）在这许多不同种类的罪恶中，保罗将"自爱"放在第一位，显然，在他看来，"自爱"是万恶之首。

在奥古斯丁之前的教父著作中，"自爱"被多次提及，几乎每一次都是贬义的。比如，亚历山大的克莱蒙特（Clement of Alexandria）说，"自爱""在任何时候都是一切罪恶的源头"；[22] 奥利金（Origen）认为，"自爱"是一种轻率的狂热，应当被另一种热情所替代，就是为真理而战甚至殉道的热情；[23] 巴西尔（Basil）认为，"自爱"最终会导致毁灭（perdition）；[24] 塔拉西乌斯说，"自爱"

---

21 "Εσονται γὰρ οἱ ἄνθρωποι φίλαυτοι"，作者翻译。

22 Hausherr, *Philautie*, 7: "Elle est la cause de toutes les fautes."

23 Hausherr, *Philautie*, 29: "je pense que c'est ecrit, parce que le logos veut nous detourner de l'ardeur indiscrete a nous precipiter dans la lutte jusqu'a la mort pour la verite, et dans le martyre."

24 Hausherr, *Philautie*, 38: "Si, ce qu'il fait, il le fait pour soi, il est philautique, quand bien meme l'acte en question serait conforme au commandement. Car, de manquer, pour son propre agrement, a quelque chose dont notre frere a besoin, soit pout l'ame, soit pour le corps, cela trahit meme dans le reste le vice de la philautie dont l'aboutissement est la perdition."

是邪恶灵魂的开端；[25]屈梭多模谈到"自爱"说，"不信的人罪已经定了"。[26]总之，在教父们的观念中，"自爱"是一种罪。

三、欲爱与圣爱传统下的"自爱"

瑞典神学家虞格仁用"欲爱"（Eros）与"圣爱"（Agape）来总结古希腊与基督教两个不同传统的爱观："欲爱"是人因着缺乏而产生的欲求，是灵魂向上的升腾；"圣爱"是自发的施予之爱，是上帝至上而下的俯就。[27]笔者认为，两个不同传统对"自爱"的态度体现出虞格仁的这种区分。

虞格仁对"欲爱"的解读主要跟随了柏拉图。柏拉图区分了两种不同的"欲爱"："庸俗的欲爱"（vulgar Eros）与"神圣的欲爱"（heavenly Eros），前者追求可感世界（sensible world）中的各种满足，而后者追求的是理念世界（world of ideas）。柏拉图认为，"庸俗的欲爱"是一种灵魂的盲目，把人紧紧地捆绑在物质世界中，而"神圣的欲爱"把人从这种捆绑中释放出来，提升人的灵魂。尽管柏拉图对"庸俗的欲爱"持否定的态度，但他却肯定这是人与生俱来的本性，并且可以经过升华（sublimate）成为"神圣的欲爱"。[28]

希罗文化对"自爱"的诠释是在古希腊的"欲爱"传统之下，体现出这个传统的特征。在希罗大众文化中，"自爱"被解读为"满足自己的私欲"，这种"自爱"即是柏拉图所说的"庸俗的欲爱"。希罗哲学家们认为，这种通常意义上的"自爱"是盲目的、不真实的"自爱"，追求满足自己灵魂的提升才是真正的"自爱"。需要特别注意的是，希罗哲学家们并没有完全否定前者，而是将其看为人与生俱来的一种本性，并且认为这种本性在哲学家们的引导下可以转化为后者。总的来说，在柏拉图的"欲爱"观影响下，希罗传统对"自爱"的态度是接纳的。

在虞格仁的观念中，基督教传统下的"圣爱"是与"欲爱"完全不同性质的一种爱：不是人因着缺乏而产生的欲求，而是自发的施予之爱；不是灵魂向上的升腾，而是至上而下的俯就。[29]按照基督教的教义，上帝是"圣爱"的源头。"圣爱"是为了他者的爱：上帝因着爱创造了世界，又因着爱舍命在

---

25 G. W. H. Lampe, *A Patristic Greek Lexicon* （Oxford: At The Clarendon Press, 1961），1476: "αρχη κακών τη ψυχή η".

26 Lampe, *A Patristic Greek Lexicon*, 1476: "ο μη πιστεύων ήδη κεκρίται".

27 Nygren, *Agape and Eros*, 469.

28 See Nygren, *Agape and Eros*, 49-52.

29 See Nygren, *Agape and Eros*, 41-48.

十字架上，成就全人类的救恩；"圣爱"是出于充满，而非出于缺乏，上帝原本一无所缺；"圣爱"的目的是给予，而非为了获得；"圣爱"是舍己之爱，上帝因着爱，舍弃天上的尊荣，以罪人的身份被钉在十字架上，完全地倾倒自己的生命，毫无保留。在基督教的观念中，人因着罪的缘故，已经失去了爱的能力，除非借着上帝的恩典，重新回到上帝的爱中。人唯有在圣灵的引导下，与上帝联合，否则，不可能领受这"圣爱"。基督教的这种对爱的解读否定了从人本性出发能够达到"圣爱"之可能，而将爱的源头从人本性之中抽离出去，推向一个绝对的他者，就是上帝。在这种解读下，出于人之本性的"自爱"失去了所有正面的含义。

"圣爱"与"欲爱"两个不同的传统对"自爱"的态度十分不同，然而，奥古斯丁神学中的"自爱"却同时具有这两个传统的特征，可以说，奥古斯丁的"自爱"观超越了这两个传统的差异。

第二节 奥古斯丁的"自爱"观

奥古斯丁同时继承了"欲爱"和"圣爱"两个不同传统的爱观，并且将两者整合，形成第三种爱，就是"友爱"（caritas）。在"自爱"问题上，他一方面说，"自爱"是人与生俱来的本能，是理所当然的，"只有疯子才会怀疑人是否爱自己，渴望改善自身。"[30]他引用圣经的话"爱人如己"说，"这诫命并没有忽略我们对自己的爱"。[31]另一方面，他又认为"自爱"是罪的源头，"如果不是因为自爱，魔鬼不可能引诱人公然地去做上帝明确禁止他做的事情。"[32]在这个问题上，他整合了希罗文化传统和早期基督教文化传统对"自爱"的不同态度。在奥古斯丁的文本中，拉丁文短语"amor sui"（自爱）的意思纷繁复杂，本节尝试梳理这个短语的几种不同用法，探究奥古斯丁神学中"自爱"的内涵。

一、三种自爱

在奥古斯丁的著作中，拉丁文短语"amor sui"（自爱）在不同的语境下意思是不同的，奥多诺曼（Oliver O'Donovan）做了如下区分：

---

30 Augustine, *On Christian Doctrine*, 1.26.

31 Augustine, *On Christian Doctrine*, 1.27.

32 Augustine, *The City of God*, 14.13.

追溯奥古斯丁对"自爱"这个短语的使用，我们不得不做一些区别。我们区分了这个短语所带出的不同的评价性意调（evaluative tones）：一种负面的意调，表示所有罪以及背叛上帝的根源；一种中性的意调，表示人动物性的或者理性的本性的自然前提；一种正面的意调，表示人在上帝那里发现自己真实的幸福。[33]

奥多诺曼的这一区分很清楚地总结了奥古斯丁著作中"自爱"的三种不同的含义。

1、邪恶的"自爱"

在奥古斯丁的文本中，"自爱"可以指以自我为中心，轻看上帝的旨意而放任自己的私欲。[34]基于这种对"自爱"理解，奥古斯丁认为"自爱"和爱上帝是对立的，在《上帝之城》中，他说，"两座城（上帝之城和世俗之城）源于两种不同的爱：世俗之城源于自爱，以至于轻视上帝；上帝之城源于爱上帝，以至于轻视自己。"[35]在奥古斯丁看来，这种意义上的"自爱"是人的败坏，导致人骄傲、自私、冷漠……拦阻人亲近上帝，是一切罪恶的根源。奥古斯丁对这种自爱的态度十分明确：基督徒必须对付自己里面的自爱，否则，他无法遵行上帝的诫命。[36]

在奥古斯丁的年代，正统神学还没有形成完善的教义系统，神学上的纷争不断。尽管大公教会分别于公元 325 年和 381 年召开了两次大公会议：第一次尼西亚公会议和第一次君士坦丁堡公会议，商讨诸如"圣父和圣子的关系"、"圣灵的位格"等一些重要的神学问题，但三位一体教义尚未完全成形，基督神性和人性的关系尚未理清，对救恩的认识仍然受到各种异教的搅扰，其他诸如圣母玛利亚的地位、圣礼的规定、神职人员的管理等问题，还没有统一的态度。当时各种不同于大公教会的神学思想迅速发展，形成气候，与大公教会形成对抗。在这种处境下，奥古斯丁作为大公教会按立的主教，要全力维护大公教会的威望。他论邪恶的"自爱"与早期教父的"自爱"观一致，表达了他对大公教会神学的认同，维护了教会教导的一致性。

---

33 Oliver O'Donovan, *The Problem of Self-Love in St. Augustine* （New Haven: Yale University Press, 1980）, 137.

34 See Augustine, *The City of God*, 13.21.

35 Augustine, *The City of God*, 14.28.

36 Augustine, *The City of God*, 10.7.

2、中性的"自爱"

在奥古斯丁的文本中，"自爱"也可以指人爱自己的身体，关注人物质层面的需要，是人动物性的本能。[37]奥古斯丁肯定了这种自爱的合理性，他说，"人必须学会如何爱自己的身体，以至于他可以用一种平常的、明智的方式照顾它"，这种对自己身体的爱，希望自己的身体"始终平安而健康"的心态，是理所当然的。[38]值得注意的是，中性的"自爱"指的是"正当地爱自己的身体"，不包括放纵自己身体的欲望，后者属于邪恶的"自爱"。

奥古斯丁对这种"自爱"的态度并非完全肯定，而是中性的：一方面，他肯定人的这种自然天性是合理的，另一方面，他又认为如果加以克制，则更好。在《论婚姻的善》(on the goods of marriage) 中，他说：

> 无论是谁，为了此目的（上帝创造的目的）而使用它们（学习、肉、饮酒、睡觉、婚姻、性交等），被视为做得好。然而，对于任何一个不必然需要它们的人来说，如果他不使用它们，他做得更好。因此，当我们有需要这些的时候，我们去渴望它们是好的；但是我们不渴望它们比渴望它们更好：因为当我们视它们为非必须的，我们自身是处在一个更好的状态。[39]

在这段话中，奥古斯丁的禁欲主义思想明显地体现出来：他认为人满足自己的自然需要是次一等的选择，尽管没有错，但努力克服它们能使人处在更好的状态中。他显然受到新柏拉图主义的影响，将人的灵魂和身体分开，在"自爱"这个问题上，奥古斯丁区分了爱自己的灵魂和爱自己的身体，前者关注在人与上帝的关系，后者关注在人与物质世界的关系，中性的"自爱"指的是后者。这两者"在奥古斯丁看来不是简单共存的（coexistent）的意向（attitude），无论比例是否合理。"[40]所以，过于爱自己的身体会导致人远离上帝。

奥古斯丁的禁欲主义思想源于他对自己早年放荡经历的反思，也是对当时罗马异教徒生活的反思。当时世俗社会享乐主义盛行，对性的态度随便，

---

37 O'Donovan, *The Problem of Self-Love in St. Augustine*, 137.

38 奥古斯丁，《论灵魂及其起源》，石敏敏译（北京：社会科学出版社，2004），30。

39 Augustine, "The Good of Marriage," in *Saint Augustine Treatises on Marriage and Other Subjects*, trans. Charles T. Wilcox et al.; vol. 27 of *The Fathers of the Church Series*, ed. Roy J. Deferrari. (Washington D.C.: the Catholic University America Press, 1952), 21-22.

40 O' Donavan, *The Problem of Self-Love in St. Augustine*, 67.

对国家未来的期望就是给他们提供更好的享受。奥古斯丁在《上帝之城》中这样描述他们心中的愿望：

> 让这个国家有足够的公开的娼妓，使每个想要嫖娼的人都能如愿，特别是对那些因为太穷而不能蓄养一个妓女专供自己使用的人能够如愿以偿。让富丽堂皇的厅堂林立，在那里提供最豪华的宴席，无论何人只要愿意就可在那里不分昼夜地狂饮、玩乐、呕吐、放荡。让各处都能听到舞蹈的喧哗声、剧场里的无节制的欢笑声，让最残忍的、最荒唐的欢乐连续不断，持久地使人亢奋。[41]

奥古斯丁认为，罗马人的这种扭曲、变态的人生追求，源于异教对他们的影响。当时的罗马异教徒常常表演下流、淫秽、残忍的节目取悦神灵，在奥古斯丁看来，这种宗教活动对当时的社会风气造成严重的影响，导致整个帝国的腐败和衰落，让全民沉溺在肉欲之中。[42]面对这种道德败坏的异教社会，奥古斯丁坚持"禁欲"在属灵上的优越性，一方面为了保护基督徒避免遭到这种社会风气的毒害，另一方面也帮助那些对真理还不太清楚的基督徒辨别基督教和异教的不同。

3、良善的"自爱"

前面提到奥古斯丁在"自爱"这个问题上区分了爱自己的灵魂和爱自己的身体，他认为爱自己的灵魂是良善的自爱，这个意义上的"自爱"与"爱上帝"、"爱邻舍"是一致的，是"上帝为人所设立的，规范人一切行为的准则"，给人带来真正的幸福和快乐。[43]

奥古斯丁论良善的"自爱"，使用了希罗哲学传统中"欲爱"观的理论框架，同时注入了福音的信息。首先，他继承了"欲爱"观的理论框架。受希罗哲学传统影响，奥古斯丁认为通常意义上的"自爱"，即放纵私欲、自私自利，是错误的"自爱"。这种"自爱"，希罗哲学传统称之为"庸俗的欲爱"，在奥古斯丁那里，就是邪恶的"自爱"。奥古斯丁认为，这是错误的"自爱"，其实是"恨自己"，因为它最终会伤害自己。[44]正如希罗哲学传统认为人应当脱离"庸俗的欲爱"而追求"神圣的欲爱"，奥古斯丁强调基督徒应当脱离邪恶的"自爱"而追求良善的"自爱"。

41 Augustine, *The City of God*, 2.20.
42 Augustine, *The City of God*, 2.4-12, 22.
43 Augustine, *The City of God*, 10.3.
44 Augustine, *On Trinity*, XIV.14.18.

其次，奥古斯丁将福音信息注入到希罗"欲爱"观的理论框架之中。在希罗哲学中，"神圣的欲爱"指追求灵魂的提升，奥古斯丁站在基督教的立场上对其做诠释，认为灵魂的提升其实就是爱上帝。然而，当他这么诠释的时候，他所说的已经不是希罗哲学中的"欲爱"了，其差异主要体现在两个方面：就爱的内容而言，"欲爱"是自我中心的爱，而良善的"自爱"却是以上帝为中心的爱。就爱的途径而言，"欲爱"是靠自己的爱，而良善的"自爱"需要恩典的介入。[45]

在奥古斯丁所面对的群体中，有相当一部分受过高等教育，对哲学有浓厚兴趣的人。罗马帝国时期的哲学，主要继承了古希腊柏拉图的传统，尝试用理性的方式寻求人生的终极意义，[46]当时一位很有影响力的柏拉图主义思想家麦克罗比亚斯（Macrobius）说，"那些为公共利益作出贡献的人从肉身中返回天国，并在那里享受永远的祝福。"[47]在他们看来，柏拉图主义思想所提供的正是通往永恒的道路。这个群体对希罗传统宗教的态度比较负面，对基督教也没有好感，在他们看来，基督教与这些异教并无实质的区别，因此，他们批判基督教的方式和批判异教的方式很相似。[48]奥古斯丁用希罗"欲爱"观的理论框架表达福音的信息，一方面与这个群体认同，另一方面要让他们明白基督教和异教是不同的。

4、小结

奥古斯丁文本中，"自爱"有三种不同含义：①、邪恶的"自爱"，即放纵自己的私欲；②、中性的"自爱"，即合理地爱自己的身体；③、良善的"自爱"，合理地爱自己的灵魂，与"爱上帝"、"爱邻舍"一致。不同意义的"自爱"分别回应了当时处境中的不同问题：① 论邪恶的"自爱"表达了奥古斯丁对大公教会传承的认同，维护了教会的权威；② 论中性的"自爱"是为了抗衡当时受异教文化影响而形成的堕落、淫秽的世俗生活方式；③ 论良善的"自爱"是为了与柏拉图主义对话，吸引受过希罗高等教育的群体。奥古斯丁对三种自爱的区分为"自爱"这个文本留下了更多的诠释空间，可以更加灵活地回应处境的问题。

---

45 Augustine, *On Trinity*, XV, 31.

46 参文德尔，《古代哲学史》，詹文杰译（上海：三联书店，2009），272-276。

47 Transl. W. H. Stahl, *Macrobius, Commentary on the Dream of Scipio*, （Records of Civilization, Sources and Studies, 1952）, 48, quoted in Brown, *Augustine Of Hippo: A Biography*, 301.

48 Brown, *Augustine Of Hippo: A Biography*, 303.

从奥古斯丁对三种"自爱"的不同态度，可以看出在他的神学中"节制"的重要性。奥古斯丁受新柏拉图哲学的影响十分深远，导致他的神学呈现出浓厚的禁欲主义色彩。在"自爱"这个问题上，奥古斯丁认为，唯有"节制"，人才可能脱离邪恶的"自爱"、中性的"自爱"，而转向良善的"自爱"。从这个意义上看，笔者认同坎利斯所说的，奥古斯丁"没有完全放弃人类中心说（anthropocentrism）的思维模式"，在救恩的事情上保留了个体努力的参与。[49]

二、正当的"自爱"（right self-love）

奥古斯丁认为"自爱"是人本能，因此是理所当然的。他说，"没有人恨恶自己"，[50]也没有必要定一条"自爱"的诫命，[51]因为这是人与生俱来的天性。所以，他论述的重点不是要不要"自爱"，而是如何"自爱"。

奥古斯丁区分了正当的"自爱"和不正当的"自爱"，后者是被罪所扭曲的"自爱"，其实不是"自爱"，而是"自恨"（self-hate），最终会伤害甚至毁灭自己，所以正当的"自爱"是基督徒应当努力追求的。在奥古斯丁看来，以上三种不同意义的"自爱"中，唯有良善的"自爱"是正当的"自爱"。

1、顺序的爱

奥古斯丁认为，爱应当符合上帝创造的秩序。他说，"当正确的秩序得到遵守，那么爱就正确，如果搅乱了秩序，那么爱就是错误的。""我们哪怕是在爱那些值得我们爱的事物，也应当遵守秩序……美德最简洁最正确的定义就是正确有序的爱。"[52]

在《论基督教教义》中，奥古斯丁在肯定爱自己的身体的正当性之后，说，"然而，人应当还有比自己的身体的平安和健康更美好的东西值得去爱。"他举例说，"许多人为了获得他们更珍爱的东西甘愿受苦，不惜失去自己的肢体。"奥古斯丁对这种舍身取义的做法与态度是肯定的，因为在他看来，这种做法符合创造的秩序。[53]

奥古斯丁将爱的对象按照优先秩序分为四类："首先是那超越我们之上的神；其次是我们自己；第三是与我们同等的存在；第四是在我们之下的存在。"

---

49 Canlis, *Calvin's Ladder*, 35.
50 Augustine, *On Christian Doctrine*, 1.24.24.
51 Augustine, *On Christian Doctrine*, 1.26.27.
52 Augustine, *The City of God*, 15.22.
53 Augustine, *On Christian Doctrine*, 1.25.26.

[54]需要特别指出的是，上文所说的中性的"自爱"是第四类，第二类指爱自己的灵魂，是良善的"自爱"。在奥古斯丁看来，为了上一级的对象，舍弃下一级，是完全合理的，符合创造的秩序，如果反过来，就是搅乱了上帝的秩序，就是罪恶。具体到"自爱"的问题，他说，"想升到万物之上，并把应当独属于神的东西称为归于自己……这样的自爱还不如称之为自恨。"[55]在奥古斯丁看来，尽管"爱上帝的人爱自己并没有错"，[56]但如果爱自己超过爱上帝，则是罪。[57]

2、享受与使用

奥古斯丁将爱区分了"享受"和"使用"："享受一事物意味着满足于该事物本身，而使用一事物是用所能支配的手段来获得渴求的对象。"[58]"享受"意即为了事物本身而爱它，爱的对象即是爱的目的；"使用"意即为了某种区别于事物本身的目的而爱这个事物，爱的对象与爱的目的不一致。奥古斯丁认为，上帝应当是一切爱的目的，所以唯有对上帝才应当"享受"，对于除上帝之外的其他，只能"使用"。他说，"我们已经远离上帝了，如果我们希望回到我们天父的家中，就必须使用这个世界，而不是享受他……享受的真正对象是圣父、圣子、圣灵。"[59]具体到"自爱"，奥古斯丁说，"任何人都不应当为了自己而自爱，应当为了他（上帝）而爱自己，他才是享受的真正对象。"[60]这样看来，正当的"自爱"不是为了自己而爱自己，是享受上帝，使用自己与邻舍。[61]

3、超越的爱

在奥古斯丁看来，尽管"自爱"是人的本性，人却因为罪的缘故而落在不正当的"自爱"中，被世界捆绑，与上帝隔绝。由不正当的"自爱"过度

---

54 Augustine, *On Christian Doctrine*, 1.23.22.

55 Augustine, *On Christian Doctrine*, 1.23.23.

56 Augustine, *The City of God*, 19.14.

57 在这里，奥古斯丁的论述似乎存在矛盾：一方面，"自爱"就是"爱上帝"，另一方面，"自爱"不能高过爱"爱上帝"。"自爱"与"爱上帝"到底是等同还是不等同？在这个问题上，奥古斯丁留下了模糊，学术界对此有不同的看法，也有批评的声音（比如虞格仁）。笔者将在本章第四节中详细探讨这个问题，此处不再赘述。

58 Augustine, *Christian Doctrine*, 705.

59 Augustine, *Christian Doctrine*, 705.

60 Augustine, *Christian Doctrine*, 709.

61 这段的内容与奥古斯丁用希罗"欲爱"观的理论架构所阐释的"自爱"观是矛盾的，下一节将具体阐释如何看待这矛盾，此处不再赘述。

到正当的"自爱"是灵魂向上的升腾，用奥多诺曼的话说，是"一种垂直的运动"。[62]这运动不可能自然发生，也不可能靠着人自身的努力而发生，唯有靠着上帝恩典超越罪之捆绑。

在这个问题上，奥古斯丁所说的"自爱"与希罗"欲爱"的差异明显地体现出来。在希罗哲学传统中，"庸俗的欲爱"可以升华为"神圣的欲爱"，然而在奥古斯丁神学中，邪恶的"自爱"却不可能转变为良善的"自爱"。尽管奥古斯丁肯定"自爱"是人之本性，但他同时指出，由于罪的缘故，人与自己疏离，失去了自我的知识（self-knowledge），爱自己却不认识自己，也不知道自己真正渴望的是什么。[63]在这个问题上，希罗哲学家们也有类似的论述，比如，西塞罗说，人不可能完全感受到自己的渴望，除非拥有自我意识。[64]然而，不同于希罗哲学家，奥古斯丁认为人无法靠着自己改变这种处境，除非上帝的恩典介入。他在《论三位一体》中说，"从上帝而来的圣灵，在被赐给圣灵的人心中，点燃他们对上帝和对邻舍的爱，他自己本身就是爱。"[65]

4、小结

总之，奥古斯丁所说的正当的"自爱"是让上帝居首位的爱，是单单享受上帝，而使用世界的爱，是借着上帝恩典才能真正实现的爱。从这里可以看出，奥古斯丁所说的正当的"自爱"与希罗传统中的"欲爱"有着根本上的不同，是以上帝为中心的爱，而非以自我为中心的爱。

十分特别的是，希罗哲学传统中的"自爱"这个术语本身包含了爱的对象是自己，是"以自我为中心的爱"，当奥古斯丁借用这个术语表述这种以上帝为中心的爱的时候，似乎陷入了"以自我为中心"和"以上帝为中心"的张力之中。为此，虞格仁认为，奥古斯丁的爱观矛盾重重。[66]在这个问题上，笔者认同奥多诺曼的观点，他认为，奥古斯丁将快乐主义当作阐释福音信息的工具，用快乐主义者的语言去论述基督教神学，但这并不意味着快乐主义主导了他的神学立场。在"自爱"的问题上，他并没有跟从快乐主义，传讲一种以自己为中心的爱，而是用了快乐主义的理论架构，阐释以上帝为中心

---

62 O'Donavan, *The Problem of Self-Love in St. Augustine*, 67.

63 See O'Donovan, *The Problem of Self-Love in St. Augustine*, 60-67.

64 Cicero, *On the Ends of Good and Evil*, III.5.16.

65 Augustine, *On Trinity*, XV.31.

66 虞格仁，《历代基督教爱观的研究》，下册（香港：中华信义会书报社，1952），282-296。

的爱。[67]然而，不可否认的是，当奥古斯丁借用希罗哲学术语的时候，不可避免地受其影响，使得他在一定程度上保留了人类中心说的思维模式。

第三节　以《上帝之城》十卷三章为例，分析奥古斯丁论"自爱"的修辞学策略

从奥古斯丁对正当的"自爱"的论述中，可以看出他努力将福音信息融入到希罗"欲爱"观的理论架构中。这导致他的"自爱"观呈现出多面性：尽管"自爱"是人与生俱来的本能，恩典介入却是必要的；尽管"自爱"是追求自己的幸福，自爱的目的却不是自己，而是上帝。虞格仁因此认为，奥古斯丁的"自爱"观中同时存在两种不同的爱："欲爱"和"圣爱"，但没有解决两者之间的张力，这导致他的"自爱"观矛盾重重。[68]虞格仁的观点受到了奥多诺曼的挑战。奥多诺曼认为，虞格仁将奥古斯丁的爱观看为不同种类爱观的综合体，是不恰当的，事实上，奥古斯丁所谈的只有一种爱，只是这种爱有不同的方面（aspects）。[69]笔者认同奥多诺曼的观点。在奥古斯丁的观念中，正当的"自爱"与爱上帝、爱邻舍是同一种爱，但奥古斯丁对它的论述却呈现出不同的面，理解这种多面性，需要回到当时的处境中，从奥古斯丁所面对的群体、要处理的问题、要达到的说服效果等入手，了解奥古斯丁在不同语境中所运用的修辞学策略。本节选取《上帝之城》十卷三章中论"自爱"的文本为例，尝试分析奥古斯丁所使用的修辞学策略。

《上帝之城》十卷三章是奥古斯丁著作中对"自爱"的论述较为集中的一段文本。这段文本中包含如下三个主题：

　　A. 柏拉图主义的上帝就是基督教的上帝；

　　B. 真信仰是无形地敬拜上帝；

　　C. 这真正的信仰就是"自爱"；

这三个主题是密切关联的，尽管对"自爱"的直接论述在这一章的后半部分才出现，但前半部分的论述对其做了铺陈，所以，分析奥古斯丁在这段文本中论"自爱"的修辞学策略，不可忽略 A 和 B 两个主题。下文按照这三个主题逐一分析。

---

67 O'Donovan, *The Problem of Self-Love in St. Augustine*, 155-156.

68 参虞格仁，《历代基督教爱观的研究》，下册，290-291。

69 O'Donovan, *The Problem of Self-Love in St. Augustine*, 11-13.

A. 柏拉图主义的上帝就是基督教的上帝

《上帝之城》的写作时间是在公元 410 年之后，这一时期，奥古斯丁面对的读者群发生了很大的改变。之前，他所面对的群体集中在北非，普遍受教育程度比较低，面对这个群体，奥古斯丁尽量用平实的语言表达自己的观点。尽管他受过高等教育，当他面对一群没有受过高等教育的群体的时候，他说：，"无需透过炫耀西塞罗《对话录》（*Dialogue*）中的知识而赢得听众。"[70]然而，410 年，罗马城惨遭外族入侵，一群受过高等教育的罗马异教贵族逃难到了北非，奥古斯丁的读者群因此发生了根本的变化。这个群体受柏拉图影响很深，在他们看来，柏拉图主义思想所提供的正是通往永恒的道路。[71]他们对基督教和希罗传统宗教的印象都很负面，在他们的观念中，两者在本质上是一样的，这导致他们批判基督教的方式和批判异教的方式很相似。他们中的一些人直接向奥古斯丁发出挑衅，并以此为满足。[72]

独特的读者群推动奥古斯丁回顾他早年所受的教育，以极富文采的表达撰写《上帝之城》，使之成为一部文学巨著。基督教历史学者布朗（Peter Brown）做了这样的总结：

> 《上帝之城》中，奥古斯丁建构他的论证有意避开后来经院主义所使用的辩证进路，而是用这样一种进路，为了显示他能够挪开所有学问的堆积。这种进路与他其他著作的进路十分不同。[73]

按照布朗的解读，奥古斯丁在《上帝之城》中没有直接论述他的观点，而是选择先进入当时文化处境中的有影响力的学派思潮，分析它们，最终超越它们，并在此过程中呈现自己的观点。

在这一章的开篇，奥古斯丁说，"如果柏拉图主义者……知道上帝，并荣耀他……如果他们没有思念变虚妄……那么他们必定认同敬拜万神之神，就是我们和他们共同的上帝"。这个句子在原文中用的是虚拟语气，表示所表达的内容与事实相反，即是说，柏拉图主义者们实际上并没有这样做。"思念变虚妄"（罗马书 1：21，和合本圣经）这个短语来自圣经，在《上帝之城》中被多次引用，主要被用来批判两种人：非柏拉图主义的哲学家们，[74]和没有真

---

70 Ep., 118,i,1. Quoted in Brown, *Augustine Of Hippo: A Biography*, 299.
71 Brown, *Augustine Of Hippo: A Biography*, 301.
72 Brown, *Augustine Of Hippo: A Biography*, 303
73 Brown, *Augustine Of Hippo: A Biography*, 304.
74 Augustine, *The City of God*, 8.10, 23.

正领受柏拉图主义精髓的柏拉图主义者们。[75]用在在这里，显然是在批判第二种人。奥古斯丁用虚拟语气表达，说"如果他们没有思念变虚妄"，实际上所表达的是：你们这些柏拉图主义者们都是思念变虚妄，没有一个真正领受了柏拉图主义思想的精髓。面对以柏拉图主义者为主的群体，奥古斯丁的这种表达无疑有带着一种挑衅，刺激他们反思自己的思想。这些人站在柏拉图主义的立场上批判基督教，奥古斯丁不直接与他们辩论，而是从他们自己的立场入手，拆毁他们论述的根基，指出他们之所以批判基督教，是因为没有真正理解柏拉图主义的思想。在这里，正如学者布朗所说的，奥古斯丁在挪开了柏拉图主义学问的堆积。

事实上，柏拉图主义所说的"上帝"和基督教所说的"上帝"并不是同一个概念，前者是理性的上帝，后者是启示的上帝，前者是纯粹抽象的上帝，后者是有位格的上帝。前面已经论述，奥古斯丁的修辞学直接传承了西塞罗的传统，而西塞罗对修辞学最大的贡献在于，他指出修辞作为一种表达的形式，不能脱离其内容，他强调口才和智慧的联合，否则就会沦为无聊的诡辩。[76]从奥古斯丁在他的著作中频繁地引用西塞罗可以知，西塞罗对他影响之深。在修辞学的问题上，奥古斯丁继承了西塞罗将字句和内涵看为一个有机体，认为两者有内在的统一性，而非机械的关系。[77]当他用"我们（基督徒）和他们（柏拉图主义者们）共同的上帝"这种表达方式的时候，不可能忽略两种不同思想体系中"上帝"这个词的两种不同的内涵。

奥古斯丁在他的成长过程中深受柏拉图主义思想的影响，可以说，柏拉图主义已经成为他生命的一部分，深深地刻在他的思想之中。耐人寻味的是，奥古斯丁一方面肯定柏拉图主义是真宗教，是真理，但同时，他又否定从柏拉图主义的书籍中能找到这真理，在他看来，这真理只能借着信仰，在圣经中找到。[78]可以说，奥古斯丁是站在福音的立场上，给予了柏拉图主义哲学一种全新的解读。问题是，当他这么解读的时候，他所说的还是不是柏拉图主义？需要注意的是，奥古斯丁并非站在启蒙后主客对立的立场上，将柏拉图主义思想体系看为客体来对待，他也无需遵从今天学术界的学术规范，清楚地将柏拉图的观点和自己的观点区分开来。在那个时代的文化处境中，人们

---

75 Augustine, *The City of God*, 10.1.

76 杨克勤，《古修辞学》，88。

77 杨克勤，《古修辞学》，114。

78 Augustine, *Confessions*, 7.21.

认为思想与被思想的对象是同一的。当奥古斯丁用自己的心去领受柏拉图主义的奥秘，并用自己的生命去诠释它的时候，柏拉图主义本身已经被改造。他用圣经中的"上帝"诠释柏拉图主义的"上帝"时，他认为自己发现了柏拉图主义者们未曾阐明的柏拉图主义真理。这既是他的思想本身，也是他的修辞学策略。

在"我们和他们共同的上帝"这个短语出现之后，奥古斯丁在这段文本中不再用"他们"和"他们的"指称柏拉图主义者们，而是改用"我们"和"我们的"，将基督徒和柏拉图主义者置于同一个阵营中，因为两者敬拜同一位上帝。"我们"和"我们的"这两个词在这段文本中多次出现，表达出奥古斯丁对柏拉图主义者们一种态度上的友好、关系上的亲密，观念上的彼此接纳。这两个词在作者与读者之间建立起认同关系，同时也在作者所传讲的福音信息和读者原有的信仰体系之间建立起连接。

B. 真信仰是无形地敬拜上帝

奥多诺曼认为，奥古斯丁的文本中存在两种不同的进路：理性和权威，前者是用希罗哲学的语言体系论述基督教信息，后者是从圣经文本出发直接宣讲真理，前者是至下而上的推理，后者是至上而下的教导。[79]奥多诺曼的观察是正确的，在这段文本中，同时存在这两种进路：一方面，奥古斯丁从圣经文本出发，用福音信息中的语言系统阐释什么是真正的信仰；另一方面，他又从柏拉图主义哲学入手，用希罗哲学的语言系统做推理。这两条进路的结合点，即柏拉图主义哲学与基督教福音信息对信仰之解读的共同点，是两者都认为信仰是无形的。

奥古斯丁首先从权威的进路入手，引用《哥林多前书》的经文说，"我们都是他的殿"（哥林多前书3：16，圣经和合本），因此个体内在的敬拜与外在有形的圣礼一样有功效。奥古斯丁并没有否定圣礼的功效，他所要强调的是，个体内在的无形的敬拜是同等重要的。他用基督教福音信息的语言阐释这无形的敬拜，说，"我们的心是他的祭坛"、"祭司是上帝的独生子"、"把流血的牺牲献给上帝"、"把自己奉献给上帝"、"在上帝的注视下焚香"……

接下来，奥古斯丁话锋一转，又从理性的进路入手，用新柏拉图主义的幸福主义伦理学来阐释。新柏拉图主义认为，人的灵魂源于完美的、永恒的理念世界，堕落到了可感世界，需要重新回归到理念世界，这个回归的过程

---

79 O'Donovan, *The Problem of Self-love in St. Augustine*, 42.

是人追求幸福的过程，人生的终极目标就是要实现这幸福，这幸福就是与神圣源头联合，这神圣源头即是上帝。[80]奥古斯丁在这段文本中说，"上帝是我们幸福的泉源，是我们一切渴望的终极目标"，"我们与上帝联合"实际上是"再次联合"，因为我们曾经与他分离。这种表达是新柏拉图主义式的，对于当时的柏拉图主义者而言很容易接受，无需进一步阐释。

奥古斯丁又进一步引用柏拉图的观点，将"善"解释为"与上帝联合"。[81]希罗哲学家们认为，"至善"是人的终极幸福，也是人所追求的终极目标，但对于"至善"的内涵，不同哲学家有不同的理解，正如奥古斯丁在这段文本中所说，"就是哲学家所激烈争论的"。柏拉图认为"至善"就是"与上帝联合"，他所说的"上帝"是指高度抽象的理性上帝。奥古斯丁在这段文本中已经论述了"柏拉图主义的上帝就是基督教的上帝"，事实上在引用柏拉图思想的同时对其做了改造，将福音信息注入其中。同时，柏拉图主义思想中理性上帝的特质部分被保留，奥古斯丁藉此来阐释"福音信息中的上帝是无形的"。由此，"与上帝联合"一方面具有柏拉图哲学所赋予它的高度抽象性，另一方面又被注入了福音信息。这种意义上的信仰，用这段文本中的话说，就是"属灵的拥抱上帝"。"属灵的"原文是"incorporeo"，亦可译为"非物质的"、"无实体的"、"无形的"、"灵魂的"等，奥古斯丁用这个词，描述了一种无形的、非物质的、非实体的、属灵的信仰，与上文权威进路所论述的无形的敬拜相呼应。

奥古斯丁强调基督教信仰是无形的、非物质的，除了要和柏拉图主义者认同之外，还有另一个目的，就是澄清基督教与其他宗教是根本不同的。在奥古斯丁的时代，基督教神学发展还很不成熟，很多人并不清楚基督教和其他异教有什么不同，甚至一些人用批判异教的方式批判基督教。在《上帝之城》一至九卷，奥古斯丁用了很大的篇幅驳斥了当时各种异教对有形神灵的信仰，及其具体敬拜仪式——如献祭——的意义。到了第十卷的这段文本中，奥古斯丁用"incorporeo"这个词，指出了基督教信仰的独特性，区别于希罗的传统宗教，也区别于当时流行的自然神学、公民神学等。[82]

80　Richard T. Wallis, ed., *Neoplatonism and Gnosticism*　（Albany: State University of New York Press, 1992）, 33-54.

81　Plato, *Theaetetus*, 176 AD; *Laws*, 715E-716E.

82　Augustine, *The City of God*, 1-9.

除此之外，强调真正的信仰是无形的，也从一个侧面回应了当时异教徒对基督教的不实攻击：将罗马城被围攻的悲剧归咎于基督教在帝国中的迅速发展。公元 410 年，哥特人的军队进入罗马城，洗劫三天，城内大部分建筑被烧毁，稍有反抗的罗马人惨遭杀戮。整个帝国为之震惊，痛苦和恐惧抓住了每一个人的心。[83]这个事件对罗马人所带来的冲击不仅仅是肉体上的无家可归，更重要的是精神上的幻灭感。因为对罗马人而言，罗马帝国不仅仅是一个政治的统一体，还是一个精神的象征。"异教徒们乘机大肆攻击基督教，把罗马城的悲剧归咎于罗马人背叛民族神和改奉基督教，而虔诚的基督徒们也在苦苦思索这一事件的象征和意义。"[84]奥古斯丁在这种处境中，强调真信仰是无形的，不仅是对不实攻击的一种反驳，也是对那些在国难中哀恸的人的一种安慰。

C. 真信仰就是"自爱"

"自爱"是希罗哲学中的术语，奥古斯丁将它与上文所说的"无形地与上帝联合"等同。"无形地与上帝联合"也是希罗哲学的表达方式，其内涵是高度抽象的，如何与圣经中具体的福音信息连接？奥古斯丁在这里将《圣经》中作为律法和先知总纲的两条诫命——爱上帝和爱邻舍——注入其中，使得"自爱"拥有了具体的内容。

"遵守诫命"对柏拉图主义者而言，是很难接受的。因为柏拉图主义者崇尚理性，而"遵守诫命"在一定程度上是非理性的。奥古斯丁在这里用柏拉图哲学中的灵魂理论做阐释。柏拉图认为，人的灵魂有三个部分："理性的灵魂"（rational soul），依附于知识和真理；"精神的灵魂"（spirited soul），依附于荣誉和被尊重的意识；"欲望的灵魂"（appetitive soul），依附于人身体的需要。柏拉图认为，在理想状态下，"理性的灵魂"统管整个人，"欲望的灵魂"必须服从，"精神的灵魂"是力量的来源。[85]奥古斯丁将这理论运用于阐释"自爱"，指出"自爱"很具体地体现在人"理性的灵魂"被改变，同时"欲望的灵魂"服从这改变，用这段文本中的话说，就是，"以至于我们的理性的

---

83 Brown, *Augustine Of Hippo: A Biography*, 288-289.

84 王晓朝，〈中译本序言〉，《上帝之城》，奥古斯丁，王晓朝译（北京：人民出版社，2006），8。

85 Lorenz, Hendrik, "Ancient Theories of Soul", *The Stanford Encyclopedia of Philosophy（Summer 2009 Edition）*, Edward N. Zalta（ed.），URL = 〈http://plato.stanford.edu/archives/sum2009/entries/ancient-soul/〉.

灵魂被美德充满、浸透"，"我们被要求尽心、尽意、尽力爱这善"。这里奥古斯丁用了"被要求"这个词，意味着后面的内容是命令，这就与圣经中所说的"诫命"建立了连接。

具体到这两条诫命的内容，第一条诫命"爱上帝"，即是上文所说的"无形地拥抱上帝"，在奥古斯丁看来，就是柏拉图所说的"善"，亦是圣经所说的"亲近上帝"。第二条诫命"爱邻舍如同自己"，却很难与柏拉图主义思想连接，因为柏拉图主义主要关注的是个体内在的提升。在这里，奥古斯丁用了西塞罗论友爱（friendship）的理论架构。西塞罗继承了亚里士多德的传统，认为"自爱"转移到他人那里，就成了友爱，被爱的他人是"第二个自己"。[86]奥古斯丁将福音信息注入其中，说，"自爱"即是"爱上帝"，转移到他人那里，就是"尽力将爱上帝推荐给邻舍"。这样，奥古斯丁就在"爱上帝"、"爱邻舍"和"自爱"之间建立了连接。

事实上，柏拉图哲学中三种灵魂之间"权威—服从"的关系，与西塞罗所表达的友爱完全没有关系，前者引入社会关系中被用来论证不同社会阶层存在的合理性，而后者却推崇一种有情感参与的爱的关系。奥古斯丁在这里将两种本不相干的理论体系揉合在一起，共同服务于对第二条诫命"爱邻舍"的论述。这种揉合是不寻常的修辞学方法运用，是奥古斯丁的高明之处。

奥古斯丁进一步将"爱邻舍"运用在人与神灵之间，驳斥了偶像崇拜。他针对当时异教文化中的神灵崇拜，柏拉图主义者们的精灵崇拜，以及教会内受异教文化影响所形成的各种对信仰的不正确的理解，说，"任何不朽的力量"，如果真的爱我们，一定会"希望我们通过顺服上帝而找到幸福"，因此，"就不会希望自己代替上帝得到敬拜"。这是从希罗哲学出发的论证，奥古斯丁用了一句圣经的经文做总结，说，"祭祀别神，不单单祭祀主上帝的，那人必要灭绝。"（出 2.20）

4、小结

《上帝之城》十卷三章是奥古斯丁论述"自爱"较为集中的一段文本。在这段文本中，奥古斯丁对"自爱"的定位是："这就是敬拜上帝、真宗教、真敬虔，是应当只归于上帝的事奉。"可以说，在他的理论架构中，"自爱"即是信仰之核心。面对受希罗文化影响很深的群体，奥古斯丁选择用希罗文化中被普遍接受的信息来诠释基督教信仰，一方面肯定"自爱"的合理性，

---

86 Cicero, *Treatises on Friendship and Old Age*, 20.

另一方面透过对"自爱"的重新诠释将读者带入到福音信息之中，这是十分高明的修辞学策略。

在这段文本中，希罗哲学中的术语已经被重新诠释，且被赋予了全新的内涵："自爱"所追求的灵魂的终极幸福即是基督教所说的"爱上帝"。这种解读与这些哲学术语原本的内涵相去甚远。事实上，奥古斯丁并没有想要忽略，或者模糊，两种思想体系的不同，在《上帝之城》十九卷，他详细地阐释了基督教思想与各种哲学传统对幸福的不同理解。奥古斯丁所要做的是整合这两种文化，使得在一个希罗文化占据绝对优势的文化处境中，基督教不至于被边缘化。

学者奥多诺曼指出，希罗哲学中的"幸福主义"和基督教思想中的"爱上帝"在奥古斯丁"自爱"观中并不是平等的两个主题，而是前者服务于后者。在他看来，希罗哲学对奥古斯丁而言是"观念性工具"（conceptual tool），或者说"语言工具"（linguistic vehicle），其功能主要在认识论领域。[87]奥多诺曼的观察是正确的，在奥古斯丁那里，希罗哲学既是表达的工具，也是思想的工具，这两个方面都是修辞学方法的运用。

---

87 Cf. O'Donovan, *The Problem of Self-love in St. Augustine*, 152-159.

第三章　加尔文对奥古斯丁自爱观的回应

1509 年，约翰·加尔文生于法国北部一个名叫努瓦永（Noyon）的小镇上，父母都是天主教徒。加尔文的童年在一个天主教氛围十分浓厚的环境中成长，养成了严谨的生活作风。1523 年，14 岁的加尔文进入法国巴黎的玛谢学院（the Collége de la Marche）学习文法、修辞、逻辑、拉丁文等。在这所学院中，加尔文受教于科底亚（Cordier）的门下。科底亚是一位拉丁学者，被认为是现代教学法的奠基人之一，他引导加尔文进入了人文主义的学术领域。在加尔文就读玛谢学院期间，法国爆发了本土的宗教改革运动，发起人和领导者都是人文主义者，整场运动极具人文主义色彩。这场运动对当时巴黎的大学产生很大的影响，在少年加尔文的思想中留下了深深的烙印，也激发了他对天主教传统信仰的反思。[1]1525 年，加尔文遵从父亲的安排，进入蒙太举（Montaigu）接受了传统经院主义教育（scholastic education），同时在生活上受到苛刻的管制，预备成为一名天主教神职人员。然而，1528 年，他的父亲改变了主意，送他到奥尔良（Orleans）大学去学习民法，预备成为一名律师。相对于蒙太举，这是一所自由的大学，在这里，加尔文接触到各种不同的人文主义思潮。1532 年，加尔文完成学业后，出版了他的第一本学术专着《塞内卡的论怜悯注释》，这是一部极具人文主

---

1 Steven Ozment, *The Age of Reform（1250-1550）: An Intellectual and Religious History of Late Medieval and Reformation Europe*（New Haven: Yale University Press, 1980）, 352-353.

义风格的著作。[2]大约是在 1534 年，加尔文皈依了新教，并于 1536 年出版了第一版的《基督教要义》，从此开始了他长达二十八年的改教生涯，直到 1564年去世。

从加尔文的经历看，他一生都处在一个历史转折时期，在各种不同思潮的冲击之下。他从敬虔的天主教家庭走出来，经历各种不同思想的影响，最终成为一名具有人文主义气质的宗教改革者，其过程是十分复杂的心路历程。学者鲍斯玛用"十六世纪的肖像"来总结他的经历和思想，是恰当的，因为他的思想反映了时代的特质。然而，鲍斯玛认为加尔文终其一生，都在各种不同思想的张力中挣扎，导致他的神学矛盾重重，却是不恰当的。正如学者欧伯曼（Heiko A. Oberman）所说，鲍斯玛仅仅罗列了加尔文文本中人文主义思想的要素，是不够的，他引用著名学者杜伦斯（T. F. Torrance）的观点说，加尔文将这些要素置于"圣经人类学的中心原则"的批判和检验之下，他隐晦地指出，鲍斯玛忽略了加尔文神学的这个向度。[3]笔者认同欧伯曼的观点。鲍斯玛在加尔文神学中看到不同神学体系的存在，却忽略了这些神学体系本身都被置于圣经文本的批判之下，导致他只看到多元，却没有看到统一。

修辞学是人文主义的一个重要特色，也是对加尔文产生深刻影响的重要方面。人文主义修辞学直接传承了希罗修辞学传统，同时表现出时代的特色。十六世纪的人文主义者强调语言的创造性，反对经院主义的抽象论证，认为那是人思想的禁锢。在他们看来，语言就是力量，他们强调修辞学的三项能力：启发、说服和引导。[4]可以说，加尔文和奥古斯丁所受到的修辞学影响来源于同一个源头，然而，由于他们的时代处境迥异，他们对修辞学的理解和运用也各有特色。

在神学领域，加尔文受奥古斯丁的影响之深是众所周知的，《基督教要义》中，他引用奥古斯丁多达 410 次，超过其他所有的教父。[5]尽管加尔文的神学奠基于圣经，但是他对圣经的解读在很大程度上是奥古斯丁式的，所以，最

2　Ozment, *The Age of Reform*, 354.

3　Heiko A. Oberman, "The Pursuit of Happiness: Calvin Between Humanism and Reformation," in *Humanity and Divinity in Renaissance and Reformation: Essays in Honor of Charles Trinkaus*, eds. John W. O'Malley, *Thomas M. Izbicki, and Gerald Christianson*（New York: E.J. Brill, 1993）: 253-255.

4　Bouwsma, *John Calvin*, 114.

5　Van Wyk, "What Are the Key Characteristics of a Christian Life? A Comparison of the Ethics of Calvin to that of Augustine and Their Relevance Today," 49.

近学术界一些学者对加尔文如何应用奥古斯丁思想的研究确立了这样的认识："在基督教传统内，奥古斯丁是加尔文灵感（inspiration）和参考（reference）的主要源头。"[6]然而，这两位精通修辞的神学家所处的时代相差一千多年，面对的处境迥然不同，导致他们在回应处境的过程中所用的表达方式十分不同。

第一节　加尔文对奥古斯丁"自爱"观内在精神之继承

"自爱"（amor sui）这个词在奥古斯丁文本中内涵是多元的，但在加尔文的文本中却是单一的，指以自我为中心，离弃上帝。他说，"自爱使我们邪恶"，[7]"通过无节制的自爱，原本刻在我们心中的诚实变得模糊"；[8]"没有人会来遵守这命令，直到他放弃自爱……"[9]这种意义的"自爱"事实上就是奥古斯丁所说的"邪恶的自爱"。不同于奥古斯丁将这种意义的"自爱"看为虚假的、错误的、被罪扭曲的"自爱"，加尔文认为这就是"自爱"本身。如此，这是否表示奥古斯丁神学中"正当的自爱"的神学内涵，在加尔文神学中缺席了？事实上，奥古斯丁关于"正当的自爱"的理论在加尔文神学中是存在的，只是没有用"自爱"这个词去表达。

加尔文对奥古斯丁自爱观的继承体现在他的很多文本中，本文选取其中的一处文本作为例子。在《基督教要义》三卷二十五章中，加尔文说：

> 古时的哲学家激烈地争论何为至善。然而除了柏拉图之外，他们都没有发现至善在乎与上帝联合，而且就连柏拉图对此也只有为模糊的概念。这并不足为怪，因他对使人与上帝联合的基督全然陌生。在地上的朝圣之旅中，我们认识这独一无二的完全快乐，并且对它的渴望一天比一天更加点燃我们的心，然而，直到这快乐最终成就，我们才会满足。因此，我说过：只有那些默想将来荣耀之复活的人，才从福音中获得丰盛的福分。所以，保罗把这目标摆在众信徒面前，且他自己也都忘记背后，努力勇往直前，为了达到这目标。[10]

加尔文在《基督教要义》中的这段论述与奥古斯丁在《上帝之城》十卷

6　Wyk, "What Are the Key Characteristics of a Christian Life?," 49.

7　*Comm. Matthew 7:7-11; Comm. Luke* 11:5-13.

8　*Comm. Matthew 7:12-14; Comm. Luke* 6:31.

9　*Comm. Matthew 5:43-48; Comm. Luke* 6:27-36.

10　*Institutes* 3.15.2.

三章中对"自爱"的论述有很大的相似性：两位神学家都引用柏拉图的观念："至善就是与上帝联合"，来连接希罗哲学和基督教两个不同的思想传统，然后借助希罗哲学表达基督教的福音信息。奥古斯丁在十卷三章中，将福音信息注入到希罗幸福主义的理论架构中，指出基督教信仰最终实现希罗哲学中所说的终极快乐。加尔文在这里继承了奥古斯丁的这种思路，并指出这终极快乐在信徒最后肉身复活的时候完全成就。前面已经论述，奥古斯丁在《上帝之城》中这种独特的表达是为了俯就深受希罗文化影响的群体，一方面吸引他们的注意力，另一方面帮助他们认识基督教信仰。加尔文也有同样的关注。他处在一个人文主义思潮不断蔓延的时代，与人文主义者对话是加尔文回应处境的重要方面。当时法国人文主义者对希罗古典哲学兴趣很大，并且这兴趣带有浓厚的基督教信仰色彩。比如，十六世纪初著名的法国人文主义者布达尤斯（William Budaeus）极力推行圣经研究和古典哲学研究的整合，认为约翰福音是一个很好的典范。[11]加尔文在这里从柏拉图的哲学入手，回应了人文主义者的这种关注。

尽管这段论述和奥古斯丁在《上帝之城》十卷三章有相似性，但不同之处也很明显。首先，面对柏拉图的上帝和圣经中的上帝之间概念上的差异，奥古斯丁和加尔文的处理方式很不一样。奥古斯丁是直接将福音信息注入到希罗哲学术语中，对柏拉图所说的上帝重新诠释，同时将柏拉图思想改造成阐释基督教福音信息的工具；而加尔文却将柏拉图的思想置于圣经启示的批判之下，指出柏拉图并没有真正认识上帝，因为"他对使人与上帝联合的基督全然陌生"。之所以会有这样的差异，是因为他们各自所处的思想文化处境不同。在奥古斯丁的年代，基督教很弱势：大公教会还没有形成完善的正统神学教义系统，神学上的纷争不断。与此相比，希罗文化却很强势：她有深厚的文化传承，深深扎根在每一个罗马人的心中，其影响力遍及当时罗马社会的每一个层面。在这种处境中，奥古斯丁用柏拉图的思想来阐释福音信息，一方面是对文化处境的一种俯就，另一方面也是因为基督教思想本身太弱，需要借助柏拉图主义思想工具建构正统神学体系。然而，在加尔文的年代，情况却相反：基督教是主流文化，有深厚的文化传承，很强势；而异教文化经过一千多年的压抑，沦为边缘化的存在。在这种处境中，加尔文直接站在

---

11 Philip Schaff, *History of the Christian Church*, 8 vols.（Grand Rapids, Mich.: Eerdmans,1910）, 4: 362.

信仰的立场上批判柏拉图哲学，指出柏拉图并没有真正认识上帝，是理所当然的。

其次，为了阐释什么是真信仰，奥古斯丁和加尔文都是用各自时代处境中的文化要素作为工具，然而，他们的选材很不一样：奥古斯丁将希罗哲学中抽象的术语——自爱——作为论述的工具；而加尔文却用中世纪罗马天主教传统中具体有形的修道方法——朝圣之旅——作为一个隐喻。加尔文所面对的群体很多元，除了人文主义者，还有经院主义者，以及众多中世纪天主教信徒。朝圣是中世纪天主教所鼓励的一种修道方式，通过以圣地为终点的旅行而达到灵性上的提升。中世纪神学赋予朝圣一种神秘主义色彩，认为朝圣具有属灵的功效，能让朝圣者透过到达有形的圣地，以及透过触摸其上有形的圣物，真正接近无形的上帝。这些恰恰是宗教改革要批判的。加尔文用"朝圣之旅"作为一个隐喻，所表达的却是一种与天主教完全不同的对信仰的理解，这本身是对天主教神学的一种挑战。然而，这种表达对于在天主教传统下成长起来的信徒，却很有吸引力。加尔文透过这个隐喻，吸引这个群体的的注意力，再引导他们反思自己原来被教会灌输的神学思想。

最后，相对于奥古斯丁严谨的逻辑推理，加尔文的表达更贴近人的生活。奥古斯丁用"自爱"观阐释基督教信仰，将福音信息中原本零散的要素置于希罗哲学的理论架构之中，使其系统化。加尔文却不同，他受到人文主义影响，拒绝这种以逻辑推理为基础的哲学进路。十六世纪的人文主义者认为，传统哲学的抽象思维脱离人的日常生活，一心扑在人的能力所不能触及的形而上学问题上，因而是完全无用的。[12] 作为人文主义者，加尔文继承了这种立场，他没有像奥古斯丁那样不断论证圣经中出现的各种名词与希罗哲学各种术语之间的同一性，也没有像奥古斯丁那样详细阐释这"真信仰"到底是什么，而是用描述性语言，借助"朝圣之旅"的隐喻，表达一种与人日常生活密切相关的信仰，这信仰就是："我们认识这独一无二的完全快乐，并且对它的渴望一天比一天更加点燃我们的心"。尽管加尔文用"朝圣之旅"的隐喻所表达的，与奥古斯丁借助希罗的自爱观所阐释的，是同一件事情，但所侧重的面却很不同：奥古斯丁侧重于"真信仰"的本质，而加尔文却侧重于人具体的信仰生活。这是极具人文主义风格的表达，一方面与加尔文的教育背景密不可分，另一方面也是他为了吸引众多人文主义者所使用的修辞策略。

---

12 Bouwsma, *John Calvin*, 150-153; 布洛克，《西方人文主义传统》，29.

尽管在表达方法上有诸多的不同，这两段文本的内涵却是一致的。然而，相对于奥古斯丁明确指出"真信仰"就是"自爱"，加尔文却没有使用"自爱"这个词。加尔文是否在刻意回避这个词？他为什么要回避？这些问题在本章三节将具体阐释，此处暂不详述。这里要说明的是，这种用词上的差异并不会影响加尔文对奥古斯丁自爱观的继承。十六世纪的人文主义者认为，词汇和事物本身之间并不存在同一性，所以，正如加尔文《塞尼卡的〈论怜悯〉注释》（Commentary on Seneca's De Clementia）中所说的，"起决定性意义的区别是用法（usage）而非词源（etymology）或者起初的含义（original meanings）。"[13]对加尔文和当时的其他人文主义者而言，词的意义是人在交流过程中，为了达到某种交流的目的，赋予它的，而非词汇本身含有的。从这个意义上看，拒绝使用自爱这个词并非拒绝奥古斯丁的自爱观，事实上，加尔文继承了奥古斯丁自爱观的内在精神。

第二节　加尔文对奥古斯丁"自爱"观内在精神之发展

加尔文不仅继承了奥古斯丁自爱观的内在精神，他还在奥古斯丁的基础上进一步发展，主要体现在两个方面：1、对圣灵的强调，2、对身体的肯定。

一、对圣灵的强调

1、奥古斯丁自爱观中圣灵工作的弱化

奥古斯丁认为，"正当的自爱"唯有靠着圣灵成就，然而，具体看奥古斯丁对圣灵的论述，却发现奥古斯丁所说的圣灵与个体基督徒是有距离的，这距离导致圣灵并不能够真正帮助基督徒实现"正当的自爱"。在这个问题上，奥古斯丁的论述存在内在的矛盾，导致这矛盾原因很多，其中一个很重要的原因是奥古斯丁所要回应的具体处境中问题具有多样性和复杂性，以至于他的思想呈现出多面性。

奥古斯丁对圣灵的强调是在他反对帕拉纠主义的论辩中，他认为帕拉纠主义在救恩的事上强调个人努力，弱化圣灵的工作，是错误的。他说：

> 一个人不可能有智慧、理解力、策略（counsel）、勇气、知识、敬虔和对上帝的敬畏，除非他接收到使人有智慧、理解力、策略

---

13 Calvin, *Commentary on Seneca's De Clementia*, 1.11.4.

（counsel）、勇气、知识、敬虔、对上帝的敬畏的圣灵；一个人不可能拥有能力、爱、健全的思想，除非他接收到使人有能力、爱、健全的思想的圣灵；因此，如果没有接收到使人得着信心的圣灵，人不可能有信心。[14]

在这段文本中，奥古斯丁强调说，若不借着圣灵，人无法拥有各种属灵的美德。结合奥古斯丁对"正当的自爱"的论述，即是说，若不借着圣灵，人无法超越罪之捆绑而达到爱上帝，实现"正当的自爱"。

然而，再看奥古斯丁对圣灵的具体阐释，却发现在奥古斯丁神学中，圣灵与个体基督徒的生命是有距离的：它只能借着教会间接地在个体中工作。这距离导致了圣灵在个体中所能发挥的作用被削弱。导致这距离产生的原因是奥古斯丁对圣灵工作群体性的关注。

学者葛拉波斯基（Grabowski）将奥古斯丁神学中圣灵与人的相通总结为两种形式：一是群体的居住（corporate indwelling），即教会的魂；二是个体的居住（personal indwelling），即圣灵在个体心中工作。[15]前者在奥古斯丁神学中的重要性远远超过了后者，事实上，奥古斯丁以牺牲后者为代价凸显了前者。奥古斯丁认为，罪人与上帝疏离，被剥夺了圣灵的内住，然而，当这个个体连与教会，就连与教会的魂，所以，尽管人的罪拦阻了人与圣灵相通，但是借着教会，圣灵依然在个体之中做工。在这个问题上，奥古斯丁将圣灵在个体中的内住归入到圣灵在教会中的内住之中，认为"一个被个体内住之圣灵圣化的人仅在基督的身体中有他的位置；反之，基督身体中的每一个人都应当最终拥有属灵的生活，并且因此拥有个体内住的圣灵。"[16]事实上，当他这样阐释的时候，他已经将圣灵的工作局限于教会，圣灵论也因此失去了自己的独立性，沦为教会论的一个部分。

奥古斯丁的这种关注与他所处的时代背景密切相关。奥古斯丁的年代是一个混乱的年代。首先，西罗马帝帝国迅速衰落，她经济急剧下滑、政治腐朽、社会风气败坏，加之外来侵略不断。其次，在教会内部，正统神学还没有形成完善的教义系统，神学上的纷争不断，各种异端思想迅速发

---

14 Augustine, Ep. 294.

15 Stanislaus J. Grabowski, "The Holy Ghost in the Mystical Body of Christ According to St. Augustine," *Theological Studies* 5, no. 4（1944）: 467.

16 Grabowski, "The Holy Ghost in the Mystical Body of Christ According to St. Augustine," 468.

展，形成气候，与大公教会对抗。在这种情况下，奥古斯丁的首要任务是确立大公教会的权威和秩序，以及统一的神学思想，所以强调圣灵工作的群体性。

然而，奥古斯丁对圣灵工作群体性过分关注却导致了他在某种程度上忽略了圣灵工作的个体性，并且，这忽略直接影响了他的救恩观。从某种意义上看，奥古斯丁忽略了圣灵在个体生命改变过程中的作用，以至于无法完全否定个体努力在救赎工作中的作用。在这个问题上，笔者认同坎利斯的观察，他认为奥古斯丁并未完全放弃人类中心说（anthropocentrism）的思维模式，在批判帕拉纠的同时，却深受其影响。[17] 然而，坎利斯将其完全归咎于奥古斯丁受时代错误的限制，[18] 却过于简单。事实上，导致这忽略，除了时代错误的限制之外，更重要的原因是奥古斯丁所面对的具体处境，以及所要处理的具体问题推动他将神学的重心倾向群体那一边。

回到奥古斯丁的自爱观。奥古斯丁认为落在罪中的人无法靠着自己达到爱上帝，实现"正当的自爱"，唯有借着圣灵超越罪之捆绑。然而因着奥古斯丁对圣灵工作群体性的过分关注，导致圣灵在个体基督徒生命中缺席。这样，奥古斯丁所说的圣灵其实并不能够真正帮助基督徒实现"正当的自爱"。事实上，奥古斯丁否定"合理地爱自己的身体"体现出他心中的某种焦虑和不安：他不能确信"正当的自爱"能单单靠着圣灵的浇灌而成就，就无法放弃一系列具体的从肉身束缚中解脱出来的方式。这导致他的神学充满了禁欲主义色彩，也导致圣灵的工作在他的自爱观中进一步弱化。

2、加尔文对圣灵的强调

加尔文显然注意到了奥古斯丁神学的这种缺失，他在《罗马书注释》中说：

> 他（保罗）进一步说，圣灵是被给予的，即是说，圣灵给予我们是透过上帝的白白恩典而非我们的功德。在这个问题上奥古斯丁有正确的观察。然而，奥古斯丁关于爱上帝的观点却是错误的，他说，我们勇敢地承担逆境，并在盼望中确信我们的信仰，因为我们被圣灵重生，爱上帝。这是敬虔的陈述，却不符合保罗的意思。因为爱不是主动地，而是被动地被带到这里。保罗所说的无非就是被

---

17 Canlis, *Calvin's Ladder*, 35-36.
18 Canlis, *Calvin's Ladder*, 35-36.

> 上帝所爱是一切爱的源头，这些爱被我们触及，不是因着我们的敬虔，而是因着我们的灵魂被它们浸透。[19]

在这段论述中，加尔文观察到，在奥古斯丁的陈述中，爱上帝，以及由此带来的生命的改变，都要透过基督徒自身的努力，简言之，是一个主动寻求的过程。加尔文认为这种陈述是错误的，因为它忽略了基督徒是全然被动地靠着圣灵改变自己的生命。导致这种错误的原因是，奥古斯丁神学中圣灵不能在在个体生命改变过程中直接发挥作用，以至于人无法全然被动。

奥古斯丁和加尔文都认为"与上帝联合"是基督教信仰的终极，然而，具体到如何"与上帝联合"，两位神学家的观点很不一样。坎利斯对此做了很好的总结，他说，奥古斯丁诉诸于一种柏拉图主义式的个体灵魂提升，[20]然而，这种意义上的提升在加尔文那里只有道成肉身的基督才能成就，对基督徒而言，因着全然败坏而无法靠着自己经历这提升，唯有借着圣灵与基督联合，从而参与在基督的提升之中。[21]在加尔文看来，整个过程是圣灵的工作，人完全是被动的。既使其中有人主动参与的部分，这主动性本身也是来源于圣灵的工作。

不同于奥古斯丁将圣灵的工作局限于教会，加尔文认为圣灵也能够直接在信徒心中工作，他说，"圣灵隐秘地浇灌、洁净我们的灵魂"，[22]"它不断洁净我们的恶欲，并以神的爱燃烧我们的心"，[23]"它隐秘的浇灌使我们丰盛地结义果"。[24]这种对圣灵工作个体性的关注与加尔文所处的时代密切相关。如果说奥古斯丁所面对的时代任务是建立教会的权威和统一的神学思想，加尔文所面对的时代任务则是打破中世纪僵化的神学思想束缚，以及日益膨胀的教权对人自由的压制。

中世纪经院主义的圣灵论继承了奥古斯丁的传统，并以此作为教会权威的理论基础，发展出对人思想高度控制，以至于否认人思想自由，的精神枷

---

19 *Comm. Roman* 5:5.

20 很多学者注意到，奥古斯丁早期的"灵魂提升"观纯粹是柏拉图主义式的，但他晚期的思想颠覆了他早期的这种观点。然而坎利斯指出，奥古斯丁其实并没有完成这个转变，即使是他晚期的"灵魂提升"观，仍然是柏拉图主义式的。见 Canlis, *Calvin's Ladder*, 33-36。

21 Canlis, *Calvin's Ladder*, 50-51.

22 *Institutes* 3.1.1.

23 *Institutes* 3.1.3.

24 *Institutes* 3.1.3.

锁。托马斯阿奎那在《马太福音注释》中说："普世教会（universal church）不会错，因为她被圣灵，就是真理的灵，引导，这是主对门徒的应许。"[25]尽管阿奎那肯定圣灵不仅与作为群体的教会相通，也与个体基督徒相通，但他坚持两者之间没有张力，由此维护圣灵工作的统一性，进而维护教会神学思想的权威。阿奎那的观点受到很多学者的批判。当代学者希利（Nicholas M. Healy）认为，这种说法无法解释历史中发生诸多神学思想的争论，以及圣经中所记载的许多先知的经历。[26]笔者认同希利的这一观察，阿奎那其实并没有解决教会群体和信徒个体对圣灵工作的不同领受之间的张力，而是简单地用前者吃掉了后者，即肯定圣灵工作的统一性，否定其多元性。

阿奎那说，"基督身体中所有的基督徒所相信的是相同的。"[27]这句话概括了整个中世纪罗马天主教会神学思想的高度一致性。这种一致性否定了个体追求真理的权利，也否定了圣灵在每个个体中独特的工作。在中世纪，罗马天主教会不允许信徒对信仰的问题有独特的领受，否则，宗教法庭可以判其为异端，严重的，甚至可以处以火刑。十五世纪法国著名的圣女贞德以异端罪被处以火刑，在他的宣判书中，有这样一段话：

> 所有这些被默示（inspire）的人们，就是想要相信他们自己的亮光，而不依靠专家们的知识的人，是神学家们的反对者，他们是丑陋的。真正的基督徒，真正的敬虔者，是顺从上一级意愿的人。[28]

尽管历史学家考证，圣女贞德被处决的原因十分复杂，有政治因素在其中，但教宗公开赋予她的罪名是：在教会权威之外寻求上帝的启示，可见，这在当时是一个被广泛接受的，可以将人处死的理由。在中世纪，教会被圣灵引导并不意味着教会中所有的个体都直接被圣灵引导，而是圣灵在其中一小撮人心中工作，然后由这一小撮人将自己在圣灵的引导下做出的神学传讲给其他人。对于这一小撮人之外的基督徒，圣灵在他们心中的工作唯有让他

---

25 Aquinas, *Summa Theologiae*, 2.2.1.9, quoted in Nicholas M. Healy, "'By the Working of the Holy Spirit': the Crisis of Authority in the Christian Churches," *Anglican Theological Review* 88, no. 1 （2006）: 20.

26 Healy, "'By the Working of the Holy Spirit'," 21.

27 "Omnes christiani qui sunt de corpore Ecclesiae idem credunt," in *Expos. inSymbolum*, quoted in Grabowski, "The Holy Ghost in the Mystical Body of Christ According to St. Augustine," 476.

28 P. Champion, *Le Procès De Condamnation De Jeanne D'Arc,* II （Paris, 1921）, p. lxi, quoted in Roger Gryson, "The Authority of The Teacher in The Ancient and Medieval Church," *Journal of Ecumenical Studie* 19, no. 2 （1982）: 184.

们顺服地接受这一小撮人做出的成果，经院主义哲学家们称之为"隐含的信心"，[29]即没有思考能力的人借着相信智慧人来认识上帝。贞德的罪名就是，没有按着"隐含的信心"顺服上一级的意愿，反倒在这之外寻求真理。中世纪神学否认圣灵工作的个体性，也否认了人在信仰的事情上可以有独特领受的权利，甚至到了压抑人性的地步，这些都是宗教改革所批判的。

加尔文对"隐含的信心"批判很彻底，他说：

> 这邪恶就如其他无数的邪恶一样，要归在经院主义神学家们身上……他们不只削弱了信心的力量，也以他们模糊的定义几乎毁灭了信心，甚至捏造了"隐含的信心"这术语。他们利用这术语掩饰自己极大的无知，又可怕地误导可怜、悲惨的人们。……人不会因为接受了教会的教条，或因将寻求和认识神的责任交给教会而得救。……我们要具体地认识那使人称义之神的良善。[30]

加尔文强调教会不是信仰的对象，也不是人与上帝之间的中介，真正的信仰"在乎认识神和基督，不在乎敬畏教会"[31]。这种观点在当时的处境下，是很有挑战性的。

加尔文一生都在努力寻求打破中世纪天主教神学垄断所带来的人思想上的不自由。在圣灵的问题上，他认为圣灵不是透过教会间接地在个体生命中工作，而是直接在在个体心中工作。甚至，他认为圣灵的个体性工作先于群体性，他说，"基督唯独借圣灵使我们与他联合，我们也借同一位圣灵的恩典和大能成为基督的肢体……"[32]从这句文本看，基督徒借着圣灵与基督联合先于成为肢体，简言之，个体性优先于群体性。这种对信仰的解读，赋予了每一个信徒反思自己信仰的权利。这正是宗教改革的神学立场。

3、小结：自爱与圣灵

在圣灵的问题上，加尔文发展奥古斯丁的"自爱"观。相对于奥古斯丁将圣灵的工作局限于教会，导致圣灵在实现"正当的自爱"的过程中不能真正发挥作用，加尔文强调圣灵直接在信徒心中工作，帮助信徒实现奥古斯丁所说的"正当的自爱"。当加尔文批判奥古斯丁忽略了爱上帝是圣灵的工作的时候，他其实也在批判奥古斯丁没有注意到唯有靠着圣灵，"正当的自爱"才

---

29 Lombard, *Sentence*, 3.25.1-4; Aquinas, *Summa Theologiae*, 2.5-8.

30 *Institutes* 3.2.2.

31 *Institutes* 3.2.3.

32 *Institutes* 3.1.3.

有可能实现。如果说，奥古斯丁神学中"正当的自爱"的实现是一种柏拉图式的灵魂提升，加尔文则强调其过程中圣灵的工作和人的全然被动。

二、对身体的肯定

按照奥多诺曼的区分，"合理地爱自己的身体"在奥古斯丁神学中是"中性的自爱"，奥古斯丁对它的态度是温和的否定：一方面肯定其正当性，另一方面又强调禁欲是更加优等的选择。然而，在加尔文看来，这种"中性的自爱"却是合理的，因为人的身体是有价值的。在《基督教要义》中，他批判奥古斯丁"只允许人在基本需要上使用世间之物（physical goods）"的属灵操练方式是危险的，因为神的道并没有这样约束人。"[33]在加尔文看来，身体的快乐是上帝赐予人的福分，人应当合理地享用。

奥古斯丁和加尔文的这种分歧源于他们对"自己"的不同诠释。奥古斯丁站在灵肉二分的立场上，将"自己"局限于人的灵魂，认为人的身体是自己之下的存在，不包含在"自己"之中。[34]然而，加尔文所说的"自己"指全人，包括人的身体。

1、灵肉二分 VS.全人

鲍斯玛认为，加尔文受人文主义影响，打破了传统灵肉二分的观点，将人的身体和灵魂看为密不可分的整体，肯定人身体价值的同时，开创了全人（wholeness of human being）观念，尽管这观念在加尔文那里并没有最终完成。笔者认同鲍斯玛的观察。

A. 肉体表示全人的败坏

奥古斯丁和加尔文都引用了柏拉图的名言："肉体是灵魂的监牢"，[35]然而这句话在两位神学家的文本所表达的含义是不同的。在奥古斯丁神学中，存在一种柏拉图式的灵肉二分，认为人的终极快乐是灵魂的提升，肉体不仅没有价值，还会成为灵魂的捆绑，因而要禁欲。当奥古斯丁说"肉体是灵魂的监牢"，所表达的内涵与这句话在柏拉图文本中的本义是一致的。然而，这句话在加尔文的文本中，却是修辞的用法。在《约翰福音注释》中，加尔文说，

---

33 *Institutes* 3.10.1.

34 Augustine, *On Christian Doctrine*, 1.23.23.

35 Plato, *Phaedo*, 62B, 64A, 80E, 81E, 82E, 83A; Augustine, *Against the Academician and the Teacher*, Translated by Peter King（Indiana: Hackett Publishing Company, 1995）, 10; Calvin, *Institutes,* 3.6.5, 3.9.4, 3.25.1.

"肉体"这个词并非单单指人的身体，"而是同时指人的灵魂，及其灵魂的各个部分"，"包括人的心智（mind）、理性（reason）"，和"内心所有的情感"。[36]加尔文认为《圣经》中提到"肉体"是一种修辞的用法，即"部分指代整体"，它所表达的是全人的软弱和败坏。[37]当加尔文引用柏拉图所说的"肉体是灵魂的监牢"，他所表达的是，相对于终极的完美，今生永远不会完美，基督徒应当处在不断追求终极完美的过程之中。这种解读与这句话在柏拉图文本中的本义相去甚远，事实上，加尔文对它的引用是一种修辞学策略：一方面吸引那些对柏拉图主义思想兴趣浓厚的人文主义者们，另一方面也吸引尊重奥古斯丁的群体，包括经院主义哲学家们、罗马天主教徒、宗教改革者们，以及对奥古斯丁有兴趣的人文主义者们。

B. 上帝的形象关乎全人

不同于奥古斯丁将上帝的形象局限在人灵魂的理性心智（rational mind），[38]加尔文所理解的上帝的形象关乎人所有的部分，包括人的身体。在《基督教要义》中，他说：

> 虽然神的形象的载体主要位于人的心智（mind）、灵魂和灵魂的机能（faculties），但是人的每一部分包括其身体也都多少有神的形象。[39]

在创世记注释中，他进一步指出身体和灵魂是密不可分的，说：

> 上帝的形象的主要载体是人的心智，在这个部分比较明显，然而，人没有哪个部分不承载上帝的形象。因为灵魂的各个部分对应各自不同的职能，彼此协调……人的身体与人的内在秩序（internal order）有一种合适的对应（correspondence）。[40]

这两段论述十分相似，其中都存在两种人观：希腊式的和希伯来式的。希腊式的人观在中世纪经院主义神学中占主导地位，将人的存有（human being）看为一个心智所统治的多种机能的等级结构。十六世纪的人文主义者对这种人观提出了质疑，他们在希伯来文化中找到了另一种人观：将人看为一个不可分割的整体。这两种人观是截然不同的：前者认为人的理性是具有

36　*Comm. John* 3:6.

37　*Comm. John* 1:14.

38　Augustine, *On the Trinity*，12.7.12.

39　*Institutes* 1.15.3.

40　*Institutes* 1.15.3.

绝对的优先性，管理人的其他部分；而后者却认为人的理性、情感、意志、欲望，以及身体的各种感知觉等，相互影响，没有哪个具有绝对的优先性。[41]加尔文同时继承了这两个传统，他一方面认为人的灵魂有多种机能，其中心智部分具有绝对的优越性；另一方面又强调人的各个部分密切联系，是一个有机的整体。鲍斯玛注意到这两个方面在加尔文神学中的共存，因此认为全人的观念在加尔文神学中并不彻底，因为他没有放弃经院主义希腊式人观的思维模式。[42]鲍斯玛的观点是正确的。

然而，从这段文本可以看出，这两种人观在加尔文神学中并不是平等的，因为他没有将上帝的形象局限于人灵魂的心智部分，而是他强调上帝的形象关乎全人，包括人的身体。这种对上帝形象的解读肯定了人身体的价值，也肯定了人生活的物质层面。这在当时的处境中是极具有革命性的，因为它所挑战的是一千多年的中世纪灵肉二分的传统观念，以及在此基础上建立起来的圣俗二分思想。

2、内在灵魂提升 VS.全人方向转变

回到"自爱"这个主题，加尔文和奥古斯丁都认为，"自爱"最终要实现"与上帝联合"，并且，他们都站在福音的立场上，认为实现"与上帝联合"与圣经所说的"恢复上帝的形象"是同一个意思。然而，具体到何谓"恢复上帝的形象"，两位神学家的观点却十分不同。奥古斯丁认为，上帝的形象内在于人灵魂的心智部分，恢复上帝的形象是内在灵魂的提升；然而在加尔文那里，上帝的形象关乎全人，恢复上帝的形象是全人方向转变。[43]欧伯曼用"从本体论转向心理学"来总结加尔文在这个问题上对传统的颠覆，指出丢失上帝的形象在加尔文的文本中所表达的不是本体论意义上的失去，而是心理学意义上的方向偏离，恢复上帝的形象意即重新调整自己的方向，以至于在与上帝的关系中正确定位自己。[44]欧伯曼的总结十分精辟准确。

这种方向的转变是关乎全人的，包括人身体的物质生活层面，所以，在加尔文神学中存在一种对基督徒世俗生活的特别关注。这关注从一个侧面凸

---

41 Cf. Bouwsma, *John Calvin*, 131-149.

42 Cf. Bouwsma, *John Calvin*, 131-149.

43 Cf. Bouwsma, *John Calvin*, 132.

44 Heiko A. Oberman, "The Pursuit of Happiness: Calvin Between Humanism and Reformation," 262-266.

显出加尔文作为人文主义者的特质。罗马天主教站在"圣俗二分"的立场上，对人的世俗生活持否定的态度，提倡一种"沉思默想"的生活方式。这种观念受到了人文主义者的挑战。历史学家布洛克（Alan Bullock）研究指出，当时的人文主义者们最喜欢讨论的话题是，"积极活跃的生活和沉思默想的生活孰优孰劣"。[45]人文主义者们对这个问题并没有一致性的答案，其中公民人文主义倾向于前者优于后者，而新柏拉图人文主义则倾向于后者优于前者。[46]然而，这种分歧在人文主义者看来，并不构成问题，因为人文主义追求思想的自由和多元，反对任何一种一致性认识被高举成为权威。事实上，这种争论在当时最令人注目的，是"可以对沉思默想的生活的优越性公开提出质疑"。[47]加尔文对基督徒世俗生活的关注，回应了这个讨论。事实上，加尔文并没有放弃柏拉图式的"沉思默想"的生活方式，而是将"聆听上帝的呼召"、"默想永生的盼望"与"积极参与今生的世俗生活"整合在一起，强调两种生活方式没有矛盾。关于加尔文的这种整合是否成功，在学术界有不同的看法，但有一点是可以肯定的，就是这种整合本身是对经院主义传统的一种挑战。

　　加尔文对人身体的正面态度还体现在他对"快乐"的解读。正如前面所论述的，加尔文和奥古斯丁都用希罗幸福主义的理论架构整合基督教福音信息，然而，具体到快乐的内涵，两位神学家有不同的理解。奥古斯丁对"快乐"的理解与希罗哲学家们一脉相承，只关注灵魂的快乐；而加尔文受到人文主义的影响，关注全人的快乐，包括人身体的快乐。加尔文认为，上帝创造万物不仅是为了人的需要，也是为了"人的享受和使人快乐"。他说："除了人的需要以外，神给我们衣裳的目的也是为了美丽和体面。草、树和水果，除了本身实际的用处以外，也有他们美丽的外观和味道。"[48]在这个问题上，欧伯曼做了很好的总结，他说：

> 加尔文对快乐的理解没有被灵性化（spiritualized）……它（快乐）以最世俗的形式天天被人获得，比如在美味的食物中，在紫红色的晚霞中。奥古斯丁区别 frui 和 uti，即享受上帝和使用世界，的

---

45 布洛克，《西方人文主义传统》，45。

46 布洛克，《西方人文主义传统》，51。

47 同上，45。

48 *Institutes* 3.10.1..

二元性论述在此被超越，这超越为追求世间的甜美愉悦留下了空间，也提供了合法性。[49]

在加尔文看来，合理地享受上帝所赐的身体快乐是人信仰生活的重要部分，从这个角度，他批判中世纪的禁欲主义传统，指出上帝赐给了人"使用万物的自由"，人不应该用自己加给自己的"迷信捆绑"，阻止自己心存感恩地领受上帝的恩赐。[50]

需要特别注意的是，加尔文并没有完全抛弃禁欲主义思想。加尔文注意到，按着人堕落后的本性，"若不约束肉体就会放纵到底"，[51]为了避免纵欲，他用上帝的呼召来限制人在何种程度上享受身体的快乐。[52]然而，上帝的呼召在加尔文神学中是带有神秘主义色彩的个人经历，没有一致的标准，不能清楚地表达何种程度上的身体享受是合理的。在这个问题上，加尔文留下了模糊。从加尔文对待自己的生活，以及他对日内瓦的管理看，他保留了禁欲主义倾向。历史学家昂加马尔（Max Engammare）研究指出，加尔文通常一天只吃一顿饭，早晨四点就起床，晚上很晚才睡，并且一天都在忙碌，几乎没有休闲的时间。[53]另一方面，他在日内瓦制定严格的教会纪律，常常坚持对犯错误的人执行严厉的处罚。[54]从这些历史研究可以看出，加尔文对呼召的领受有禁欲主义倾向。然而，加尔文所理解的禁欲不同于中世纪罗马天主教所说的禁欲，也不同于奥古斯丁所说的禁欲，它并非否定身体，而是爱身体，是全人方向转变的一个方面。用加尔文自己的话说，"在你顺服上帝呼召的时候，你的生活最有秩序。"[55]

总的来说，奥古斯丁所说的"正当的自爱"在加尔文那里不是单单追求内在灵魂的提升，而是全人方向的转变，这种转变包括人在物质生活层面追求身体的快乐。

---

49 Oberman, "The Pursuit of Happiness," 272-273.
50 *Institutes* 3.19.8.
51 *Institutes* 3.10.3.
52 Cf. *Institutes* 3.10.3-6.
53 Cf. Max Engammare, *On Time, Punctuality, and Discipline in Early Modern Calvinism* （Cambridge: Cambridge University Press, 2009）,19-25.
54 Cf. W. Fred. Graham, *The Constructive Revolutionary: John Calvin & His Socio-Economic Impact*（Richmond: John Knox Press, 1971）, 161-171.
55 *Institutes* 3.10.6.

3、爱邻舍与社会关怀

奥古斯丁认为，"自爱"转移到他人那里，就是爱邻舍，加尔文继承了这观点的内在精神。然而，具体的何谓"爱邻舍"，两位神学家的观点有分歧。奥古斯丁将"自己"局限于人的灵魂，正当的"自爱"就是爱自己的灵魂，转移到他人那里，就是爱邻舍的灵魂，即带领邻舍信仰上帝，用奥古斯丁自己的话说，"尽力将爱上帝推荐给邻舍"。不同于奥古斯丁，加尔文所说的"自己"指全人，包括人的身体，"自爱"也就包括爱自己的身体，转移到他人那里，"爱邻舍"不仅要爱邻舍的灵魂，还要爱他的身体，即关注邻舍的物质生活需要。

加尔文神学中存在一种社会关怀的向度，这源于他对"爱邻舍"的独特理解。在《使徒行转注释》中，他说，"我们必须彼此相爱，并且我们的爱应当在外在影响上显明出来。"他进一步解释"爱的外在影响"说，"富人贡献自己的物品，不是为了得到什么"，而是为了使穷人不至于缺乏。毕勒（Andere Bieler）认为，在加尔文神学中存在一种以爱为原则的社会财富再次分配思想：富人承担了一个暂时的经济使命，他负责与穷人分享他的一部分财富；而穷人也承担一个属灵使命，他为富人提供分享的机会，从而防止富人陷入金钱的奴役。[56]这些都赋予"爱邻舍"全新的内涵。

加尔文对社会关怀的重视，带出他对社会政治秩序的关注。在他的著作中，有相当的篇幅论述社会公义，以及基督徒的社会政治承担方面的问题。[57]这种关注显然受到人文主义的影响。人文主义从一开始就倾向一种比较世俗化的人生观，聚焦于人的现世生活，而非中世纪所关注的超越现世的永生。[58]古人思想中的很多发现加强了人文主义的这种倾向，比如古典文明中人拒绝屈服命运是一种美德，这是遭到奥古斯丁谴责并因此在中世纪失传的一个古典观念，却引起人文主义者们极大的兴趣，激发他们探究人的潜能，并且给予他们改变现状的精神动力。[59]这种世俗价值观的兴起，激发了人文主义者对社会政治的关注，因为他们认为人是历史的主人，应当主导历史的发展。加尔文没有走这么远，但他的思想呈现出这种特质，在他看来，关心他人的社会处境是爱邻舍的重要方面，这本身就是一种社会政治承担。

---

56 Andere Bieler, *The Social Humanism of Calvin*, trans. Paul T. Fuhrmann （Vriginia: John Knox Press,1964）, 30-33.

57 *Institutes* 4.20.

58 布洛克，《西方人文主义传统》，45。

59 同上，45-46。

三、总结

总的来说，加尔文在圣灵和身体这两个问题上发展了奥古斯丁的自爱观。首先，奥古斯丁在时代问题的推动下，将神学的重心倾向于群体，将圣灵的工作局限于教会，这导致圣灵在个体基督徒生命成长过程中不能直接发挥作用，以至于"自爱"的实现必须诉诸于柏拉图式的个体努力。中世纪在这基础上发展出教会绝对权威和圣功说。加尔文挑战中世纪罗马天主教的权威，强调圣灵直接浇灌在个体心中，实现奥古斯丁所说的"正当的自爱"不是靠人的努力，而是圣灵的工作，在此过程中人是全然被动的。

其次，奥古斯丁站在"灵肉二分"的立场上，对身体持否定的态度，认为身体不仅没有价值，还是灵魂的捆绑。基于这种理解，奥古斯丁将正当的自爱局限于爱自己的灵魂，认为自爱的实现是一种内在灵魂的提升。不同于奥古斯丁，加尔文将人的身体和灵魂看为密不可分的整体，肯定人身体价值的同时，开创了全人观念。在加尔文看来，自爱的实现不是内在灵魂的提升，而是全人方向的转变，这种转变包括人在物质生活层面追求身体的快乐。加尔文继承了奥古斯丁，认为"自爱"转移到他人那里，就是爱邻舍，然而，不同于奥古斯丁，他所理解的爱邻舍并非单单爱邻舍的灵魂，而是一种全人的关怀，包括物质生活层面。基于这种理解，加尔文关注社会政治秩序，强调基督徒的社会政治承担。

无论是颠覆传统的权威思想，张扬个体的自由，还是关注人的现世生活，反对中世纪的玄思，都是人文主义的特质。可以说，加尔文在这两个方面对奥古斯丁自爱观的突破，和他人文主义的背景有很深的关系，一方面他深受其影响，另一方面他也要回应这种处境文化。

第三节 "自爱"与宗教改革神学立场

尽管加尔文继承和发展了奥古斯丁的自爱观，但他却始终没有用"自爱"这个词表达奥古斯丁所说的"正当的自爱"。在他的文本中，"自爱"只有一种意思，即奥古斯丁所说的"不正当的自爱"，或者说错误的、虚假的自爱。笔者认为，加尔文在这里是故意回避用"自爱"这个词，并且，这种回避是他的修辞策略。

宗教改革初期，路德对奥古斯丁的自爱观提出了猛烈攻击，形成很大的社会影响。路德的批判是站在因信称义的神学立场上，可以说，这批判本身是一种神学立场的表达。在这种处境中，加尔文回避用"自爱"这个词表达奥古斯丁所说的"正当的自爱"，反倒将它的意思限制在错误的、虚假的自爱而加以批判，表达出对路德因信称义神学观念的认同，显示自己与宗教改革者是在一个阵营中。

一、中世纪神学家对奥古斯丁"自爱"观的继承与发展

中世纪神学家对爱的理解基本上承袭奥古斯丁的传统，认为正当的自爱与爱上帝、爱邻舍是同一种爱，即卡利塔（caritas）。在奥古斯丁那里，卡利塔是一种具有欲爱色彩的圣爱，尽管本质上是圣爱，但保留了欲爱的某些特质，其中最为明显的是，它参与在救赎工作之中，推动人不断地接近上帝。这一点在中世纪神学家的思想中被进一步强化。"就中世纪的观念来说，卡利塔不是基督教的一环，而是涵盖整个基督教，基本没有事物落在卡利塔的范围之外。"[60]自爱作为卡利塔的一个方面，也因此被赋予了救赎的内涵。这种观念在中世纪被普遍接受，不同神学家以不同的形式将其表达出来。比如，十二世纪神秘主义神学家明谷的伯纳德（Bernard of Clairvaux）和圣希利的威廉（William of Saint-Thierry）说，人必须首先爱自己，之后才能一步一步地爱上帝。[61]到了十三世纪，中世纪最伟大的神学家托马斯·阿奎那说，"正当的自爱在于引导人朝向上帝"。[62]

阿奎那和奥古斯丁一样，用卡利塔来指正当的爱，认为卡利塔包括了"人与上帝的友谊"和"人与那些属于上帝者的友谊"，后者包含有"人与自己的友谊"。[63]这样，阿奎那就将自爱与爱上帝、爱邻舍相统一。阿奎那认为自爱是理所当然的，他说，"爱是一种结合的力量，而每个人是与他自己成为一个单一的个体，这比与另一个人结合更强。"[64]所以，阿奎那论述的重点并不是要不要自爱，而是如何自爱。

60 虞格仁,《基督教爱观研究》, 台北市基督教中华文字差传协会翻译小组译（台北：台湾道声出版社，2012），490。

61 Etienne Gilson, *The Spirit of Mediaeval Philosophy*（Notre Dame: University of Notre Dame Press，1990），269；转引自游冠辉,《圣爱与欲爱》（北京：北京大学博士论文），14。

62 Aquinas, *Summa Theologiae*, 1.2.100.5.

63 Aquinas, *Summa Theologiae*, 2.2.25.4.

64 Aquinas, *Summa Theologiae*, 2.2.25.4.

和奥古斯丁一样，阿奎那也将"自爱"分为"正当的自爱"和"不正当的自爱"。在他看来，"正当的自爱"即是"用友爱去爱他自己"，是"按着人的理性的本性（rational nature）爱自己，愿意自己得到那些属于理性成全的善。"[65]这种意义上的自爱能让人"找到目前的好思想，过去的好回忆，以及将来的好希望——这一切都是喜乐的根源。"[66]而"不正当的自爱"则是"在其所顺从的感觉的本性方面爱自己"，这种自爱是虚假的、错误的自爱，因为所爱的不是真实的自己，而是"自己感觉的和身体的本性（sensitive and corporeal nature）"[67]，这种意义上的自爱是一切罪的根源，最终会伤害自己。[68]阿奎那认为人因着罪的缘故，常常落在不正当的自爱之中，应当克服自身，努力实现正当的自爱。总的来说，阿奎那对自爱的解读继承了奥古斯丁的传统。

阿奎那的独特性在于，他认为卡利塔是一种"向上帝之德"（virtutes thologicae），并且是最大的"向上帝之德"，大过信心和盼望。"向上帝之德"是阿奎那神学中的重要概念，指使人正确走向上帝的美德。阿奎那认为卡利塔是最大的"向上帝之德"，"因为信心是针对未见者，盼望是针对未握有者，但卡利塔是关于已经握有的：因为被爱者多少是在爱者之内，而爱者由于情感也趋于与被爱者结合。"[69]他认为"卡利塔是诸德之母和根源，因为它是一切美德的形式。"[70]他用卡利塔阐释信心，说，"卡利塔是信心的形式"，"信心透过卡利塔工作"。[71]这样，阿奎那赋予卡利塔在救赎工作中及其重要的地位，而"自爱"作为卡利塔的一个方面，也因此具有了这地位。

中世纪罗马天主教会发展出"功德神学"（a Theology of Merit），认为卡利塔带出的好行为具有功德的意义，是推动人通往上帝的功德之梯（the Ladder of Merit）。[72]在"功德神学"中，"自爱"在救赎工作中所发挥的作用远远高过信心，这与"因信称义"的神学思想相抵触，因此遭到宗教改革者的批判。

---

65 Aquinas, *Summa Theologiae*, 2.2.25.4.
66 Aquinas, *Summa Theologiae*, 2.2.25.7.
67 Aquinas, *Summa Theologiae*, 2.2.25.7.
68 Aquinas, *Summa Theologiae*, 1.2.77.4.
69 Aquinas, *Summa Theologiae*, 2.2.23.6.
70 Aquinas, *Summa Theologiae*, 2.1.62.4.
71 Aquinas, *Summa Theologiae*, 2.2.4.3.
72 Nygren, *Agape and Eros*, 621.

观察奥古斯丁的"自爱"观在中世纪的发展，发现其中欲爱的特质被放大。欲爱在奥古斯丁那里是用来思想和表达基督教信仰的观念性工具，然而在中世纪继承者那里却成为思想本身。尽管奥古斯丁保留了欲爱的某些特质，认为正当的自爱帮助人实现内在灵魂的提升，但他并没有因此忽略信心的重要性，因信称义是他救恩观的中心。不可否认的是，奥古斯丁的思想在这里存在矛盾，坎利斯认为这矛盾是因为奥古斯丁受到时代精神的限制，没有完全放弃人类中心说的思维模式。[73]笔者认同坎利斯的看法。但这不是唯一的原因，更重要的原因是奥古斯丁为了俯就当时的处境，运用处境文化中的要素作为观念性工具，使得他的神学带上了浓厚的希罗文化色彩。尽管他所说的"正当的自爱"就本性而言是圣爱，但因借用了希罗欲爱观的理论架构，也具有了欲爱色彩。这是一种修辞方法的运用，却被中世纪神学家当作思想本身而继承，并进一步发展。

二、路德对奥古斯丁"自爱"观的颠覆

路德早年在奥古斯丁修会受过七年的严格训练，然而他却挑战奥古斯丁神学，以及以奥古斯丁神学为源头的中世纪卡利塔神学，这挑战带来整个十六世纪神学典范的转移：拒绝一切以人为中心的要素，强调人与上帝的关系应当纯粹以上帝为中心。虞格仁认为，路德对传统的挑战堪称"哥白尼式的革命"，因为它开创了一个全新的时代。[74]

宗教改革初期，路德首先表达出对"自爱"完全拒绝的态度，这在当时是对中世纪神学的一种尖锐的挑战。路德继承了奥古斯丁对邪恶的"自爱"之论述，认为"自爱"是一切罪恶的根源。对于奥古斯丁所说的"良善的自爱"或者"正当的自爱"，他没有给任何空间。虞格仁总结说，"当路德把自私自爱看为罪恶的本质的时候，他的意思是没有折扣的。路德不知道有所谓正当的自爱。"[75]

奥古斯丁从圣经中"爱人如己"的诫命出发，论证"自爱"的合理性，说，"这诫命并没有忽略我们对自己的爱"。[76]然而，路德却对这诫命做了完全不同的诠释。在《罗马书讲义》（*Lectures on Romans*）中，他解释"爱人如己"

73 Canlis. *Calvin's Ladder*, 35.

74 虞格仁，《基督教爱观研究》，下册，412。

75 虞格仁，《基督教爱观研究》，韩迪厚译，三册（中华信义会报部，1960），436。

76 Augustine, *On Christian Doctrine*, 1.27.

说，"我们被命令单单爱邻舍，我们对自己的爱只是例证。"[77] 相对于奥古斯丁所认为的，"爱邻舍"即是自爱转移到他人那里，[78] 路德强调"爱邻舍"是全然舍己，不求任何自己的益处。[79]

路德挑战奥古斯丁的"自爱"观的目的是为了批判天主教的救赎观，维护因信称义的神学立场。路德反对中世纪天主教的"功德神学"，认为称义"唯有信"，而非借助任何意义上的功德。他认为"在称义之场所，卡利塔是全然没有地位，那里只有信，也就是只有基督。"[80] 路德反对卡利塔以任何形式参与在救赎工作之中，"自爱"作为卡利塔的一种形式，当然遭到排斥。

在自爱的问题上，路德颠覆了奥古斯丁的观点，同时也颠覆了中世纪将基督教看为"卡利塔宗教"的观念。这场关于"自爱"的争论，实际上是救恩观的争论。然而，路德为了对抗中世纪天主教的功德神学，只谈信，不谈爱，导致了宗教改革阵营中伦理道德方面的混乱，成为改革者要面对的新的问题。路德晚年对此有所反思，他在1535年所写的《加拉太书讲义》中，再次诠释"爱人如己"，认为这条诫命意味着"自爱"是"爱邻舍"的最好的教材，他说，"你无需任何教材教导你如何爱你的邻舍，因为你心中有关于所有律法的最可爱的，最美好的教材"[81] 在这段论述中，路德保留了自爱在基督徒生命改变过程中所发挥的作用。相对于早年的激进，晚年的路德显得相对平衡。

三、加尔文对争论的回应

前面已经论述，加尔文继承了奥古斯丁的"自爱"观，不同于奥古斯丁，加尔文强调"自爱"的实现是圣灵的工作，在此过程中人是全然被动的。在这个问题上，加尔文跟随了路德所开创的全新的神学典范，即纯粹以上帝为中心，拒绝一切以人为中心的要素。他既肯定人合理地爱自己的身体，也挑战了奥古斯丁在一定程度上保留的个体努力参与的禁欲主义思想。然而，加

---

77 Martin Luther, *Luther's Works*, eds. Helmut T. Lehmann et al., 55 vols.（Saint Louis: Concordia Pub. House, 1955-1976），25: 475; Luther, *Luther: Lectures on Romans*（Philadelphia: Westminster, 1961），366.

78 Augustine, *City of God*, 10.3.

79 Luther, *Luther's Works*, 25: 477-478; Luther, *Luther: Lectures on Romans*, 368-369.

80 虞格仁，《基督教爱观研究》，韩迪厚译，三册（中华信义会报部，1960），440-441。

81 Martin Luther, *Lectures on Galatians*, trans. Jaroslav Pelikan, ed. Jaroslav Pelikan, vol.27 of *Luther's Works*（Saint Louis: Concordia,1964），1519（1-6）；1535（5-6）.

尔文并没有提出一种新的"自爱"观，而是回避用"自爱"这个词，反倒高举与"自爱"字面意思完全相反的"自我否定"，这是因为他在当时的处境中，为了表示自己完全站在宗教改革者的立场上，在因信称义的问题上完全认同路德。这是加尔文的修辞学策略。

在因信称义的问题上，加尔文完全继承了路德的思想。然而，他显然注意到了路德将爱完全悬隔所带来的问题，所以，他在一定程度上保留了经院主义哲学对爱的重视。和路德一样，加尔文对经院主义哲学家们赋予爱在救恩工作中极其重要的地位持批判态度，然而，不同于路德，他将批判局限于否定"借着爱称义"，对经院主义的另一个观点："爱比信重要"，他持肯定的态度。然而，加尔文认为经院主义哲学家们将后者作为前者的理论基础，是没有道理的。关于爱与信的关系，他用隐喻讽刺这种论调，说"这就如有人说君王比皮鞋匠更会做鞋子，因他比皮鞋匠伟大得多。"他所要强调的是，尽管爱比信重要，但爱不能使人称义，人称义是唯有信。[82]

相对于路德，加尔文对"称义"谈得很少，但这并不意味着在他看来这个问题不重要，他的态度是：路德关于"称义"所谈的一切，他都接受。加尔文将更多的注意力放在"爱"上。在《基督教要义》第三卷，他论述的顺序是：信心（3.1-5）-基督徒生活准则（3：6-10）-称义（3：11-14）。加尔文在"信心"和"称义"之间插入一段"基督徒生活准则"，将"爱"的观念用教导性语言，而非哲学性语言，生动形象地表达出来。事实上，加尔文所谈的"基督徒生活准则"与奥古斯丁所说的正当的"自爱"有内涵上的一致性。如同奥古斯丁论述"正当的自爱"，加尔文对"基督徒生活准则"的论述隐含着希罗幸福主义的思想架构，尽管语言上没有像奥古斯丁那么哲学性。[83]

---

82 *Institutes* 3.18.8.

83 关于加尔文对"基督徒生活准则"的论述隐含希罗幸福主义理论架构的问题将在下一章详细论述，此处不做赘述。

第四章　加尔文论自我否定

第一节　"自我否定"的神学渊源

　　"自我否定"这个词源于《新约圣经》，原文是一个希腊文的命令式动词短语："ἀρνησάσθω ἑαυτὸν"。其中"ἀρνησάσθω"是动词"ἀρνέομαι"的命令式，可以翻译为：拒绝、否认、否定、不顾、舍弃等；"ἑαυτὸν"是一个反身代词，可译为"自己"。这个短语在和合本中文圣经中被译为"舍己"，亦可译为"自我否定"。

　　在《新约圣经》，"ἀρνησάσθω ἑαυτὸν"表达"自我否定"或"舍己"，总共只有三处经文：《马太福音》十六章 24 节、《马可福音》八章 34 节、《路加福音》九章 23 节。[1]这三处经文，内容很相似，其中《马太福音》十六章 24 节和《马可福音》八章 34 节内容是完全一致的，都是耶稣的教导："若有人要跟从我，就当舍己，背起他的十字架来跟从我。"《路加福音》九章 23 节又在后半句加上了"天天"这个词，说，"天天背起他的十字架来跟从我"。在三处经文中，"舍己"或者说"自我否定"，与"跟从基督"、"背十字架"密切相连，《路加福音》又强调了这是基督徒每天要面对的。然而，无论是"舍

1　中文和合本圣经中，"舍己"出现的次数远不止三次，然而除了福音书中这三处经文以外，在原文中都不是"ἀρνησάσθω ἑαυτὸν"这个短语，所表达的意思也不是"自我否定"。另外，在这三处经文之外，这个希腊文短语还出现在《提摩太后书》2：13 中，所表达的意思与"舍己"无关，和合本中文圣经将其翻译为"背乎自己"。总之，"ἀρνησάσθω ἑαυτὸν"在《新约圣经》中用来表达"舍己"或"自我否定"，只有这三处经文。

己"还是"跟从基督",还是"背十字架",在这里的意思都十分模糊,这模糊性为后世的神学发展留下了很大的讨论空间。

一、"自我否定"文本本身的含义在加尔文之前的发展

这个短语在一些早期基督教文本中,被诠释为"为主殉道",这与初代教会的处境密切相关。初代教会的历史是一段殉道者的血所铺成的历史,在罗马皇帝君士坦丁颁布米兰赦令之前的三百多年间,作为一个基督徒随时有可能因为信仰的缘故被迫害,甚至被杀。在这种处境中,教会为了鼓励信徒不要畏惧,就宣讲殉道精神。一些早期教父、使徒从圣经诠释入手,将新约圣经中的"自我否定"诠释为一种甘愿为主殉道的精神。比如,在早期基督教著作集《使徒教师》(*Didascalia Apostolorum*)中,将基督十字架上的受难解释为"自我否定"的榜样,说,"如果他(耶稣)为我们承受和忍耐了所有的事情……我们应当为我们自己的缘故承担、忍受更多的苦难。"[2]这种诠释回应了早期教会的现实处境,激励了相当一群基督徒在逼迫中坚持信仰,不惜付出生命的代价。

奥古斯丁的时代,社会处境发生了很大的变化。一方面,逼迫停止,基督徒不再面临着信仰失去生命的挑战,殉道精神也逐渐淡化。教会失去殉道精神的支撑,面临世俗化的危险。另一方面,殉道精神仍然在一部分基督徒心中占据十分重要的地位,其中最为明显的是多纳图主义者,他们在新的处境下坚持以一种自杀式的狂热实现他们的殉道精神。这两个方面都推动奥古斯丁重新解读"自我否定"。总的来说,在奥古斯丁的文本中"自我否定"与"禁欲"基本是同义的。

争对多纳图主义对殉道的盲目崇拜,奥古斯丁一方面肯定殉道是一种形式的"自我否定",承认多纳图教徒在"自我否定"方面做得很好;另一方面,他又指出多纳图教徒用这种形式实现"自我否定"是没有意义的,因为它离弃了基督信仰的核心精神——爱。[3]在这里,奥古斯丁用一种高明的修辞学策略引导多纳图教徒反省自己的信仰,在一个层面上肯定他们是为了营造一个可以沟通的平台。

2　R. Huge Connolly ed., *Didascalia Apostolorum: The Syriac Version*, trans. Verona Latin Fragments(Oxford: Clarendon Press, 1929), 166-167.

3　Cf. Gerald Bonner, *St Augustine of Hippo: Life and Controversies*(Philadelphia: The Westminster Press, 1963), 237-275.

在奥古斯丁的文本中，"自我否定"被赋予了一个更加宽泛的意思，除了殉道之外，还包括放弃追求世俗享受，努力过一种严格的禁欲生活。这种诠释是柏拉图式的。柏拉图主义将"禁欲"看为洁净灵魂的一种方式，认为透过苦待自己的身体能达到内在灵魂的提升。奥古斯丁将它引入到基督教思想领域中，认为基督徒应当"在身体健康允许的范围内尽可能地征服自己的肉体"。[4]在这里，奥古斯丁用希罗哲学中的要素，对抗希罗世俗文化入侵教会，在一个不再需要殉道的时代，用另一种方式激励信徒，努力避免教会世俗化。然而，奥古斯丁显然很清楚柏拉图主义哲学和基督教福音信息之间的差别，他在使用柏拉图主义哲学作为观念性工具的同时，也常常对它提出质疑。在"自我否定"的问题上，他也质疑这种柏拉图式的"自我否定"会导致"致命的骄傲"，以至于最终不能帮助人提升自己的灵魂。[5]

中世纪神学对《新约圣经》中的"自我否定"的诠释基本继承了奥古斯丁的传统。中世纪神学家圣维克多的休（Hugh of St. Victor）说，"为了达到宽广的领域和属天的快乐，我们应当进入自我否定的窄门。"他所说的"自我否定"指一种严格的禁欲的生活方式，包括甘愿贫穷、捐献财产、学习谦卑，甚至用折磨自己肉体的方式平息内心的邪念。[6]这种对"自我否定"的解读在整个中世纪传统中是被公认的，教会在此基础上发展出严格的修道制度。

总的来说，在加尔文之前的中世纪思想传统中，"自我否定"这个词就文本本身而言，指禁欲。

二、"自我否定"与"自爱"

在《新约圣经》中，"自我否定"内含着奥古斯丁神学中"自爱"的意思，只是在文本上没有用"自爱"这个词。

前面提到，"ἀρνησάσθω ἑαυτὸν"表达"自我否定"或"舍己"在《新约圣经》中总共出现在三处经文：《马太福音》十六章 24 节、《马可福音》八章 34 节、《路加福音》九章 23 节。这三处经文后面都紧接着同一句经文："因为凡要救自己生命的，必丧掉生命，凡为我（耶稣）丧掉生命的，必救了生命。"

4　奥古斯丁，《论灵魂及其起源》，30。

5　Augustine, *Confession*, 7.17.

6　Hugh of St Victor, *Explanation of the Rule of St. Augustine*, trans. Aloysius Smith（London: Sands, 1911），87.

（太 16：25，可 8：35，路 9：24）[7]这里"生命"这个词在希腊原文中是"ψυχή"，这个词有多种意思，它亦可以表达一种反身关系（a reflexive relationship），译为"自己"（self）。[8]笔者认为，这个词翻译为"自己"更加合适，因为它在这里所要表达的是，"救"的主体和客体是反身关系，用在这里是要进一步说明"自我否定"的内涵。

这节经文呈现出 ABAB 结构，如下：

A. 凡要救自己的，

B. 必丧掉自己；

A'. 凡为我丧掉自己的，

B'. 必救了自己。

"自己"在这节经文中出现四次，这四次分别所表达的内涵是不同的：A 和 A'中的"自己"指是堕落后被罪捆绑的实存处境中的自己，而 B 和 B'中的"自己"指完美的自己，即作为上帝形象的自己。A'所表达的是为了信仰的缘故而拒绝被罪所捆绑的自己，这即是"自我否定"的内涵，而 B'所表达的是实现受造之初作为上帝形象的完美的自己，这即是"自爱"的内涵。A'B'表达出"自我否定"与"自爱"之间密不可分的关系，换言之，"自我否定"成就"自爱"，AB 从反面衬托这个主题。

这节经文的内涵与奥古斯丁的自爱观有一种内在的对应关系：AB 所表达的即是奥古斯丁所说的"不正当的自爱"，最终导致自我的毁灭；而 A'B'所表达的即是他所说的"正当的自爱"，最终实现灵魂的终极快乐。在奥古斯丁那里，"正当的自爱"即是以上帝为中心，其中包含拒绝堕落后陷在自我中心捆绑之中的自己，这即是"自我否定"。

然而，这种意义上的"自我否定"在奥古斯丁的文本中却始终没有用新约圣经中的这个词，反倒将这个词的意思局限于"禁欲"，这是他的修辞策略。当时，奥古斯丁一方面要努力纠正多纳图主义的殉道崇拜，另一方面要防止逼迫结束后希罗世俗文化的负面影响入侵教会，他必须寻找一种对"自我否定"的新的诠释，代替原有的"殉道精神"。在他所面对的群体中，受过高等

---

7 《马太福音》十六章 25 节、《马可福音》八章 35 节、《路加福音》九章 24 节，这三处经文的内容并不完全一致，而是有细微的不同，由于这些差别不是本文的重点，所以在此做细节上的比较。此处所引用的经文的文本与《路加福音》九章 24 节完全一致，与其余两处经文略有不同。

8 *Bibleworks 8.0*, 2013, Luck 9.24.

教育的只有一小群，其中大部分人无法理解这种高度抽象的"自我否定"。在这种处境中，奥古斯丁选择在表达上俯就听众和读者，用相对具体的方式表达"自我否定"的内涵。

中世纪神学继承了奥古斯丁的传统，宣讲一种包含自我牺牲的爱，同时将"自我否定"这个词本身局限于表达"禁欲"。这传统一直保持到加尔文的时代。

第二节 加尔文神学中的"自我否定"

一、加尔文神学中"自我否定"的内涵

本着人文主义"回到本源"的精神以及宗教改革"唯独圣经"的立场，加尔对"自我否定"的解读主要依据圣经文本。不同于奥古斯丁和中世纪神学家们将"自我否定"的内涵局限于"禁欲"，加尔文从圣经文本出发，发掘一种与奥古斯丁文本中的"自爱"相统一的"自我否定"。在《基督教要义》三卷 7 章，加尔文将"自我否定"解读为全然顺服上帝，他说：

> 基督徒必须从心里深深感受到他的一生所在乎的唯有神自己。如此，他既已将自己所有的交给神来管理，同样也会将自己一切的计划交给神。因人若学会将自己一切的计划交在神手中，他同时会避免许多的虚妄思想。这就是基督在他的门徒刚开始服事他的时候所吩咐他们的自我否定。[9]

在加尔文看来，这种意义的"自我否定"与中世纪的"禁欲"思想大相径庭，事实上，在加尔文的论述中，"禁欲"是"自我否定"的反面，是肯定自己，而非否定自己，因为"禁欲"意味着尝试依靠自己的努力达到与上帝的联合，是对自己能力的肯定。加尔文讽刺这观念，说，"神痛恨那些寻求别人称赞以及一切狂傲的人，他甚至宣告他们在今世已得了他们自己的赏赐，也说娼妓和税吏比他们更接近神的国。"[10]为了与"禁欲"思想拉开距离，加尔文特别强调圣经所教导的"自我否定"并不排斥人合理地使用今世的福分。他说：

> 我们的原则是：若我们按照神创造世界的目的使用他的恩赐，这并没有错。因神创造这一切是为了我们的益处，并非为了毁灭我们。

9　*Institutes* 3.7.2

10　*Institutes* 3.7.2.

因此，他认真考虑神创世目的的人，将会正确地使用这些恩赐。那么，我们若思考神为何创造饮食，就会发现这不但是为了人的需要，也是为了人的享受和使人快乐。除了人的需要以外，神给我们衣裳的目的也是为了美丽和体面。草、树和水果，除了本身实际的用处以外，也有它们美丽的外观和味道。若非如此，先知必不会将它们视为是神的祝福："使人……得酒能悦人心，得油能悦人面。"（诗 104:15 p.）[11]

在加尔文神学中，"自我否定"与"认识自己"密切联系。在《基督教要义》的开篇，加尔文以"认识自己"作为论述的起点，在他的论述中存在清晰的脉络，可以看出他所说的"认识自己"就是"自我否定"，用他自己的话说，即"深感自己的无知、虚空、贫乏、软弱"，"感觉到自己的堕落和败坏"，[12]甚至"被死亡的恐惧抓住而自卑……几乎气绝"。[13]在这里，加尔文将认识自己解读为弃绝堕落后被罪捆绑的实存处境中的自己。

加尔文的论述并没有到此终止，而是，他跟随了新约圣经的传统，将这种"否定堕落后被罪捆绑的实存处境中的自己"与"寻求作为上帝形象的原初完美的自己"密切联系在一起，正如《马太福音》十六章 24 节、《马可福音》八章 34 节、《路加福音》九章 23 节所说的，将"救自己"，或者说"自爱"，和"舍弃自己"，或者说"自我否定"，统一起来。他说：

> 我们仰望上帝，思想他的属性、他的公义、智慧和权能是何其完美——而神的属性就是他要求我们的标准，那么，先前令我们欣喜的假冒之义，如今因看清它是极其邪恶的，而被我们视为污秽；先前我们视为智慧的，如今因发现它的愚妄而感到作呕；先前看似大有能力的，如今被显露是最软弱无能的。我们看为完美的，却仍与上帝的纯洁又天壤之别。[14]

在加尔文看来，"否定堕落后被罪捆绑的实存处境中的自己"与"寻求作为上帝形象的原初完美的自己"是不可分割的：一方面，人唯有认识到自己起初被造被赋予的完美与纯洁，才能认识到实存处境中真实的自己是何等的败坏与污秽；另一方面，人唯有认识到现实的自己是何等的败坏，才有可能寻求起初被造的完美的自己。

---

11 *Institutes* 3.10.2.
12 *Institutes* 1.1.1.
13 *Institutes* 1.1.3.
14 *Institutes* 1.1.2.

总之，加尔文对"自我否定"的诠释跟随了新约圣经的传统，他所说的"自我否定"包含了奥古斯丁文本中"自爱"的内涵。

二、"自我否定"与"自爱"

加尔文所说的"自我否定"与奥古斯丁所说的"自爱"尽管字面意思相反，但它们的内涵却是相通的。同时，两个不同的词汇亦有不同的神学侧重。当加尔文用"自我否定"这个词表达奥古斯丁所说的"自爱"的时候，表达了他独特的神学关注。

1、内涵相通

A. 真信仰

在奥古斯丁那里，"自爱"即是真信仰。在奥古斯丁看来，正当的"自爱"与爱上帝、爱邻舍是同一种爱，即卡利塔。关于这种"自爱"，奥古斯丁说，"这是对上帝的敬拜，是真宗教，是正当的敬虔，是单单归于上帝的事奉。"[15]

尽管加尔文没有像奥古斯丁那样直接说，但在他的文本中，存在清晰的脉络，可以看出他所说的"自我否定"就是真信仰。在《基督教要义》开篇，加尔文以"认识自己"和"认识上帝"为论述的起点，指出两者互为前提，其核心是建立正确的人与上帝的关系，这关系就是人"在上帝面前时是何等恐惧战兢"。[16]到了《基督教要义》第三卷，加尔文进一步将这种关系定义为"信心"（亦可翻译为"信仰"）。[17]如此，我们可以知道，在加尔文神学中，"信心"包含两个重要方面：认识自己全然败坏，以及完全信靠顺服上帝的带领。这两个方面恰恰就是加尔文对"自我否定"的诠释。他指出"自我否定"的两个步骤："离弃自己"，[18]以及"寻求上帝的旨意和一切荣耀归给他的事"。[19] 这样看来，加尔文所说的"自我否定"就是真信仰，与奥古斯丁所说的"自爱"内涵相通。正如奥古斯丁将"自爱"与"爱上帝"、"爱邻舍"联系在一起，认为三者是同一种爱，加尔文强调"自我否定"关乎人与邻舍的关系，以及与上帝的关系，三者密不可分。[20]

---

15 Augustine, *The City of God*, 10.3.
16 *Institutes* 1.1.3.
17 *Institutes* 3.2.7.
18 *Institutes* 3.7.1.
19 *Institutes* 3.7.2.
20 *Institutes* 3.7.4-10.

B. 幸福主义理论架构

上文已经论述，奥古斯丁论"自爱"是将福音信息注入到希罗哲学的理论架构中，将希罗的幸福主义哲学作为一个观念性工具。在加尔文对"自我否定"的论述中也存在同样的脉络。他指出，"自我否定"是实现终极快乐的必要条件，因为这终极快乐不是人自身努力所能获得的，而是上帝的祝福，唯有"自我否定"人才能得着这祝福。[21]

在《基督教要义》三卷 7 章，加尔文从两个方面分别论述"自我否定"：在与人的关系中的自我否定，[22]以及在与神关系中的自我否定。[23]他认为后者是"自我否定"的主要内容。[24]很特别的是，他论述后者用了希罗幸福主义的思想架构，指出这种意义的"自我否定"最终实现人的终极快乐。他说，

> 不要渴望、期待、思考在神的祝福之外有任何兴旺的方式……唯独拥有神祝福的人才能突破一切障碍，并至终获得快乐和美好的结局……因此，若我们相信获得兴旺和快乐完全在于神的祝福，并相信在神的祝福之外只有痛苦和灾难等候我们，我们就不应当贪心地为财富和荣誉卖力……反而应当时时刻刻仰望神，倚靠神带领我们到他为我们所安排的结局。[25]

在这段话中，加尔文将"在神面前的自我否定"[26]与"获得快乐和美好的结局"联系在一起，认为前者是过程，后者是终局。尽管加尔文受人文主义影响，拒绝哲学的抽象的表达方式，没有像奥古斯丁那样直接套用希罗幸福主义的哲学术语，但在他的论述中仍然存在清晰的脉络，可以看出他受希罗哲学影响很深，在他对"自我否定"的论述中，存在希罗幸福主义的内在隐线。

C. 以上帝为中心

上文已经论述，奥古斯丁所说的正当的"自爱"是以上帝为中心，而非以自我为中心，换言之，正当的"自爱"即放下自我中心而让上帝成为人生命的中心。加尔文对"自我否定"的论述亦有同样的关注，更加明显、彻底。

---

21 *Institutes* 3.7.8.
22 *Institutes* 3.7.4-7.
23 *Institutes* 3.7.8-10.
24 *Institutes* 3.7.8.
25 *Institutes* 3.7.8-9.
26 *Institutes* 3.7.8.

在他的论述中，存在一系列同义表达："不属自己"与"属主"，[27] "不再寻求自己的事"与"寻求神的旨意和一切将荣耀归给他的事"，[28] "将所有的一切交托在神的旨意中"与"不要渴望、期待、思考在神的祝福之外有任何兴旺的方式"[29]等等。在加尔文的文本中，这些同义的表达常常同时出现，相互批注对方，可以看出，加尔文所说的"自我否定"即放下自我中心而让上帝成为人生命的中心。从这个意义上看，加尔文所说的"自我否定"与奥古斯丁所说的"自爱"内涵相通。

2、不同侧重

著名的罗马学者西塞罗指出，表达和思想不可分，词汇与所表达的内容密切关联。[30]他的思想深深影响了奥古斯丁和加尔文。尽管奥古斯丁所说的"自爱"与加尔文所说的"自我否定"内涵相通，这两位神学家用这两个字面意思完全相反的词表达出他们不同的神学侧重。

A. 强调人的全然被动

学者坎利斯在《加尔文的梯子：一种提升和升天的圣灵神学》(*Calvin's Ladder: A Spiritual Theology of Ascent and Ascension*)书中，认为奥古斯丁和加尔文的救恩观有微妙的差异。他说，尽管奥古斯丁和加尔文都强调人在救恩的事情上全然被动，人的改变是圣灵的工作，然而相对于加尔文，奥古斯丁受到时代错误的限制，在这个问题上态度并不彻底：他没有完全放弃人类中心说（anthropocentrism）的思维模式，并且在批判帕拉纠主义的同时，并未完全摆脱其影响。在坎利斯看来，尽管奥古斯丁也强调人的改变是透过圣灵的工作，但是，在他的观念中，"（人）对上帝热烈的爱并非扎根在基督对上帝的爱和回应之中，而是一种人类学思考。"这种思考包含一系列具体的从肉身束缚中解脱出来的方式。[31]

坎利斯的观察有一点是值得肯定的，就是奥古斯丁对个体生命提升的思考确实包含了个体的努力在其中，可以说，奥古斯丁是中世纪禁欲主义传统的奠基人。然而这并不意味着奥古斯丁没有完全摆脱帕拉纠主义的影响。笔者认为，奥古斯丁之所以在他的救恩观中保留了个体努力的位置，与当时的

---

27 *Institutes* 3.7.1.
28 *Institutes* 3.7.2.
29 *Institutes* 3.7.8.
30 杨克勤，《古修辞学》，73-89。
31 Canlis. *Calvin's Ladder*, 35.

处境密切相关：奥古斯丁在一个基督教正统教义思想体系尚未形成的处境中，需要表述一种可见的人的改变，让读者或者听众能明白。坎利斯认为奥古斯丁受到时代错误的限制，这种说法有合理之处，但总体上是错误的。新柏拉图主义的苦修思想对奥古斯丁影响颇深，以至于他的救恩观带上了新柏拉图主义的色彩，从这个意义上看，坎利斯的观点有合理之处。然而，奥古斯丁并没有因此被新柏拉图主义所限制，而是超越了它：尽管奥古斯丁所说的个体改变包含新柏拉图主义式的个体努力，但这努力源于圣灵工作下人对上帝恩典的回应，而非源于人自身，[32]从这个意义上看，坎利斯的观点又是明显错误的。

无论是奥古斯丁还是加尔文，他们的救恩观都存在同样的张力：上帝的绝对主权与人的主动性之间的张力。这张力是福音本身的内在张力，是福音的奥秘之所在，从古至今没有一个神学家能完全解决这个张力。需要特别注意的是，张力的两极并不对等，上帝的绝对主权远远大过了人的主动性，人的主动性本身也在上帝的绝对主权之下。所以，无论是奥古斯丁还是加尔文，都强调人在得救的事情上是全然被动的。同时，他们都没有忽略人的主体性，但是，他们对人的主体性的表述十分不同：奥古斯丁在一个正统神学尚未成形、纷繁复杂的各种神学思想林立，异教思想风靡的处境中，需要表述一种可见的人的改变，因而用柏拉图哲学作为观念性工具；而加尔文所面对的是已经将人的改变教条化为圣功的中世纪神学传统，他需要打破这传统，因而强调得救与人的外在行为完全没有关系。事实上，加尔文并没有忽略个体的改变，他同时强调一个真正得救的人一定有外在可见的改变，同时，奥古斯丁也并没有将得救的原因归为人外在的改变。[33]笔者认为，在这个问题上，加尔文与奥古斯丁的观点就内涵而言并无实质性的不同，是一脉相承的。但是因着他们在不同处境中的不同表述，形成不同的神学侧重：相对于奥古斯丁，加尔文更加强调人的全然被动。

具体到"自爱"和"自我否定"这个问题，相对于奥古斯丁用"自爱"表述真信仰，加尔文所说的"自我否定"更加突出人在得救的事上完全无能为力。针对中世纪天主教所提倡的功德神学，加尔文说，"人若没有自我否定……所谓的美德也会被自我荣耀所玷污。"[34]加尔文对"自我否定"的集中

---

32 Augustine, *Confessions*. 13.30f.
33 Cf. *Institutes* 3.14.1 ; Augustine, *Against Two Letters of the Pelagians*, 3.5.15.
34 *Institutes* 3.7.2.

论述是在《基督教要义》三卷 6-10 章:上文(三卷 4-5 章)对天主教的赎罪观念做了彻底的批判,强调人的得救与人外在的行为模式完全没有关系;下文(三卷 11-24 章)集中论述"因信称义"。从这段文本的上下文看,加尔文对"自我否定"的论述是服务于宗教改革立场的救恩观:人在得救的事上全然被动,完全在乎上帝的恩典。

B. 对今世的关注

奥古斯丁用"自爱"诠释真信仰,他所说的"自爱"是高度抽象的,指人内在灵魂的提升,完全局限于属灵的领域,与人的世俗生活无关。在奥古斯丁看来,为了达到"自爱"的境界,人牺牲自己今世的生活是理所当然的,因为"降下自己经历身体的痛苦能使人的灵魂提升到上帝那里。"[35]

不同于奥古斯丁所说的"自爱",加尔文所说的"自我否定"具体实现在基督徒的世俗生活之中。这关注从一个侧面凸显出加尔文作为人文主义者的特质。16 世纪的人文主义者反对经院主义的玄思,提倡研究与人的日常生活密切相关的事物。在人文主义者看来,经院主义所讨论的形而上的本体论问题是完全没有意义的,因为这些问题是人的认识能力所无法触及的,与人的现实生活也完全没有关系。[36]加尔文继承了人文主义的这种学术传统,他所说的"自我否定"是人在日常生活中能够经历到的。需要特别注意的是,奥古斯丁所说的"自爱"中的"自我"与加尔文所说的"自我否定"中的"自我"是两个不一样的概念:前者指被造之初的完美的自我,抽离于人的实存处境;后者指具体实存处境中的自我,是人真真实实经历到的自我。可见,相对于奥古斯丁所说的"自爱",加尔文所说的"自我否定"更加贴近人的生活。

奥古斯丁所说的"自爱"抽离于人的世俗生活,甚至与之对立,认为为了达到"自爱"的境界牺牲人世俗生活的享受是理所当然的。然而,加尔文却说,这种禁欲主义的人生态度不是圣经的教导,而是人为加上的。[37]按着"自我否定"的原则,人按着自己的理性在圣经以外所加上的一切有关信仰的教导都是应当被否定的,因为人的理性已经被罪玷污,不能认识真道。[38]在加尔

---

35 Andrea Nightingale, *Once Out of Nature: Augustine on Time and the Body* (Chicago: The University of Chicago Press, 2011), 21.

36 Bouwsma, *John Calvin*, 151. 布洛克,《西方人文主义传统》,45。

37 *Institutes* 3.10.1.

38 *Institutes* 3.7.1.

文看来，禁欲主义不仅不能让人接近上帝，反倒使人落入骄傲的陷阱。[39]他认为，上帝创造世界万物不仅是为了人的需要，也是为了人的享受，所以，人按着上帝创造世界的目的享受世界，是理所当然的。[40]在加尔文的神学思想体系中，享受今世与渴望来世并不矛盾，因为他所说的享受今世是指在上帝呼召的引领之下的享受世界，在这过程中，人的心不被世界所牵引，而是渴慕上帝所应许的天上的永生。他强调享受不是放纵，前者顺服上帝的呼召，而后者顺服自己的私欲。这种意义的享受，用加尔文自己的话说，就是"用世物要像不用世物"。[41]

相对于奥古斯丁，加尔文对世界的肯定态度还体现在他强调基督徒的世俗责任。他说，"神将这一切交给我们，我们总有一天也要为此交账，"因此，基督徒要在这个世界上尽自己的本分。[42]具体到每个基督徒在世界的本分是什么，如何尽这本分，加尔文认为，如同基督徒享受世界，要聆听、顺服上帝的呼召，而不是随从自己的私欲、野心。[43]这种对基督徒世俗责任的关注，体现在加尔文的多处文本中，比如，在《使徒行传》注释中，他说，"富人贡献自己的物品，不是为了得到什么"，而是为了使穷人不至于缺乏。[44]这种关注，相对于奥古斯丁将"爱邻舍"的内涵局限于带领邻舍信仰上帝，是十分独特的。需要特别注意的是，加尔文所说的基督徒的世俗责任与当时世俗人文主义所说的人对世界的责任十分不同：后者基于对人的理性、潜能和创造力的肯定，而前者基于对上帝主权的顺服。加尔文所说的基督徒的世俗责任是完全顺服在上帝主权之下的，是上帝呼召所规限，人能承担这责任也是上帝特别的恩赐，并非人自身的能力。这种意义的世俗责任与"自我否定"是契合的，可以说，基督徒领受、承担世俗责任是"自我否定"的重要方面。[45]

加尔文的这种对人今世生活的肯定态度在很大程度上是受到当时人文主义思潮的影响，然而，他并没有因此被人文主义思想所局限，而是超越了它。

---

39 *Institutes* 3.7.2.

40 *Institutes* 3.10.2.

41 *Institutes* 3.10.4.

42 *Institutes* 3.10.5.

43 *Institutes* 3.10.6.

44 Andere Bieler, *The Social Humanism of Calvin*, trans. Paul T. Fuhrmann（Vriginia: John Knox Press,1964），30-33.

45 *Institutes* 3.10.6.

在他看来，无论是享受世界还是承担世俗责任，基督徒都要聆听、顺服上帝的呼召，而非人文主义所认为的发挥人的潜能和创造力。他认为，人积极参与今世生活的同时，要超越今世，专注于上帝的应许，这种人生态度，加尔文用"自我否定"来总结。

第三节　以基督教要义三卷七章为例，分析加尔文论"自我否定"的修辞学策略

前面已经提到，"自爱"原本是一个高度抽象的希罗哲学术语，奥古斯丁论"自爱"是把希罗哲学的理论架构作为一个观念性工具，将基督教福音信息注入其中。与之相比，加尔文选择了完全不同的进路：他舍弃了中世纪经院主义严密的逻辑论证和深奥的神学术语，选择一种大众化的、通俗的语言，表达福音信息。"自我否定"相对于"自爱"显得通俗易懂，并且贴近人的生活，两位神学家在此呈现出截然不同的修辞策略，原因除了他们本人的气质不同之外，更重要的是他们所处的时代处境十分不同。奥古斯丁所面对的是一个异教文化十分兴盛、正统基督教神学思想体系尚未成形、各种异端林立、大公教会的权威尚未建立的时代，所以选择异教文化中与基督教思想相对接近，同时又很有影响力的柏拉图主义，作为观念性工具整合基督教福音信息。而加尔文的处境完全相反：经过一千多年的发展，基督教神学思想体系已经十分完善，在各种文化中占据了绝对的优势，排斥世俗文化；然而，于此同时，神学思想日益僵化，变成教条，失去了起初的活力；罗马天主教垄断了所有的神学诠释，否定一切与之不同的个人领受，甚至将之定为异端加以打压；加之人文主义的兴起，形成一股与罗马天主教相对抗的力量，主张打破中世纪的精神垄断。在这种处境下，加尔文拒绝经院主义抽象的逻辑论证，用大众化的语言表达福音信息。这种表达方式是人文主义式的，加尔文的著作也因此呈现出极其浓厚的人文主义特色。相对于经院主义深奥难懂的学术语言，这种通俗的表达能够吸引更多的人参与到讨论中来，打破了中世纪将神学讨论局限于一小部分受过高等教育的神职人员范围之中的格局。另外，"自我否定"这个词源于《圣经》，[46]加尔文通过对这个词的重新诠释揭示真理信息，维护了宗教改革的神学立场。

46　"自我否定"在和合本圣经中翻译为"舍己"。

加尔文用"自我否定"这个通俗易懂的短语，与当时社会中多个持不同观念的群体交流，互动，吸引他们的注意力，与他们认同，进而晓之以理、动之以情，达到说服的目的。《基督教要义》三卷 7 章是加尔文论述"自我否定"较为集中的一段文本，本节以这段文本为例，尝试阐释加尔文在他所处的特定处境中论"自我否定"的修辞策略。

一、有亲和力的表达

在当时的处境中，加尔文提出"自我否定"是极具挑战性的。一方面，对经院主义者而言，"自我否定"冲击了他们的带有浓厚禁欲主义色彩的功德神学，因为对功德的高举事实上是一种自我肯定——肯定自己在得救的事上可以有所作为，而加尔文提出"自我否定"，从根本上颠覆了这种观念。另一方面，对人文主义者而言，"自我否定"又冲击了他们对人的潜能和创造力的乐观态度。然而，需要特别注意的是，尽管这个论题本身有很大的挑战性，当加尔文提出这个论题的时候，并没有呈现一种论争的姿态，也没有用大段的论证尖锐地驳斥对手们的观点，而是以一种很有亲和力的姿态，邀请他的辩论对手们参与到对话中来。

在《基督教要义》三卷 7 章，加尔文的首要任务是说服当时社会中多个群体，特别是经院主义者和人文主义者，反思自己原本对自我过分乐观的态度，从而把人引向"唯独恩典"这个宗教改革核心信念。为了达到这个目的，加尔文在陈述自己观点的同时，不断地建立沟通的平台，避免关系上的对抗。在这段文本中，加尔文的表达很有亲和力，具体体现在如下三个方面。

首先，相对于经院主义运用大量的神学专业术语、严谨的逻辑推理，堆积成只能在精英阶层中流传的学术专著，加尔文的语言十分平易近人，具体体现在大量地使用比喻、反语、设问、反复等修辞手法，舍弃抽象的逻辑推理，取而代之的是对日常生活中各种具体现象的描述，用日常用语代替神学专业术语。比如，这段文本中的一个重要主题是："人若不自我否定，不可能真正地爱邻舍"，对这个主题的论述超过三分之一的篇幅。这个主题与奥古斯丁所提出的"自爱转移到他人那里，就是爱邻舍"大相径庭，也与中世纪的卡利塔神学相悖。无论是奥古斯丁还是中世纪神学家，呈现这观点的时候，都是用严谨的逻辑推理。加尔文在这段文本中没有直接与他们论争，没有从他们的文本入手，找出逻辑上的漏洞加以攻击，而是选择了呈现日常生活中各种真实的现象，达到说服的目的。他说，当圣经吩咐我们看别人比自己强，并诚实、全心全意地善待他人时，除非我们与生俱来的想法先改变，否则我们就无法遵守。因为我们盲目、不由自主地爱自己，甚至我们每一个人都以为有极好的理由以自己为傲并轻看他人。若神赏赐我们任何的恩赐，我们很容易就会依靠这恩赐并视之为自己的，因此骄傲到极点。我们在他人面前掩饰那些最缠绕我们的罪，而在心里奉承自己，假装这些恶行是无关紧要的，甚至有时将它们当作美德。若别人也拥有我们所自夸的美德，或者有比我们所自夸更好的美德，我们就会藐视这恩赐，免得承认别人比自己强。若别人有缺点，我们不会只满足于恶毒地指责他，我们甚至可恶地使之显得更严重。我们悖逆到每个人都自以为自己与众不同，深盼能高过万人，并傲慢、野蛮地对待每一个人，甚至看不起他们……他既然将自己的优点视为出于自己，就斥责别人的人格和道德。若与别人发生冲突，他心里的恶毒就爆发出来。[47]

在上面所引的这一小段文本中，加尔文用一系列人在日常生活中能经历到的现象支持自己的观点，扬弃了经院主义严谨的逻辑论证。这种表达很有文学性、艺术性，充满了人文主义气息，正如学者琼斯所说，加尔文作为一名艺术家的形象是不应当被忽略的。[48]这种生动形象的表达很容易在读者心中产生共鸣，进而引发对文本的浓厚兴趣，使读者与作者认同。

其次，加尔文在文本中大量地使用"我们"（we）、"我们的"（our）、"我们自己"（ourselves）三个词，在作者与读者之间建立关系，形成公共交流的平台。比如，在上面所引用的文本中，加尔文用大量的日常生活中的现象来说明人会本能地"以自己为傲并轻看他人"，呈现这些现象时，他没有说"世人……"，也没有说"你们……"，而是不断地说"我们……"，表达出一种关系上的认同，凸显出作者和读者在文本中的所站的位置是一样的：一起经历这些事情，有同样的软弱，会在同样的事情上跌倒。

"我们……"同时也能营造一种共同探讨的氛围。比如，当加尔文说"我们不属自己"、"我们当尽量忘记自己和自己的一切"等的时候，没有用"你们……"拉开与读者的距离，将读者看为教导的对象，也没有用"世人……"

---

47 *Institutes* 3.7.4.
48 Jones, *Calvin and the Rhetoric of Piety*, 1.

呈现一种客观抽离的态度，而是用"我们"将自己和读者看为一体，以探讨的态度表达自己的观点。这是一种十分亲切的表达方式，很友好地将读者邀请到文本中来与作者对话。

"我们"也在文本与作者之间建立关系，加尔文透过这种表达将自己呈现在文本之中，与读者相遇。这样，文本不再是冰冷的、没有人情味的说教，而是融合了作者的情感、体验在其中。当读者与文本相遇，所面对的不是权威化、教条化的教导，也不是严密的抽象的逻辑论证，而是一位活生生的加尔文。读者与作者在文本中相遇，进而所产生的不仅仅是理性上的说服，更多的是情感上的交流和共鸣。这种风格极具人文主义色彩，不仅与中世纪经院主义大相径庭，也与很多同时代的神学家，比如路德，十分不同。

最后，在这段文本中，加尔文通过使用当时处境中各种不同文化中的要素，建立起读者与文本之间感情上的链接。加尔文继承了宗教改革"唯独圣经"的传统，认为圣经文本是检验福音真理的唯一准则，大量地引用圣经经文支持自己的观点。然而，他并没有因此排斥其他的文化，而是积极地与之对话。在这段文本中，加尔文多次隐晦地使用经院主义、人文主义、古典哲学等各种不同文化中的要素，将之置于圣经的批判之下，积极与之对话。比如，他说，"自我否定"也是"人心灵的转向"，这里使用了柏拉图的"灵魂转向说"。[49]16 世纪的欧洲，相当一部分人文主义者，特别是法国的人文主义者，对柏拉图主义思想的兴趣很大，加尔文使用柏拉图哲学中的要素，吸引这些人的注意力。再比如，教师在中世纪天主教传统下是由教士担任，主要任务是培养神职人员，教导罗马天主教权威所认可的福音真理，加尔文开篇说，"我们天上的教师却喜悦以更有效的方法操练他的百姓过敬虔的生活"，使用了天主教中"教师"这一文化要素，同时很巧妙地在这个词之前加上了"天上的"，暗示天主教的"教师"作为地上的教师，是次一等的。这种表达一方面与罗马天主教认同，另一方面暗示了新教教义的优越性。需要特别注意的是，加尔文在这里对多种文化中各要素的使用是隐晦的，不明显的，仅仅让深受那些文化影响的人能感受到。这是一种十分高明的手法，使得文本在与多种文化认同的同时，没有失去自己的独特性。

---

49 Plato, *The Republic*, trans. Benjamin Jowett（New York: Charles Scribner's Sons, 1897）, 197-223.

通过以上三个方面的分析，大致呈现了加尔文在当时的处境中说服对手接受自己观点的修辞策略。十六世纪的欧洲处在一个历史转折时期，无论是社会政治领域还是思想领域，都在急剧变化之中。在这样的时代处境中，加尔文所面对的群体是多样化的，所要回应的问题是复杂的。其中，以经院主义为代表的传统势力和以人文主义为代表的新兴势力是彼此对抗的两股主要力量，下文，笔者将重点分析加尔文与这两个群体对话的修辞策略。

二、与经院主义对话

加尔文论"自我否定"是对经院主义所提倡的卡利塔神学的一种挑战，然而，在挑战的同时，加尔文也不断与经院主义认同。在这段文本中，加尔文多次使用了经院主义哲学中的要素，让经院主义者以及对经院主义有好感的读者读起来有一种亲切感。

加尔文在这段文本的开头提到"神的律法"、"天上的教师"和"基督教哲学"三个概念，[50]分别对应中世纪天主教文化中"教会法"（canon law）、"教师"和"哲学"这三个文化要素。中世纪的"教会法"是基于教会传统权威所制定的，建立教会秩序、管理教会组织、规范信徒行为的一系列法律规范；[51]"教师"专门传授中世纪罗马天主教传统所规范的基督教教义系统，包括讲授教会法的具体内容及合理性；"哲学"在中世纪特指经院主义哲学，专门研究、阐释教师所传授的。无论是"教会法"，还是教师和哲学家们所传授的，都是基于卡利塔神学，认为上帝将卡利塔浇灌在人的心中，人因此得着行善的能力，并且这善行是有功德的，是通往上帝的道路。[52]这种观念在宗教改革的时候遭到批判，加尔文作为宗教改革者，提出基督徒应当过自我否定的生活，也是对天主教这神学根基的彻底否定。

加尔文使用中世纪天主教文化中这三个要素，创造性地提出与之相对应的"神的律法"、"天上的教师"、"基督教哲学"。中世纪神学认为，神的律法是教会法的源头，然而，在十六世纪的宗教改革者看来，教会法的存在本身是不合理的，因为教会不应当掌管司法的权柄。加尔文回避了这种分歧，用一个让步状语从句"虽然神的律法是行事为人最完美的准则"，与主张教会法

---

50 *Institutes* 3.7.1.

51 James E. Risk, *A Manual of Canon Law* （Terminal Printing & Pub. Co., 1948），3.

52 虞格仁，《基督教爱观研究》，台北市基督教中华文字差传协会翻译小组译（台北：台北市基督教中华文字差传协会，2012），501-502。

的经院主义学者对话。他在这里暗示了两层意思：首先，律法是有价值的，它提供了"行事为人最完美的准则"，从这个意义上看，教会法也有一定价值；其次，律法的精髓在于"行事为人最完美的准则"，是教导性的，并非通过教会行政手段强制实施，从这个意义上看，教会法作为教会通过行政手段强制推行，并对违反者严厉惩罚的教会法律条款，其存在是不合理的。这种表达一方面与经院主义者认同，另一方面又对其微妙地批判。接下来，加尔文又说："我们天上的教师却喜悦以更有效的方式操练他的百姓过圣洁的生活。"这里"天上的教师"让人立刻想到罗马天主教体制下的教师。作为宗教改革者，加尔文对这些地上的教师的神学观点持批判的态度，然而，他并没有直接表达这态度，而是用"天上的教师"这个词，暗示接下来要说的相对于天主教神学更加优越。

加尔文用"神的律法"、"天上的教师"这两个词，表达对天主教的"教会法"、"教师"既认同又批判的态度是隐晦的，然而他用"基督教的哲学"这个词表达对"经院主义哲学"的批判却是清楚明白的。经院主义哲学继承了亚里士多德的人观，将人看为多种机能（faculties）的等级结构，认为处在最高处的机能是理性，领导所有其他机能。[53]并且，经院主义对人认识能力的态度是极其乐观的，认为人有能力按照事物真实的"所是"认识事物。[54]具体到信仰的问题，经院主义者认为人的理性可以绝对客观地理解真理本身，并且能按着所理解的，控制人的情感、意志、行为等等，所以，人有不犯罪的能力。[55]这种观念在宗教改革时期遭到批判，宗教改革者们强调人全然败坏，人的理性也被玷污，失去了认识真理的能力。加尔文站在宗教改革的神学立场上，批判这种观点，他说，"哲学家对这种变化完全无知"，这里所说的"这种变化"指人否定自己后全然顺服上帝。他对经院主义的这种观点做了一个简单地总结："哲学家们完全将人的理性当作管理人唯一的原则，且认为人不应当听别的声音，总之，人应当完全照自己的理性行事为人。"在加尔文看来，这种用理性来约束自己言行的禁欲主义倾向的做法并不能带领人来到上帝面前，因为人的理性没有这样能力，人所能做的唯有自我否定。进而，加尔文提出"基督教的哲学"这个概念，一方面指出他所说的也是哲学，可以与经院主义者们的哲学对话，另一方面暗示经院主义者们从亚里士多德那里继承

---

53 Bouwsma, *John Calvin*, 138-139.
54 *De anima*, III, 7 431 a1. Quoted in Bouwsma, *John Calvin*, 69.
55 Bouwsma, *John Calvin*, 138-139.

而来的哲学是非基督教的哲学。他说，"基督教哲学却吩咐人的理性降服于圣灵的引领，使人不再是自己活，乃是基督在他里面活并统治他。"[56]这里，他引用了《圣经》中《加拉太书》的经文，[57]告诉读者，他所说的"基督教的哲学"是有根有基的，是源于圣经的。他在这句话中清楚地表明，"基督教的哲学"就是"自我否定"的哲学。通过"基督教的哲学"这个短语，加尔文与经院主义者们认同的同时，又批判他们忽略了"自我否定"这个重要的哲学根基。

当加尔文进一步引用《提多书》的经文论证自己观点的时候，他将《提多书》2 章 11 节所说的"公义"解释为"我们对别人一切所当尽的本分，凡人所当得的就给他。"这个解释来自亚里士多德的《尼各马可伦理学》。然而，加尔文在这里所说的公义与亚里士多德所阐释的存在很大差异：亚里士多德所说的公义以正确的判断为前提，理性是公义实现的基础，所以在他看来，哲学家是最能彰显公义的人；[58]加尔文在这里所说的公义是以爱为基础，是因着基督的爱在他心里，而得着能力服事弟兄姐妹。[59]在加尔文看来，没有爱就没有公义，而亚里士多德所说的公义是不带任何感情色彩的，纯粹理性的，甚至冷酷的。加尔文在这里所说的爱是舍己之爱，或者说基督之爱，在他看来，除非人先自我否定，否则不可能做到。加尔文在这里引用亚里士多德的文本，是为了吸引经院主义者们的兴趣，进而引导他们思想另一种意义的公义，思想自我否定的必要性。

三、与人文主义对话

人文主义对人的潜能和创造力持及极其乐观的态度，加尔文论"自我否定"显然与之不相容。然而，加尔文对待人文主义的态度与对待经院主义一样，没有在文本中尖锐批判其观点，而是积极与之对话。在这段文本中，加尔文不仅仅整个写作风格是人文主义式的，还用了诸多人文主义思想中的要素，与人文主义者认同，激发他们的兴趣。

---

56 *Institutes* 3.7.1.
57 加 2.20：我已经与基督同钉十架，如今活着的不再是我，乃是基督在我里面活；并且我如今在肉身活着，是因信上帝的儿子而活，他爱我，为我舍己。
58 Aristotle, *Nicomachean Ethics*, 211-235.
59 Cf. *Institutes* 3.7.4-7.

在一处文本中，加尔文使用"人心灵的转向"来表达"自我否定"，这里使用了柏拉图哲学中的"灵魂转向说"。[60]柏拉图在《理想国》第七章中，提到人对真理的认识、接近至善是一种灵魂的转向。在当时的社会中，柏拉图哲学在人文主义思想家中引起了很大的兴趣，加尔文使用柏拉图哲学中的这个要素表达"自我否定"，吸引这群读者的关注。进而，加尔文将柏拉图所说的"灵魂的转向"与《圣经》中所说的"心意更新"做连接，向人文主义者们传递一个信息：柏拉图哲学的奥秘在《圣经》中也存在。整个中世纪的神学都是从亚里士多德哲学出发诠释《圣经》，而加尔文在这里将柏拉图哲学与《圣经》联系起来，给挑战经院主义的人文主义者们一种认同感。

人文主义者张扬人的自由、潜能、创造力，相当一部分人文主义者反对中世纪的神权至上，认为人有能力超越神的高度。[61]当时的著名诗人爱德华.戴尔伯爵写了一首诗，在当时很受欢迎，表达的正是这种观念：我的心智是我的国度，这国度赏赐完全的快乐，这快乐远超越神或大自然所能给予的。[62]这种世界观是加尔文所反对的，但他却引用了这首诗的第一句"我的心智是我的国度"，说"每个人……在心中怀着一个国度"。[63]然而，这句话在加尔文的文本中，不再是对人的赞扬，而是否定，他认为每个人里面的"国度"并非如同戴尔爵士所说的那样带给人快乐，相反，它带给人骄傲、苦毒、嫉妒、忘恩等等。他引用人文主义肯定人的潜能的诗句，所表达的却是人的罪性，在吸引人文主义者关注的同时，也引导他们进一步思考这个问题。

不同于经院主义，人文主义是多元的，包容的，所以，加尔文对人文主义者以及深受人文主义者所喜爱的古典学者的批判更加直接。比如，他批判西塞罗所说的"人为了美德本身而追求美德"的论点，认为在这种观念引导下人"追求美德的唯一动机就是要放纵自己的骄傲"。[64]西塞罗是十六世纪人文主义者很有兴趣的一位古典学者，加尔文对西塞罗的批判也是对认同他这种观点的人文主义者的批判。在这里，加尔文没有丝毫掩饰自己对西塞罗的不认同，然而，这批判本身对人文主义者很有吸引力，因为这种批判的态度恰恰就是人文主义的特质。

---

60 Plato, *The Republic*, 197-223.

61 参见布洛克，《西方人文主义传统》，5-48。

62 *Institutes* 3.7.4, footnote 8.

63 *Institutes* 3.7.4.

64 *Institutes* 3.7.3.

四、小结

提起加尔文，人通常会想到他是一位神学家、哲学家、思想家、社会学家、法学家、宗教改革家等等，然而很少有人知道他也是一位卓越的文学家、艺术家。学者琼斯在她的《加尔文和敬虔的修辞学》（*Calvin and the Rhetoric of Piety*）一书的开篇，感叹道，"加尔文作为艺术家的形象一直以来被忽略了。"[65]琼斯的观察是正确的，在"自我否定"这个问题上，之前的学术研究几乎都聚焦于从这个词的字面意思入手解读。比如威尼考夫（David K. Winecoff）撰写的〈加尔文的克己教义〉（"Calvin's doctrine of mortification"）一文；扎克曼（Randall C. Zachman）撰写的〈否定你自己并且背起你的十字架——加尔文论基督徒生活〉（"'Deny yourself and take up your cross'：John Calvin on the Christian life"）；以及学者维克（J H. Van Wyk）撰写〈什么是基督徒生活的关键特征？奥古斯丁和加尔文伦理学比较及其它们与今日之关联〉（"What are the key characteristics of a Christian life? A comparison of the ethics of Calvin to that of Augustine and their relevance today"）等等。这些研究几乎都没有注意到加尔文论"自我否定"的修辞策略，仅仅从这个词的字面意思入手，将它的意义局限于伦理领域。然而，若是关注到加尔文作为文学家、艺术家的身份，就会发现这个词的意思远远超出了伦理领域。如同奥古斯丁用"自爱"表述真信仰，加尔文针对特定的群体，为了解决特定的问题，为了达到特定的说服目标，选择"自我否定"这个在当时处境中容易被接纳的表达，表述真信仰。加尔文所说的"自我否定"与奥古斯丁所说的"自爱"内涵是相通的，之所以选择不同的词，是因为处境的需要不同。在《基督教要义》三卷7章文本中，加尔文充分展示了他高超的修辞策略，用"自我否定"回应，纠正不同群体对信仰的错误理解，竭力推行宗教改革立场的神学思想。

---

[65] Jones, *Calvin and the Rhetoric of Piety*, 1.

第二部分结论

神学的两个任务

　　田立克认为，神学有两个根本任务：传讲永恒不变的真理和回应处境。[1]笔者认同这一说法，事实上，古今中外的每一位神学家，不管他本人是否意识到，他都在有意无意地处理这两个问题。修辞学方法是两者之间的桥梁，它将圣经所启示的真理，透过适合处境的表达方式，触摸处境中听众或读者的心灵、思想、意志、情感等，引导他们迈向信仰生活的更深处。这是神学家的责任，正如琼斯所说，"上帝的话语本身具有说服性（persuasive）和俯就性（accommodative）"，因而"神学家被要求使用修辞学说服工具建立基督教敬虔，因为上帝的启示本身寻求建立并培育这敬虔。"[2]

　　无论是奥古斯丁还是加尔文，都认为永恒不变的真理本身是一个奥秘，超越人的认识能力。因此，在他们看来，圣经启示语言本身是修辞，上帝是一位伟大的修辞学家，用人的理解力所能接受的方式宣讲超越人理解力的真理。比如，奥古斯丁在创世纪注释中说，创造的叙事是修辞表达，是借着创造的故事传讲救赎的信息。[3]加尔文在《马太福音注释》中指出，耶稣所说的"好树"和"好果子"是一种修辞，为了表达"纯洁真实的正直"。[4]对他们而言，关注圣经中的修辞学方法不仅仅有助于诠释圣经，还有助于学习模仿圣

1　Tillich, *Systematic Theology*, 3.
2　Jones, *Calvin and the Rhetoric of Piety* ,187.
3　Augustine, *The Literal Meaning of Genesis*, 2.9.20.
4　*Comm. Matthew* 12:33.

经的表达方式，他们都认为自己用修辞学方法阐释基督教福音信息是以圣经为榜样。

奥古斯丁和加尔文都宣讲一种以上帝为中心的舍己之爱，他们都认为这是永恒不变的真理，是圣经的启示。这种爱就本质而言，是一个奥秘。如何运用语言的力量，让这隐藏的奥秘触摸到实存中的人，并且深入到他们的生命之中，改变他们的心思意念，是奥古斯丁和加尔文共同要处理的问题。奥古斯丁面对一群深受希罗文化影响的群体，就使用希罗文化中的要素来阐释，为了与读者认同。希罗哲学认为人应当"自爱"，奥古斯丁就以此为前设，论述如何"自爱"，通过对"自爱"内涵的重新发掘，将读者引向圣经所启示的以上帝为中心的舍己之爱。到了加尔文时期，奥古斯丁所说的"自爱"在中世纪天主教传统中被赋予了"功德之梯"的内涵，因此遭到路德的挑战。面对这种争论，加尔文用"自我否定"表达这种上帝中心的舍己之爱，引导人反省中世纪神学的问题，同时将人引向对这种爱更深的领受之中。

永恒不变的真理是超越人类语言的，却要穿上人类语言的外衣，进入人类的思想、心灵、情感、意志……之中，回应人类实存处境中的问题，在此过程中，语言的选择有很大的灵活性。同样是表达一种上帝中心的舍己之爱，奥古斯丁选择了"自爱"，加尔文却选择"自我否定"，这两个看似意思相反的词在各自的不同处境中都恰到好处地将真理的内涵表达出来，这是语言的能力。修辞学作为一种方法，其目的就是将这能力尽可能充分地发挥出来。

两种错误

奥古斯丁和加尔文分别选择了两个字面意思相反的词汇：自爱和自我否定，将圣经所启示的以上帝为中心的舍己之爱在各自的处境中以适合处境的方式恰到好处地表达出来，这是运用修辞学方法将永恒不变的真理与具体处境相结合的成功案例。然而，在历史中，失败的例子也很多，总的来说，容易产生两种偏颇：①、一味强调福音真理永恒不变的本质，而忽略具体处境的多样性和变化性；②、一味强调具体处境的需要，而忽略真理本身永恒不变的本质。这两种错误在教会历史上并不罕见，比如，寻求一种适合中国文化处境的方式表达基督教信仰是中国教会有史以来所要面对的问题，历史历代的宣教士不断摸索尝试，经历过诸多失败，本节重点分析其中的两个案例。

　　第一个案例是大秦景教的消亡。景教在唐朝传入中国，传教士为了当时的中国人接受他们所传讲的，就在表达上俯就中国文化，使用中国文化中的要素表述福音信息。比如，他们在翻译圣经的时候，将"上帝"翻译为"佛"或"天尊"，将"弥赛亚"翻译为"弥师诃"，意即"功德圆满的大师"，并大量使用"法王"、"功德"、"普度"等佛教词汇。他们用佛教的表达方式叙述基督教信仰说，众生被偶像崇拜所迷惑，落在恶道之中，唯有奉伺世尊，才能回到天道。[5]在佛教文化鼎盛的唐朝，景教的这种宣教策略有助于宣教工作的进展，根据碑文的记载，在唐朝初年，信徒不断加增，影响到士大夫阶层，甚至得到了帝王大臣们的好感。[6]在元朝时期，景教又一次复兴，影响力遍及全国。[7]

　　景教最终消亡了，关于它消亡的原因，学术界众说纷纭。[8]笔者认为，主要原因是，景教宣教士在俯就中国文化的过程中，在基督教信仰核心问题上做了妥协，导致景教失去了基督教精神的本质，被中国文化所同化。景教毫无批判地接纳诸多与基督教思想相抵触的中国文化之要素，将之作为基督教教义的一部分，导致原本的基督教教义遭到冲击，失去独特性，沦为中国文化的产物。在现存的《大秦景教流行中国碑颂并序》中，基督教信仰被总结为"三事一种"，即"先事天尊，第二事圣上，第三事父母"。"三事"中，唯有"事天尊"是福音信息原本的内容，指"敬拜上帝"；"事圣上"和"事父母"都是景教加上的，内容完全照搬了中国文化的要素。"事圣上"是中国文化中带有浓厚宗教色彩的"忠君"观念，不仅将帝王作为当权者而服从，还赋予帝王宗教上的神圣性，正如碑文所言，"圣上皆神生"，"众生诺怕天尊，亦合怕圣上"，事圣上即是事神。"事父母"在这里不是指一般意义上的孝道，而是指中国文化中与"祖先崇拜"绑在一起的具有很强宗教性的宗法观念。[9]"事圣上"与"事父母"都是中国文化传统思想中的要素，当它们与"事天尊"，或者说"敬拜上帝"，结合在一起的时候，福音信息中原本的"敬拜上帝"已经被篡改了，因为《圣经》中所说的"敬拜上帝"本身包含了"拒绝偶像崇拜"。当景教宣教士这样迎合处境文化的时候，福音信息的本质被丢失，以至于基督教失去了自己的身份，被中国文化所同化。

5　沙百里，《中国基督徒史》，耿升、郑德弟译（台北市：光启文化事业，2005），26-27。

6　王治心，《中国基督教史纲》（香港：基督教文艺出版社，1959），37-40。

7　同上，48-53。

8　朱谦之，《中国景教》（北京：人民出版社，1993），207-222。

9　同上，143-145。

从某种意义上看，奥古斯丁与景教宣教士所面对的处境具有相似性：他们都面对强大的异教文化势力以及相比之下十分弱小的基督教势力。在这样的处境中，奥古斯丁和景教宣教士都选择俯就异教文化，用异教文化中的要素表达福音信息。然而，具体到如何使用异教文化的要素，他们的策略十分不同。奥古斯丁将希罗文化的要素作为观念性工具，将福音信息注入到希罗文化的理论架构之中，在此过程中，所使用的希罗文化的要素被改造。不同于奥古斯丁，景教宣教士完全照搬中国文化中的要素，不做任何批判和改造，将它们与圣经所启示的真理并列，在此过程中，福音信息被改造，丢失了自己的本质。

在俯就异教文化处境的问题上，利玛窦的策略比较接近奥古斯丁。利玛窦在明朝末年来到中国，他用中国传统文化中的"天"的观念来表述圣经所启示的上帝，指出"中国古籍中所说的'天'和'上帝'实与传教士所称的'天主'是同一意义"。[10]值得注意的是，他并没有使用中国文化中原有的词汇，比如"上帝"、"天"，翻译拉丁文圣经中的"Deus"（上帝），而是使用了一个极具中国文化风格的全新的词汇："天主"。[11]利玛窦用这个词，给当时的中国人一种既熟悉又陌生的感觉：一方面觉得这就是自己文化中的上帝，另一方面又觉得自己原本并不认识这位上帝。从这个翻译可以看出，利玛窦并没有打算要照搬中国古籍中"天"和"上帝"的观念，而是将其作为修辞的工具，借助它来表述福音信息。事实上，当利玛窦将圣经所启示的真理注入其中的时候，"天"和"上帝"的观念已经被改造。

奥古斯丁在诸多希罗文化中肯定柏拉图哲学，并以此为工具，借助它批判其他的异教文化。与奥古斯丁十分相似，利玛窦在儒释道三教鼎立的中国文化中肯定儒家文化，并以此为工具，批判佛、道，及其各种民间的偶像崇拜。然而，即使是对待儒家文化，利玛窦也没有像景教宣教士一样完全照搬，而是重新诠释。关于拜天，他认为就是敬拜圣经所启示的唯一真神。关于祭祖，祭孔，他指出这些礼仪在起初绝无宗教的色彩，只是表达对祖先和圣贤的尊重，之后才参入迷信成分，成为对这两项礼仪的误用。[12]事实上，这些儒家的礼仪在利玛窦的诠释下，其内在的意义已经被改造了。

---

10 穆启蒙编，《中国天主教史》，侯景文译（台湾：光启出版社， 1971)，55。

11 同上，54。

12 穆启蒙编，《中国天主教史》，54-56。

第二个失败的案例是"礼仪之争"。"礼仪之争"是中国基督教发展史上的一次重大挫败，不仅给利玛窦及其继承者的宣教成果带来毁灭性的破坏，还导致中国与西方社会大决裂。之前，由于利玛窦对中国文化的俯就，宣教取得了很好的成果，在中国士大夫阶层被广泛接纳，并得到了皇帝的好感。然而，罗马教廷内却因"中国传统礼仪是否违背天主教信仰"的问题无法达成一致性意见而冲突不断。1704 年，教皇克勉十一世发布禁令，禁止中国的天主教徒参加拜天、祭祖等传统礼仪，并要求所有的在华宣教士宣誓服从。之后，康熙多次与罗马教廷交涉，但没有能够改变教宗的态度，于 1721 年下令禁教。这个事件对中国的影响不仅仅局限在宗教领域，还扩大到政治领域：中国从此关上了国门，并因此错过了西方社会的一系列变革，直到晚清时期被西方殖民者强行打开国门。[13]

从修辞学神学方法的角度看，"礼仪之争"的失误在于当时的罗马教廷一味强调真理永恒不变的本质，忽略了回应处境，面对中国文化中看似与基督教信仰不能融合的要素，没有给予沟通的平台，也没有任何引导，只是生硬地将其全盘否定，最终导致福音被拒绝。相对于景教宣教士一味地迁就处境文化，导致基督教被同化，罗马教廷在"礼仪之争"的问题上走了另一个极端。

一方面要忠于福音真理永恒不变的本质，另一方面要回应具体的处境，平衡这两方面是艰难的。事实上，奥古斯丁也没有完全做到，他所说的"正当的自爱"保留了希罗"欲爱"的特质，推崇一种禁欲主义的柏拉图式灵魂提升，这与"因信称义"的神学思想相抵触。奥古斯丁在使用柏拉图主义哲学中的要素作为修辞工具的同时，被柏拉图主义影响，自觉或不自觉地在信仰的核心问题上做了妥协，因此导致他在"因信称义"的问题上立场不彻底，需要宗教改革者来纠正。

在今天的教会中，这张力仍然存在。保守派偏重于忠于福音真理永恒不变的本质，在一定程度上忽略了处境的多样性和复杂性；自由派偏重于回应各种不同的文化，在一定程度上忽略了福音真理永恒不变的本质。很多不同宗派的教会传统、不同流派的神学思想、不同神学家的观念……都处在这张力中或偏左或偏右。如何平衡我们的神学，是一个漫长的探索过程。

---

13 同上，86-96。

尚待解决的问题

　　福音本质的界限是什么？运用修辞学神学方法回应处境的时候，如何能做到不丢失福音的本质？在传讲福音信息的过程中，到底哪些内容是要坚持不能改变的，哪些内容是必须根据处境的不同灵活改变的？……这些问题很难找到准确的答案，但同时又是我们必须面对的。历史上大秦景教的失败和礼仪之争事件所带来的严重后果给了中国教会惨痛的教训，然而，却没有能够抑制悲剧的不断发生。福音不能脱离处境，否则会失去影响力，所以，在表述福音信息的过程中使用修辞学方法是重要的，然而，同时我们也要警惕在运用修辞学的过程中丢失福音本质的危险。如何能在坚持永恒不变的真理的同时，回应千变万化的处境，需要进一步探索。

参考文献

一、第一部分参考书目

（一）加尔文原文原著

1. Calvinus, Johannes. *Ioannis Calvini opera quae supersunt omnia*. Edited by Wilhelm Baum, Edward Cunitz and Edward Reuss.59 vols. Brunswick: C. A. Schwerschke, 1863-1900.

2. ———. *Opera selecta*. edidit Petrus Barth. Munich: Kaiser, 1963.

3. ———. *Calvini Opera Database 1.0*. Edited by Herman J. Selderhuis. Apeldoorn, The Netherlands: Instituut voor Reformatieonderzoek, 2005.

（二）加尔文一手中英文文献

1. Calvin, John. *Institutes of the Christian Religion*. Edited by John T. McNeill. Translated by Ford Lewis Battles. Philadelphia: Westminster, 1960.

2. ———. *Institutes of the Christian Religion; Preface to the Most Christian King of France, wherein this book is offered to him as a confession of faith*.Translated and annotated by Ford Lewis Battles. 1536 ed. Grand Rapids: Eerdmans, 1975.

3. ———. *Calvin's Commentaries*. 45 vols. Edinburgh: Calvin Translation Society, 1843-1855. Reprint in 22 vols., Grand Rapids: Baker Books, 1989.

4. ———. *Calvin's New Testament Commentaries*. 12 vols. Edited by David W. Torrance and Thomas F. Torrance. Grand Rapids: Eerdmans, 1960-1965.

5. ———. *John Calvin Collection*. Christian Library Series Vol. 7. WI: AGES Software Inc., 2001-2005.

6. ———. *A Calvin Treasury: Selections from the Institutes of the Christian Religion*. Translated by Ford Lewis Battles. Edited by William F. Keesecker. London: SCM Press, 1963.

7. ———. *Calvin: Theological Treatises*. Translated by J. K. S. Reid. Vol. XXII of *Library of Christian Classics*. Philadelphia: Westminster, 1954.

8. ———. *Tracts and Treatises*. 3 vols. Translated by Henry Beveridge. Edinburgh, 1844-1851; reprint: Grand Rapids: Eerdmans, 1958.

9. ———. *Sermons on Ephesians*. Translated by A. Golding. 1577; reprint: Edinburgh: Banner of Truth Trust, 1973.

10. ———. *Sermons on Timothy and Titus*. Translated by L. T. 1579; reprint: Edinburgh: Banner of Truth Trust, 1983.

11. ———. *John Calvin's Sermons on the Ten Commandments*. Edited and translated by Benjamin W. Farley. Grand Rapids: Baker Book House, 1980.

12. ———. *Calvin's First Catechism: A commentary: Featuring Ford Lewis Battles's translation of the 1538* Catechism. Hesselink I. John. Louisville: Westminster John Knox, 1997.

13. ———. *John Calvin: Selections from His Writings*. Translated by Elsie Anne Mckee. Edited by Emilie Griffin. New York: HarperSanFrancisco, 2006.

14. ———. *John Calvin: Selections from His Writings.* Edited by John Dillenberger. Missoula: Scholars, 1975.

15. ———. *Letters of John Calvin: Selected from the Bonnet Edition with An Introductory Biographical Sketch*. Pennsylvania: The Banner of Truth Trust, 1980.

16. ———. *The Deity of Christ: And Other Sermons*. Grand Rapids: Eerdmans, 1950.

17. ———. *Concerning the Eternal Predestinaton of God*. Translated by John K. S. Reid. Cambridge: James Clarke & Co., 1982.

18. ———. *On God and Political Duty*. Edited by John T. McNeill. 2nd ed. New York: Macmillan, 1950.

19. ———. *The Bondage and Liberation of the Will: A Defence of the Orthodox Doctrine of Human Choice Against Pighius*. Edited by Anthony N. S. Lane. Translated by Graham I. Davis. Grand Rapids: Baker Books, 2002.

20. 加尔文。《基督教要义》。徐庆誉、谢秉德译。上中下册。香港：基督教文艺出版社，1970。

21. ———。《基督徒生活手册》。赵中辉译。台北：基督教改革翻译社，1985。

22. ———。《以弗所书注释》。任艾萨克译。台北：基督教改革翻译宗，1995。

23. ———。《罗马人书注释》。赵中辉、宋华忠译。台北：基督教改革翻译社，1995。

24. ———。《基督教要义》。两册。加尔文基督教要义翻译小组翻译，钱曜诚审订。台北：加尔文出版社，2007。

25. ———。《基督教要义》。钱曜诚等译。孙毅、游冠辉修订。上中下册。北京：三联，2010。

26. ———。《敬虔生活原理：〈基督教要义〉1536 年版》。王志勇译。北京：三联，2012。

（三）其他一手中英文文献

1. Luther, Martin. *Luther's Works*. Edited by Jaroslav Pelikan and Helmut T. Lehmann. 55 vols. St. Louis and Philadelphia: Concordia and Fortress Press, 1955ff.

2. Vermigli, Pietro Martire. *Dialogue on the Two Natures in Christ*. Translated by and John Patrick Donnelly. Kirksville, MO: Thomas Jefferson University Press, 1995.

3. 路德。《基督教大教义问答》。《协同书：路德教会信仰与教义之总集》。逮耘译。三册。南京：译林出版社，2003。

4. 路德。《路德选集》。上下册。徐庆誉、汤清等译。新编修版。香港：基督教文艺，2017。

5. ———。《路德文集——信仰与社会》。叶泰昌译。香港：协同福利及教育协会，1992。

6. 奥古斯丁。《论三位一体》。周伟驰译。北京：世纪，2005。

7. 开姆尼茨（Chemnitz, Martin）。《基督的神人二性》。段琦译。新竹市：中华信义神学院，1997。

（四）二手中英文文献

1. Ahn, Ho-Jin. "The Humanity of Christ: John Calvin's Understanding of Christ's Vicarious Humanity." *Scottish Journal of Theology* 65, no. 2（2012）: 145-158.

2. Althaus, Paul. *The Ethics of Martin Luther*. Translated by Robert C. Schultz. Philadelphia: Fortress Press, 1972. Translation of *Die Ethik Martin Luthers*. Gütersloh: Gütersloher Verlagshaus Gerd Mohn, 1965.

3. Altmann, Walter. *Luther and Liberation: A Latin American Perspective*. Revised and Expanded editon. Translated by Thia Cooper. Minneapolis: Fortress Press, 2015.

4. Bayer, Oswald. *Martin Luther's Theology: A Contemporary Interpretation*. Translated by Thomas H. Trapp. Grand Rapids: Eerdmans, 2008.

5. ———. "Nature and Institution: Luther's Doctrine of the Three Orders." *Lutheran Quarterly* 12, no. 2（1998）: 125-159.

6. Barth, Karl. *Church Dogmatics*. Edited by G. W. Bromiley and T. F. Torrance. Translated by G. W. Bromiley. Edinburgh: T. & T. Clark, 1975.

7. ———. *The Theology of John Calvin*. Translated by G. W. Bromiley. Grand Rapids: Eerdmans, 1995.

8. Beach, Mark. "A Tale of Two Kingdoms: Some Critics of the Lutheran Doctrine of Two Kingdoms." *Mid-America Journal of Theology* 25, （2014）: 35-73.

9. Beal. Rose M. "Priest, Prophet and King: Jesus Christ, the Church and the Christian Person." Pages 90-106 in *John Calvin's Ecclesiology: Ecumenical Perspectives*. Edited by Gerard Mannion and Eduardus Van der Borght. London: T&T Clark, 2011.

10. Beeke, Jonathon David. "Martin Luther's Two Kingdoms, Law and Gospel, and the Created Order: Was There a Time When the Two Kingdoms Were Not?." *The Westminster Theological Journal* 73, no. 2（September 2011）: 191-214.

11. Bentley, Wessel. "Calvin and the Holy Spirit as *fons vitae*." *Studia Historiae Ecclesiasticae* 35, no. 2（2009）: 77-85.

12. Berkouwer, G. C. *The Person of Christ*. Studies in Dogmatics. Grand Rapids: W. B. Eerdmans Pub., 1954.

13. Bettenson, Henry, ed. *Documents of the Christian Church*. London: Oxford University Press, 1963.

14. Bieler, Andre. *The Social Humanism of Calvin*. Translated by Paul T. Fuhrmann. Richmond: John Knox Press, 1964.

15. Billings, J. Todd. *Calvin, Participation, and the Gift: The Activity of Believers in Union with Christ*. New York: Oxford University Press, 2007.

16. Bolt, John. "Getting the 'Two Books' Straight: With a Little Help from Herman Bavinck and John Calvin." *Calvin Theological Journal* 46, no. 2（2011）:315-332.

17. Bouwsma, William J. *John Calvin: A Sixteenth-Century Portrait*. New York: Oxford University, 1988.

18. ———. "Calvinism as a Renaissance Artifact." Pages 28-41 in *John Calvin and the Church: a Prism of Reform*. Edited by Timothy George. Louisville: Westminster/John Knox, 1990.

19. Breen, Quirinus. *John Calvin: A Study in French Humanism*. Grand Rapids: Eerdmans, 1931.

20. Busch, Eberhard. *The Barmen Theses Then and Now*. Grand Rapids: Eerdmans, 2010.

21. Butin, Philip W. *Revelation, Redemption, and Response: Calvin Trinitarian Understanding of the Divine-Human Relationship*. Oxford: Oxford University Press, 1995.

22. Campbell, Gordon. "Jesus of Geneva: Encountering Christ with Calvin in the Gospels." Pages 57-73 in *Living in Union with Christ in Today's World: The Witness of John Calvin and Ignatius Loyola*. Edited by Brendan McConvery. Dublin: Veritas, 2011.

23. Carson, Stafford. "Calvin and the Holy Spirit." Pages 105-126 in *Living in Union with Christ in Today's World: The Witness of John Calvin and Ignatius Loyola*. Edited by Brendan McConvery. Dublin: Veritas, 2011.

24. Cheng, Yang-en. "Calvin on the Work of the Holy Spirit and Spiritual Gifts." Pages 113-40 in *Calvin in Asian Churches*, vol. 3. Edited by Sou-Young Lee. Seoul: Presbyterian College and Theological Seminary Press, 2008.

25. Chung, Paul S. *Christian Spirituality and Ethical Life: Calvin's View on the Spirit in Ecumenical Context*. Eugene: Pickwick, 2010.

26. ———. *The Spirit of God Transforming Life: The Reformation and Theology of the Holy Spirit*. New York: Palgrave Macmillan, 2009.

27. ———. "Calvin and the Holy Spirit: AReconsideration in Light of Spirituality and Social Ethics." *Pneuma* 24, no. 1（March 1, 2002）: 40-55.

28. Crisp, Oliver D. "Calvin on Creation and Providence." Pages 43-65 in *John Calvin and Evangelical Theology: Legacy and Prospect*. Edited by Sung Wook Chung. Louisville: Westminster John Knox Press, 2009.

29. ———. "John Calvin（1509-1564） on the Motivation for the Incarnation." Pages 23-42 in *Revisioning Christology: Theology in the Reformed Tradition*. Farnham, UK: Ashgate, 2011.

30. Dowey, Edward A. *The Knowledge of God in Calvin's Theology*. Grand Rapids: Eerdmans, 1994.

31. Edmondson, Stephen. *Calvin's Christology*. Cambridge: Cambridge University Press, 2004.

32. Elbert, Paul. "Calvin and the spiritual gifts." *Journal of the Evangelical Theological Society* 22, no. 3（September 1, 1979）: 235-256.

33. Ferguson, Sinclair B. "Calvin and Christian Experience: The Holy Spirit in the Life of the Christian." Page 89-106 in *Calvin: Theologian and Reformer*.Edited by Joel R. Beeke and Garry J. Williams. Grand Rapids: Reformation Heritage Books, 2010.

34. ———. "Christology and Pneumatology: John Calvin, the Theologian of the Holy Spirit." Pages 15-36 in *Always Reformed: Essays in Honor of W. Robert Godfrey*. Edited by R. Scott Clark and Joel E. Kim. Escondido, CA: Westminster Seminary California, 2010.

35. Gamble, Richard C. "The Christian and the Tyrant: Beza and Knox on Political Resistance Theory." Pages 109-123 in *Calvinism in Switzerland, Germany, and Hungary*. Edited by Richard C. Gamble. Vol. 13 of *Articles on Calvin and Calvinism: A Fourteen-volume Anthology of Scholarly Articles*. Edited by Richard C. Gamble. New York: Garland Publishing Co., 1992.

36. Garcia, Mark A. *Life in Christ: Union with Christ and Twofold Grace in Calvin's Theology*. Studies in Christian History and Thought. Eugene: Wipf & Stock Pub, 2008.

37. Gerrish, Brian A. *Grace and Gratitude: the Eucharistic Theology of John Calvin*. Minnieapolis: Fortress Press, 1993.

38. Gordon, Bruce. *Calvin*. New Haven: Yale University Press, 2009.

39. Grabill, Stephen J. *Rediscovering the Natural Law in Reformed Theological Ethics*. Grand Rapids: Eerdmans, 2006.

40. Graham, W. Fred. *The Constructive Revolutionary: John Calvin & His Socio-Economic Impact*. Richmond: John Knox Press, 1971.

41. Guichelaar, Erik. "Creation, Providence, and Divine Accommodation: John Calvin and Modern Theories of Evolution." *Protestant Reformed Theological Journals*, no. 1（2010）: 61-92.

42. Habets, Myk. "Putting the 'Extra' Back into Calvinism." *Scottish Journal of Theology* 62, no. 4（2009）: 441-456.

43. Haga, Joar. *Was there a Lutheran Metaphysics? The Interpretation of communicatio idiomatum in Early Modern Lutheranism*. Gottingen: Vandenhoeck & Ruprecht, 2012.

44. Hall, Charles A. M. *With the Spirit's Sword: The Drama of Spiritual Warfare in the Theology of John Calvin*. Richmond: John Knox Press, 1968.

45. Harink, Douglas Karel. "Spirit in the World in the Theology of John Calvin: A Contribution to a Theology of Religion and Culture." *Didaskalia* （Otterburne, Man.）9, no. 2 （March 1, 1998）: 61-81.

46. Haas, Guenther H. *The Concept of Equity in Calvin's Ethics*. Waterloo, Ontario: Wilfrid Laurier University Press, 1997.

47. Helm, Paul. *John Calvin's Ideas*. New York: Oxford University Press, 2006.

48. Hemel, Ernst van den. "Things that Matter: The *Extra Calvinisticum*, the Eucharist, and John Calvin's Unstable Materiality. " Pages 62-74 in *Things: Religion and the Question of Materiality*. Edited by Dick Houtman and Birgit Meyer. New York: Fordham University Press, 2012.

49. Hesselink, I. John. *Calvin's Concept of the Law*. Allison Park: Pickwick Publications, 1992.

50. ———. "Calvin's Theology." Pages 74-92 in *The Cambridge Companion to John Calvin*. Edited by Donald K. McKim. Cambridge: Cambridge University Press, 2004.

51.———. "Pneumatology." Pages 299-312 in *The Calvin Handbook*. Edited by Herman J. Selderhuis. Grand Rapids: Eerdmans, 2009.

52.———. "Calvin on the Kingdom of Christ." Pages 139-158 in *Religion without Ulterior Motive*. Edited by E. A. J. G. Van der Borght. Leiden: Brill, 2006.

53. Innes, William C. *Social Concern in Calvin's Geneva*. Eugene: Pickwick Publications, 1983.

54. Janson, J. F. *Calvin's Doctrine of the Work of Christ*. London: James Clarke and Co., Ltd., 1956.

55. Kaiser, Christopher. "Calvin's Understanding of Aristotelian Natural Philosophy: Its Extent and Possible Origins." Pages 77-92 in *Calviniana: Ideas and Influence of Jean Calvin*. Edited by Robert V. Schnuckers. Kirksville, MO: Sixteenth Century Journal Publishers, 1988.

56. Kingdon, Robert M. *Geneva and the Coming of the Wars of Religion in France, 1555-1563*. Geneva: Librairie Droz, 1956.

57. ———. *Geneva and the Consolidation of the French Protestant Movement 1564-1572: A Contribution to the History of Congregationalism, Presbyterianism, and Calvinist Resistence Theory*. Geneva: Librairie Droz, 1967.

58. Kolb, Robert. "Maulbronn, Colloquy of." In *The Oxford Encyclopedia of the Reformation*. Oxford University Press, 1996. http://www.oxfordreference. com/view/10.1093/acref/9780195064933.001.0001/acref-9780195064933-e-0 909.

59. ———. "Luther's Hermeneutics of Distinctions: Law and Gospel, Two Kinds of Righteousness, Two Realms, Freedom and Bondage." Pages 168-184 in *The Oxford Handbook of Martin Luther's Theology*. Edited by Robert Kolb, Irene Dingel and L'ubomir Batka. Oxford: Oxford University Press, 2014.

60. Kooi, Cornelis van der. *As in a Mirror: John Calvin and Karl Barth on Knowing God: A Diptych*. Translated by Donald Mader. Leiden: Brill, 2005.

61. ———. "Christology." Translated by Gerrit W. Sheeres. Pages 257-267 in *The Calvin Handbook*, Edited by Herman J. Selderhuis. Grand Rapids: Eerdmans, 2009.

62. Kume, Atsumi. "Twofold Knowledge in Calvin's Methods." Pages 91-97 in *Calvin in Asian Churches*,vol. 1.Edited by Sou-Young Lee. Seoul: Korea Calvin Society, 2002.

63. Lane, Belden C. "John Calvin on the World as a Theater of God's Glory." Pages 57-85, 257-65 in *Ravished by Beauty: The Surprising Legacy of Reformed Spirituality*. Oxford: Oxford University Press, 2011.

64. Lee, Daniel Y. K. *The Holy Spirit as Bond in Calvin's Thought*. Bern: Peter Lang, 2011.

65. Lee, Samuel Y. "Calvin's Understanding of the Sealing of the Holy Spirit." *Coram Deo* 1（2010）: 177-197.

66. Lewis, C. S. *The Four Loves*. New York: Harcourt Brace Jovanovich, 1960.

67. Leith, John H. An Introduction to the Reformed Tradition: A Way of Being the Christian Community. Atlanta: John Knox Press, 1977.

68. ———. *John Calvin's doctrine of the Christian life*. Louisville: Westminster, 1989.

69. Lohse, Bernhard. *Martin Luther's Theology: Its Historical and Systematic Development*. Minneapolis: Fortress Press, 1999.

70. McCormack, Bruce L. *Orthodox and Modern: Studies in the Theology of Karl Barth*. Grand Rapids: Baker Academic, 2008.

71. ———. "For Us and Our Salvation: Incarnation and Atonement in the Reformed Tradition." *Greek Orthodox Theological Review* 43, no. 1-4（March 1, 1998）: 281-316.

72. McDonnell, Kilian. *John Calvin, the Church, and the Eucharist*. Princeton: Princeton University Press, 1967.

73. McGinnis, Andrew M. *The Son of God beyond the Flesh [electronic Resource]: A Historical and Theological Study of the Extra Calvinisticum*. London: Bloomsbury T & T Clark, 2014.

74. McGowan, Andrew. "Providence and Common Grace." Pages 109-128 in *The Providence of God: Deus Habet Consilium*. Edited by Francesca Aran Murphy and Philip G. Ziegler. London: T&T Clark, 2009.

75. Moeller, Bernd. *Imperial Cities and the Reformation*. Edited by H. C. Erik Midelfort and Mark U. Edwards. Translated by H. C. Erik Midelfort and Mark U. Edwards. Durham, North Carolina: The Labyrinth Press, 1982.

76. Moltmann, Jürgen. *The Experiment Hope*. London: SCM, 1975.

77. ———. *God in Creation: A New Theology of Creation and the Spirit of God*. San Francisco: Harper & Row, 1985.

78. ———. *The Spirit of Life: A Universal Affirmation*. Minneapolis: Fortress Press, 1992.

79. ———. *Jesus Christ for Today's World*. Translated by Margaret Kohl. Minneapolis: Fortress Press, 1994.

80. ———. *Source of Life: The Holy Spirit and the Theology of Life*. Minneapolis: Fortress Press, 1997.

81. ———. *Ethics of Hope*. Translated by Margaret Kohl. London: SCM Press, 2012.

82. Muller, Richard A. *Dictionary of Latin and Greek Theological Terms*. Grand Rapids: Baker, 1985.

83. ———. "Christ in the Eschaton : Calvin and Moltmann on the Duration of The *Munus Regium*." *Harvard Theological Review* 74, no. 1（January 1, 1981）: 31-59.

84. Nessan, Craig L. "Liberation Theology's Critique of Luther's Two-Kingdoms Doctrine." Pages 34-45 in *Liberating Lutheran Theology: Freedom for Justice and Solidarity with Others in a Global Context*. Minneapolis: Fortress Press, 2011.

85. Niebuhr, Reinhold. *The Nature and Destiny of Man: II Human Destiny*. New York: Charles Scribner's Sons, 1943.

86. ———. *Moral Man and Immoral Society: A Study in Ethics and Politics*. New York: Charles Scribner's Sons, 1960.

87. Niesel, Wihelm. *The Theology of Calvin*. Philadelphia: The Westminster Press, 1956.

88. Oberman, Heiko. "The 'Extra' Dimension in the Theology of Calvin." *Journal of Ecclesiastical History* 21:1（Jan. 1970）: 43-64.

89. ———. *Luther: Man between God and Devil*. Translated by Eileen Walliser-Schwarzbart. New Haven: Yale University Press, 1989.

90. Ozment, Steven E. *The Reformation in the Cities: The Appeal of Protestantism to Sixteenth-Century Germany and Switzerland*. New Haven: Yale University Press, 1975.

91. O'Collins, Gerald, and Michael Keenan Jones. "Luther and Calvin on Christ's Priesthood." Pages 129-166 in *Jesus Our Priest: A Christian Approach to the Priesthood of Christ*. Oxford: Oxford University Press, 2010.

92. O'Donovan, Oliver. *The Ways of Judgment*. Grand Rapids: Eerdmans, 2005.

93. Parker, Thomas Henry Louis. *Calvin's Doctrine of the Knowledge of God*. Grand Rapids: Eerdmans, 1959.

94. ———. *Calvin: An introduction to His Thought*. Louisville: John Knox Press, 1994.

95. Partee, Charles. *Calvin and Classical Philosophy*. Leiden: Brill, 1977.

96. ———. *Theology of John Calvin*. Louisville: Westminster John Knox, 2008.

97. Pipa, Joseph A., Jr. "Calvin on the Holy Spirit." Pages 51-76 in *Calvin for Today*. Edited by Joel R. Beeke. Grand Rapids: Reformation Heritage Books, 2009.

98. Raitt, Jill. *The Colloquy of Montbeliard: Religion and Politics in the Sixteenth Century*. New York: Oxford University Press, 1993.

99. Reardon, P. H. "Calvin on Providence: The Development of an Insight." *Scottish Journal of Theology* 28, no. 6（1975）: 517-533.

100. Rogers, Eugene F., Jr. "The Mystery of the Spirit in Three Traditions: Calvin, Rahner, Florensky or, You Keep Wondering Where the Spirit Went." *Modern Theology* 19, no. 2 （April 1, 2003）: 243-260.

101. Santmire, H. Paul. *The Travail of Nature: The Ambiguous Ecological Promise of Christian Theology*. Minneapolis: Fortress, 2000.

102. Sasse, Hermann. *This is my Body: Luther's Contention for the Real Presence in the Sacrament of the Altar*. Revised Australian Edition. Adelaide, South Australia: Lutheran Publishing House, 1977.

103. Schaff, Philip and David S. Schaff. *The Creeds of Christendom: With a History and Critical Notes*. 3 vols. Grand Rapids: Baker Books, 1998.

104. Schreiner, Susan E. *The Theater of His Glory: Nature and the Natural Order in the Thought of John Calvin*. Grand Rapids: Baker Book House, 1995.

105. Skinner, Quentin. *The Foundations of Modern Political Thought*. 2 vols. Cambridge: Cambridge University Press, 1978.

106. Slenczka, Notger. 'God and Evil: Martin Luther's Teaching on Temporal Authority and the Two Realms.' *Lutheran Quarterly* 26, no. 1（2012）: 1-25.

107. Spijker, Willem Van't. "'Extra Nos' and 'In Nobis' by Calvin in a Pneumatological Light." Pages 36-62 in *Calvin and the Holy Spirit: Sixth Colloquium on Calvin and Calvin Studies*. Edited by Peter de Klerk. Grand Rapids: Calvin Studies Society, 1989.

108. Steinmetz, David C. *Calvin in Context*. New York: Oxford University Press, 1995.

109. ———. "Calvin and the Natural Knowledge of God." Pages 198-214 in *Via Augustini: Augustine in the Later Middle Ages, Renaissance and Reformation, Essays in Honor of Damasus Trapp, OSA*. Edited by Heiko A. Oberman and Frank A. James III. Leiden: E. J. Brill, 1991.

110. ———. "Calvin and the Irrepressible Spirit." *Ex Auditu* 12 （January 1, 1996）: 94-107.

111. Stevenson, William R, Jr. "Calvin and Political Issues." Pages 173-187 in *The Cambridge Companion to John Calvin*. Edited by Donald K. McKim. Cambridge: Cambridge University Press, 2004.

112. Strohm, Christoph. "Calvin and Religious Tolerance." Pages 175-191 in *John Calvin's Impact on Church and Society, 1509-2009*. Edited by Martin Ernst Hirzel and Martin Sallmann. Grand Rapids: Eerdmans, 2009.

113. Thompson, Mark D. "Calvin on the Mediator." Pages 106-35 in *Engaging with Calvin: Aspects of the Reformer's Legacy for Today*. Edited by Mark D. Thompson. Notting, UK: Apollos, 2009.

114. Torrance, T. F. *Kingdom and Church: A Study in the Theology of the Reformation*. London: Oliver and Boyd, 1956.

115. ———. *Calvin's Doctrine of Man*. Grand Rapids: Eerdmans, 1957.

116. ———. *Space, Time and Incarnation*. Edinburgh: T&T Clark, 1997.

117. Troeltsch, Ernst. *The Social Teaching of the Christian Churches*. Translated by Oliver Wyon. 2 vols. 1931. Reprint, New York: Harper & Row, 1960.

118. Tuininga, Matthew J. "Why Calvin Had Good News for the Poor," The Gospel Coalition, Last modified October 26, 2016. Accessed October 27, 2016. https://www.thegospelcoalition.org/article/why-calvin-had-good-news-for-the-poor.

119. Turchetti, Mario. "The Contribution of Calvin and Calvinism to the Birth of Modern Democracy." Pages 192-217 in *John Calvin's Impact on Church and Society, 1509-2009*. Edited by Martin Ernst Hirzel and Martin Sallmann. Grand Rapids: Eerdmans, 2009.

120. Tylenda Joseph N. "Christ the Mediator: Calvin Versus Stancaro." *Calvin Theological Journal* 8（1973）: 5-16.

121. ———. "The Controversy on Christ the Mediator: Calvin's Second Reply to Stancaro." *Calvin Theological Journal* 8（1973）: 131-157.

122. ———. "The Warning That Went Unheeded: John Calvin on Giorgio Biandrata." *Calvin Theological Journal* 12 （1977）: 24-62.

123. Van Buren, Paul. *Christ in Our Place*. Edinburgh: Oliver & Boyd, 1957.

124. Venema, Cornelis P. *Accepted and Renewed in Christ: The "Twofold Grace of God" and the Interpretation of Calvin's Theology*. Reformed Historical Theology, edited by Herman J. Selderhuis, vol 2. Gottingen: Vandenhoeck & Ruprecht, 2007.

125. Walters, Gwyn. *The Sovereign Spirit: the Doctrine of the Holy Spirit in the Writings of John Calvin*. Edinburgh: Rutherford House, 2009.

126. Warfield, Benjamin. B. *Calvin and Augustine*. Philadelphia: Presbyterian & Reformed, 1956.

127. Webster, John. "On the Theology of Providence." Pages 158-175 in *The Providence of God: Deus Habet Consilium*. Edited by Francesca Aran Murphy and Philip G. Ziegler. London: T&T Clark, 2009.

128. Welker, Michael and Michael Weinrich. *Calvin Today: Reformed Theology and Future of the Church*. London : T&T Clark, 2011.

129. Wendel, Francois. *Calvin: The Origins and Development of His Religious Thought*. Translated by Philip Mairet. New York: Harper & Row, 1963.

130. Willis, Edward David. *Calvin's Catholic Christology: the Function of the So-Called Extra Calvinisticum in Calvin's Theology*. Leiden: E. J. Brill, 1966.

131. Whitford, David M. *Luther: A Guide for the Perplexed*. London: T&T Clark, 2011.

132. Wyatt, Peter. *Jesus Christ and Creation in the Theology of John Calvin*. Eugene: Pickwick, 1996.

133. Yang-en, Cheng. *The Theology of the Calvinist Resistance Movement: A Theological Study of the French Calvinist Resistance Literature*（1572-1579）. Princeton: Princeton Theological Seminary, 1994.

134. Zachman, Randall C. *Reconsidering John Calvin*. Cambridge: Cambridge University Press, 2012.

135. ———. *Image and Word in the Theology of John Calvin*. Notre Dame: University of Notre Dame Press, 2007.

136. ———. "The Universe as the Living Image of God: Calvin's Doctrine of the Universe Reconsidered." *Concordia Theological Quarterly*, 61（1997）: 299-312.

137. 保罗·阿尔托依兹（Althaus, Paul）。《马丁路德的伦理学》。顾美芬译。新竹市：中华信义神学院，2007；译自 *Die Ethik Martin Luthers*. Gütersloh: Gütersloher Verlagshaus Gerd Mohn, 1965.

138. 罗伦·培登（Bainton, Roland）。《这是我的立场：改教先导马丁路德传记》。古乐人、陆中石译。香港：道声，1987。

139. 拜尔（Bayer, Oswald）。《路德神学：当代解读》。邓肇明译。香港：道声，2011。

140. 陈再明。〈大能之灵：系统阐述加尔文圣灵论之初探〉。神学硕士学位论文，台湾神学院，2010。

141. 杜伦斯。《时、空与道成肉身》。陈群英译。杨庆球审译。香港：文艺，2008。

142. 贺尔（Holl, Karl）。《路德的伦理观》。潘主闻、邓肇明译。香港：道声，1964。

143. 道格拉斯·凯利（Kelly, Douglas F.）。《自由的崛起：十六至十八世纪，加尔文主义和五个政府的形成》。王怡，李玉臻译。南昌：江西人民出版社，2008。

144. 凯利（Kelly, J. N. D.）。《早期基督教教义》。康来昌译。台北：中华福音神学院，1992。

145. 赖信道（Lakkis, Stephen）。〈加尔文与人权〉。《台湾神学论刊》31（2009年）：185-209。

146. 李耀坤。〈圣灵的连结——加尔文对解决圣餐争论的献议〉。《加尔文与汉语神学》133-166 页。汉语基督教文化研究所丛刊 37。陈佐人、孙毅主编。香港：道风书社，2010。

147. 林鸿信。《加尔文神学》。台北：校园书房，2004。

148. ———。《觉醒中的自由：路德神学精要》。台北：校园书房，2004。

149. 刘锦昌。《路德神学浅说》。新竹市：台湾基督长老教会圣经书院，2012。

150. 刘林海。《加尔文思想研究》。北京：中国人民大学出版社，2006。

151. 麦格拉思。《加尔文传：现代西方文化的塑造者》。甘霖译。北京：中国社会科学出版社，2009。

152. 莫菲特（Moffett, Samuel Hugh）。《亚洲基督教史》。中国神学研究院中国文化研究中心编译。香港：基督教文艺出版社，2000。

153. 莫特曼。《被钉十字架的上帝》。阮炜等译。香港：道风书社，1994。

154. 墨尼尔。《加尔文的生平：他的神学思想及著述》。许牧世译。香港：基督教文艺，1970。

155. 麦可·慕雷特。《加尔文》。林学仪译。台北：麦田出版股份有限公司，1989。

156. 帕尔克（Parker, T. H. L.）。《加尔文传》（*John Calvin: A Biography*）。王怡方、林鸿信译。台北市：道声，2001。

157. 史金纳（Skinner, Quentin）。《现代政治思想的基础》（*The Foundations of Modern Political Thought*）。奚瑞森、亚方译。二卷。台北县新店市：左岸文化，2004；译自 *The Foundations of Modern Political Thought*. 2 vols. Cambridge: Cambridge University Press, 1978.

158. 石素英。〈1536-1559 加尔文《基督教要义》中"上帝形象"概念与认识上帝和认识人中"认识"概念二者的内在逻辑关联〉。《台湾神学论刊》26（2004 年）：147-57。

159. ———。〈加尔文的圣灵论：以"与基督连结"作为核心的圣灵论〉。《台湾神学论刊》31（2009 年）：77-96。

160. 茜亚·凡赫尔斯玛。《加尔文传》。王兆丰译。北京：华夏，2006。

161. 约翰·卡迪。《加尔文小传：神所驯服的人》。颜朝明、卓忠信、安笃思译。香港：宣道书局，1969。

162. 郑仰恩。〈漫谈近年来的加尔文研究及其相关文献〉。《台湾神学论刊》25（2003 年）：115-138。

163. ———。〈加尔文论圣灵的工作和属灵恩赐〉。《台湾神学论刊》27（2005 年）：41-66。

164. ———。〈改革宗传统中的人文精神〉。《跨文化视野中的人文精神》。林鸿信主编。台北：国立台湾大学出版中心，2011。

二、第二部分参考书目

（一）原文原著

1. Augustinus, Aurelius. *De Civitate Dei*. New York: Johnson Reprint Corp., 1962.

2. ———. *Contra Arrianos Opera*. Edited by Pierre-Marie Hombert. Vol. 87A of *Corpus Christianorum Series Latina*. Turnhout: Brepols, 2009.

3. ———. *Epistulae CI-CXXXIX*. Edited by Kl. D. Daur. Vol. 31B of *Corpus Christianorum Series Latina*. Turnhout: Brepols, 2009.

4. ————. *Epistulae LVI-C*. Edited by Kl. D. Daur. Vol. 31A of *Corpus Christianorum Series Latina*. Turnhout: Brepols, 2005.

5. ————. *Sermones in Epistolas Apostolicas*. Edited by Gert Partoens. Vol. 41Ba of *Corpus Christianorum Series Latina*. Turnhout: Brepols, 2008.

6. ————. *Sermones in Matthaeum*. Edited by P.-P. Verbraken et al. Vol. 41Aa of *Corpus Christianorum Series Latina*. Turnhout: Brepols, 2008.

7. Calvinus, Johannes. *Ioannis Calvini Opera Quae Supersunt Omnia: Ad Fidem Editionum Principum et Authenticarum ex Parte Etiam... Ediderunt Guilielmus Baum, Eduardus Cunitz, Eduardus Reuss*. Brunsvigae: C. A. Schwetschke, 1863-1900.

8. ————. *Opera Selecta*. Edidit Petrus Barth. Munich: Kaiser, 1963.

9. ————. *Calvini Opera Database 1.0*. Edited by Herman J. Selderhuis. Apeldoorn, The Netherlands: Instituut voor Reformatieonderzoek, 2005.

（二）一手中英文著作

（1）奥古斯丁和加尔文的著作

1. Augustine, Saint. *The City of God*. Translated by Gerald G. Walsh et al. vol. 14 of *The Fathers of the Church Series*. Edited by Hermigild Dressler et al. Washington D.C.: the Catholic University America Press, 1952.

2. ————. *The City of God*. Translated by Gerald G. Walsh et al. Edited by Vernon J. Bou. New York: Image Books, 1958.

3. ————. *The City of God*. Translated by Marcus Dods. New York: Modern Library, 1950.

4. ————. *The City of God*. Translated by J. W. C. Wand. London: Oxford University Press, 1963.

5. ————. *The City of God*. Translated by John Healey. Edited by V. G. Tasker. New York: E. P. Dutton, 1945.

6. ————. *The City of God Against the Pagans*. Edited and translated by R. W. Dyson. New York: Cambridge University Press, 1998.

7. ————. *The Confession of St. Augustine*. Translated by Edward B. Pusey. New York: P. F. Collier, 1909.

8. ————. *Confessions*. Translated by Henry Chadwick. Hong Kong: Oxford University Press, 1992.

9. ————. *Confessions*. Translated by R. S. Pine-Coffin. Harmondsworth, Middlesex: Penguin, 1961.

10. ————. *Confessions*. Translated by William Watts. Cambridge, Mass.: Harvard University Press, 1912

11. ————. *The Confessions of St. Augustine*. Translated by John K. Ryan. New York: Image Books, 1960.

12. ————. *The Confessions of St. Augustine*. Translated by F.J. Sheed. New York: Sheed and Ward, 1943.

13. ————. *On Christian Doctrine*. Translated by D.W. Robertson. Jr. Indianapolis: Bobbs-Merrill, 1958.

14. ————. *On Christian Teaching*. Translated by R.P.H. Green. New York: Oxford University Press, 1999.

15. ————. *On Order*. Translated by Silvano Borruso. South Bend, Ind.: St. Augustine's Press, 2007.

16.————. *Augustine De Doctrina Christiana*. Edited and translated by R.P.H. Green. New York : Clarendon Press, 1995.

17. ————. *Against Julian*. Translated by Matthew A. Schumacher. Edited by Roy Joseph Deferrari. New York: Fathers of the Church, 1957.

18. ————. *Against the Academicians*. Edited and translated by Mary Patricia Garvey. Milwaukee: Marquette University Press, 1957.

19. ————. *Against the Academician and the Teacher*. Translated by Peter King. Indiana: Hackett Publishing Company, 1995.

20. ————. *Anti-Pelagian Writings*. Edited by Philip Schaff. Peabody, Massachusetts: Hendrickson, 1995.

21. ————. *Augustine of Hippo, Selected Writings*. Translated by Mary T. Clark. New York: Paulist Press, 1984.

22. ————. *Augustine's Commentary on Galatians*. Edited and translated by Eric Plumer. New York: Oxford University Press, 2003.

23. ————. *Faith, Hope and Charity*. Translated by Louis A. Arand. Westminster: Newman Bookshop, 1947.

24. ————. *The Greatness of the Soul and The Teacher*. Translated by Joseph M. Colleran. Westminster: Newman Press, 1950.

25. ————. *Select Letters*. Translated by James Huston Baxter. Cambridge, Mass.: Harvard University Press, 1953.

26. ————. *St. Augustine on Marriage and Sexuality*. Edited and translated by Elizabeth A. Clark. Washington, DC: Catholic University of America Press, 1996.

27. ————. *St. Augustine on the Psalms*. Translated and annotated by Scholastica Hebgin and Felicitas Corrigan. New York: Newman Press, 1961.

28. ————. *The Trinity*. Translated by Stephen McKenna. Washington: Catholic University of America Press, 1963.

29. ————. *On the Free Choice of the Will, On Grace and Free Choice, and Other Writings*. Edited and translated by Peter King. New York: Cambridge University Press, 2010.

30. ————. *Augustine on Romans: Propositions from the Epistle to the Romans, Unfinished Commentary on the Epistle to the Romans*. Edited and translated by Paula Fredriksen Landes. Chico, Calif.: Scholars Press, 1982.

31. Calvin, John. *John Calvin Collection*. Vol. 7 of *Christian Library Series*. WI: AGES Software Inc., 2001-2005.

32. ————. *A Calvin Treasury: Selections from the Institutes of the Christian Religion*. Translated by Ford Lewis Battles; edited by William F. Keesecker. London: SCM Press, 1963.

33. ————. *Calvin: Commentaries*. Newly translated and edited by Joseph Haroutunian. Philadelphia: Westminster, 1958.

34. ————. *Calvin's Ecclesiastical Advice*. Translated by Mary Beaty and Enjamin W. Farley. Louisville: Westminster/John Knox, c1991.

35. ————. *Calvin's New Testament Commentaries* （vols. 1-12）. Edited by David W. Torrance and Thomas F. Torrance. Grand Rapids: Eerdmans, 1960-1965.

36. ————. *Calvin: Theological Treatises*. Translated by J. K. S. Reid. Philadelphia: Westminster, 1954.

37. ————. *Calvin's First Catechism: A commentary: Featuring Ford Lewis Battles's Translation of the 1538 Catechism*. Hesselink I. John. Louisville: Westminster John Knox, 1997.

38. ————. *Commentaries on the Book of the Prophet Jeremiah and the Lamentations（5v.）*. Translated from the Latin, and edited by John Owen. Grand Rapids: Eerdmans, 1950.

39. ————. *Commentary on the Book of Psalms*（v.8-12）. Translated from the original Latin and compared with the author's French version, by James Anderson. Grand Rapids: Eerdmans, 1949.

40. ————. *Commentaries on the Book of the Prophet Daniel*. Translated from the original Latin and collated with the French version by Thomas Myers. Grand Rapids: Eerdmans, 1948.

41. ————. *Commentaries on the epistles of Paul to the Galatians and Ephesians*. Translated from the original Latin by William Pringle. Grand Rapids: Eerdmans, 1948.

42. ————. *Commentary on the Book of the Prophet Isaiah* （v.13-16）. Translated from the original Latin by William Pringle. Grand Rapids: Eerdmans, 1948.

43. ————. *Commentaries on the First Book of Moses, Called Genesis vol.1-2*. Translated from the original Latin, and compared with the French edition, by John King. Edinburgh: Calvin Translation Society, 1847-1850.

44. ————. *Commentaries on the Epistle of Paul the Apostle to the Romans*. Translated and edited by John Owen. Grand Rapids: Eerdmans, 1948.

45. ————. *Instruction in Faith*（1537）. Translated and edited by Paul T. Fuhrmann. Louisville: Westminster John Knox, 1992.

46. ————. *Institutes of the Christian Religion; Preface to the Most Christian King of France, Wherein this Book is Offered to Him as a Confession of Faith.* Translated and annotated by Ford Lewis Battles. 1536 ed. Grand Rapids: Wm. B. Eerdmans, 1975.

47. ————. *Institutes of the Christian Religion*（vols. 1, 2）. Edited by John T McNeill. Translated by Ford Lewis Battles. Philadelphia: Westminster, 1960.

48. ————. *John Calvin: Selections from His Writings.* Translated by Elsie Anne Mckee, edited by Emilie Griffin. New York: HarperSanFrancisco, 2006.

49. ————. *John Calvin: Selections From his Writings.* Edited by John Dillenberger. Missoula: Scholars, 1975.

50. ————. *Letters of John Calvin: Selected from the Bonnet Edition with An Introductory Biographical Sketch.* Pennsylvania: The Banner of Truth Trust, 1980.

51. ————. and Luther. *Luther and Calvin on Secular Authority.* Edited and translated by Harro Hopfl. New York : Cambridge University Press, 1991.

52. ————. *On God and Political Duty.* Edited by John T. McNeill. 2nd ed. New York: Macmillan, 1950.

53. ————. *Registers of the Consistory of Geneva in the Time of Calvin.* Edited by Thomas A. Lambert and Isabella M. Watt; with the assistance of Jeffrey R. Watt. Translated by M. Wallace McDonald. Grand Rapids: Wm. B. Eerdmans, 1996.

54. ————. *Sermons on Job.* Edinburgh: The Banner of Truth Trust, 1993.

55. ————. *Tracts Containing Antidote to the Council of Trent: German Interim with Refutation: True Method of Reforming the Church: Sinfulness of Outwa.* Translated from the original Latin, by Henry Beveridge. Edinburgh: The Calvin Translation Society, 1851.

56. ————. *Tracts Containing Treatises on the Sacraments, Catechism of the Church of Geneva, Forms of Prayer, and Confessions of Faith.* Translated from the original Latin, by Henry Beveridge. Edinburgh: The Calvin Translation Society, 1849.

57.————. *The Deity of Christ: And Other Sermons.* Grand Rapids: Eerdmans, 1950.

58. ————. *The Necessity of Reforming the Church.* Henry Beveridge, Catholic Church Pope. Charleston, SC: BiblioLife, 2009.

59. ————. *Tracts Relating to the Reformation.* Translated from the original Latin, by Henry Beveridge. Edinburgh: The Calvin Translation Society, 1844.

60. ————. *Saint Augustine Treatises on Marriage and Other Subjects.* Translated by Charles T. Wilcox et al. Vol. 27 of *The Fathers of the Church Series.* Edited by Roy J. Deferrari. Washington D.C.: The Catholic University America Press, 1952.

61. 奥古斯丁。《上帝之城》。王晓朝译。香港：道风书社，2003。

62. ———。《天主之城》。吴宗文译。台北：商务印书馆，1971。

63. ———。《上帝之城》。庄陶、陈维振译。上海：复旦大学出版社，2011。

64. ———。《上帝之城：驳异教徒》。吴飞译。上海：三联出版社，2007。

65. ———。《论婚姻与守贞守节》。陈介夫译。台南：闻道，1992。

66. ———。《爱的颂歌：奥古斯丁忏悔录》。林牧野、汤新楣译。香港：海天书楼，2004。

67. ———。《忏悔录》。应枫译。香港：生命意义出版社，1988。

68. ———。　《忏悔录》。周士良译。台北市：台湾商务印书馆股份有限公司，1998。

69. ———。《忏悔录》。徐蕾译。北京：社会科学出版社，2007。

70. ———。《驳朱利安》。石敏敏译。北京：社会科学出版社，2010。

71. ———。《道德论集》。石敏敏译。北京：生活.读书.新知三联书店，2009。

72. ———。《奥古斯丁选集》。基督教历代名著集成。第1部第10卷。汤清、杨懋春、汤毅仁译。香港：东南亚神学教育基金会基督教辅侨出版社，1962。

73. ———。《独语录》。成官泯译。上海：上海社会科学院出版社，1997。

74. ———。《古圣明心》。胡贻谷译。上海：广学会，1909。

75. ———。《论信望爱》。许一新译。北京：生活·读书·新知三联书店，2009。

76. ———。《论原罪与恩典：驳佩拉纠派》。周伟驰译。香港：道风书社，2005。

77. ———。《论自由意志》。王秀谷译。台南：闻道出版社，1974。

78. ———。《论自由意志：奥古斯丁对话录两篇》。成官泯译。上海：上海人民出版：世纪发行，2010。

79. ———。《幽黯心灵的探索者：奥古斯丁作品选读》。南方朔编辑。台北市：诚品股份有限公司，1999。

80. ———。《真诚的忏悔：奥古斯丁选集》。陈廷忠译。香港：循道卫联合教会文字事工委员会，1992。

81. ———。《论灵魂及其起源》。石敏敏译。北京：中国社会科学出版社，2004。

82. ————。《论四福音的和谐》。萨蒙德（S. D. F Salmond）英译，许一新中译。北京：中国社会科学出版社，2004。

83. 加尔文。《以弗所书注释》。任艾萨克译。台北：基督改革翻译宗，1995。

84. ————。《基督教要义》。加尔文基督教要义翻译小组翻译。上下册。台北：加尔文，2007。

85. ————。《基督教要义》。钱曜诚等译。上中下册。北京：生活、读书、新知三联书店，2010。

86. ————。《基督教要义》。徐庆誉译。上中下册。香港：金陵神学院托事部；基督教辅侨出版社，1955-59。

87. ————。《基督徒生活手册》。赵中辉译。台北：基督教改革翻译社。1985。

88. 马丁路德，加尔文着。

89. ————。《论政府》。吴玲玲编译。贵州：贵州人民出版社，2004。

90. ————。《罗马人书注释》。赵中辉，宋华忠译。台北：基督教改革翻译社，1995。

91. ————。《基督徒的生活》。钱曜诚译。北京：生活、读书、新知三联书店，2011。

（2）其他

1. Aquinas, St. Thomas. *Summa Theologica*. Translated by Fathers of the English Dominican Province. New York: Benziger Bros., 1948.

2. Aristotle. *On Rhetoric: A Theory of Civic Discourse*. Translated by George A. Kennedy. New York: Oxford University Press, 2007.

3. ————.*The Athenian Consitution, The Eudemian Ethics, on Virtues and Vices*. Translated by H. Rackham. London: Harvard University Press, 1935.

4. ————. *Nicomachean Ethics*. Translated by W. D. Ross. Oxford: Clarendon Press, 1908.

5. Barth, Karl. *Dogmatics in Outline*. London: SCM, 1949.

6. ————. Protestant Theology in the Nineteenth Century: Its Background and History. London: SCM, 1959, 1972.

7. ————. *Karl Barth's Table Talk*. Recorded and edited by John D. Godsey. London: Oliver and Boyd, 1963.

8. Connolly, R. Huge, ed. *Didascalia Apostolorum: The Syriac Version*. Translated by Verona Latin Fragments. Oxford: Clarendon Press, 1929.

9. Cicero. *Treatises on Friendship and Old Age*. Translated by E. S. Shuckburgh. Project Gutenberg eTexts, 2001.

10. Hugh of St Victor. *Explanation of the Rule of St. Augustine*. Translated by Aloysius Smith. London: Sands, 1911.

11. Plato. *Laws*. Translated by Benjamin Jowett. Amherst: Prometheus books, 2000.

12. Plato. *The Republic*. Translated by Benjamin Jowett. New York: Charles Scribner's Sons, 1897.

13. Plato. *Gorgias*. Translated by Terence Irwin. Edited by M. J. Woods. Oxford: Clarendon Press, 1979.

14. Luther, Martin. *Selections from His Writings*. Edited by John Dillenberger. New York: Doubleday, 1961.

15. ————. *Luther's Works*. Edited by Helmut T. Lehmann, Hilton C. Oswald, and Jaroslav Jan Pelikan. 55 vols. Saint Louis: Concordia Pub. House, 1955-1976.

16. ————. *Luther's Work*. Philadelphia: Muhlenberg Press, 1955-1986.

17. ————. *Luther: Lectures on Romans*. Philadelphia: Westminster, 1961.

18. Tillich, Paul. *Systematic Theology*, 3 vols. New York: University of Chicago Press, 1967.

19. 圣多玛斯。亚奎那。《神学大全》。全 19 册。高旭东、陈家华译。台南：碧岳学社，2008。

20. 巴特。《教义学纲要》。胡簪云译。香港：基文，1963。

（三）二手中英文文献

1. Battenhouse, Roy W., ed. *A Companion to the Study of St. Augustine*. Michigan: Grand Rapid, 1955.

2. Battles, Ford Lewis. "*Calculus Fidei*: Some Ruminations on the Structure of the Theology of John Calvin." Pages 139-248 in *Interpreting John Calvin*. Edited by Ford Lewis Battles, and Robert Benedetto. Grand Rapids: Baker Books, 1997.

3. Bartholomew, Craig G, Daniel J. Treier, N. T. Wright, and Kevin J. Vanhoozer, eds. *Dictionary for Theological Interpretation of the Bible*. Grand Rapids: Baker Academic, 2005.

4. Bieler, Andre. *The Social Humanism of Calvin*. Translated by Paul T. Fuhrmann. Richmond: John Knox Press, 1964.

5. Billings, J. Todd. *Calvin, Participation, and the Gift: the Activity of Believers in Union with Christ*. New York: Oxford University Press, 2007.

6. Blacketer, Raymond A. *The School of God: Pedagogy and Rhetoric in Calvin's Interpretation of Deuteronomy*. Dordrecht: Springer, 2006.

7. Bonner, Gerald. *St Augustine of Hippo: Life and Controversies*. Philadelphia: The Westminster Press, 1963.

8. Bouwsma, William J. *John Calvin: A Sixteenth Century Portrait*. Oxford: Oxford University Press, 1988.

9. ————. "Calvin and the Renaissance Crisis of knowing." *Calvin Theological Journal* 17, no. 2 （November 1, 1982）: 190-211.

10. ————. "The Peculiarity of the Reformation in Geneva." Pages 65-78 in *Religion and culture in the Renaissance and Reformation*. Kirksville: Sixteenth Century Journal Pub, 1989.

11. ————. "The Spirituality of Renaissance Humanism." Pages 236-251 in *Christian Spirituality*. New York: Crossroad, 1987.

12. ————. "The Two Faces of Humanism: Stoicism and Augustinianism in Renaissance Thought." Pages 3-60 in *Itinerarium Italicum*. Leiden: Brill, 1975.

13. Breen, Quirinius. *John Calvin: A Study in French Humanism*. Grand Rapids: Eerdmans, 1931.

14. ————. "St Thomas and Calvin as Theologians: a Comparison." Page 23-39 in *Heritage of John Calvin*. Grand Rapids: Eerdmans, 1973.

15. ————. "John Calvin and the Rhetorical Tradition." *Church History* 26, no. 1 （March 1, 1957）: 3-21.

16. Brown, Peter. *Augustine of Hippo: A Biography*. London: Faber, 1967.

17. Caputo, John D., and Michael J. Scanlon. *Augustine and Postmodernism: Confessions and Circumfession*. Bloomington: Indiana University Press, 2005.

18. Canlis, Julie. Calvin's Ladder: A Spiritual Theology of Ascent and Ascension. Grand Rapids, Michigan: Eerdmans, 2010.

19. Cook, John G. "The Protreptic Power of Early Christian Language: From John to Augustine." *Vigiliae Christianae* 48, no. 2 （June 1, 1994）: 105-134.

20. Cottret, Bernard. *Calvin: A Biography*. Translated by M. Wallace McDonald. Grand Rapids: Eerdmans, 2000.

21. Chung, Sung Wook. "Taking up Our Cross: Calvin's Cross Theology of Sanctification." Pages 163-180 in *John Calvin and Evangelical Theology*. Louisville: Westminster John Knox, 2009.

22. Edward, Richard, Katherine Nicoll, Nicky Solomon, and Robin Usher. *Rhetoric and Educational Discourse: Persuasive Texts*. London: Taylor & Francis e-Library, 2004.

23. Engammare, Max. *On Time, Punctuality, and Discipline in Early Modern Calvinism*. Cambridge: Cambridge University Press, 2009.

24. Enos, Richard Leo and Roger Thompson. The Rhetoric of St. Augustine of Hippo: De Doctina Christiana & the Search for a Distinctly Christian Rhetoric. Waco, Texas: Baylor University Press, 2008.

25. Ferguson, Everett. *Encyclopedia of Early Christianity*. London: Garland Publishing Inc., 1990.

26. Gamble, Richard C. "Calvin's Theological Method: Word and Spirit, A Case Study." Pages 63-75 in *Calviniana: Ideas and Influence of Jean Calvin*. Edited by Robert V. Schnucker. Vol. 10 of *Sixteenth Century Essays & Studies*. Kirksville, Mo: Sixteenth Century Journal Pub, 1988.

27. ————. " Exposition and Method in Calvin." *Westminster Theological Journal* 49, no. 1（1987）: 153-165.

28. ————. "Brevitas et Facilitas: Toward an Understanding of Calvin's Hermeneutic." *Westminster Theological Journal* 47, no. 1（March 1, 1985）: 1-17.

29. ————, ed. *A Biography of Calvin*. New York: Garland, 1992.

30. Graham, W. Fred. The Constructive Revolutionary: John Calvin & His Socio-Economic Impact. Richmond: John Knox Press, 1971.

31. Genze, William H., ed. *The Dictionary of Bible and Religion*. Nashville: Abingdon, 1986.

32. Gilson, Etienne. *The Spirit of Mediaeval Philosophy*. Notre Dame: University of Notre Dame Press，1990.

33. Grabowski, Stanislaus J. "The Holy Ghost in the Mystical Body of Christ According to St. Augustine." *Theological Studies* 5, no. 4（1944）: 453-483.

34. Gryson, Roger. "The Authority of The Teacher in The Ancient and Medieval Church." *Journal of Ecumenical Studie* 19, no. 2（1982）: 176-187.

35. Hastings, Adrian, Alistair Mason, and Hugh Pyper, eds. *The Oxford Companion to Christian Thought*. New York: Oxford University Press, 2000.

36. Hausherr, S. I. Irenee. Philautie: De La Tendresse Pour Soi A La Charite Selon Saint Maxime Le Confesseur. Rome: Institutum Orientalium Studiorum, 1952.

37. Healy Nicholas M. "'By the Working of the Holy Spirit': the Crisis of Authority in the Christian Churches." *Anglican Theological Review* 88, no. 1（2006）: 5-24.

38. Hilgendorf, M. D. "St Augustine : the Original Homiletician." *Concordia Journal* 17, no. 2（April 1, 1991）: 164-175.

39. Jones, Serene. *Calvin and the Rhetoric of Piety*. Louisville: Westminster John Knox Press, 1995.

40. ————, and Paul Lakeland. *Constructive Theology: a Contemporary Approach to Classical* Themes. Minneapolis: Fortress Press, 2005.

41. Kennedy, George A. Classical Rhetoric and Its Christian and Secular Tradition from Ancient to Modern Times. London: The University of North Carolina Press, 1999.

42. ————. *Greek Rhetoric under Christian Empires*. Princeton: Princeton University Press, 1983.

43. Kinneavy, James L. *Greek Rhetorical Origins of Christian Faith: An Inquiry*. New York: Oxford University Press, 1987.

44. Klemm, David E. "Toward a Rhetoric of Postmodern Theology: Through Barth and Heidegger." *Journal Of The American Academy of Religion* 55, no. 3（September 1, 1987）: 443-469.

45. Kume, Atsumi. "Twofold Knowledge in Calvin's Methods." Pages 91-97 in *Calvin in Asian Churches*. Vol. 1. Edited by Sou-Young Lee. Seoul: Korea Calvin Society, 2002.

46. Lampe, G. W. H. *A Patristic Greek Lexicon*. Oxford: At The Clarendon Press, 1961.

47. Matheson, Peter. *The Rhetoric of the Reformation*. Edinburgh: T. & T. Clark, 1998.

48. McWilliam, Joanne, ed. *Augustine: From Rhetor to Theologian*. Waterloo: Wilfrid Laurier University Press, 1992.

49. Meer, Frederik van der. Augustine the Bishop: the Life and Work of a Father of the Church. London: Sheed & Ward, 1961.

50. Monter, E. William. *Studies in Genevan Government, 1536-1605*. Geneva: Droz, 1964.

51. ————. *Enforcing Morality in Early Modern Europe*. London: Variorum Reprints, 1987.

52. Moore, Peter Charles. "Plain Talk with a Gilt Edge: an Exploration of the Relationship between Plain Biblical Exposition and Persuasion in Chrysostom and Calvin." *Westminster Theological Journal* 73, no.1 （March 1, 2011）: 157-172.

53. Muller, Richard A. Dictionary of Latin and Greek Theological Terms: Drawn Principally From Protestan Scholastic Theology. Grand Rapids, Michigan: Baker Book House,1986.

54. Nightingale, Andrea. *Once Out of Nature: Augustine on Time and the Body*. Chicago: The University of Chicago Press, 2011.

55. Nygren, Anders. *Agape and Eros*. Translated by Philip S. Watson. Philadelphia: The Westminster Press, 1953.

56. Oberman, Heiko A. "The Pursuit of Happiness: Calvin Between Humanism and Reformation." Pages 251-283 in *Humanity and Divinity in Renaissance and Reformation: Essays in Honor of Charles Trinkaus*. Edited by John W. O'Malley, Thomas M. Izbicki, and Gerald Christianson. New York: E.J. Brill, 1993.

57. O' Donovan, Oliver. *The Problem of Self-Love in St. Augustine*. New Haven: Yale University Press, 1980.

58. Outka, Gene H. "Theocentric Love and the Augustinian Legacy: Honoring Differences and Likenesses between God and Ourselves." *Journal of the Society of Christian Ethics* 22（2002）: 97-114.

59. Ozment, Steven. The Age of Reform（1250-1550）: an Intellectual and Religious History of Late Medieval and Reformation Europe. New Haven: Yale University Press, 1980.

60. Packer, J. I., David F. Wright, and Sinclair B. Ferguson, eds. *New Dictionary of Theology*. Downers Grove: Inter-Varsity Press, 1988.

61. Parker, T. H. L. *Calvin: an Introduction to His Thought*. Louisville: John Knox Press, 1994.

62. Patrick, Dale and Allen Scult. *Rhetoric and Biblical Interpretation*. New York: The Almond Press, 1990.

63. Payton, James R., Jr. "History as Rhetorical Weapon : Christian humanism in Calvin's Reply to Sadoleto, 1539." Pages 96-132 in *Honor of John Calvin, 1509-64*. Montreal: McGill University, 1987.

64. Pelikan, Jaroslav. Divine Rhetoric: The Sermon on the Mount as Message and as Model in Augustine, Chrysostom and Luther. Crestwood, N.Y.: St. Vladimir's Seminar's Press, 2001.

65. Petersen, Norman R. Review of James L. Kinneavy, *Greek Rhetorical Origins of Christian Faith: An Inquiry. Theology Today* 45, no. 3（October 1, 1988）: 356-360.

66. Prill, Paul E. "Rhetoric and Poetics in the Early Middle Ages." *Rhetorica* 5, no. 2（1987）: 129-147.

67. Rahner, Karl and Herbert Vorgrimler, eds. *Theological Dictionary*. Translated by Richard Strachan. New York: Herder and Herder, 1965.

68. Risk, James E. *A Manual of Canon Law*. Terminal Printing & Pub. Co., 1948.

69. Schaff, Philip. *History of the Christian Church*. 8 vols. Grand Rapids, Michigan: Eerdmans, 1910.

70. Scholl, Peter A. Review of James L. Kinneavy, *Greek Rhetorical Origins of Christian Faith: An Inquiry. Christianity And Literature* 38, no. 1（September 1, 1988）: 83-85.

71. Van Wyk, J H. "What are the Key Characteristics of a Christian Life? A Comparison of the Ethics of Calvin to that of Augustine and their Relevance Today." *Die Skriflig* 44, no. 3（2010）: 47-69.

72. Vorster, Nicolaas. "Calvin's Modification of Augustine's Doctrine of Original Sin." *Die Skriflig* 44, no. 3（2010）: 71-89.

73. Wallis, Richard T., ed. *Neoplatonism and Gnosticism*. Albany: State University of New York Press, 1992.

74. Wilder, Amos N. *Early Christian Rhetoric: Language of the Gospel.* Cambridge: Harvard University Press, 1971.

75. Willis, E. David. "Rhetoric and Responsibility in Calvin's Theology. " Pages 43-64 in *Context of Contemporary Theology: Essays in Honor of Paul Lehmann.* Edited by Alexander J. McKelway, and E. David Willis. Atlanta: John Knox Press, 1974.

76. Winecoff, David K. "Calvin's Doctrine of Mortification." *Presbyterion* 13, no. 2（September 1, 1987）: 85-101.

77. Wyatt, Peter. *Jesus Christ and Creation in the Theology of John Calvin.* Princeton Theological Monograph Series. Edited by Dikran Y. Hadidian. Eugene: Pickwick Publications, 1996.

78. Zachman, Randall C. "'Deny Yourself and Take up Your Cross': John Calvin on the Christian Life." *International Journal of Systematic Theology* 11, no. 4（2009）: 466-482.

79. Zappen, James P. "Francis Bacon and the Historiography of Scientific Rhetoric." *Rhetoric Review* 8, no. 1（1989）: 74-88

80. 华尔克。《基督教会史》。谢受灵、赵毅之译。香港：基督教文艺出版社，2005。

81. 麦格夫。《宗教改革运动思潮》。陈佐人译。香港：基道出版社，2006。

82. 巴尔迪。《圣奥古斯定传》。吴宗文译。台南：闻道出版社，1992。

83. 山姆·魏乐曼。《加尔文》。董家范译。台北：天恩，2007。

84. 石素英。〈1536-1559 加尔文《基督教要义》中"上帝形象"概念与认识上帝和认识人中"认识"概念二者的内在逻辑关联〉。《台湾神学论刊》26 期（2004）：147-157。

85. 帕尔克。《加尔文传》。王怡芳等译。台北： 道声出版社，2001。

86. 林鸿信。《加尔文神学》。台北：礼记出版社，1994。

87. ———。《点与线——论人》。香港：道风书社，2008。

88. 茵亚·凡赫尔斯玛。《加尔文传》。王兆丰译。北京：华夏，2006。

89. 林荣洪。《基督教神学发展史（二）：中世纪教会》。香港：宣道出版社，2004。

90. 约翰·卡迪。《加尔文小传：神所驯服的人》。颜朝明、卓忠信、安笃思译。香港：宣道书局，1969。

91. 约翰·布雷（John H. Bratt）。《加尔文的生平与教训》。赵中辉 译。台北：基督教改革宗翻译社，1990。

92. 麦可·慕雷特。《加尔文》。林学仪译。台北：麦田出版股份有限公司，1989。

93. 道格拉斯·F·凯利。《自由的崛起：十六至十八世纪，加尔文主义和五个政府的形成》。王怡，李玉臻译。南昌：江西人民出版社，2008。

94. 刘林海。《加尔文思想研究》。北京：中国人民大学出版社，2006。

95. 郑仰恩。《漫谈近年来的加尔文研究及其相关文献》。《台湾神学论刊》25期（2003年）：115-138。

96. ————。〈改革宗传统中的人文精神〉。《跨文化视野中的人文精神》。林鸿信主编。台北：国立台湾大学出版中心，2011。

97. 郑顺佳。《天理人情》。北京：团结出版社。

98. 游冠辉。《圣爱与欲爱》。博士论文，北京大学。

99. 墨尼尔。《加尔文的生平：他的神学思想及著述》。许牧世译。香港：基督教文艺，1970。

100. 杨克勤。《古修辞学：希罗文化与圣经诠释》。香港：道风书社，2002。

101. 姚喜明。《西方修辞学简史》。上海：上海大学出版社，2009。

102. 胡曙中。《英汉修辞比较研究》。上海：上海人民出版社，1993。

103. 文德尔。《古代哲学史》。詹文杰译。上海：三联书店，2009。

104. 大卫·福莱编。《从亚里士多德到奥古斯丁》。冯俊译。北京：中国人民大学出版社。

105. 布洛克。《西方人文主义传统》。董乐山译。台北：究竟出版社，2000。

106. 穆启蒙编。《中国天主教史》。侯景文译。台湾：光启出版社，1971。

107. 朱谦之。《中国景教》。北京：人民出版社，1993。

108. 王治心。《中国基督教史纲》。香港：基督教文艺出版社，1959。

109. 沙百里。《中国基督徒史》。耿升、郑德弟译。台北市：光启文化事业，2005。

110. 沈介山。《今日教会的渊源》。台北：橄榄基金会，1984。